四川大学道教与宗教文化研究所

宗教、哲学与社会研究丛书

山东道教史（下卷）

希泰题

赵芃 著

中国社会科学出版社

目 录

(下卷)

第五章　北宋时期的山东道教 ……………………………… (1)
　第一节　北宋时期山东道教的发展概况 ………………………… (1)
　　一　北宋时期山东道教的特点 ………………………………… (2)
　　二　北宋时期山东道教的三次发展契机 ……………………… (2)
　第二节　北宋时期的泰山道教 …………………………………… (4)
　　一　宋代皇帝与泰山道教 ……………………………………… (5)
　　二　北宋时期的泰山宫观 ……………………………………… (9)
　　三　北宋时期泰山道教石刻 …………………………………… (11)
　第三节　北宋时期的崂山道教 …………………………………… (14)
　　一　北宋崂山道教派系及代表人物 …………………………… (14)
　　二　北宋时期的崂山宫观 ……………………………………… (16)
　　三　北宋时期的崂山道教音乐 ………………………………… (18)
　第四节　北宋时期的沂山道教 …………………………………… (19)
　　一　北宋之前沂山的赐封 ……………………………………… (20)
　　二　北宋皇帝与沂山道教 ……………………………………… (20)
　　三　北宋时期的沂山宫观 ……………………………………… (21)
　　四　北宋时期的沂山道教碑刻 ………………………………… (22)
　第五节　北宋时期的蒙山道教 …………………………………… (24)
　　一　北宋时期的蒙山名道 ……………………………………… (24)
　　二　北宋时期的蒙山道教宫观、碑刻 ………………………… (26)
　第六节　北宋时期的其他名道、宫观和碑刻 …………………… (27)

一　北宋时期的昆嵛山民间信仰…………………………（28）
　　二　其他名道、宫观与碑刻……………………………（30）
第七节　北宋时期陈抟内丹学在山东的传播…………………（34）
　　一　陈抟内丹思想的特点………………………………（34）
　　二　陈抟内丹学在山东的传播…………………………（35）
第八节　北宋山东儒、道之间的互动与交流…………………（37）
　　一　北宋儒学士大夫对道教的会通思想和态度………（37）
　　二　北宋山东儒学士大夫的崇道活动…………………（38）
　　三　山东儒学士大夫与山东道教………………………（40）

第六章　金代山东道教……………………………………（45）

第一节　金代道教概说…………………………………………（45）
　　一　太一道………………………………………………（46）
　　二　真大道教……………………………………………（47）
　　三　内丹北宗……………………………………………（48）
第二节　山东全真教的创立及传承……………………………（50）
　　一　王重阳传道山东……………………………………（50）
　　二　全真教的创立………………………………………（53）
　　三　全真七子在山东的传教活动………………………（61）
第三节　全真七子的道教思想…………………………………（70）
　　一　马钰的道教思想……………………………………（70）
　　二　丘处机的道教思想…………………………………（72）
　　三　谭处端的道教思想…………………………………（75）
　　四　王处一的道教思想…………………………………（82）
　　五　郝大通的"易学天道"论…………………………（87）
　　六　孙不二之女丹功法…………………………………（93）
　　七　刘处玄的道教思想…………………………………（97）
第四节　金代泰山、崂山道教宫观、碑刻、洞穴……………（100）
　　一　金代泰山宫观………………………………………（101）
　　二　金代泰山道教碑刻…………………………………（103）
　　三　金代崂山道教及全真碑刻…………………………（104）
　　四　金代崂山其他道教洞穴、碑刻……………………（105）

第五节	金代沂山道教宫观、碑刻	（105）
一	金代沂山宫观	（105）
二	金代沂山道教碑刻	（106）
第六节	金代昆嵛山道教洞穴、宫观、碑刻	（108）
一	金代昆嵛山洞穴、宫观	（108）
二	金代昆嵛山道教碑刻	（110）
第七节	金代山东其他地域道教宫观、碑刻	（113）
一	金代大基山道教碑刻	（113）
二	金代峄山道教宫观	（114）
三	金代峄山道教碑刻	（115）
四	金代蒙山道教宫观、碑刻	（116）
五	金代槎山道教洞穴、宫观	（117）

第七章　蒙元时期山东道教 ……（119）

第一节　蒙元时期全国道教概况 ……（119）
　一　蒙元王室与道教的关系 ……（119）
　二　蒙元时期教派的归流与合并 ……（120）
　三　道士成为元代五岳国家祀典之专使 ……（123）
　四　蒙元皇室举办斋醮法事频繁 ……（124）
　五　元代的道教典籍编撰 ……（125）

第二节　蒙元时期大道教及太一道在山东的传道活动 ……（127）
　一　蒙元时期大道教在山东的传道活动 ……（127）
　二　蒙元时期太一道在山东的传道活动 ……（132）

第三节　蒙元时期山东全真教的传承 ……（133）
　一　山东全真道走向蒙元地域 ……（133）
　二　丘处机后山东全真教的传承和发展 ……（134）
　三　蒙元时期的山东高道及在山东的传道活动 ……（138）

第四节　尹志平对全真心性思想的继承和发展 ……（145）
　一　"平常心"和"治心为要"思想 ……（145）
　二　"修行必当其时"的思想 ……（147）
　三　"积累功行"的渐修观与"在己者""在天者"说
　　……（148）

四　"性命本非二"和"天之所赋之命"思想 …………… （148）
　　五　以阴阳诠释善恶和"善恶皆有还报"的思想 ……… （149）
　　六　"绝学无忧"的思想 …………………………………… （150）
第五节　蒙元时期泰山、五峰山道教宫观、碑刻 ……………… （151）
　　一　蒙元时期泰山宫观 …………………………………… （151）
　　二　蒙元时期泰山道教碑刻 ……………………………… （154）
　　三　蒙元时期五峰山道教碑刻 …………………………… （157）
第六节　蒙元时期崂山道教宫观、碑刻 ………………………… （159）
　　一　蒙元时期崂山宫观 …………………………………… （159）
　　二　蒙元时期崂山道教碑刻 ……………………………… （161）
第七节　蒙元时期胶东三州道教宫观、碑刻 …………………… （164）
　　一　蒙元时期胶东三州道教宫观、洞穴 ………………… （165）
　　二　蒙元时期胶东三州道教碑刻 ………………………… （167）
第八节　蒙元时期沂山道教宫观、碑刻 ………………………… （176）
　　一　蒙元时期沂山宫观 …………………………………… （176）
　　二　蒙元时期沂山道教碑刻 ……………………………… （177）
第九节　蒙元时期峄山及其他地域道教宫观、碑刻 …………… （182）
　　一　蒙元时期峄山道教 …………………………………… （182）
　　二　蒙元时期其他地域道教宫观 ………………………… （187）
　　三　蒙元时期其他地域道教碑刻 ………………………… （191）

第八章　明代山东道教 ……………………………………………… （199）
　第一节　明代山东道教概况 ……………………………………… （199）
　　一　明代山东道教宫观概况 ……………………………… （200）
　　二　明代山东新生代道士 ………………………………… （204）
　　三　明代山东道教石刻、碑刻 …………………………… （209）
　　四　明代山东儒、道、释的融合 ………………………… （211）
　第二节　明代山东主要道教宫观及碑刻 ………………………… （215）
　　一　明代烟台蓬莱阁 ……………………………………… （215）
　　二　明代栖霞太虚宫 ……………………………………… （215）
　　三　明代济南华阳宫（崇正祠） ………………………… （216）
　　四　明代济南北极阁 ……………………………………… （218）

五　明代岱庙 …………………………………………………… (218)
　　六　明代肥城王母大殿 ………………………………………… (219)
第三节　张三丰及其在山东的传道活动 …………………………… (219)
　　一　张三丰在山东的传道活动 ………………………………… (219)
　　二　张三丰的道教思想 ………………………………………… (220)
第四节　**明代泰山道教** …………………………………………… (223)
　　一　明代泰山道教发展概况 …………………………………… (223)
　　二　明代泰山碧霞元君信仰 …………………………………… (224)
　　三　明代统治者的泰山祭拜活动 ……………………………… (225)
　　四　明代泰山道教名人 ………………………………………… (226)
　　五　明代泰山道乐 ……………………………………………… (228)
　　六　明代泰山道教宫观 ………………………………………… (229)
　　七　明代泰山道教石刻、碑刻 ………………………………… (234)
第五节　**明代崂山道教** …………………………………………… (236)
　　一　明代崂山道教发展概况 …………………………………… (236)
　　二　明代崂山宫观 ……………………………………………… (237)
　　三　明代崂山名道 ……………………………………………… (238)
　　四　明代崂山太清宫与《道藏》 ……………………………… (241)
　　五　明代崂山道乐 ……………………………………………… (241)
　　六　明代崂山道教石刻、碑刻 ………………………………… (243)
　　七　明代崂山道教文学 ………………………………………… (253)
第六节　**明代云翠山道教宫观、碑刻** …………………………… (254)
　　一　明代云翠山宫观及碑刻 …………………………………… (254)
　　二　明代云翠山道教碑刻"三教合一"思想 ………………… (256)
第七节　**明代沂山道教** …………………………………………… (258)
　　一　明代沂山诏封及庙宇 ……………………………………… (258)
　　二　明代沂山道教碑刻 ………………………………………… (260)
　　三　明代沂山道教诗词 ………………………………………… (269)
第八节　**明代蒙山道教** …………………………………………… (269)
　　一　道观和道士 ………………………………………………… (270)
　　二　明代蒙山仙道诗歌 ………………………………………… (271)
　　三　明代蒙山仙道游记 ………………………………………… (271)

第九节　明代昆嵛山道教宫观、洞穴、碑刻 …………… (272)
　　一　明代昆嵛山道教宫观、洞穴 …………………… (272)
　　二　明代昆嵛山道教碑刻、石刻 …………………… (273)
第十节　明代山东其他名山道教 ……………………………… (276)
　　一　明代马山道教 …………………………………… (276)
　　二　明代大峰山道教宫观、碑刻 …………………… (277)
　　三　明代五峰山道教 ………………………………… (278)
　　四　明代峄山道教 …………………………………… (280)
　　五　明代大基山道教 ………………………………… (282)
　　六　明代博山道教 …………………………………… (284)
　　七　明代莱山与卢山道教 …………………………… (286)

第九章　清代山东道教 …………………………………… (288)
第一节　清代山东道教的发展 ……………………………… (288)
　　一　清代山东道教的主要特点 ……………………… (288)
　　二　清代山东道教宫观 ……………………………… (290)
　　三　清代山东道士及高仁峒 ………………………… (305)
第二节　清代泰山道教 ……………………………………… (309)
　　一　清代泰山道教发展概况 ………………………… (310)
　　二　清代统治者的泰山祭拜活动 …………………… (311)
　　三　清代泰山道士 …………………………………… (312)
　　四　清代泰山道教宫观 ……………………………… (313)
　　五　清代泰山道教碑刻 ……………………………… (315)
　　六　清代泰山道乐 …………………………………… (318)
第三节　清代崂山道教 ……………………………………… (319)
　　一　清代崂山道教发展概况 ………………………… (319)
　　二　清代崂山宫观 …………………………………… (320)
　　三　清代崂山名道 …………………………………… (324)
　　四　清代崂山道乐 …………………………………… (328)
　　五　清代崂山道教石刻、碑刻 ……………………… (330)
第四节　清代云翠山道教 …………………………………… (335)
　　一　天仙派传承 ……………………………………… (335)

二　宫观碑刻 …………………………………………… (337)
　　　三　道教音乐 …………………………………………… (340)
　第五节　清代沂山道教 ……………………………………… (342)
　　　一　清代沂山东镇庙 …………………………………… (342)
　　　二　清代沂山道教碑刻 ………………………………… (343)
　　　三　清代沂山道教诗文 ………………………………… (344)
　第六节　清代蒙山道教 ……………………………………… (345)
　　　一　清代蒙山道观 ……………………………………… (345)
　　　二　清代蒙山道士 ……………………………………… (347)
　　　三　清代蒙山道教碑刻 ………………………………… (348)
　第七节　清代昆嵛山道教 …………………………………… (349)
　　　一　清代昆嵛山道教概况 ……………………………… (349)
　　　二　清代昆嵛山道教宫观 ……………………………… (350)
　　　三　清代昆嵛山道教碑刻、石刻 ……………………… (352)
　第八节　清代锦屏山道教 …………………………………… (353)
　　　一　道观始建 …………………………………………… (354)
　　　二　修观弘道 …………………………………………… (354)
　　　三　传承谱系 …………………………………………… (355)
　　　四　宫观庙堂 …………………………………………… (356)
　第九节　清代山东其他名山道教 …………………………… (360)
　　　一　清代马山道教 ……………………………………… (360)
　　　二　清代博山道教 ……………………………………… (364)
　　　三　清代大峰山道教 …………………………………… (369)
　　　四　清代其他地方道教 ………………………………… (371)

山东道教大事记（下） ………………………………………… (374)

山东道教人物表（下） ………………………………………… (392)

后　记 …………………………………………………………… (420)

第五章

北宋时期的山东道教

山东道教历经隋唐五代时期的发展和演变，在宋代进入一个兴盛的时期。宋太祖赵匡胤，以及宋太宗赵光义、真宗赵恒和徽宗赵佶采取尊道政策，使北宋山东道教得以兴盛并成为北方道教的重要区域。北宋道教的兴盛不但表现在泰山道教的崛起，泰山、崂山道教宫观的建设，大量道教石刻的产生，崂山道教派系的形成，以及崂山道教音乐的发展和繁荣等方面；而且这个时期沂山道教、蒙山道教也获得了较快发展。皇帝对沂山的赐封，沂山道教碑刻的形成，以及昆嵛山道教的兴盛等，都使山东成为北宋时期中国道教发展的重要地域。在思想和文化的传承方面，比较有代表性的是陈抟内丹学在山东的传播，对山东道教，特别是山东道教内丹学的建立和发展产生了较大的影响。儒学士大夫的崇道活动，以及士大夫学说思想与道教思想的相互吸收融合，促进了北宋时期山东道教的发展。

第一节 北宋时期山东道教的发展概况

北宋时期山东形成了以泰山、崂山、沂山、蒙山为中心的四大道教活动地域。在道教理论上，以内丹为主，儒道融合，并得到了儒学士大夫的信奉或支持。宋太祖赵匡胤任命崂山道士刘若拙掌管全国道教事务，修建了崂山著名的三宫——太平宫、太清宫和上清宫，并重修沂山东镇庙等道场。形成了"东崂山、西沂山"两大道教活动中心。宋真宗举行了东封泰山、西祀汾阴、尊崇圣祖、广建道观等一系列以尊崇道教为主要内容的"东封西祀"活动。宋真宗大中祥符元年（1008）的泰山封禅活动，不仅修建了大量的宫观庙宇，而且加封泰山神为"仁圣天齐王"和"东岳天齐仁圣帝"，将泰山神提升为赫赫有名的神君，并催生了泰山碧霞元君崇拜，出现了北宋崇道崇泰山的高潮。宋徽宗时期，不仅设置道官、道职、道学等,还授予道官诸多特权,甚至出现道士强行改寺为观之现象。北宋时期胶东昆嵛山麻姑信仰的形成,使之成为山东道教兴盛区域之一,涌现出了吕岩、刘若拙、甄栖真、王老志、刘卞功等山东道教的代表人物。

一 北宋时期山东道教的特点

北宋时期道教的兴盛在山东泰山、崂山、沂山、蒙山等地突出地表现出来,这个时期的山东道教以这些地域为代表,既具有全国道教的一般发展特点,又有自己的发展特色。具体体现为:

一是道教体系呈现"山文化"特色。北宋时期山东道教的发展基本上呈现了山文化的特点,在泰山、崂山、沂山、蒙山等地呈现出地域性发展。

二是道教理论上,以内丹为主。内丹侧重炼气,提倡将人的身体当成"炉鼎",以自身的精、气作为大药炼丹。北宋时期山东道教的代表人物,无论是初期的刘若拙、甄栖真,还是晚期的王老志,他们所修炼的,在山东传播的,都是当时道教当中欣欣向荣的内丹派学说。[①] 北宋时期山东内丹派的盛行是金元全真道得以在山东迅速传播的主要因素之一。[②]

三是儒道融合。山东是儒学的大本营,这是任何宗教在山东发展所无法绕过的问题和前提,道教也不例外。山东道教在发展过程中得到了山东儒家的信奉与支持。比如宋初山东巨野大儒王禹偁坚决排斥佛教,秉承"古圣人不事佛以求福,古圣人必排佛以救民"[③],而视道教为知己,甚至"不为行香著朝服、贰车谁信旧词臣"[④]。多披羽衣道服,并以《庄子》解闷。

二 北宋时期山东道教的三次发展契机

北宋时,在当政者崇道政策的扶持下,山东道教有三次重要发展契机,使其得以崛起,成为北方道教中心区域之一。

---

① 参见范学辉《宋代山东道教的发展及其文化意义》,《东岳论丛》2005年第2期。
② 参见安作璋、张熙惟、赵文坦《山东通史·宋金元卷》,人民出版社2009年版,第366页。
③ (宋)吕祖谦:《宋文鉴(上册)》,中华书局1992年版,第634页。
④ 王禹偁:《小畜集》卷八,商务印书馆1937年版,第109页。

（一）宋太祖与崂山、沂山道教之发展

宋太祖赵匡胤登基曾得到崂山道士和沂山道士的辅助，因此北宋建朝后道教在崂山、沂山获得了发展的契机。宋乾德五年（967），赵匡胤任命崂山道士刘若拙掌管全国道教事务，后专门斥资为其在崂山修建道场。崂山著名的三宫——太平宫、太清宫和上清宫就是在这一机遇中修建的。建隆三年（962）三月，赵匡胤下诏重修东镇庙，历时两年八个月，土木工程浩大，此后又在沂山附近陆续兴建了六十多座道观。① 道教在山东短短的几年内走向了繁荣，形成了"东崂山、西沂山"两大道教活动中心。②

（二）宋真宗与泰山、寿丘道教之发展

宋真宗举行了东封泰山、西祀汾阴、尊崇圣祖、广建道观等一系列尊崇道教的"东封西祀"③活动。山东是真宗东封泰山和尊崇圣祖的中心区域，因此道教获得了第二次发展契机。其中，泰山和寿丘（今山东曲阜）道教发展最为受益。

宋真宗大中祥符元年（1008）泰山封禅活动，不仅修建了大量的宫观庙宇，而且加封泰山神为"仁圣天齐王"和"东岳天齐仁圣帝"，使泰山神成为赫赫有名的神君，同时还促进了对泰山碧霞元君的崇拜，唤醒了北宋崇泰山、崇碧霞元君的道风。

曲阜寿丘道教的突起则得益于宋真宗对"圣祖"赵玄朗④的祭祀活动。为抬高赵氏皇族的地位，宋真宗假托赵玄朗为赵氏皇室的始祖，曾转世为轩辕黄帝。为祭祀"圣祖"，宋真宗派人在传说中的黄帝诞生地曲阜寿丘大规模兴建景灵宫、太极观等宫观。至大中祥符九年（1016），建成宫观1322区，仅负责洒扫之仪的士兵就有531人之众，⑤使曲阜寿丘成为北宋道教兴盛的地区之一。除此之外，宋真宗还在寿丘当地举行设醮、告

---

① 范学辉：《宋代山东道教的发展及其文化意义》，《东岳论丛》2005年第2期。
② 安作璋、张熙惟、赵文坦：《山东通史·宋金元卷》，人民出版社2009年版，第362页。
③ "东封西祀"是指在北宋时期宋真宗大中祥符元年（1008），在全国掀起了一场长达十余年轰轰烈烈的"天书"封祀运动。宋真宗在庞大仪卫扈从下东封泰山，四年，又以隆重仪式抵山西汾阴（今山西万荣县）祭祀后土地祇，大赦天下，一时轰动。
④ 赵玄朗，字公明，是中国民间信仰的一位财神。大中祥符五年（1012），宋真宗追尊他为"上灵高道九天司命保生天尊大帝"，庙号圣祖。
⑤ 范学辉：《宋代山东道教的发展及其文化意义》，《东岳论丛》2005年第2期。

成、奉册等多个高规格的道教活动,并铸造圣祖圣像。大中祥符五年(1012)又衍生出两大道教节日:(1)七月一日为先天节,即托称"圣祖"赵玄朗下降日。(2)十月二十四日为降圣节,休假五日。

(三)宋徽宗与山东道教之发展

宋徽宗为表示对道教的尊崇,不仅设置道官、道职、道学等,还授予道官诸多特权,"其家得为官户,其亲得以用荫"①,一时间"黄冠气焰赫然"②。有的地方甚至出现僧侣"欲乞备申朝廷"改寺为观的现象。③ 泰山东南麓升元观,有宋牒碑。《升元观敕》曾载此事:"契勘兖州奉符县泰山之下,有古洞天,周三十里,名曰'三宫空洞之天',载在图经是实。即目宫观,并无名额,却有建封院一所,逼连岳庙之后。殿屋完备,田产颇多,只一村僧占据住持,任从民间安攒邱墓,秽恶不蠲,深虑触渎真仙,不便。欲乞备申朝廷,改为道观。"④ 在宋徽宗的崇道热潮中,道士在山东十分活跃,皆扮演了推波助澜的重要角色。⑤ 尤以王老志最为突出,为道教在山东兴盛起了关键性作用。宋徽宗之崇道还促进了胶东昆嵛山麻姑信仰的形成,并与福建传来的妈祖信奉包容发展,影响逐步扩大,昆嵛山遂成为继崂山之后又一道教繁荣区。⑥

第二节 北宋时期的泰山道教

隋唐五代时期伴随着佛教的传入,被称为"群山之祖、五岳之宗、天地之神、神灵之府"的泰山梵音四起,泰山一度成为佛家天下。北宋时期,道教一改"天下名山僧占多"的被动局面,使泰山成为道士荟萃之地,其所供奉的道教神祇随处可见,吸引了不少著名的道士在泰山传教布道。北宋时期泰山道教宫殿有岱庙、王母池、斗母宫、关帝庙、碧霞祠、三官庙、老君堂、地主祠、阎罗祠等,所祀神仙有玉皇大帝、元始天

---

① 徐梦莘:《三朝北盟会编》,上海古籍出版社1987年版,第69页。
② (宋)周煇《清波杂志》卷三:"宣和崇尚道教,黄冠出入禁闼,号金门羽客,气焰赫然,林灵素为之宗主。"(上海书店出版社1934年版,第68页)
③ 安作璋、张熙惟、赵坦:《山东通史·宋金元卷》,人民出版社2009年版,第365页。
④ (清)顾炎武:《山东考古录》,中国文联出版社2002年版,第33页。
⑤ 安作璋、张熙惟、赵坦:《山东通史·宋金元卷》,人民出版社2009年版,第365页。
⑥ 范学辉:《宋代山东道教的发展及其文化意义》,《东岳论丛》2005年第2期。

尊、灵宝天尊、太清道德天尊、三清真人、太上老君、西王母、后土、地主、东华帝君等。泰山道教在北宋发展迅速，除了泰山"五岳独尊"的地位受到青睐、泰山悠久的封禅传统使道教获得了实现其信仰的翅膀机缘以外，更重要的是还得到了北宋皇帝的重视和扶持。

一 宋代皇帝与泰山道教

北宋时期，宋太祖、宋太宗、宋真宗、宋徽宗等当政者的崇道活动都在不同程度上推动了泰山道教的发展。宋太祖东祭泰山，提升了泰山道教在中国道教中的地位。宋太宗诏泰山石检坛禅，昭令人访求道经，刊正如道教经典《三洞珠囊》等道书，既推动了全国道教文化氛围的形成，又为包括泰山道教在内的山东道教发展提供了思想铺垫。宋真宗涤耻封禅，使泰山封禅规模更加空前，出现了北宋崇道、崇泰山的高潮。

（一）宋太祖东祭泰山

宋太祖赵匡胤在夺取天下之前，曾经得到一些道士的赏识和帮助，在他当上皇帝之后，就以崇道作为回报。概括起来说：

一是提升了泰山道教中心的地位。宋太祖"建都于汴，东倚神岳（指泰山），远不十驿"①。与历代王朝相比，北宋建都与泰山距离最近，东岳泰山的地位日益凸显。

二是两次祭泰山。北宋建隆元年（960），宋太祖称帝后便下诏沿袭旧制，"祭东岳泰山于兖州"②。同年六月，平定泽潞李筠的兵变③后，宋太祖遣官祭泰山庙，建隆二年（961）因祈雨而遣特使告祭泰山。

三是改变登山旧道。开宝五年（972），宋太祖迁城至岱岳镇，以旧庙为用，强化了"登泰山如登天"的主题。又任命县令兼任东岳庙令、县尉兼任庙丞，以便于帝王登封和对泰山的管理。

（二）宋太宗与泰山道教

宋太宗赵光义继位后，大修宫观，其崇道思想和行为相当执着。宋太宗在位期间（939—997）对泰山道教的推动作用主要有以下三个方面：

---

① （明）王子卿撰，周颖校证：《泰山志校证》，黄山书社2006年版，第217页。
② （清）毕沅：《续资治通鉴》，中华书局1957年版，第117页。
③ 宋太祖于后周显德七年发动"陈桥兵变"，革周建宋。在后周基础上建立起来的北宋政权，平定泽潞李筠叛乱，是宋太祖在北宋建立之初发动的第一场战役。泽潞一役的胜利，标志着北宋对泽潞的完全掌控，为宋初北部局势的稳定和统一大业奠定了基础。

一是雍熙元年（984）四月，泰山及瑕邱（今兖州市）等七县千余人奏请宋太宗封禅泰山。太宗下诏举徐铉、扈蒙等详定封禅礼仪，李神佑等修筑京师抵泰山的道路①，定于当年十一月举行封禅礼。但因宫中乾元、文明二殿遭火灾被毁，太宗认为此举或未符天意，故"诏停封岱"②。

二是雍熙二年（985），太宗诏泰山石检坛禅，并令整修如旧，州县常谨视之。

三是宋太宗命人访求道经，刊正道书。经书的编写为全国和泰山道教思想的发展提供了丰富的资料。

（三）宋真宗涤耻封禅和泰山道教

宋真宗赵恒是宋太宗第三子，至道三年（997）以太子继位。宋真宗为了达成"镇服四海，夸示外国"③的政治目的，于大中祥符元年（1008）举行了规模空前的泰山封禅，形成了北宋崇道崇泰山的高潮。

宋真宗的泰山封禅与北宋当时的民族矛盾有着密切的关系。赵恒即位的第二年，契丹人大举南侵，北宋军队节节败退。此后，契丹不断入侵。景德元年（1004）契丹再次入侵，直接威胁北宋的都城，朝野哗然。在这种形势下，赵恒束手无策。在宰相寇准的主持和敦促下，宋真宗亲临作战前线澶州，宋军士气大振，大败辽（契丹）军于澶州城下，射杀辽国大将肖挞览。在有利的形势下，宋真宗却派曹利用进行媾和活动，以北宋每年向辽输岁币银二十万两、绢二十万匹而签订和约。这就是历史上著名的"澶渊之盟"。为了洗刷澶渊之盟的耻辱，宋真宗听从大臣建议，亲临泰山封禅。

历代帝王封禅泰山，需有突出的功绩，而且必须先有天帝示以祥瑞的征兆才能进行。但是宋真宗根本不具备这些条件，为了达成泰山封禅之目的，宋真宗与宰相王旦、王钦若等人密谋，策划导演了天书、圣祖下降等闹剧，实施了东封泰山、西祀汾阴、尊崇圣祖、广建道观等一系列崇道活动。宋真宗期间，第一次天书下降是大中祥符元年（1008）元月初三。宋真宗在崇文殿告诉大臣，曾梦紫色长袍神人要降天书《大中祥符》三

---

① 舟子：《泰山历史纪年》，泰安市档案局，1989年版，第53页。
② （宋）李焘：《续资治通鉴长编》（第3册），中华书局1979年版，第581页。
③ （明）陈邦瞻：《宋史纪事本末 元史纪事本末》，上海古籍出版社1994年版，第48页。

篇，现皇城司上奏说，左承天门屋南角，有一条二丈多长的黄帛挂于鸱吻①尖上。宋真宗令内侍小心翼翼将其请下，令大臣当众宣读，黄帛文曰："赵受命，兴于宋，付于眘。居其器，守于正。世七百，九九定。"②第二次天书下降是大中祥符元年（1008）四月初一。这次降书地点是内廷功德阁，具体内容史料没有记载。宋真宗为了郑重其事，下令建造玉清昭应宫③来供奉天书。第三次天书下降是大中祥符元年（1008）六月初六。王钦若上书，泰山下有醴泉涌出，泉旁亭中有"天书"下降。三次天书的炮制，实际上就是王钦若等人为真宗泰山封禅制造的舆论准备。经此筹备，十月初四，以玉辂载天书为前导，宋真宗在文武百官的簇拥下组成封禅队伍向泰山进发。宋真宗封禅在客观上给道教在泰山发展创造了绝好的机遇。

（四）宋真宗泰山封禅对泰山道教的影响

宋真宗封禅之后，契丹人有一段时间没有与北宋政权发生过重大冲突。对这一暂时和平的获得，宋真宗赵恒认为是封禅的力量。为此，宋真宗采取了一系列措施促进了泰山道教的发展。

一是修建了大量的泰山道观。宋真宗给青帝加懿号为"青帝广生帝君"，并令将其"观宇特加修饰"；拓建岱庙，修建天贶殿以谢上天；下诏将岱顶玉女池原玉女石像，改为玉像，磨石为龛，奉置旧所；改建天书下降之所——乾元观（俗称为天书观），还命人重修炳灵公庙（祠东岳大帝之三子泰山三郎）等。在宋真宗的影响下，全国各地都开始兴建东岳庙祀。

二是更改行宫性质，将泰山诸神引入道教。宋真宗将历代帝王封禅泰山的行宫"奉高宫"改为道观名"会真宫"，改变了行宫的性质，而成为道教的宫观。宋真宗还让张君房编撰《云笈七签》，将"泰山列为二十六小洞天之一"，称"东岳泰山洞，周回一千里，名曰蓬玄洞天"，正式将泰山诸神列入道教神系之中。

三是礼遇高道，或宣召或赐封紫衣。大中祥符三年（1010），宋真宗

---

① 相传鸱吻是龙的儿子，所谓龙生九子，鸱吻为其中之一。中国古代建筑屋脊正脊两端的一种饰物。
② （清）毕沅：《续资治通鉴（一）》，岳麓书社2008年版，第331页。
③ 玉清昭应宫于大中祥符二年（1009）至大中祥符七年（1014）建成。选址于皇城西北天波门外，共有两千多区，包含长生崇寿殿及3610间房屋，花费白银近亿两。

诏泰山隐士秦辨入京。秦辨自言百三十岁，多言五代事，亦无他奇，唯"善服食，得延年"。后赐号"贞素先生"，放还归山。真宗还赐封泰山宫观观主为紫衣道人，如岱岳观观主荀归道、王归德，青帝观观主郭永昌，朱演刊，升元观洞元大师李冲寂等。

四是加封泰山，提升了泰山神山和五岳之首的地位。宋真宗曾在唐封号"天齐王"之上给泰山加号"仁圣"，山四面七里内各禁樵采。① 大中祥符六年（1013），宋真宗加尊泰山为"东岳天齐仁圣帝"②，使泰山神阶达到了有史以来的最高一级。宋真宗还下诏在首都汴京为五岳修建了一座合庙，庙内附祀以五岳储副佐命之山，形成一组以泰山为首的中国名山崇祀序列。泰山之东岳庙也不断增修，奠定了"俨若王者居"的宏大格局。北宋对泰山无以复加的尊祀，标志着泰山作为域中第一山的官方地位最终确立。③

五是将泰山道教导向民俗化和常规化。一方面，宋真宗封禅时定东岳大帝的生日为三月二十八日，并决定每年祭拜，不仅扩展了泰山传统庙会的内容，而且使泰山庙会形成了定制。东岳庙会的出现，使泰山信仰深入社会最基层，致使没有任何一座国内名山信仰能达到与之相比的普及程度；另一方面，宋真宗离开泰山后，将三次天书下降之日依次命名为"天庆节""天琪节"和"天贶节"，规定每逢三节全国都要设醮祭祀，还特命太常礼院详定天庆道场斋醮仪式，颁行诸州。

（五）宋神宗、宋哲宗、宋徽宗与泰山道教

宋神宗下诏封白龙神为"渊济公"，立渊济公祠于岱西白龙池。白龙是泰山的著名神祇，"古传龙化美丈夫，为岱南田家佣，复赘为婿。善灌园，每夜浇田，蔬畦皆满，不闻辘轳声。邻人异之，从垣隙窥视，乃见白龙长可数丈，银磷万点，寒光夺目。半身探入井中，汲水而出，一吐盈数畦。其人惊仆，诘旦，遂宣传矣。龙知事泄，乃辞去，语其室。曰：'家在傲徕峰百丈崖下。'今白龙池是也。嗣后，祷雨屡应，敕封渊济公，春

---

① （元）脱脱：《宋史》（全40册），中华书局1977年版，第2486页。
② 《大宗封东岳天齐仁圣帝碑》，载泰安市文物局编《泰山石刻大全》，齐鲁书社2006年版，第56页。
③ 山东师范大学齐鲁文化研究中心：《齐鲁文化研究（总第3辑）》，山东文艺出版社2005年版，第56页。

秋享祭。迄今，州南八里，有白龙峪，其村中白龙庙，土人祀之不衰"①。今渊济公祠久废，白龙池亦为沙石淤塞，无复当年景象。

宋哲宗元祐八年（1093），"岱岳观重修王母殿及砌垒山子，创置花园一所"②。宋哲宗元符三年（1100）下诏重修东岳庙，建嘉宁、储佑、蕃祉三殿，命曾肇撰记文。

宋徽宗对道教更加推崇。在其当政时期，泰山的道教宫观也不断得以修建。宋徽宗宣和六年（1124），泰岳庙再次重修，《宣和重修泰岳庙记》具载其事。③ 此时离北宋灭亡还有2年，在这内忧外患的紧要关头，还惦记着岱庙，可见宋徽宗对道教的尊崇。

二 北宋时期的泰山宫观

北宋时期泰山兴建了许多庙宇寺观，留下了两大建筑群。一是泰山最大的古建筑群岱庙，另一个是玉女祠（碧霞祠）。另外还有升元观、天书观、三灵侯庙（后改为关帝庙）等。

（一）岱庙群之正阳门、天贶殿

泰山最大的古建筑群为岱庙。岱庙，古称东岳庙、泰岳庙、泰山行宫（明代始称为岱庙）。泰山古时候有上、中、下三庙。上庙在泰山顶大观峰旁（已毁），中庙在岱岳观，岱庙是泰山的下庙，是历代帝王祭祀泰山的地方。宋宣和四年（1122）重修扩建原岱庙，"凡为殿、寝、堂、阁、门、亭、库、馆、楼、观、廊，庑合八百一十有三楹"④，这是岱庙历史上的最大规模。

正阳门始建于宋。据宋元符残碑记载，"有嘉宁大殿、第一重正阳门里，第二重门，重木钩栏百间等"（《岱臆》）⑤。

岱庙的主体建筑是天贶殿。天贶殿东西长43.67米，南北宽17.18米，高23.30米，殿阔九间，进深五间，取"九五之尊"之意。重檐八角，斗拱飞翘，上覆黄琉璃瓦，檐间悬挂"宋天贶殿"的巨匾。

天贶殿内北、东、西三面墙壁上，绘有驰名中外的古代艺术珍品——

---

① 汤贵仁、刘慧：《泰山文献集成》（第2卷），泰山出版社2005版，第347页。
② 孟昭水校点集注：《岱览校点集注》（上篇），泰山出版社2007年版，第322页。
③ 同上书，第209—211页。
④ 汤贵仁、刘慧主编：《泰山文献集成》（第7卷），泰山出版社2005年版，第466页。
⑤ 孟昭水校点集注：《岱览校点集注》（上篇），泰山出版社2007年版，第182页。

《泰山神启跸回銮图》巨幅彩色壁画。画高3.30米,全长62米,总面积204平方米。天贶殿壁画原为宋代所绘。天贶殿后面是后寝三宫,中为正寝宫,面阔五间,宽23.1米,进深13.27米,高11.7米,① 两边为配寝宫,各三间。建筑安排肇始于宋真宗,因其诏封泰山神为"天齐仁圣帝",特配皇后和妃嫔。因大中祥符五年(1012)诏封泰山夫人为"淑明后",遂修建后寝宫以祀祭,"嫔妃"居住配寝宫。

(二) 玉女祠

玉女祠,又称昭真祠,位于泰山极顶南侧。初建于宋真宗大中祥符二年(1009)。宋真宗赵恒于大中祥符元年(1008)十月封泰山时,在岱顶玉女池得玉女石像,即召靠城使刘成珪易以玉,号为圣帝之女,封为碧霞元君,并以砻石造神龛,奉置原处,令王钦若致祭,真宗赵恒亲作文记。第二年(1009),宋真宗敕令在岱顶建元君庙,名"昭真祠"。② 元祐(1086—1094)时岱顶已有玉女祠之建,并已出现"碧霞元君"名号。

玉女祠主祀碧霞元君。又称元君庙,碧霞元君又称"泰山玉女",全称"东岳泰山天仙女碧霞元君",民间俗称为"泰山奶奶"。③ 碧霞元君信奉是从宋朝开始的,但是当时泰山祭祀的主神是东岳大帝,碧霞元君只是陪祀。至于泰山玉女的来历,众说纷纭。一说为黄帝所遣之玉女。据《玉女考》和《瑶池记》记载:黄帝建岱岳观时,曾经预先派遣七位女子,云冠羽衣,前往泰山以迎西昆真人,玉女乃七女中的一名修道得仙者。二说为东岳大帝之女。三说泰山玉女受玉帝之命,统领岳府神兵,洞察人间善恶。四说为泰山石敢当之女,入泰山修道,入列仙班。五说为九天玄女。

(三) 升元观、天书观、三灵侯庙

升元观,位于岳之南麓岱宗坊北,酆都庙西。初名建封院,据《升元观敕》载:宋徽宗政和八年(1118)将原来由一村僧占据的建封院改为道观,赐额"升元观"④,有敕牒碑。其文曰:

---

① 泰安市博物馆:《岱庙》,文物出版社1992年版,第231页。
② 泰安市郊区政协文史资料研究委员会:《文史资料选辑》(第4辑),1984年,第87页。
③ 张兴发:《道教神仙信仰》,中国社会科学出版社2001年版,第544页。
④ 刘秀池:《泰山大全》,山东友谊出版社1995年版,第863页。

> 尚书省牒：准泰宁军奉符县升元观。又云：泰宁军状：据兖州仪曹娄寅亮状称，契勘兖州奉符县泰山之下名曰三官空洞之天，载在图经，牒奉敕宜赐升元观额。牒至，准敕。故牒。①

天书观在旧城西之汶阳桥北，初名乾元观。宋大中祥符元年（1008）闰六月王钦若得天书于该观北林木之上，真宗为贮天书而改建为天书观。《岱史》云："天书观即乾元观，今榜曰：霞元君行宫'在卅城西里许。宋大中祥符建史载，天书降于泰山西南之麓，即其地也'。"② 关于天书观的历史，《宋史·祀志》有载曰：

> 大中祥符元年闰六月八日，封祀制置使王钦若言："泰山西南垂刀山上，有红紫云气，渐成华盖，至地而散。"其日木工董祚于灵液亭北见黄素书曳林木之上，有字不能识，言于皇城使王居正。居正睹上有御名，驰告钦若，遂迎至官舍，授中使捧诣阙，因建天书观于此。③

所谓"天书"即王钦若"黄素书"。龙图阁待制孙奭曰："天何言哉，岂有书也？"④ 指出当时君臣相欺，侈言祥瑞，荒唐之至。

三灵侯庙旧址在南天门内，宋真宗东封时建，后改为关帝庙。

三　北宋时期泰山道教石刻

泰山石刻是泰山人文景观的重要组成部分，从形制上看，大致有石碣、石阙、碑刻、摩崖碑刻、墓志、经幢、造像记及石造像、画像石和题名题诗题记等。北宋时期的泰山石刻有37处之多，以碑刻和摩崖碑刻为主，与宋真宗泰山封禅之举有很大关系。宋真宗封禅泰山后，留下碑刻十余座，列表如下：

---

① 汤贵仁、刘慧主编：《泰山文献集成》（第1卷），泰山出版社2005年版，第119页。
② 《道藏》（第35册），文物出版社、上海书店、天津古籍出版社1988年版，第736页。
③ （元）脱脱：《宋史》（全40册），中华书局1977年版，第2539—2540页。
④ 同上书，第12801页。

表 5—1　　　　　　　　北宋时期泰山道教石刻一览表

碑刻名称	修建时间	碑刻内容概要	碑刻现存地	撰文、篆额、书丹
青帝广生帝君赞残碑	宋大中祥符元年（1008）十月建	碑文记载宋真宗封泰山神为"东岳仁圣天齐王"，又加封号为"广生帝君"一事①	岱庙东御座院内	宋真宗赵恒撰文、书丹并篆额
加青帝懿号残碑	宋大中祥符元年（1008）十月二十五日建	碑文记录宋真宗下诏加号"青帝广生帝君"之事，有"宜尊懿号曰'青帝广生帝君'，观宇特加修饰"等语②	岱庙东御座院"青帝广生帝君赞碑"之阴	佚失
登泰山谢天书述二圣功德铭碑	宋大中祥符元年（1008）十月	碑铭文主要颂扬宋太祖赵匡胤和太宗赵匡义的功德伟业。碑文有"奉符行事……恭飨清庙……奉宝篆于座左，升祖宗以并侑……复酌鄸宫之前闻，遵甘泉之受计"等语③	岱顶德星岩	宋真宗赵恒篆额并撰书
大宋封祀坛颂碑	宋大中祥符二年（1009）七月十五	碑文详记了真宗与臣僚对封禅的认识及接天书而封禅的过程、呈请封禅的情形，以及对封禅告成所做的众多解说	原立于泰安城东南封祀坛故址，后因修建工厂将坛平毁，1972年移碑于岱庙内④	王旦撰文，裴玙书丹并篆额
大宋天贶殿碑	宋大中祥符二年（1009）十一月	该碑述得天书建天贶殿之经过，宣扬古帝王因受命于天得祥瑞而发迹，概述了岱庙的沿革及创建天贶殿的情况，对建成后的天贶殿极尽赞誉⑤	岱庙天贶殿前西碑台上	翰林学士、赐紫主龟畅亿撰，翰林待诏、朝奉大大尹熙古书并撰额

---

①　泰山文物局编：《泰山石刻大全》，齐鲁书社2006年版，第45页。
②　汤贵仁、刘慧主编：《泰山文献集成》（第7卷），泰山出版社2005年版，第402页。
③　曾枣庄、刘琳：《全宋文》（第七册），巴蜀书社1990年版，第131—133页。
④　李传旺、张用衡：《泰山景观全览：泰山2100景》，山东画报出版社2009年版，第84—88页。
⑤　张玉胜：《岱庙碑刻》，山东画报出版社1998年版，第57—59页。

续表

碑刻名称	修建时间	碑刻内容概要	碑刻现存地	撰文、篆额、书丹
宋天齐仁圣帝碑	宋大中祥符六年（1013）六月	该碑乃宋真宗加封泰山为"天齐仁圣帝"的记事碑。碑文记述了加封泰山神为帝的原因、意义，并记录了宋真宗封泰山神"仁圣天齐王"及加封帝号"天齐仁圣帝"的过程①	岱庙正阳门内西碑台上	晁迥撰文，尹熙古书丹并篆额
赐升元观牒碑	宋政和八年（1118）闰九月二十一日	碑文为尚书省批复泰宁军奉符县升元观的文书。碑文中有"奉敕宜赐升元观为额"等语②	1983年9月移岱庙碑廊	洞元大师、赐紫道士李冲寂立石
青帝观真君殿	宋宣和五年（1123）	碑文记录了青帝观真君殿的修建始末。碑文中有"创真祠于泰岳青帝观后金山之端……殿为南北五架，东西四楹，重檐羽揭，绮观晕飞，丹□□拱，势矾云汉。中凝晬俨，灵卫肃然。香烛华实之奉，藻荇荐燎之供，悉李氏具焉"③等语	青帝观重门内西墙门	周显灵撰，张振书丹，李保存篆
宣和重修泰岳庙记碑	宋徽宗宣和六年（1124）三月	碑文主要记述了宋徽宗自建中靖国元年（1101）登基后，至宣和四年（1122）间陆续重修岱庙的情况④	岱庙炳灵门东侧	宇文粹中撰，张渿正书
宋禧诗碑	宋皇祐四年（1052）三月	碑文乃转运使尚书工部郎中宋禧巡游青帝观留题。碑文有"间邀羽人话，洞究五千言"⑤等语	唐太一真武二像碑阴	宋禧文，朱演刊

---

① 泰安市文物局编：《泰山石刻大全》齐鲁书社2006年版，第56页。
② （清）唐仲冕：《岱览点校》（上册），泰山学院2004年版，第399—400页。
③ 曾枣庄、刘琳：《全宋文》（卷三七七七），上海辞书出版社2006年版，第150—152页。
④ 史欣：《碑刻与摩崖》，齐鲁书社2000年版，第20页。
⑤ 汤贵仁、刘慧主编：《泰山文献集成》（第3卷），泰山出版社2005年版，第293页。

续表

碑刻名称	修建时间	碑刻内容概要	碑刻现存地	撰文、篆额、书丹
李陟题名碑	宋皇祐四年（1052）五月	碑文记载了州从事李陟与何怀智、李安、王归德、李若清等交往游玩的史料①	岱岳观造像碑石盖上	李陟文
李若清题名碑	宋皇祐五年（1053）	碑文记录了大宋皇祐五年泰山道士李若清、王归德、李茂敕封紫衣的事②	王母池二门内墙壁上（火池内壁）	李若清文

第三节 北宋时期的崂山道教

崂山作为我国著名的道教名山和道场，在山东乃至中国道教史上具有不可替代的地位。北宋时期崂山道教的主要特点：一是形成了以刘若拙、甄栖真和陈璨等为代表的华盖派；二是崂山道乐得到了较快发展，产生了如《归去来兮》等闻名于世的琴曲。宋代建造或改建崂山宫观如上清宫、太清宫、太平宫、明霞洞、神清宫等，不但数量多，而且建筑规模和气势都达到相当高的水平，是当时道教宫观的典型代表。

一 北宋崂山道教派系及代表人物

北宋初期，因道士刘若拙受到宋太祖的赏识，敕封为"华盖真人"，四方道众纷纷来投，崂山一度成为当时中国道教传播的中心，开创了崂山道教的新局面。当时崂山各道教庙宇统归刘若拙新创的"华盖派"，呈现一枝独秀的状态。

（一）刘若拙与华盖派

刘若拙（898或900—991），号华盖真人，后唐五代北宋蜀州（今四川）人。刘若拙自幼年起在四川罗浮山曜真洞出家入道，拜李哲玄的师兄青精真人为师，深得内外双修之功。由于罗浮山是道教内丹派的重要发

---

① 孟昭水校点集注：《岱览校点集注》（上篇），泰山出版社2007年版，第393页。
② 同上。

源地之一，因此刘若拙的崂山华盖派早期所传道法当为内丹派道法。刘若拙地位显赫，道行高深。明黄宗昌《崂山志》中说刘若拙"丹颜皓首，不自知其年，衣弊衣，取掩形耳。不冠不履，冬不炉，夏不扇。一夕端坐化去，神色自若"①。后唐同光二年（924）离开蜀到崂山拜访师叔李哲玄，因师出同门，又相交契合，见崂山环境幽静，很适合清修，遂留于崂山太清宫的南侧，自建驱虎庵，内供老子圣像，独自修行。李哲玄仙逝后，刘若拙受太清宫众道士的拥戴，入主太清宫。他在崂山主要扩建宫殿，包括太平兴国院（太平宫）、上清宫。在太清宫重修三皇殿，把老君堂改建为三清殿，新建了三官殿，使太清宫殿和道舍都达到相当可观的规模。

北宋建隆元年（960），开国皇帝赵匡胤即位，闻刘若拙之名，召京入觐，敕封为"华盖真人"。宋太祖欲留在朝，但是刘若拙执意要回崂山修道。太祖不便强留，放其重归崂山。开宝五年（972）十月，赵匡胤召其至京师主试道士学业。命国库拨银两，准许刘若拙重修太清宫一处，新建宫院两处。这两处新建的道教宫院就是现在的太平宫和上清宫。②刘若拙作《入觐回崂山太清宫吟》诗二诗，记述了其奉诏入京及奉命建宫的情形："东来海上访道玄，幸遇一见有仙缘。宋朝天子丹书诏，奉命敕修道宫院。海角天涯名最胜，秦皇汉武屡敕封。古来游仙知多少，元君老子初相逢。"③宋太宗淳化二年辛卯（991）腊月，刘若拙逝于即墨，葬于高真宫前（今即墨市东关小学院内）。④刘若拙有《三洞修道仪》一卷传世，为道教仪规的重要资料。⑤北宋末年，由于正一派在江南一带影响极大，因此在与江南道教的交流中，崂山道教逐步接受了正一道侧重符箓斋醮的思想，道教思想有了一定发展。

（二）华盖派的传承：甄栖真和陈璨

刘若拙仙逝后，徒弟甄栖真继续主持太平宫的庙事。甄栖真（？—1022），字道渊，号"神光子"，单州单父（今山东单县）人。甄栖真本

---

① （明）黄宗昌：《崂山志》，文海出版社1916年版，第49页。
② 即墨市志编纂委员会：《即墨市志（下）》，方志出版社2007年版，第645页。
③ 青岛市人民政府宗教事务局编：《崂山太清宫志》，1987年，第52页。
④ 李乃胜、石学法、赵松龄、于洪军：《崂山地质与古冰川研究》，海洋出版社2003年版，第273页。
⑤ 周永慎：《历代真仙高道传》，中国社会科学出版社2003年版，第141页。

为儒生，"博涉经传，长于诗赋，应进士举，不中第，叹曰：'劳神敝精，以追虚名，无益也。'遂弃其业，读道家书以自乐"①。甄栖真后成为建隆观的观主。宋大中祥符初年（1008—1016），甄栖真访道崂山，拜华盖真人刘若拙为师，后出游汴京，入建隆观为道士，周历四方，以药术为人治病，不取报酬。年七十五岁，遇神人授其炼形养元之诀，修行二三年，渐返童颜，攀高履危，轻若飞举。乾兴元年（1022）秋，谓其徒"岁暮当逝"，即于宫西北隅自筑殡室。"室成，不食一月，与平居所知叙别，以十二月二日衣纸衣卧砖塌卒。人未之奇也。及岁久，形如生，众始惊，传以为尸解。"② 甄栖真曾与隐人刘海蟾以诗往还，论养生秘术，集为《还金篇》两卷。

甄栖真对山东道教的贡献：一是丰富了道教的内丹修炼。晚年他遇异人授以"炼形养元之诀"，而且立见奇效，不但返老还童，而且攀高履危，身轻如飞絮。后来自筑坟墓，一月不食，在内尸解成道。这一内丹修炼思想与后来全真教思想有很多相似之处，为华盖派接受全真思想创造了条件。二是广施道教医术，甄栖真的医术高深，经常游历四方，以药术济人，不取其报。三是著有《还金篇》两卷，其思想是他和刘海蟾交流养生秘术的所得。

北宋时期崂山道士陈璨和先后在山东为官的苏轼、苏辙兄弟交往甚密。苏轼称赞他"不唯有道术，其与人有情义，久要不忘如此，亦可自重"③。苏辙曾向陈璨问养生术，陈璨未作回答，只是说三年之后当再见。苏辙有诗云："养生尤复要功圆，溜滴南溪石自穿。近见牢山陈道士，微言约我更三年。"④ 反映了当时文人与崂山道教交往的情形。

二　北宋时期的崂山宫观

北宋时期崂山道教发展的另一特征就是宫观数量多，建筑规模和气势都达到相当高的水平，在当时堪称首屈一指。

（一）上清宫

崂山上清宫位于今崂山区王哥庄镇八水河之上，昆仑山之阳，名崂山

---

① （元）脱脱：《宋史》，中华书局1977年版，第13517页。
② 同上。
③ 余冠英：《唐宋八大家全集》，国际文化出版公司1998年版，第3987页。
④ 孔凡礼：《三苏年谱》，北京古籍出版社2004年版，第1224页。

庙。上清宫为崂山古老道观之一，是宋建隆元年（960）赵匡胤为刘若拙敕赐改建的。因在道教文化中上清比太清高一层境界，且地理位置高于太清宫，遂赐名为"上清宫"。上清宫前殿为上清宫正殿，祀三清（玉清元始天尊、上清灵宝天尊、太清道德天尊神像），后殿供奉玉皇大帝神像，左偏殿祀三官（天官、地官、水官神像），右偏殿祀七真（明清以后），殿宇皆为无斗拱硬山式建筑。

（二）太清宫

太清宫又称下清宫，位于崂山区王哥庄镇青山村南，太清宫湾北岸，是崂山道观群中历史最为悠久、规模最为宏大、道徒最多、影响最为深远的一座道宫。据《太清宫志》记载，西汉武帝建元元年（前140），张廉夫曾在此处创三官庵；唐昭宗天祐元年（904），道士李哲玄在此建三皇庵。宋代太平兴国年间（976—984），宋太祖、宋太宗下令重修太清宫，太清宫遂成为华盖真人刘若拙的道场。太清宫的主要殿宇为三官殿、三清殿和三皇殿。三官殿是崂山最早的道教庙殿，供奉天官、地官、水官神像。相传尧帝敬天爱民，上应天象，被后人尊为天官；舜帝民风高尚，地不生灾，被尊为地官；大禹治理洪水灾害，被尊为水官。三清殿由一座正殿和两个偏殿组成。正殿供奉三清神像，东偏殿供东华帝君，西偏殿供奉西王母。东华帝君为天上阳神的总管，姓王名贻，字玄甫，道号东华子，得道成仙后，赐号"东华帝君"。西王母为天上阴神总管，即传说中的"王母娘娘"。三皇殿供奉的是"天皇""地皇""人皇"三位神仙，他们分别是中华民族远古时期的氏族领袖伏羲、神农、轩辕。

（三）太平宫

太平宫，位于崂山区王哥庄镇仰口湾西上苑山之巅，原名为上苑宫，系宋太祖为道士刘若拙敕建之道场。但是未等上苑宫落成，太祖驾崩，其弟赵光义继位，年号为"太平兴国"，上苑宫遂改称"太平兴国院"，后易名为太平宫。太平宫坐北朝南，殿宇呈"晶"字形。太平宫正殿原为"三清殿"，照壁上有"海上宫殿"四字，据传为敕建时所题。宫中供奉三清和玉皇，现为妈祖庙。配殿东祀关圣，西奉文昌帝君。

（四）北宋崂山其他道教宫观

神清宫，创建于宋元祐年间（1089—1094），位于青岛崂山区北宅镇大崂村南山。

天仙观，又名天仙宫、仙人宫，位于即墨市鳌山卫镇西部天柱山，创建于宋代末年。①

驱虎庵，坐落在崂山太清宫西南钓鱼台以北，距太清宫东1.5公里，为刘若拙早期修炼之处。庵内原祀玉皇大帝、后圮。

三　北宋时期的崂山道教音乐

崂山以道教音乐闻名于世。崂山道乐指的是崂山道士念的经歌，分功课经韵、应风经韵及琴曲道歌乐三部分。功课经是每天诵吟的经文，应风经是祭祀时的经文，琴曲道歌是练气功的歌曲。

（一）崂山道乐的发展背景

崂山道乐传统深厚，渊源久远。崂山道教自西汉张廉夫初创太清宫始，就注意收集民间和大江南北曲牌资料，融合吸收后创造了崂山道乐。一是吸纳了民间的音乐，如琴曲；二是吸纳了宫廷音乐曲牌。著名经学家郑玄在崂山用音乐踏唱《周礼》仪式，其素材与牌子后来多被崂山道士所采用，创编成道教经韵曲牌；三是其他道派的道经韵牌。如五斗米道张道陵的韵曲，特别是西晋时期郭璞的《葬经》，对后世崂山外山庙庵宫观的应风派道士的"度亡灵"之类的韵牌，起到了奠基作用。

北宋立国之后，为崂山道乐的发展创造了条件：一是皇帝亲自编写道乐。宋太宗、宋真宗、宋徽宗分别编写道乐，有数十首之多，如《步虚辞》《散花词》《白鹤赞》《玉清乐》《太清乐》等。二是出现了不同的伴奏乐器。北宋时期丝弦乐已加入了道乐的行列，道乐的伴奏乐器日趋完备。三是儒学士人对崂山道教的信奉，为道曲的发展创造了很多的经典曲目。

（二）北宋时期的崂山道士、琴人及琴曲

1. 刘若拙

刘若拙是宋初重要的道乐活动家，对崂山道教音乐的发展做出了重要贡献。他自幼善琴棋，后在崂山驱虎庵修道，常年过着昼抚琴，夜驱虎的生活。后来刘若拙居于太平兴国院（后更名太平宫），这里的交通比崂山南麓方便，故这个时期崂山东北隅的古琴乐及其他的庙事活动均比崂山南麓兴盛。

---

① 青岛市史志办公室：《青岛市志·崂山志》，新华出版社1999年版，第307—308页。

2. 乔绪然

乔绪然，生卒年不详，曾任长广郡侍管，后因讼事遭株连而弃官入道。他自幼就学习鼓琴和诗文，出家崂山太平兴国院后，更是潜心琴乐。乔绪然与苏轼交好，宋元丰八年（1085），苏东坡在去登州任职途中，至崂山太平宫等山庙遨游，将其谪居黄州期间作的富有江南风味的古琴曲《归去来兮》（又称《归去来兮辞》），赠给太平兴国道院的道士乔绪然，该琴曲被改编成各种器乐曲为道乐所用，在崂山道教音乐中一直占据主导地位。

3.《归去来兮》谱例

琴曲《归去来兮》创作于宋元丰八年（1085），乃是苏东坡由南都（今河南商丘）返回阳羡（今江苏宜兴县南）途中所作。词文原文为：

> 归去来兮，清溪无底，上有千仞嵯峨。画楼东畔，天远夕阳多。老去君恩未报，空回首、弹铗悲歌。船头转，长风万里，归马驻平坡。
>
> 无何。何处有，银潢尽处，天女停梭。问何事人间，久戏风波，顾谓同来稚子，应烂汝、腰下长柯。青衫破，群仙笑我，千缕挂烟蓑。①

该词上阕抒发了苏轼得以回归阳羡的喜悦之情和对神宗的感激之情，下阕描述了苏轼身在仙境的感受经历，反映了其对于阳羡隐逸生活的向往。全词想象生动，笔法灵活。②

第四节 北宋时期的沂山道教

沂山古称"海岳"，有"东泰山"之称，位于山东泰沂山脉东端，蜿蜒连接临朐、沂水、沂源三县。为五镇③之首，被誉为"鲁中仙山"，因

---

① （宋）苏轼：《苏轼全集（上）》，上海古籍出版社2000年版，第607页。
② 韩格平：《苏轼词选注》，吉林文史出版社2000年版，第86页。
③ "五镇"是指山东东镇沂山、浙江绍兴南镇会稽山、陕西宝鸡西镇吴山、辽宁北镇医巫闾山、山西中镇霍山。

其望秩①之典和十全灵气②为道家所推崇。历史上有很多的仙道方士在此采药炼丹，传授《道德经》等道家经典。北宋时期，在宋太祖的引领下，沂山宗教发生了重大转变。

一 北宋之前沂山的赐封

历代帝王对沂山屡加封赐和祭祀。据《史记》载，黄帝曾登封沂山，舜肇封沂山，定沂山为东镇。西汉太初三年（前102），汉武帝封东泰山，武帝亲至其下，令礼官祀之，并在玉皇顶立"泰山祠"，东汶水之上建"五帝祠"。此后历代凡遇大典，皇帝都会亲临或派重臣赴东镇沂山祭祀。③ 由此，沂山誉满四海，但是在北宋之前，沂山一直是佛教的天下。自北宋始，沂山宗教发生了重大转变，道教大行。

表5—2　　　　　　北宋之前历代帝王对沂山的封诰④

朝代	皇帝	封禅告祭时间	封祭形式	遗址、遗物
夏之前	远古帝王	皇帝封东泰山禅凡山 尧封东泰山 舜定十二州后封东泰山禅凡山		五帝祠 尧王祠 朱虚故城尧山祠
西周	穆王	公元前11世纪	封东泰山	嘉陵关、穆妃盛姬陵
西汉	武帝	太初三年（前102）四月	祭封沂山	御碑、泰山祠、汉柏
西魏	文帝	大统元年（535）三月	祭封沂山	御碑、建朝阳寺
隋	文帝	开皇十四年（594）闰十月	祭封沂山	御碑、立东镇祠
唐	太宗	贞观十年（636）正月二十三	诏封沂山东安公	御碑、建凤阳寺
唐	玄宗	天宝十年（751）二月	加封沂山东安公	御碑、唐槐
后周	太祖	广顺二年（952）五月	祭告沂山	御碑、郭雀寨

二 北宋皇帝与沂山道教

北宋王朝对沂山高度重视，帝王多次亲至沂山祭封，东镇庙内先后立有宋朝帝王的3幢御碑和26幢代祀（奉旨代替皇帝祭告）碑，为历朝所

---

① 祭祀：望秩于山川。（《书·舜典》）又如，秩望（望祭，远祭）等。
② "十全为上"，意指仙灵之气。
③ 关瀛：《中国五镇》，中国旅游出版社2009年版，第4页。
④ 黄忠：《沂蒙大观》，山东大学出版社2011年版，第37页。

少见。① 这反映了当时沂山及其道教在中国道教中的地位和影响，以及道教在沂山地域发展和演变的情况。

（一）宋太祖与沂山道教

宋太祖对沂山的崇拜始于登基为帝之前。后周太祖郭威（904—954）广顺二年（952）五月祭沂山时，赵匡胤曾奉侍左右。因沂山北面有9座山峰（凤凰山）拥9条山谷，似9条青龙，蜿蜒南来，藏龙栖凤，堪称龙凤呈祥之宝地。因此，深得宋太祖青睐。

宋太祖为巩固皇权、加强东方的治理，仿效郭威，亲往祭告东镇沂山。建隆三年（962）春三月，他命宰相赵普安排拟就诏书，诏命工部在九龙口处重修沂山山神庙。此次营造规模空前，总造庙殿楼阁、道舍斋房九十三楹，改称"东镇庙"。② 乾德二年（964），宋太祖率文武百官，千里迢迢来沂山，亲主落成大典，赐庙名为"东镇庙"，并以封禅大礼祭封沂山。

（二）宋真宗、宋仁宗、宋徽宗与沂山道教

自太祖诏封沂山后，沂山道士因受皇封，备受尊崇，沂山道教盛极一时。后来宋真宗等历代皇帝继续授予沂山较高的地位，亲赴沂山祭告。如宋真宗于大中祥符元年（1008）封东镇沂山为"东安王"；宋仁宗于景祐三年（1036）亲赴沂山祭告，并在东镇庙内亲植银杏二株；宋徽宗于政和三年（1113）再诏沂山为"东安王"。

三　北宋时期的沂山宫观

（一）东镇庙

东镇庙始建于西汉太初三年（前102），原建于玉皇顶，名"泰山祠"。隋文帝开皇十四年（594），迁庙于法云寺侧，称"东镇沂山神庙"。北宋建隆三年（962），宋太祖敕造东镇庙，迁至沂山东麓之九龙口处。与别处道观不同，东镇庙祭祀的不是玉皇大帝，而是沂山神。镇庙内有景观东镇碑林，有宋太祖赵匡胤建隆三年（962）"诏重修东镇庙碑"、仁宗景祐三年（1036）"祭告沂山碑"和徽宗政和三年（1113）"诏封沂山为

---

① 潘心德：《东镇沂山》，济南出版社1998年版，第397页。
② 山东省临朐县地方志编纂委员会：《临朐县志（1988—2000）》，齐鲁书社2004年版，第510页。

东安王碑"等。

（二）仙客亭

仙客亭坐落于吕祖洞东侧山岩间，始建于宋太宗淳化年间（990—994），由封丘人、临朐县主簿赵贺题额。相传吕洞宾周游名山大川，选修身养性吉地，一日漫游到沂山百丈崖（在沂山东镇庙上行约2公里处，崖高65米），见银光围绕，遂在此居住修炼，此山洞因而得名"吕祖洞"。

（三）玉皇阁

玉皇阁位于沂山主峰玉皇顶，初建于西汉太初三年（前102），后因佛道之争于唐文宗开成元年（836）被焚。北宋初于该址重建祠堂三间，每逢祭祀日开庙，香火不盛。

（四）碧霞祠

碧霞祠，位于沂山歪头崮顶之阳，是朐邑内最早的"天仙圣母碧霞无君祠"，始建于北宋景祐年间（1034—1038），宋称"昭真祠"。[①]

四 北宋时期的沂山道教碑刻

沂山道教碑刻主要记载了沂山设醮、祭祀、圣水、祷雨、造炉、建观的情况，反映了宋代沂山道教的传承与法事活动，是沂山道教发展和演变的见证。其中，东镇庙内先后立有宋朝帝王祭封沂山的3幢御碑：宋太祖诏重修东镇庙碑，宋仁宗祭告沂山碑，宋徽宗诏封沂山为东安王碑。8幢代祀碑：968年刘熙古代祀碑，973年杨澈代祀东镇碑，1022年曹玮代祀沂山碑，1035年庞籍代祀东镇碑，1042年陈执中代祀碑，1065年卢士宗代祀东镇碑，1090年刘挚代祀碑，1126年曾孝序代祀沂山碑。另有15幢诗碑、记事、游记等碑共计26幢。[②] 从这些碑碣可以充分看出宋王朝对沂山的重视程度，特别是将沂山的封号由唐时的"东安公"升格为"东安王"，大大提高了东镇沂山的声名，逐渐形成了"东崂山，西沂山"的道教活动中心。东镇庙及沂山部分道教碑刻列表[③]如下：

[①] 潘心德：《东镇沂山》，济南出版社1998年版，第178页。
[②] 政协临朐县委编：《东镇沂山》，1991年印刷，第9—11页。
[③] 潘心德：《东镇沂山》，济南出版社1998年版，第93、229—230、270—271页；临朐县沂山风景区管委会：《东镇碑林》，山东文艺出版社2007年版，第4页；政协临朐县委员会：《临朐县旧志汇编》，潍坊市新闻出版局，2002年，第176、177、548页。

表 5—3　　　　　北宋东镇庙及沂山部分道教碑刻一览表

碑刻名称	修建时间	碑文内容概要	碑刻现存地	撰文、篆额、书丹
圣水泉碑记	宋景祐四年（1037）	碑文记录了沂山圣水泉得名之缘由以及宋仁宗御赐名"圣水泉"一事	沂山法华寺大雄宝殿后面	观文殿大学士庞籍撰文
沂山设醮记碑	宋仁宗庆历六年（1046）	此碑乃道教记载法事之文，碑文无存	沂山东镇庙	张从训撰，道士吴太昭书石
吴奎"雨师台"题刻	宋神宗熙宁年间（1068—1077）	该题刻乃青州知府吴奎祷雨灵验，为报神之恩泽，遂刻"雨师台"3字	沂山百丈崖	吴奎
苏轼"和李邦直沂山祷雨有应"诗碑	宋神宗熙宁八年（1075）	诗碑乃苏轼任密州知州时，就朋友李邦直来沂山祈雨一事所作，有"今朝一雨聊自赎，龙神社鬼各言功"之言	沂山东镇庙碑林	苏轼
尧王庙造石香炉记	宋徽宗建中靖国元年（1101）	碑文记录青州临朐县忠善乡盘阳村造尧王庙石香炉一座一事	潍坊临朐上林庄报恩寺	不详
天宁万寿观造像记	宋宣和四年（1122）	碑文记录龙山万寿观"创置造醮坛，上虚皇天尊一躯"一事	潍坊龙山西北	不详
张所代祀碑	宋宣和七年（1125）	碑文记录了宋宣和七年皇帝遣监察御史张所祭告于东镇沂山东安王一事	东镇碑林	张所文

第五节　北宋时期的蒙山道教

蒙山位于山东省平邑、费县、蒙阴三县之间，素有"三十六洞、七十二峰"之称，是道教理想的修真养性之福地。北宋时蒙山产生了如贺亢、乔仝、贾文等一批名道，修建了如玉虚观（万寿宫）、古蒙祠等宫观，至今遗留有《熙宁残牒石刻》《宣和帖石刻》等石刻。

一　北宋时期的蒙山名道

北宋时期蒙山道教代表人物，主要有琅琊人贺亢、蒙山人乔仝、临沂人贾文以及兰陵人吴守一。他们长期在蒙山修炼，留有诗文佳作，有着自己独特的道教思想，对蒙山道教文化的弘扬和宫观建设做出了一定的贡献。

（一）贺亢

贺亢，北宋初琅琊（今山东临沂）人。因做过水部元外郎，又称"贺水部"，后弃官修真于蒙山。仁宗天圣初，贺亢"使其弟子喻澄者诣阙，献浮屠、老子像，直数千万。"① 贺亢留有诗作："有客来相问，如何是治生。但存方寸地，留与子孙耕。"北宋名士杨时（1053—1135）为其作跋，名曰《跋贺仙翁亲笔诗》："贺仙翁示人以治生之说，旨哉有味其言也，岂徒可以遗子孙乎？至人所以养生尽年，亦在方寸之地自耕而已，不知出此，虽岩居水饮，尽为寿之术，必有虎食其外也，其人不可得而见。读其诗，观其字画，亦足想见其人矣。"②

（二）乔仝

北宋时蒙山道人。少年时患有麻风病，须眉脱落，后来入山遇贺亢。贺使其学道，年过八十身体还很健壮。宋元祐二年（1087）十二月，乔仝西去汴京访翰林学士兼侍读苏轼，自言他的师父贺亢仍然活着，并与他相约来年在蒙山会面。苏轼信以为真，赋诗六首送他并寄贺君。诗文云：

---

① （宋）苏轼、黄庭坚：《东坡诗·山谷诗》，岳麓书社1992年版，第63页。
② 吴文治：《宋诗话全编》（第2册），江苏古籍出版社1998年版，第1039页。

其一：君年二十美且都，初得恶疾堕眉须。红颜白发惊妻孥，览镜自嫌欲弃躯。结茅穷山啖松腴，路逢逃秦博士卢。方瞳照野清而癯，再拜未起烦一呼。觉知此身了非吾，炯然莲花出泥涂。随师东游渡潍邘，山头见我两轮朱。岂知仙人混屠沽。尔来八十胸垂胡，上山如飞嗔人扶。东归有约不敢渝，新年当参老仙儒。秋风西来下双凫，得枣如瓜分我无？

其二：生长兵间早脱身，晚为元祐太平人。不惊渤海桑田变，来看龟蒙漏泽春。

其三：曾谒东封玉辂尘，幅巾短褐亦逡巡。行宫夜奏空名姓，怅望云霞缥缈人。

其四：垂老区区岂为身，微言一发重千钧。始知不见高皇帝，正似商山四老人。

其五：旧闻父老晋郎官，已作飞腾变化看。闻道东蒙有居处，愿供薪水看烧丹。

其六：千古风浪贺季真，最怜嗜酒谪仙人，狂吟醉舞知无益，粟饭藜羹问养神。①

（三）贾文

贾文，原名贾成公，临沂人，笃信道教，玉虚观的开山鼻祖。相传宋政和年间，贾文得遇吕洞宾，与吕同游后，便显异能，洞知祸福。宣和元年（1119）五月，宋徽宗赐给其度牒、紫衣。② 贾文先后受到宋、金两朝的重视，在蒙山修建殿宇，广收道众。金皇统四年（1144）十一月初五羽化升天，得赐谥"清虚文成公先生"，其弟子为其建祠祀奉。

（四）吴守一

吴守一，兰陵人。曾随隐士刘真人修炼多年，受度脱养生之秘术。后到神峰山（文峰山），住山峰高耸处，辟谷不食。一天，有道士至茅屋和其叙谈，烹茶共饮。片刻，道士忽然不见。其寿过九十，已具有仙风道

---

① （清）王文诰：《苏轼诗集》，中华书局1982年版，第1552—1554页。
② 见清光绪二十二年（1896）《费县志》卷十四《金石（上）·宣和帖石刻》。

骨，发如鹤毛，颜若儿童，升仙夜，满屋奇香，白宿主飞舞。①

二 北宋时期的蒙山道教宫观、碑刻

（一）玉虚观

玉虚观，位于蒙山南麓，始建于宋代。临沂人贾文曾在此观传道三十余年，主持创建了玉虚观正殿三清殿等建筑。相传贾文入道前，曾在梦中得纯阳真人吕洞宾点化，要其创建道宇，后贾文寻此建造宫观。宣和元年（1119），贾文得宋徽宗赐度牒紫衣之后，玉虚观更是当时蒙山一带最大的道观。

（二）古蒙祠

古蒙祠，原称蒙祠，又名灵仙庙、颛臾王庙，始建于西周初期，是颛臾国王主持祭祀蒙山神的主祭处。北魏郦道元《水经注》载："治水迳蒙山下，有蒙祠。"

相传颛臾是太昊伏羲后裔，伏羲在道教经典中是"三皇"之首。北宋对颛臾王的重视实际上也是其崇道政策的表现。熙宁八年（1075），宋神宗封颛臾王为"灵显潜应侯"，蒙祠一度改为"灵仙庙"；宣和五年（1123），宋徽宗加封颛臾王为"英烈昭济惠民王"。从此，蒙祠主祭由玉皇大帝改成了颛臾王，祠名也改为"英烈昭济惠民王庙"，颛臾王升格为东蒙之神。

（三）熙宁残牒石刻

"碑在蒙山下万寿宫，为劣道凿去左旁及下截，见存残石高工尺三尺四寸，阔一尺九寸五分。牒文五行，行十八字，前四行下俱缺，末行三字而止，中年号一行字较小。"② 该碑又名《蒙山王安石碑》，刻于宋熙宁八年（1075）六月，额题"灵显"二字，碑文为宋神宗敕封颛臾王为"潜应侯"之牒文。全文如下：

　　□□皆以名闻，将偏加礼命，以褒显之，如此非特以□□□□□盖圣王制理所当然也。唯神聪明正直，芘于一□□之求如应影响守臣

---

① 临沂地区民族宗教事务局：《临沂地区民族宗教志》，临沂地区出版办公室，1994年，第160页。

② 费县地方史志编纂委员会办公室：《费县旧志资料汇编》，1993年内部印行，第306页。

列上联甚嘉焉。论报功□□，爵且俾民奉事不懈益恭，特封潜应侯，牒至□□敕，故牒。①

落款有"吏部尚书、平章事王""礼部侍郎、参知政事王""参知政事吕""吏部侍郎平章事韩"等字样。考之宋史，落款诸人应该是"王安石、王珪、吕惠卿、韩绛"②，这四人深得宋神宗赏识。由此足见神宗封颛臾王为"潜应侯"是件大事。

（四）宣和帖石刻

该石刻亦称《蒙山道德院帖碑》，记贾文受封度牒、紫衣事。宋徽宗赐以贾文度牒，说明蒙山道教已引起皇家重视，也说明贾文在当时道教中的地位较高。此碑乃贾文弟子周守先主持追刻，琅邪人张子仲书，沂阳刘彦仁刻。碑文如下：

左右街道德院
承尚书省札、沂州状，敦遣道人贾文赴院审验，遂具奉闻。
奉圣旨特给赐度牒、紫衣，今来本人礼金，坛郎凝神殿授经。签书右街道德院事，知在京神霄玉清万寿宫丁安行为师，已经秘书省填托，须至指挥。
上除已牒文沂州照会，令道士贾文赴神霄宫安下外，令帖道士贾文仰照会。宣和元年五月（左右街道德院印）日帖，付贾文。③

第六节　北宋时期的其他名道、宫观和碑刻

北宋时期，昆嵛山民间信仰，以及蓬莱海神妈祖信仰、长岛民间信仰、蓬莱天后信仰、龙王信仰、蓬莱传说等较为普遍，并带动了宫观、石刻碑文的修建，为金元全真道教在昆嵛山地区的形成提供思想文化因素。

---

① 费县地方史志编纂委员会办公室：《费县旧志资料汇编》，1993年内部印行，第305页。
② 熙宁宋神宗年号。三年十二月，以王珪参加政事；七年三月，王安石免，以韩绛平章事，吕惠卿参知政事；八年二月，复以王安石平章事。此碑参知政事吕，系惠卿；参知政事王，系珪；平章事韩，系绛；平章事王，则安石也。
③ 费县地方史志编纂委员会办公室：《费县旧志资料汇编》，1993年内部印行，第306页。

一　北宋时期的昆嵛山民间信仰

北宋时期昆嵛山民间信仰主要以麻姑传说、麻姑信仰为代表，并融入相应的民风、习俗，以及宫观、碑刻之中，为金元时期全真道在昆嵛山地域的形成奠定了一定的思想和文化基础。

（一）麻姑传说与宋徽宗信道

北宋时期，麻姑信仰开始在昆嵛山地区广泛流传，这为全真道在昆嵛山的形成创造了条件。道教典籍对麻姑的出生姓氏、修炼来历等情况的记载虽然各有不同，但宋徽宗对麻姑的赐封，使这一民间传说流传甚广，影响甚远。

1. 麻姑传说

麻姑是中国道教中的女仙之一，《仙经》云："麻姑于姑余山（今昆嵛）得道上升。"麻姑修道于牟州东南的姑余山（今称昆嵛山）。《登州府志》："麻姑，后赵麻秋女，或云建昌人，修道于牟州东南姑余山，政和中封真人。"[①] 民间普遍认为麻姑与昆嵛山有关，流传有麻姑斩刺、麻姑赐衣、麻姑献寿等故事，并认为昆嵛山是麻姑羽化升仙之余物，故称姑余山。

2. 宋徽宗对麻姑的赐封及影响

北宋政和六年（1116），昆嵛七十二峰之一的麻姑山进入北宋朝廷视野。宋徽宗下诏敕封在此修炼得道的麻姑为"虚妙真人"，并要地方官在昆嵛山中修建道观，刻碑祭祀。重和元年（1118），宋徽宗又赐麻姑所居为"显异观"，使麻姑信仰在人们心目中的形象由模糊逐渐变得清晰。从此以后，麻姑作为长寿、健美、聪明、正直、纯洁的象征，更加受到胶东人的崇拜。[②]

宋徽宗时，昆嵛山成为继崂山之后又一个道教文化中心。人们以不同的方式来祭祀麻姑。因为相传麻姑成仙升天是在四月十五日，人们就定于每年这一天举行胶东最大的庙会。[③]

[①] 见清康熙三十三年（1694）《登州府志》卷十八《仙释》。
[②] 牟钟鉴：《全真七子与齐鲁文化》，齐鲁书社2004年版，第116页。
[③] 丁鼎：《昆嵛山与全真道：全真道与齐鲁文化国际学术研讨会论文集》，宗教文化出版社2006年版，第477页。

(二) 于知雄与昆嵛山道教

于知雄，本籍登州牟平。乡党之中，人皆谓曰："子神情闲淡，骨气清虚，常慷慨以独醒，又洞达于众妙，必为人间之师矣。"① 宋太宗淳化年间（990—994），于知雄诣东京上清宫右街道录，拜冲和真静大师麦守清为师，于至道三年（999）获得道士资格。大中祥符元年（1008），宋真宗泰山封禅礼毕回銮，蒙圣恩赐紫衣三事，敕牒一道，银碗六只。祥符二载（1009），补充管内道正。② 大中祥符八年（1015），特赐师号敕牒一道，奉旨重修宫观。在观者：朱真玉、何真洞、随真同、郝真固、赵真齐、于真亮、王真实。③

(三) 昆嵛山、蓬莱地域的道教宫观

在宋代，昆嵛山主要有麻姑观、妈祖庙，另有长岛、蓬莱一带显应宫、天后宫、龙王庙等。

宋初太平兴国四年（979），昆嵛山麻姑观观主、老道姑王守缘根据麻姑在根余山上成仙，便取根余山之"余"字，改麻姑为"姑余大仙"，主持重新翻修麻姑观，并改为姑余大仙殿。

北宋中叶，海神"妈祖"信奉由福建沿海地区传入昆嵛山地区。"通灵变化，驱邪避厄"，被渔民尊称为海神。昆嵛山地区的渔民为求海神保佑，修建了"妈祖庙"以供参拜。

长岛显应宫，原称海神娘娘香火院，位于山东长岛县的庙岛（古称沙门海岛）东部，建于宋宣和四年（1122），是我国北方建造最早、影响最大的妈祖庙。

蓬莱天后宫，始建于宋崇宁年间（1102—1106），坐北朝南，西接龙王宫，东邻蓬莱阁。蓬莱天后宫是中轴式建筑，主要建筑有钟鼓楼、戏楼、前殿、正殿、寝殿。④

上述宫观建设，标志着昆嵛山、蓬莱地域不但融入了麻姑信仰，而且福建沿海地区"妈祖"信奉也传入了山东胶东地区，使该地区民间信仰呈现出内容丰富、多元包容的宗教文化特征。

---

① 陈垣编纂：《道家金石略》，陈智超、曾庆瑛校补，文物出版社1988年版，第256页。
② 同上书，第126页。
③ 四川大学古籍整理研究所：《全宋文》（第11册），巴蜀书社1990年版，第726—727页。
④ 赵浦根、朱亦：《山东寺庙塔窟》，齐鲁书社2002年版，第289—291页。

（四）北宋时期的昆嵛山石刻

北宋时期昆嵛山石刻流传至今不多，其碑文残缺不全，记载的内容亦较为零散。列表①如下：

表5—4　　　　　　　　北宋时期昆嵛部分石刻一览表

碑刻名称	修建时间	碑文内容概要	碑刻现存地	撰文、篆额、书丹
麻姑梳妆阁碑铭	北宋	碑文无存，额曰"兴修虚妙真人碑记"八字尚完好	昆嵛山麻姑殿西南峰	佚失
宋姑余大仙并翻修殿碑铭	宋太平兴国四年（979）十二月	碑文记录麻姑观的历史以及王守缘等重修麻姑殿一事。碑文缺失较多	昆嵛山显异观	乡贡进士李起撰，前正团练押衙于杲书

二　其他名道、宫观与碑刻

北宋时期的其他名道，有北宋曹州雷泽（今属山东曹县东南）人魏二翁，宋代潍城人徐问真，宋临淄（今淄博市）人皇甫坦，宋厌次（今山东平原）人刘支离和张道源等。宫观有景灵宫、常山神庙、延真宫、文峰山道观群、朝元观、妙应侯庙、博山玉皇宫和颜文姜祠等。碑刻有苏东坡《海市诗》等。

（一）道士

魏二翁（亦有典籍称魏一翁），北宋曹州雷泽（今山东濮县东南）人。《兖州府志》载："（魏一翁）遇异人得道，手持蒲扇，与人语祸福。"②宋徽宗听其神异，遣使召之。宣和年间，其尸解而去。

徐问真，宋代潍州名医，潍城南宫道士。精于医学，常为人治病。欧阳修熙宁元年（1068）知青州，道士徐问真来访。欧阳修常患有足疾，疼痛难忍。徐问真授以吸气之法，果有成效。③

皇甫坦（？—1178），字履道，号清虚道人，宋临淄人（今淄博人，一说四川夹山人）。后遁迹于峨眉山。皇甫坦拜妙通真人朱桃椎为师，得

---

① 宋宪章：《牟平县志》，（台湾）成文出版社1968年版，第1453—1454、1456页。

② 《道藏》（第5册），文物出版社、上海书店、天津古籍出版社1988年版，第402—403页。

③ （宋）苏轼：《苏轼文集》，中华书局1986年版，第2318页。

授坎离虚实之旨、内外二丹之诀。① 绍兴二十七年（1157），显仁太后患眼疾，皇甫坦为太后嘘呵布气，顿时瞖开目明。高宗令其致祷于青城山丈人观，下诣皇甫坦其师朱桃椎旧隐安静观，赐庵匾为"清虚庵"，并诏令绘皇甫坦像。淳熙五年（1178）九月二十三日作遗表，次日晨沐浴更新衣，至日中集众焚香，遗训弟子，坐绳床仙逝。②

刘支离，宋厌次（陵县，古称厌次、今山东平原等）人。有道术，羽化于此，尝书符咒水，立碣于泉上以标之。③

张道源，宋大观时人。贤而隐居黄冠，建玉皇宫于凤皇上半，修真于此，又筑肖蓬瀛亭，为憩游别院，李桓为文记之，碑今在玉皇宫。④

（二）宫观

景灵宫，建于宋大中祥符五年（1012）闰十月。宋真宗以始祖黄帝生于寿丘（在今曲阜城东），下诏改曲阜县名为仙源，将县治徙迁寿丘，并营建景灵宫以奉祀黄帝。景灵宫历经四年而成之，总计一千三百二十间。宋真宗天禧元年（1017）三月，宰相王旦等人到曲阜行奉安圣祖黄帝玉石圣像典礼，又诣太极观上嫘祖懿号曰"圣祖母元天大圣后"。宋仁宗天圣年间（1023—1031），景灵宫建筑群遭到火灾，宫殿被毁。宋仁宗下诏予以重修，但规制却缩小了。宋徽宗政和元年（1111），对寿丘景灵宫进行了大修，并制了几座大碑。⑤ 因碑高大笨重，难以移动，当地人称之为"万人愁"碑。⑥

常山神庙。常山原名卧虎山，因山形长而得名，位于诸城市南10公里。北宋熙宁八年（1075），苏轼下令将常山神庙修葺一新。熙宁九年（1076）五月，京东、河北大旱，苏轼祷于常山。六月，天降大雨。七月，在苏轼遵从民意的奏请下，朝廷下诏封常山神为润民侯。⑦

延真宫，位于山东龙口10公里卢山。清同治十年《黄县志》记载：

---

① 曹海东：《二十五史通鉴》（第5卷），北京团结出版社1997年版，第3552页。
② 中国道教协会：《道教大辞典》，华夏出版社1994年版，第733页。
③ 清乾隆《博山县志》卷七《仙释》。
④ 同上。
⑤ 大碑：《曲阜县志》记为有5碑，但杨奂记为有4碑。
⑥ 孔繁银：《曲阜的历史名人与文物》，齐鲁书社2002年版，第184页。
⑦ 南开大学胶州历史文化研究中心：《胶州历史文化初探》，天津古籍出版社2007年版，第142页。

"延真宫在卢山之阳，即卢童子升仙处。隋曰升天观，唐曰仙君观，宋熙宁间；郡守李良辅因岁旱累祷有感，疏请封号卢仙，曰冲禧真君，赐额延真宫。"① 宋朝时，卢山延真宫已很有名气，宋人徐兰畏有序记云："卢山延真宫，冲禧卢真君煮药登仙之地也。宫内有池，在圣母殿前，乡间岁时祈祷，嘉应非一。"② 三畏又有诗吟咏庙宇："芝阳旧是神仙宅，驾鹤凌云著前籍。青冥倒影不可寻，间有遗灵表奇迹。……炉形塔影最明察，俨如天匠穷雕刻。"③ 卢山观全盛之时，建有三清殿、真武殿、圣母殿、观音殿、送神殿、佛爷殿、阁老殿等系列建筑，并有道士房、迎仙桥、养鱼池等附属设施环绕，香火兴旺。该道观一直是卢山仙道活动的中心场所。④

文峰山道观群，位于临沂县城西17公里的文峰山，有玉皇殿、三官庙、泰山行宫、三星殿、关帝庙、眼光楼、龙玉楼、晒书台等建筑。龙王楼建于宋咸平二年（1000）。

朝元观。位于日照市巨峰赵家庄子村北朝元山南面。⑤ 有宋代银杏一株⑥，故应始建于宋代。

妙应侯庙，位于宋时山东范县（今河南省）的黑龙潭。《募修黑龙潭妙应侯庙引》云："范东南十五里许，旧有黑龙潭祖妙应侯于潭上。凡邑之水旱灾眚，有祷辄应，以故受封于宋，重修于元，鼎新于明。"⑦

博山玉皇宫，位于博山李家窑南凤凰山东麓。据清乾隆《博山县志》载："玉皇宫，在凤凰山半。宋大观中黄冠张道源所建，庭有古桧，乡多科名，必作花。"⑧ 有宋代刘支离《咒水符石刻》，石高二尺九寸，广二尺二寸，草书。碑左刻符，旁题"神霄玉清万寿□"，在博山凤凰山玉皇宫。⑨

颜文姜祠，又称颜神庙。《淄州重修颜神庙记》记载宋咸平六年（1003）博州牧守主持重修颜神庙之事。《赐颜文姜顺德夫人号记碑》记

---

① 同治十年（1871）《黄县志》卷二《营建》。
② 同治十年（1871）《黄县志》卷十四《杂事志》，《卢山纪异》序。
③ 同治十年（1871）《黄县志》卷十二《艺文志》，《卢山纪异》诗。
④ 王赛时：《山东海疆文化研究》，齐鲁书社2006年版，第513页。
⑤ 《城建志》编写组：《日照乡村古建筑选介》，《日照古今》1986年第1—2期。
⑥ 日照市地方史志编纂委员会：《日照市志》，齐鲁书社1994年版，第708页。
⑦ 余文凤：《续修范县县志》，成文出版社1968年版，第689页。
⑧ 清乾隆《博山县志》卷二《祀典》。
⑨ 陈垣编纂：《道家金石略》，陈智超、曾庆瑛校补，文物出版社1988年版，第424页。

载了宋神宗熙宁八年（1075）敕封颜文姜为"顺德夫人"，并赐"灵泉庙"为额。①

（三）碑刻

表5—5　　　　　　　　　部分石刻碑文一览表

碑刻名称	修建时间	碑文内容概要	碑刻现存地	撰文、篆额、书丹
新修东海广德王庙碑文②	宋太祖开宝六年（973）六月十二	碑文记载了东海广德王之事迹以及海王庙修建之规模和始末	山东莱州	贾黄中撰
淄州重修颜神庙记碑	宋咸平六年（1003）	记重修颜神庙之事	博山颜神庙内	周沆撰文
蓬莱阁记碑③	宋嘉祐六年（1061）	碑文记载，蓬莱阁的有关民间传说和历史缘起、寓意，并描写了建成后的绝美景观	蓬莱阁	不详
增修孝妇庙碑记	熙宁六年（1073）	记载了孝妇庙"自乾化迄今百有六十年，中间殆尝经葺，至是再新，而基构始大"等内容	博山颜神庙内	商亿撰文、张洙书丹
"敕女"石碣	北宋熙宁八年（1075）六月	记载了"敕淄川孝妇颜文姜，有功烈于民而爵号未称者，今特封顺德夫人，仍赐灵泉庙为额"等内容	博山颜神庙内	中事梁中立、书令史唐史孟
重修土地祠堂记	宋熙宁九年（1076）四月二十一	碑文记载"巨野县尉卜温等人重修巨野土地庙"一事	山东巨野	佚失
《海市诗》刻石	宋元丰八年（1085）	诗作乃苏东坡祷于登州海神广德王之庙所作	烟台蓬莱阁卧碑亭内	苏东坡撰文

---

① 赵卫东主编：《山东道教碑刻集：博山卷》（上、下），齐鲁书社2013年版，第223—224页。
② 祝尚书、曾枣庄、刘琳：《全宋文》（第三册），巴蜀书社1989年版，第237—239页。
③ 蓬莱市地方史志编纂委员会编：《蓬莱阁志》，1992年，第32—33页。

第七节　北宋时期陈抟内丹学在山东的传播

陈抟在道教史上是继老子、张陵之后又一道教至尊，被称为"陈抟老祖"。受陈抟内丹学的影响，山东产生了一批如张咏、田告、刘概、李之才等道教名家，并使山东内丹学进入了一个繁荣时期。

一　陈抟内丹思想的特点

陈抟将佛家"心"与"空"的观念融入内丹学理论，提出内丹修炼的五种境界；把老子"无极"作为内丹学的思想基础，提出"无欲以静"，并用《易》图说明内丹的修炼方法和过程，将内丹思想易学化。

（一）佛道合一

陈抟借用佛家用语和思想，提出"夫观心者，非空空视心也。心统性情，又兼意识"①。认为宇宙万物乃阴阳之气所生，有成有灭，视之如幻而不必执着，并提出"顽空""性空""法空""真空"以及"不空"等内丹修炼的五种境界。只有当超越前四个阶段而进入"不空"状态时，才能达到成仙的境界，②达到佛道合一。

（二）丹老融合

陈抟内丹思想是老子无极思想的体现，作为《无极图》中最高范畴——无极，本身即来自《老子》："知其白，守其黑，为天下式，常德不忒，复归于无极。"其内丹思想中的"无欲以静"观念来自于《老子》："致虚极，守静笃，万物并作，吾以观其复。夫物芸芸，各归其根。归根曰静，静曰复命。"这都表现了内丹学与老子思想的相互融合。

（三）易丹结合

宋代道士陈抟精于易学，开辟了图书解易的先河，陈抟把《易》学和丹道结合起来，用《易》图说明内丹的修炼方法和过程，将内丹思想易学化。陈抟将太极、阴阳与八卦相结合，以八卦标示阴阳消长的空间方位。"先天"与"后天"出自《乾·文言》："先天而天弗违，后天而奉天时。"在宋代以前，没有先天与后天八卦组合结构。

---

①　《玉诠》卷五［见《道藏辑要》（第21册），第9166页］。
②　杨军：《宋元三教融合与道教发展研究》，巴蜀书社2009年版，第145页。

图 5—1 伏羲之先天八卦图

陈抟根据《说卦》中的"天地定位，山泽通气，雷风相薄，水火不相射"而创造出一个"先天八卦图"，也称为伏羲八卦图。根据"帝出乎震，齐乎巽，相见乎离，致役乎坤，说言乎兑，战乎乾，劳乎坎，成言乎艮"而创造出了"后天八卦图"，也称为"文王八卦图"。这两个八卦图对后世影响极为深远。陈抟认为，阴盛于坤位（北方），而阳盛于乾位（南方），自坤位至震位（东北方）则一阳始生，然后经离位（正东）、兑位（东南）到乾位，阳达极盛；再由乾位至巽位（西南）则为一阴，经坎位（正西）、艮位（西北）到达坤位，阴达极盛，为道教内丹学的发展开辟了新的领域和途径。

二 陈抟内丹学在山东的传播

北宋时期，出现了张咏、田告、刘概、李之才等曾经师事陈抟的弟子，他们为陈抟内丹学在山东的传播做出了重要贡献。

（一）张咏

张咏（946—1015），字复之，号乖崖，自称九河公，谥忠定，濮州鄄城（今山东鄄城县）人。太平兴国三年（978），张咏参加科场试作《不阵成功赋》，强调太宗明年将有河东之幸，因文章对偶显失，失去得中状元的机会。遭此变故，张咏心灰意懒，乐闻神仙事。

但陈抟对张咏甚为欣赏，认为他当为公卿。韩琦《张公神道碑铭》有云："尝访云峰陈先生抟，一见公，厚遇之，顾谓弟子曰：'此人于名利淡然无情，达必为公卿，不达则为帝王师。'"① 后来张咏果然成为重臣，颇有才干。

陈抟对张咏的影响有两个方面。一是对张咏好道性格的影响，"喜任侠，学击剑，尤乐闻神仙事"，以具有"嵩阳旧掩扉"②的学道资格为荣。二是使张氏以道家思想治理西蜀民政，使西蜀恢复了生机。③

（二）田诰

田诰，生卒年不详，亦称田诰，字象宜，号睺叟，齐州历城（今山东济南）人。④ 宋仁宗年间，济南人翟书将搜集到的田诰诗文四十八篇编为三卷，写成了《睺叟别传》一书。其主要事迹载入北宋临淄人王辟之《渑水燕谈录》。

陈抟对田诰的影响主要有：一是以《诗评》授之，影响其诗歌风格。《渑水燕谈录》云："尝学诗于希夷先生（陈抟），先生以《诗评》授之，故诗尤清丽"。二是不愿出仕的行事风格。田诰先隐于嵩山，后定居于济南明水，在百脉泉畔聚徒授学，从学者常有数百人，闻名于朝野。宋太祖曾召田诰至宫廷，询问治水之道，欲将其留下并授以官职，田诰以父母年老需在家奉养为由辞归。⑤ 宋太宗淳化年间又召其赴宫廷，未及宣读诏谕，田诰就突发病症辞世。⑥

（三）刘概

刘概，字孟节，青州寿光（今山东寿光）人。刘概天资绝俗，专意圣人之道，但性格僻野，耿直孤傲。后举进士及第，任州幕职官，得青州知府滕绶赏识。天圣四年（1026）秋，宋仁宗诏郡国举贤，刘概为首送，引起一些青州士子的不满，受陈抟影响，刘概绝意仕途，专心修道。宋庆

---

① 姚红、刘婷婷：《两宋科举与文学研究》，浙江人民出版社2008年版，第17页。
② 北京大学古文献研究所编：《全宋诗》（第1册），北京大学出版社1991年版，第549页。
③ 王水照主编：《宋代文学通论》，河南大学出版社1997年版，第342页。
④ 济南市史志编纂委员会：《济南市志》（第7册），中华书局1997年版，第260页。
⑤ 同上。
⑥ 章丘市明水镇政协联络办公室：《明水撷英》，章丘市明水镇政协办公室，1998年，第4页。

历年间,刘概隐居临朐山水之中,有言"读书误我四十年,几回醉把栏杆拍"①。刘概"好游山,常独挈饭一罂,穷探幽险,无所不至,夜则宿于岩石之下,或累日乃返,不畏虎豹蛇虺"②。刘概以注释《老》《庄》思想为主,以道为本调和儒道关系。

(四)李之才

李之才(?—1045),字挺之,青社益都县(今山东省青州市)人。天圣八年(1030)进士,初为获嘉主簿,后权共城(今河南省辉县市)令,再后升殿中丞金书、泽州判官。李之才师从河南穆修。③

李之才在陈抟阴阳卦象的基础上,提出乾卦纯阳、坤卦纯阴、乾坤二卦为"易之门、万物之祖"的思想,倡导易学卦变说。在易学思想上,李之才主要强调卦象的变化,力求探寻乾、坤两个基本卦与其余各卦之间的爻象变化及其内在关系,有《变卦反对图》和《六十四卦相生图》传世。

第八节 北宋山东儒、道之间的互动与交流

北宋时期,儒、道、佛在全国得到进一步发展融合,三教合一成为社会思想发展的潮流。山东儒道之间的互动交流日益频繁,关系日益密切。其原因,一方面得益于山东深厚的道教文化传统和悠久的道教历史;另一方面三教合一时代潮流的推动,使北宋道教吸收、融合了儒学士大夫的思想和学说,使儒学与道学之间的关系相对于佛教而言更为密切,为道教在山东发展创造了一个良好的环境。

一 北宋儒学士大夫对道教的会通思想和态度

北宋时期儒学士大夫主张儒、道、佛三教合一,特别提倡儒道的会通。但是由于倡导者所持立场不同,存在着是以儒为本、以道为本还是超越儒道等不同观点。

---

① 金沛霖:《四库全书子部精要(下册)》,天津古籍出版社1998年版,第910页。
② (宋)司马光:《司马温公集编年笺注》,巴蜀书社2009年版,第202页。
③ 穆修(979—1032),字伯长,郓州(今山东东平)人,著有《穆参军集》,是北宋著名的易学家。

以儒为本的会通思想是北宋时期儒学士大夫阶层最典型的观点，代表人物有夏竦、宋祁、王安石等。王安石认为养生修性为三教之本，佛、道之学浅易，所以流行一时，而儒家的礼乐之道深远，儒家经学代表最高真理，可以包容三教、诸子。①

以道为本的会通思想在北宋的儒学士大夫中并不多见，但影响较大，以吕惠卿为代表。吕惠卿认为"道未始有物，而生天生地，神鬼神帝，日月星斗得之以旋转者也。孔氏之儒，释氏之佛，老氏之道未始不本于此。而孔氏经世藏用而未之尝言，释氏救生体变而无乎不在，唯老氏则绝弃圣智，以复于无物，则不离于本宗而已"②。

超越儒道的会通思想的代表人物有王雱、郑侠、苏轼、苏辙等。如郑侠认为"故以孔孟之道，救衰世之弊而不可得，于是有老庄之教。以老庄之教，救之而不可得，于是有释氏之教。三者皆矫一时之枉，而救万世之沦溺，然不能无得失于其间。窃不自料，欲于其得失间措一二言，使万世而下，无所惑于其说"③。

二　北宋山东儒学士大夫的崇道活动

北宋时期山东地域儒学士大夫的崇道活动，不但在内容上丰富了儒学思想，加强了儒道之间的思想交流与融合，而且还表现为丰富多样的形式。如士大夫与道士交往；士大夫从事斋醮活动，游览道家、道教名胜遗迹，以及阅读道家、道教经典等，代表了这个时期山东地域儒学活动及儒道相互融合的主流方向。

（一）与道士交往

北宋时期山东儒学士大夫与道士的交往比较频繁，士大夫结交道士，主要有三个原因：一是为了求医问药。北宋很多道士都有高超的医术、方术或养生秘方、秘籍，因此成为士大夫和皇室的结交对象。二是为了占卜吉凶。道教道术几乎囊括了所有占卜、算命的技术，因此道士在世人眼中成为能预卜吉凶的异人。很多士大夫在无法把握自己命运的情况下，必然要虔诚地匍匐在这些道士脚下，以求知道自己的命运及摆脱厄运的方法。

---

① 李祥俊：《道通为一：北宋哲学思潮研究》，北京师范大学出版社2006年版，第38页。
② 曾枣庄、刘琳：《全宋文》（第79册），上海辞书出版社2006年版，第135页。
③ 曾枣庄、刘琳：《全宋文》（第99册），上海辞书出版社2006年版，第288页。

三是为了向道士问道。很多士大夫向道士们探询道家、道教的真谛，甚至皈依道教。

（二）参加斋醮活动

宋代"道场斋醮，无日不有"①。各级地方官吏的一项重要任务就是斋醮。北宋山东儒学士大夫们参加斋醮活动主要有三种形式：一是参观斋醮的整个活动仪式。这既包括民间斋醮，也包括皇室斋醮。二是发动和组织斋醮活动。北宋很多斋醮祈福活动是由士大夫们首先提出来的。如夏竦《文庄集》卷三《赐玉清昭应宫使王曾等诏》称："敕王曾等：省所奏，遇朕乾元节，集阉宫道众于明庆殿开启朝真礼，念道场一月祝寿，录功德疏二道上进事，具悉。"②由这封诏书可知，此次旨在为皇帝祈福的斋醮活动，是由王曾等人组织和领导的。③三是主持斋醮活动。这种主持活动有时是由皇帝直接布置的。

（三）游览道家、道教名胜遗迹

道教名山大都风景绮丽，烟雾缭绕，宛如仙境，自然会吸引很多的文人雅士。如北宋文学家苏辙于熙宁六年（1073）冬至熙宁十年（1077）二月在济南任齐州掌书记，对泰山风景羡慕不止。有《次韵韩宗弼太祝送游泰山》曰："羡君官局最优游，笑我区区学问囚。今日登临成独往，终年勤苦粗相酬。泰深绿野初开绣，云解青山半脱裘。回首红尘读书处，煮茶留客小亭幽。"④

（四）阅读道家、道教经典

北宋山东儒学士大夫对道教、道教经典多有涉猎，在与道士交往的过程中，接受了很多的教理和教义，进一步扩展了道教的影响。这一点从宋代文人对道教经典的引用中可窥端倪。如苏轼《送扬杰并序》曾言："天门夜上宾出日，万里红波半天赤。归来平地看跳丸，一点黄金铸秋橘。"⑤系引用葛洪《抱朴子·微旨》篇中《真人守身炼形之术》："夫始青之下月与日，两半同升合成一，出彼玉池入金室，大如弹丸黄如橘。"⑥

---

① （清）毕沅：《续资治通鉴》（第3册），中华书局1957年版，第989页。
② 四川大学古籍整理研究所：《全宋文》（第8册），巴蜀书社1990年版，第679页。
③ 鲍新山：《北宋士大夫与道家道教》，暨南大学出版社2005年版，第87页。
④ 孟昭水校点集注：《岱览校点集注》，泰山出版社2007年版，第47页。
⑤ （清）王文诰辑注：《苏轼诗集》，中华书局1982年版，第1374页。
⑥ （晋）葛洪著，王明校释：《抱朴子内篇校释》，中华书局1980年版，第117页。

三　山东儒学士大夫与山东道教

北宋时期儒学士大夫，或与道士交往，或与道士探讨国家治理之道。他们不仅吸收和借鉴道教思想和文化中的精华，在心灵深处受到道教思想文化的熏陶和渗透，而且对道教在山东的发展和思想文化的丰富也起到了一定的推动作用。

（一）王禹偁

王禹偁（954—1001），字元之，济州巨野（今山东巨野县）人，太平兴国八年（983）登进士第，历任左司谏、右拾遗、翰林学士知制诰等职，著有《小畜集》。王禹偁坚决排斥佛教，却推崇道教。第一，他推崇道教的清净和隐居思想。其《正月尽偶题》言道："莫问穷通求季主，自齐生死学庄周。终须摆脱人间事，高逐冥鸿狎海鸥。"① 其中就使用了"庄周梦蝶"的典故，以说明自己齐生死的处世态度和隐居愿望。第二，他喜穿道服。他的很多作品中都提及了道服，如《言怀》中有"却为游山置行李，渔家船舫道家衣"②，《和送道服与喻宰》有"朝客吟诗送羽衣，应知彭泽久思归"③。第三，编写道经。王禹偁任知制诰时，宋太宗寻访搜集道经，得道经七千余卷，命徐铉和他一同校正这批道经，这是宋代最早的官方编校道藏。

（二）王旦

王旦（957—1017），字子明，大名莘县（今山东莘县）人，景德三年（1006）拜丞相。王旦对道教没有明确的排斥和推崇，但是对宋真宗"天将天书和封禅泰山"之举并不赞同。这主要体现在四个方面：一是面对宋真宗威胁之举，王旦不愿同流合污，只好用沉默抗之，对人造天书和封禅之事采取了不谏不议的态度。二是当宋真宗敕建玉清宫以放天书时，王旦密谏。三是王旦知封禅之事已不可挽回，只好在封禅过程中采取限制措施，尽量控制其规模。四是晚年对自己未劝阻天书，反而成为天书事件的附和者一事难以释怀，怏怏不乐，临死吩咐家人剃掉头发，穿上黑衣服

---

① 北京大学古文献研究所编：《全宋诗》（第 2 册），北京大学出版社 1991 年版，第 792 页。

② 《小畜集》卷七，商务印书馆 1937 年版，第 74 页。

③ 同上书，第 120 页。

下葬，以此来赎罪。

（三）王曾

王曾（978—1038），字孝先，青州益都（今山东益都）人，官至丞相。王曾在朝为官期间，正值宋真宗炮制"天降天书，封禅泰山"之际，因此多次提出谏言。其中有三件事情充分表明了王曾对道教和道士的态度：一是针对宋真宗恣意封禅之举，王曾力谏"封禅之举劳民伤财"。二是王曾对天书神道十分反感，拒不接受宋真宗委任的"会灵观使"一职，真宗指责他不"傅会国事"，王曾则称我乃知尽忠为国为义。三是当宋真宗大兴土木、修建"玉清昭应宫"以供奉王钦若等假造的天书时，王曾上书以示讽谏。

（四）石介

石介（1005—1045），字守道、公操，兖州奉符（今山东泰安）人。读书于徂徕山，世称徂徕先生，与胡瑗、孙复合称"宋初三先生"。石介推崇韩愈"道统论"，排斥异端，是斥道者的强硬派代表。他推崇圣人之教，认为天下正道就是"尧、舜、禹、汤、文王、武王、周、孔之道"①，对所谓"三教可尊"的意见表示坚决反对。"伏羲神农、黄帝、尧、舜、禹、汤、文、武、周公、孔子至于今，天下一君也，中国一教也，无他道也。今谓吾圣人与佛、老为三教，谓佛、老与伏羲、神农、黄帝、尧、舜俱为圣人，斯不亦骇矣。"②石介对道教的反对主要有三点：一是认为儒、道之间相互攻击，难以共处。故宣称："佛、老以妖妄怪诞之教坏乱之……有攻我圣人之道者，吾不可不反攻彼也。"③二是将道教与佛教、浮华的文风合称为三弊，谓"天地间必然无者有三：无神仙，无黄金术，无佛"④。三是批评道教辟谷修炼法不可信。他认为"上古人未饮食，故多夭疾残折而死。伏羲作纲罟，以畋以渔；神农教之种黍稷，人始知饮食，以得不夭死。今之嗜为佛者，日一食；嗜为仙者，累年不食。日一食者病瘠，累年不食者饿死。……今不饮食以获

---

① （宋）石介：《徂徕石先生文集》，中华书局1984年版，第63页。
② 同上书，第153—154页。
③ 同上书，第63页。
④ 同上书，第93页。

长生，惑之甚矣"①。

（五）范仲淹

范仲淹（989—1052），字希文，谥文正，封楚国公、魏国公，生于北道重镇成德军（即真定府，今河北省正定县）。因父范墉早逝，其母谢氏改嫁于山东淄州长山县河南村（今邹平县长山镇范公村）朱文翰，在朱家长大成人。

范仲淹对道教的态度以崇为主，斥崇兼有。范仲淹曾从儒家名教出发，反对老庄之学中的远名利之思想，认为这会导致缺乏责任感。其《近名论》说："老子曰，名与身孰亲；庄子曰，为善无近名。此皆道家之训，使人薄于名，而保其真。"②若无入世之意、不爱名节、明哲保身的人，毫无责任感可言。因此，不应当提倡道家的远名说，否则"岂复有忠臣烈士为国家之用哉！"

范仲淹崇道主要包括：一是与道士交往。范仲淹青年时期曾结交汝南周德宝、临海屈元应两个道士。"周精于篆，屈深于《易》，且皆善琴"③，三人情投意合。另曾有道士程用之替仲淹画像，范有题画诗；④范还与曾应科举的钟道士相唱酬，留有诗作《赠钟道士》。⑤二是赞赏儒学士大夫穿道服。范仲淹《道服赞》云："道家者流，衣裳楚楚。君子服之，逍遥是与。"⑥经此一赞，穿道服遂成一时风气。三是称颂老庄学说。范仲淹曾作《老子犹龙赋》称颂老子："昔老氏以观妙虚极，栖真浑元，握道枢而不测，譬龙德而弥尊。孰可伺珠，长存慈俭之宝，全疑在沼，不离清净之源。"⑦范仲淹肯定了道教的作用，认为道教与儒教一样，都是对社会有益的，只是领域和方式不同而已。

（六）富弼、欧阳修、苏轼

富弼、欧阳修、苏轼虽然不是山东人，但曾长期在山东为官，且自身又都是崇道者，其思想和行为深受道教的影响，对山东道教发展也做出了

---

① （宋）石介：《徂徕石先生文集》，中华书局1984年版，第75页。
② （宋）范仲淹：《范文正公集》，商务印书馆民国二十六年（1937），第71—72页。
③ 同上书，第202页。
④ 同上书，第50页。
⑤ 同上书，第49页。
⑥ 同上书，第299页。
⑦ 同上书，第260页。

一定的贡献。

富弼（1004—1083），字彦国，洛阳（今河南洛阳东）人，曾通判郓州（今山东东平），召为开封府推官、知郓州、青州、枢密使等。富弼的崇道表现有三：一是结交道士。富弼与邵雍交往甚密，邵雍得陈抟易说之嫡传。富弼曾命其客孟约买宅一园，皆有水竹花木之胜，送予邵雍。二是修炼道法。富弼笃信吐纳长生之术，并常"烧丹灶事，而不以示人"①。三是研读道家、道教书籍。富弼热衷于道家书籍的搜集，曾搜罗大量的道家、道教书籍。

欧阳修（1007—1073），字永叔，号醉翁，又号六一居士。宋神宗熙宁元（1068）八月，欧阳修转兵部尚书，改知青州三年，充京东东路安抚使。欧阳修肯定道家、道教的养生思想，认为寿命的长短、健康不完全是一种天命，而在于个人的努力。他认为"其术虽本于贪生，及其至也，尚或可以全形而却疾，犹愈于肆欲称情以害其生者"②。他强调"道者，自然之道也，生而必死，亦自然之理也。以自然之道，养自然之生，不自戕贼，夭阏而尽其天年，此自古圣智之所同也"③。

苏轼（1036—1101），字子瞻，号东坡居士，眉州眉山（今四川眉山）人。苏轼曾两次任职于山东，第一次于熙宁七年（1074）任密州（今诸城市）知州，第二次于元丰八年（1085）任登州（今蓬莱市）知州，其足迹遍及今山东大部分地区。苏轼终身信道，受道教影响很深。在山东期间，苏轼与道士来往密切，多次探访道教名山，遨游各庙观，拜访道教名士。在密州任知州期间，苏轼曾作《超然台记》，展示了其"超然"的心态对待世事，有"脱出尘寰之外之意。"苏轼结识崂山道士乔绪然，交往莫逆，后于元丰八年（1085）将其黄州谪居期间所创编的《归去来兮》歌传给乔绪然。熙宁十一年（1078），苏轼登临山东沂山，与东镇庙住持超然谈诗论道，并赋七言绝句《赋贺元道人》④；将道教的超然物外思想蕴含在诗词之内，扩大了道教的影响。

总之，北宋时期是山东道教史的一个重要时期，围绕着泰山、崂山、

---

① （明）陆楫：《古今说海》，巴蜀书社1988年版，第544页。
② （宋）欧阳修：《欧阳修集编年笺注》，巴蜀书社2007年版，第219页。
③ 同上。
④ 中国人民政治协商会议山东省临朐县委员会：《文史资料选辑》（第11辑），潍坊市新闻出版局，准印证（1993）第022号，1993年，第155—156页。

沂山、蒙山等开展了一系列敕封、祭祀和崇道活动，使山东道教发展呈现出兴盛与繁荣的局面。不但道教思想活跃，道教宫观、碑刻增多，道教音乐流行。而且，陈抟内丹之学在山东广泛传播，产生了吕岩、刘若拙、甄栖真、王老志、刘卞功、张咏、田告、刘概、李之才等道教名家，使内丹学在山东进入了一个发展和繁荣的阶段。

第 六 章

金代山东道教

北宋后期，契丹辽国境内女真族完颜部落日益壮大，不堪辽王朝经济和精神的双重打压，完颜阿骨打（汉名完颜旻 1068—1123）遂于 1115 年建立金王朝，并发动了伐辽战争。北宋王朝认为辽有必亡之势，决定联金攻辽。在联金攻辽过程中，北宋王朝暴露出自身的腐败无能和军事力量的软弱，致使金王朝在灭辽之后将进攻矛头对准了北宋。宋建康二年（1127）十二月，金兵攻占山东，自此山东成为金国的版图。虽然金代山东一直处于战火之中，皇室对道教有所怠慢，但道教仍然延续唐宋时期的繁荣，继续呈现出兴盛之势，并涌现出一些新教派。皇室对道教管理的一些助推宽松政策，使道教在金代后期发展迅速，新产生的全真教及全真七子等，使道教在山东得到迅速发展。泰山、崂山、沂山、昆嵛山，以及大基山、峄山、蒙山、槎山等道教呈现出兴盛的局面，对山东社会生活和思想文化的发展产生了较大影响，在中国道教史上留下厚重的一页。

第一节 金代道教概说

金代道教在中国道教史上具有特殊的历史地位。虽然崇道是北宋亡国的重要原因，但是金代人们并未因此排斥道教，而是在不安定的环境下依然寻求道教的庇护。特别是一些未能南迁或不愿南迁的汉族儒士，在对现实绝望的情势下，开始隐于道教，并对道教进行了一系列改革，创建了新的教派，使道教在金朝的发展呈现出新的气象，[①] 涌现出了如净明派、太

[①] 王德朋：《金代道教述论》，《中华文史论坛》2004 年第 3 期。

一道、真大道教、内丹北南①宗等新的道教派别。其中净明派，又称净明忠孝道，始见于南宋初。该派奉东晋道士许逊为祖师，以江西南昌西山为中心，因传播"净明忠孝大法"而闻名。它不但主张儒、道、释三教合一，还建立起相当系统的教义理论。金代皇室对道教相应的管理政策，使金代道教发展出现了某些新特点，也使金代山东道教进入了一个特别兴盛的阶段。

金代北方有三大道教派别：萧抱珍创立的太一道，刘德仁创立的大道教（后改为真大道教），王重阳创立的全真道（内丹北宗）。其中，全真道、大道教是在山东创立并发展起来的。太一道、真大道教、内丹北宗（后称全真道）等北方新道派，与在南宋理学背景下出现的南方净明道遥相呼应，使整个中国道教呈现出兴盛与繁荣的态势。

一 太一道

太一道，也称太乙道，创立于金熙宗天眷初（1138），后并入正一道。太一道创立后，势力迅速发展，"东起山东，西至陕西，北至哈剌和林，几乎遍及整个江北地区"②。其之所以取名"太一"，原因有三：一是"盖取元气浑沦，太极剖判，至理纯一之义"③。二是《元史·释老传》云："传太一三元法箓之术，因名其教曰太一。"④ 三因该派尊奉太一神为最高天神。太一道以祈禳劾治、治病驱邪为主事，但也强调"心灵湛寂、冲虚玄静"⑤的内修功夫。太一道受儒学影响较大，重视忠孝等纲常伦理。

太一道教义包含浓厚的符箓济世思想：（1）太一道以符水祈禳为主事，以巫祝之术御世。太一道世传以太一三元法箓为嗣教之信，以符药救济世人。⑥（2）太一道以行善为仙基，注重人伦和周贫济苦。二祖萧道熙

---

① 内丹南宗主要在南方广大地区传教，活跃于金代，元后期与北方全真派合并。内丹南宗以"南五祖"为首。南五祖为悟真紫阳真人张伯端、杏林翠玄真人石泰、道光紫贤真人薛式、泥丸翠虚真人陈楠、琼琯紫虚真人白玉蟾。

② ［日］洼德忠：《道教史》，萧坤华译，上海译文出版社1987年版，第220页。

③ 周永慎：《历代真仙高道传》，中国社会科学出版社2003年版，第287页。

④ （明）宋濂：《元史》（全15册），中华书局1976年版，第4530页。

⑤ 秦学颀：《宗教文化赏析》，旅游教育出版社2007年版，第124页。

⑥ 陈垣：《南宋初河北新道教考》，上海书店1989年版，第85页。

"生平好赈施，养老恤孤近百人，人以镪五千月给为率，死乃已。贫者丧不能举，衣被棺椁，为俱具之"①。三祖萧志冲，喜爱读书，老庄之外，兼通诸史诸书，字号"玄朴子"。四祖萧辅道掩眼见"暴骨如莽，恻然哀之。遂刮衣盂所有，募人力敛遗骸"②，更为社会人士所称道。

二 真大道教

真大道教，初名大道教，创立于金熙宗皇统年间。金代真大教的传承，历经刘德仁、陈师正、张信真三代。

大道教初祖刘德仁（1122—1180），号无忧子，沧州乐陵（今山东乐陵）人。他本为儒生，但是战乱之灾和民族压迫之苦，终使其投身道教。金熙宗皇统二年（1142），刘德仁称太上老君下降授《道德经》要言，使传玄妙大道，"一时州里田野，各以其所近而从之。受其教戒者，风靡水流，散在州郡"③。

金大定二年（1180），刘德仁辞世，陈师正嗣任掌教，为大道教二祖。陈师正（？—1194），字正谕，号大通。家贫，幼渔于河，后投于刘德仁门下，掌教15年，其时正当金代盛时，大道教团也蓬勃发展。《洛京缑山改建先天宫记》载其"弘宣祖道，度人罔极，设化无方，阐教垂一十五年，法寿则莫得而识"④。

大道教三祖为张信真（1164—1218），号希夷子，道号纯阳真人，青州乐安（今山东广饶）人。张信真幼喜读书，年十五，参礼陈师正为道士，金明昌五年（1194）嗣教。《洛京缑山改建先天宫记》中说张信真"禀质不凡，行法好古，敷宣圣教，克肖先师，处世五十五年，阐教二十五载"⑤。

大道教四祖毛希琮（1186—1223），号元阳真人，生于金元之际，居燕京玉虚观，掌教五年。史称其"见性达聪，罔愆成法，心厌尘世，不永斯年，掌教五星有奇，得年三十八岁"⑥。毛希琮掌教期间，金国国运

---

① （元）王恽：《秋涧集》卷四十七《太一二代度师赠嗣教重明真人萧公行状》（见《景印摛藻堂四库全书荟要·集部·第53册·别集类·秋涧集》）。

② 同上。

③ 吴枫、宋一夫：《中华道学通典》，南海出版公司1994年版，第1279页。

④ 陈垣编纂：《道家金石略》，陈智超、曾庆瑛校补，文物出版社1988年版，第818页。

⑤ 同上。

⑥ 同上。

日衰，大道教于兵革中以柔自存，幸存下来，但是随后内部发生了分裂。

真大道教以清静无为、少思寡欲、和光同尘、知足常乐、慈俭不争为教义。以禁世欲、禁杀生、禁饮酒、止邪念为戒律；以朔望礼拜，祈祷治病，召神劾鬼，自力耕作，苦节危行，不求他人施舍，不崇尚符箓，不涉金丹神仙为教行。① 刘德仁所定大道教教规九条："一曰视物犹己，勿萌戕害凶嗔之心。二曰忠于君，孝于亲，诚于人，辞无绮语，口无恶声。三曰除邪淫，守清静。四曰远势利，安贱贫，力耕而食，量入为用。五曰毋事博弈，毋习盗窃。六曰毋饮酒茹荤，衣食取足，毋为骄盈。七曰虚心而弱志，和光而同尘。八曰毋恃强梁，谦尊而光。九曰知足不辱，知止不殆。学者宜世守之。"② 这九规反映了大道教融合儒、墨、道、释诸家思想，特别是援儒入道的特点。

大道教的教义迎合了金廷的需求，因此金廷对该教予以承认和保护。大定元年（1161），金世宗首次召见刘德仁。③ 大定七年（1167），诏刘德仁入居中都天长观，赐号"东岳先生"。"东岳"者，盖取刘德仁所居山东淄川附近的泰山而言。"先生"是两宋朝廷对道士的最高赐号，刘德仁是金代道士中第一个受此封号的人，可见金廷对其教的赏识和重视。

三　内丹北宗

内丹北宗（全真道派）创于金人统治地区长安一带，该派尊东华少阳、钟离正阳、吕岩纯阳、刘海蟾、王喆为"五祖"。实际创始人为王喆，他潜修于终南山下，以"忍耻含垢，苦己利人"为传道宗旨。金大定七年（1167）远游山东，在胶东半岛度化七位弟子，又称"北七真派"，其中丘处机所创的龙门派影响最大。

内丹北宗以"全真五祖七真"为领军人物。"北五祖"为东华帝君王玄甫、正阳帝君钟离权、纯阳帝君吕洞宾、纯佑帝君刘海蟾、辅极帝君王重阳。④ 王玄甫，即民间传说"八仙"中的铁拐李，世称东华少阳。钟离权，即"八仙"中的汉钟离，名权，字云房，世称钟离正阳。吕洞宾，

---

① 李山：《三教九流大观》（1—3册），青海人民出版社1998年版，第824页。
② （明）宋濂：《书刘真人事》《宋文选公集》，清康熙二十一年（1682）刻本，卷二十六。
③ 《文史知识》编辑部：《道教与传统文化》，中华书局1992年版，第83页。
④ 闵智亭：《道教全真派五祖七真金元高道传》，中国道教学院编印1990年版，第4—10页。

原名吕岩，号纯阳子，自称回道人，世称吕岩纯阳。刘海蟾，原名刘操，字宗成，号海蟾子，世称刘纯佑。王喆即王重阳，原名中孚，字允卿，入道后改名喆，字知明，道号重阳子，故称王重阳。七真为长春真人丘处机、丹阳真人马钰、长真真人谭处端、玉阳真人王处一、广宁真人郝大通、清净散人孙不二、长生真人刘处玄。①"北七真"乃辅极帝君王重阳在胶东半岛度化的七位弟子。北七真传教期间，全真道形成了遇仙派、南无派、随山派、龙门派、嵛山派、华山派、清静派七个分派。王重阳将丹派与道派合二为一，开创了内丹北宗并以道派教团形式弘扬丹道学，在道教史上具有里程碑意义。

内丹北宗以"澄心定意，抱守归一，存种固气"为"真功"，以"济贫拔苦、先人后己、与物无私"为"真行"，功行俱全，故名全真。② 全真教的教派特色浓厚：一是三教平等合一思想比较突出。全真道提出"儒门释户道相通，三教从来一祖风"③ 的融合学说，更规定以三教经书《道德经》《般若波罗蜜多心经》《孝经》为全真道士必修的经典。④ 二是修炼理论上主内丹修炼，不重斋醮和科仪，不事符箓与黄白之术。全真道一反旧教肉身不死、即身成仙的追求，强调"阳神""真性"不死。主张性命双修，先修性，后修命，认为"修道即修心"，修真养性是道士修炼唯一正道，除情去欲，识心见性，使心地清静，才能返璞归真，证道成仙。⑤ 三是教义中出世思想浓重。全真教极力贬斥世俗人生价值，宣扬人生是"苦海"，家庭是"牢狱"，夫妻恩爱是"金枷玉锁"，劝人舍妻舍子，"跳出樊笼"以离"苦海"。四是修行方法上主清修，提倡出家、禁欲、苦行。因此在教制教规上，规定道士必须出家住宫观清修，不蓄妻子，持斋茹素，并制定了严格的清规戒律，对犯戒道士有严厉惩罚，从跪香、逐出直至处死。⑥ 五是传教方式，全真道注意大众化。为广招信徒，王重阳注重在下层民众中传教，广为结纳中层士大夫阶级，谋求上层达官

---

① 唐代剑：《王嚞·丘处机评传》，南京科学出版社2000年版，第39—41页。
② 吴枫、宋一夫：《中国道学通典》，南海出版社1994年版，第997页。
③ 《道藏》（第25册），文物出版社、上海书店、天津古籍出版社1988年版，第693页。
④ 劳子、盛励：《儒佛道百科辞典》，漓江出版社1995年版，第323页。
⑤ 中国大百科全书出版社编辑部：《中国大百科全书（简明版）》（第7—11册），中国大百科全书出版社1996年版，第3946页。
⑥ 同上。

贵族、皇家宗室的支持，因此教派基础深厚，思想意识渗透到各个阶层，影响深远。

第二节　山东全真教的创立及传承

全真教在金代初期三大新道派中出现最晚，但是势力最大、传播最快，在道教史上地位最高。该教派在金元时期，整体传承脉络和修道地点都是以山东为主，后蔓延至中原、西北和华北其他地方。全真教的创立和传承代表了金代山东道教发展的顶峰。王重阳传道山东并创立全真教，对道教在山东发展以及教派的形成做出了重要贡献，从而使山东道教在中国道教史上处于优势地位，并影响了元、明、清道教的发展方向。

一　王重阳传道山东

王重阳（1113—1170），全真道开山祖师，北宋末京兆咸阳（今陕西咸阳）大魏村人。王重阳本为儒生，后弃仕入道，潜修于终南山下南时村"活死人墓"，穴居悟道近三年。金大定三年（1163）弃穴迁居刘蒋村（今户县祖庵镇）结庵传道，虽收史处厚、严处常等为徒，但二人难成大器，后自焚其庵至山东传道，收徒"北七真"，创立全真教。

（一）王重阳慨然入道的原因

目前国内学者从多个角度分析了王重阳弃儒修道的原因，主要有三个方面：

一是仕途无望的刺激。王重阳早年期望通过科举之路实现抱负，曾易名德威，字世雄，足见其秣马厉兵之志，但是生不逢时，仕途多艰。虽"有文武艺"[①]，但是"天遣文武之进两无成焉"[②]，最后凭军功得甘河镇酒监一职，负责监督甘河镇酒税的收取。这一低级差使难以实现王重阳的鸿鹄之志，因此开始厌倦世事，有了出家的想法。

二是家事无常的感悟。王重阳亲历了家财尽失和至亲辞世，对人生的感悟更为透彻。王重阳本身"家业丰厚"，"以财雄千里"，阜昌年间（1130—1137）（一说天会年间），"有盗尽劫其资以去"，初次体会到人生

[①] 陈垣编纂：《道家金石略》，陈智超、曾庆瑛校补，文物出版社1988年版，第463页。
[②] 《道藏》（第19册），文物出版社、上海书店、天津古籍出版社1988年版，第723页。

的无常,"置家事不问"。尔后王重阳又遭逢伯父和父亲离世的打击,自言"二十三上荣华日,伯父享年七十七。三十三上觉婪耽,慈父享年七十三"①。王重阳在二位亲人身上更体会到财色名利都是身外之物,从而看破红尘。

三是道教仙师的点化。据全真道历史文献,王重阳于金正隆四五(1159—1160)两年,在终南县甘河镇和礼泉县三次遇仙点化。《全真教祖碑》载:"正隆己卯季夏既望,于甘河镇醉中唤肉,有两衣毡者继至屠肆中……遂授以口诀……明年,再遇于礼泉,邀饮酒肆中……后复遇至人,饮以神瀵,因止酒,惟饮水焉。"② 后世对此加以演绎,认为王重阳所遇道人乃为吕洞宾、刘海蟾。"甘河证道"之后,王重阳便假托疯病入终南山潜心修道。

(二) 王重阳传道山东的原因

王重阳悟道之后便在陕西终南山一带传道,但是效果不理想,只好异地传教,选取山东胶东作为传道地域,则一帆风顺。王重阳先是收"全真七子",后建立"三教七宝会""三教金莲会""三教玉华会"等多处教会组织,创立了全真道。王重阳为何将山东胶东地区作为其创教和传道的场所,一直是学者所关注的重点。综合各家观点,主要有四个原因:

一是南北割据时势造就。金大定年间,全国被一分为二,分属金廷和南宋政权统治。王重阳在陕西创道,不可能向南越境宣传,也不可能向北跑到金廷的统治中心去创立一种新的宗教,只好向东方去传道。③

二是胶东地区海纳百川文化的吸引。胶东地区不但具有深厚的道教文化传统,而且浸润着齐鲁之风,佛教思想也一度流行,自古就是多种文化并存并荣,④ 对新教派和新思想的接纳力很强。相反,终南山地区却思想保守,缺乏开放和包容的观念,因此王重阳将传道目标投向了胶东。

三是山东具有较宽松的管理氛围。金代统治者对道教的管理比较严格,但是有史实证明,相比陕西终南山,山东道教环境要宽松些。比如,

---

① 《道藏》(第25册),文物出版社、上海书店、天津古籍出版社1988年版,第739页。
② 《道藏》(第19册),文物出版社、上海书店、天津古籍出版社1988年版,第723页。
③ [日] 蜂屋邦夫:《金代道教研究——王重阳与马丹阳》,中国社会科学出版社2007年版,第60页。
④ 丁鼎:《昆嵛山与全真道:全真道与齐鲁文化国际学术研讨会论文集》,宗教文化出版社2006年版,第373页。

刘德仁在山东创立真大道，并未受到统治者的镇压和迫害。最有代表性的则是马钰和刘处玄，在陕西传道处处受阻，因"牒发事"①东归山东，却能继续在山东各地传教，大规模建造宫观，也未受到干预。②这都表明山东道教管理制度是比较宽松的，从而也成为王重阳抉择的重要考量。

四是全真弟子的帮衬。王重阳曾收史处厚、严处常、刘通微等为徒。山东临朐道士沈清曾亲赴宁海州拜王重阳为师。沈清归临朐后，把道教徒的思想统一于全真道，并调整道庙设施，临朐道教也日趋兴盛。③王重阳后又收马钰、丘处机、谭处端、王处一、郝大通、孙不二、刘处玄七位高徒。马钰有"海上文章一儒"之誉，丘处机入道后有"道德文章第一家"之称，谭处端"述作赋咏，举笔即成"，并深得重阳之喜，授之衣钵。王重阳便暂时定居胶东半岛，带领众弟子以昆嵛山为中心在登州（治所在今山东蓬莱）、莱州、宁海三州开展传道和布教活动。

（三）王重阳的"三教合一"思想

金代初期，道佛两教的发展均处于停滞状态，道教内部产生思想分歧。王重阳在山东创立全真道后，主张儒、道、释"三教合一"。《重阳全真集》卷一云："释道从来是一家，两般形貌理无差。诚心见性全真觉、知汞通铅结善芽。"④"三教者如鼎三足，身同归一无二。"⑤他曾劝人诵《般若心经》《道德清净经》《孝经》等。⑥刘祖谦《终南山重阳祖师仙迹记》云："人初级，必先使读《孝经》、《道德经》，又教之以孝谨纯一，及其立说多引六经为证据。其在登州、莱州、宁海尝率其徒演法建会者，凡五皆所以明正心诚意、少私寡欲之理，不主一相，不居一教也。"⑦王重阳的《问禅道者何》阐述了道、佛之间的关系，诗云："禅中见道总无能，道里通禅绝爱憎。禅道两全为上士，道禅一得自真僧。道

---

① 所谓"牒发事"，即没有正式度牒的僧道，都要被遣返回原籍。金世宗执政不久，为了充实财政，曾出卖过度牒，但大定五年（1165）金世家已废除这一政策。
② 山东师范大学齐鲁文化研究中心：《齐鲁文化研究（第3辑）》，山东文艺出版社2004年版，第156—160页。
③ 中国人民政治协商会议山东省临朐县委员会：《文史资料选辑》（第11辑），潍坊市新闻出版局，准印证（1993）第022号，1993年，第156页。
④ 《道藏》（第25册），文物出版社、上海书店、天津古籍出版社1988年版，第691页。
⑤ 同上书，第802页。
⑥ 《道藏》（第19册），文物出版社、上海书店、天津古籍出版社1988年版，第725页。
⑦ 同上书，第726页。

情浓处澄还净,禅味何时净复澄。咄了禅禅并道道,自然到彼便超升。"①这些正充分体现了王重阳的"三教合一"思想。王重阳在教诲弟子时也多强调"三教合一"思想。如其《孙公问三教》曰:"儒门释户道相通,三教从来一祖风。悟彻便令知出入,晓明应许觉宽洪。"②又其《永学道人》中也云:"心中端正莫生邪,三教搜来做一家。义理显时何有异,妙玄通后更无加。"③王重阳在与朋友相聚饮酒时也不忘谈论三教之事,其诗云:"云朋霞友每相亲,滑辣清光养气神。满座谈开三教语,一杯传透四时春。"④可见,王重阳对"三教合一"思想的宣讲和重视。王重阳虽重视"三教合一"思想,但又认为三教中"太上为祖,释迦为宗,夫子为科牌",三教"随意演化众生,皆不离于道也"⑤。从这一点上,我们可以看出三教之中他又比较重视道的本体作用。但这并没有淡化其提出的"三教合一"主张。

二 全真教的创立

全真教的创教肇始于王重阳在高徒马钰家建"全真庵"(全真意为保全人之真性),这标志着王重阳道教思想的成熟和全真教义的初步确立,但是教徒、教众、教规、教仪与教团组织等条件尚未具备,直至"全真七子"会齐和"三州五会"的创立之后,全真才具备了作为一种宗教所必须的条件,全真教也才真正创立。⑥因此道教史上经常将"全真七子"会齐和"三州五会"的创立作为全真教的重要标志,看作是全真教的立教之始。

(一) 全真七子

全真七子是指马钰、丘处机、谭处端、王处一、郝大通、孙不二、刘处玄七人,号称"北七真"。学术界对于全真七子皈依重阳的次序问题上存在争议,主要有以下几种意见:一是陈垣认为,次序应为马钰、孙不

---

① 《道藏》(第25册),文物出版社、上海书店、天津古籍出版社1988年版,第694页。
② 同上书,第693页。
③ 同上书,第696页。
④ 同上书,第697页。
⑤ 同上书,第803页。
⑥ 牟钟鉴:《全真七子与齐鲁文化》,齐鲁书社2005年版,第151页。

二、谭处端、刘处玄、丘处机、王处一、郝大通;① 二是唐代剑认为,次序应为马钰、丘处机、谭处端、王处一、郝大通、孙不二、刘处玄;② 三是闵智亭认为,次序应为马钰、谭处端、丘处机、刘处玄、王处一、郝大通、孙不二;③ 四是南怀瑾认为,次序应为马钰、谭处端、王处一、郝大通、丘处机、孙不二、刘处玄。④ 根据七人皈依重阳潜心修道之先后,笔者比较赞同唐代剑的意见。

1. 丹阳真人马钰

马钰(1123—1183),原名马从义,字宜甫,宁海(今山东省牟平)人,世称马丹阳。马钰自幼常诵尘外之语,不乐仕进,为习长生之术,筑道馆,招录道士住持。金大定七年(1167)七月,重阳真人来宁海布道,马钰见重阳真人道行高深,遂筑"全真庵"供其修行。王重阳通过"阳神出窍""分梨十化"与"托梦显异"等手段加以点化,⑤ 于大定八年(1168)正月十一日皈依修道,重阳为其训名钰,赐号丹阳子,二月八日马钰弃家随师修道。⑥ 其代表作有《洞玄金玉集》《渐悟集》《丹阳神光灿》《丹阳真人语录》《丹阳真人直言》《真仙直指语录》等。

2. 长春真人丘处机

丘处机(1148—1227),本名丘哥,山东登州栖霞县(今山东栖霞)滨都里人。⑦ 丘处机自早年便向往修炼成仙,有诗云:"吾之向道极心坚,佩服丹经自早年。"⑧ 金大定六年(1166),丘处机弃家独自前往昆嵛山修行。次年(1167)九月,闻王重阳至宁海州传道,遂下山诣全真庵谒重阳,以虔诚、机敏和勤勉好学受重阳器重,收之为徒,赐训名处机,字通密,号长春子,且以诗相赠云:"细密金鳞戏碧流,能寻香饵会吞钩。被

---

① 陈垣:《南宋初河北新道教考》,中华书局1962年版,第13页。
② 唐代剑:《王嚞·丘处机评传》,南京大学出版社2000年版,第39—41页。
③ 闵智亭:《道教全真派王祖七真金元高道传》,中国道教学院编印1990年版,第24—71页。
④ 南怀瑾:《中国道教发展史略论》,老古文化事业股份有限公司1991年版,第96—98页。
⑤ 牟钟鉴:《全真七子与齐鲁文化》,齐鲁书社2005年版,第151页。
⑥ 同上书,第154页。
⑦ 唐代剑:《王嚞·丘处机评传》,南京大学出版社2000年版,第157—158页。
⑧ (金)丘处机:《丘处机集》,赵卫东辑校,齐鲁书社2005年版,第6页。

余缓缓收轮线,拽入蓬莱永自由。"① 丘处机在全真七子中皈依最早,成就最晚,但最负盛名,其名声不亚于祖师王重阳。在丘处机的努力下,全真道不断发展壮大,在北方风靡一时。其代表作有《磻溪集》《摄生消息论》《大丹直指》《玄风庆会录》《真仙直指语录》《全真清规》《邱祖全书》《邱祖秘传大丹直指》等。

3. 长真真人谭处端

谭处端（1123—1185）,原名谭玉,字伯玉,宁海（今山东牟平）人。谭玉自幼好学,经史百家无不涉猎。"然落魄不为士人态,因醉卧雪中,感风痹,乃痛自悔悟",暗诵《北斗经》祈求神明佑护。②

金大定七年（1167）冬,谭玉闻知重阳先生在马宜甫（即马丹阳、马钰）家中修炼,遂扶杖前往求见,乞为弟子。起初,王重阳闭门不见,谭玉坚守不走,重阳感其心诚,遂留宿庵中,为其治疗脚疾,历经一月有余,宿疾顿愈。③ 谭妻见谭玉久不归家,便来庵中诘问,谭玉怒而休之。王重阳见其能勇断俗缘,甚为赞赏,于是正式收其为全真弟子,为其训名处端,字通正,号长真子,还赠诗一首曰:"超出阴阳造化关,一心向道莫回还。清虚本是真仙路,只要安居养内颜。"④

自此,谭处端便辞亲戚,别乡党,从祖师左右。⑤ 大定八年（1168）,谭处端从王重阳隐昆嵛之烟霞。⑥ 重阳死后,谭处端曾护送王重阳灵柩入终南山刘蒋村,守丧三年。此后,遁迹河南伊水、洛水间,宣传全真道旨,广收门徒,并将儒家思想融入道家思想之中,形成了自己的思想体系。金大定二十三年（1183）,谭处端继任全真道掌教。其代表著作有《水云集》、《长真谭先生示门人语录》等。

4. 玉阳真人王处一

王处一（1142—1217）,世为宁海东牟（今山东省牟平）人。儿时不

---

① （金）王重阳:《王重阳集》,白如祥辑校,齐鲁书社2005年版,第41页。
② （金）谭处端:《谭处端·刘处玄·王处一·郝大通·孙不二集》,白如祥辑校,齐鲁书社2005年版,第74页。
③ 同上书,第66页。
④ 同上。
⑤ 牟钟鉴:《全真七子与齐鲁文化》,齐鲁书社2005年版,第164页。
⑥ （金）谭处端:《谭处端·刘处玄·王处一·郝大通·孙不二集》,白如祥辑校,齐鲁书社2005年版,第69页。

喜嬉戏，偏好云霞方外之言。王处一出家前的道教色彩颇为传奇：一是传其母周氏夜梦红霞绕身惊寤，是日乃生处一。二是七岁遇东华教主王玄甫授以长生久视之诀。三是十四岁遇玄庭宫主，预言其"他日必扬名帝阙，当与玄门作大宗师"①。处一初隐居文登牛仙山。大定八年（1168）二月，"诣全真庵，请为门弟子。祖师知其为玄门大器，随从其请"②，并赐训名处一，号玉阳子（又称华阳子），带其至昆嵛山烟霞洞修仙，"授以正法三十有六"。次年（1169）辞重阳，结庵于查山云光洞（今荣成市铁槎山），独自修炼。王处一未离开山东海疆，一直往来于登、宁之间传教，以弘扬与传播全真道闻名。全真七子之中，王处一是第一个被金廷召见的全真道士，金大定二十七年（1187）、二十八年（1188）、章宗承安二年（1197）三次入京并主持万春节醮事，极大提高了全真道的知名度，由此传播海内外，风光无限。其代表作有《云光集》等。

5. 广宁真人郝大通

郝大通（1140—1213），原名郝昇，字太古，号广宁，宁海（今山东省牟平）人。大通性喜淡泊，无意仕途，偏好黄老等道家义理。据传其尝梦神人示以《周易》秘义，由是洞晓阴阳律历卜筮之术。③ 大定七年王重阳自陕西到宁海，见大通资禀脱凡，便加以点化，此后二人来往亲密。但因有老母，大通未即入道。大定八年（1168）三月，通母去世，才皈依重阳至昆嵛烟霞洞修炼，重阳改其名为璘，号恬然子。郝大通先随处一归查山（荣成槎山），大定二十二年（1182）后往来于真定、邢、洛间传道，在继承王重阳全真道思想的基础上，逐步形成自己的道教流派。郝大通一生好读《易经》，深悟《易》理，著有《三教入易论》《示教直言》《心经解》《救苦经解》《周易参同契释义》等。④ 其代表著作有《太古集》、《郝太古真人语》等。

6. 清静散人孙不二

孙不二（1119—1182），原名孙富香，马钰妻，宁海（今山东省牟平）人，全真七子中唯一的女冠。重阳祖师点化马钰之际，孙富香执弟

---

① 《道藏》（第3册），文物出版社、上海书店、天津古籍出版社1988年版，第361页。
② 《道藏》（第5册），文物出版社、上海书店、天津古籍出版社1988年版，第429页。
③ （金）谭处端：《谭处端・刘处玄・王处一・郝大通・孙不二集》，白如祥辑校，齐鲁书社2005年版，第444页。
④ 吴枫、宋一夫：《中国道学通典》，南海出版社1994年版，第1001—1002页。

子之礼，但并未随夫皈依。直至大定九年（1169）五月五日，孙富香才"弃三子屏绝万缘，诣堂以期开度"①。大定十五年（1175），孙不二西入关中，东游洛阳，寓居凤仙姑洞，广招门徒，专事传道，远近闻讯，纷纷前来受业，遂开创清净派。此派对坤道功夫理论进行了研究，为后世坤道丹法所崇拜，影响颇大。代表作有《孙不二元君法语》《孙不二元君传述丹道秘书》等。

7. 长生真人刘处玄

刘处玄（1147—1203），东莱武官（今莱州武官庄）人。处玄清静自守，夙愿修道，因老母劝阻而未能如愿。金大定九年（1169）春，刘处玄在邻居家墙的高处发现颂词"武官养性真仙地，内有长生不死人"②，出家修道之心更坚。同年九月，出家追随王重阳学道，赐名处玄，字通妙（一说道妙），号长生子，赠诗"钓罢归来又见鳌，已知有分列仙曹。鸣榔相唤知子意，跃出洪波万丈高"③。重阳先师去世后，与马钰、谭处端、丘处机守孝庐墓三年，遵师遗言随谭长真奔赴洛阳，并以此为中心展开了修道与传教活动。大定二十一年（1181），因金朝"牒发事"，刘处玄东归回到了家乡莱州，继续传教。大定二十五年（1185）谭处端仙逝后，刘处玄继任为全真教第四任掌教，执掌教务。全真七子中，刘处玄居崂山时间最长，著述、阐教、讲道最多，著有《仙乐集》《太虚安闲仙集》《盘阳集》《同尘集》《修真文》等，又有《道德经注》《演述黄庭》《阴符经解》等传世。

（二）"三州五会"相继成立

王重阳点化全真七子之后，便在登、莱、宁海三地建会传教，两年多的时间内先后建立了"三教七宝会""三教金莲会""三教三光会""三教玉华会"和"三教平等会"五个民间社团。五会均以"三教"为名，寓为"三教合一，三教融合"。而"七宝""金莲""三光""玉华""平等"均与内丹修炼有关，是内丹修炼的目标所在。正如马丹阳所云："心平等，寿延长。修完七宝聚三光。悟全真，万事忘。玉花绽，金莲芳。馨

---

① 《道藏》（第5册），文物出版社、上海书店、天津古籍出版社1988年版，第488页。
② （金）谭处端：《谭处端・刘处玄・王处一・郝大通・孙不二集》，白如祥辑校，齐鲁书社2005年版，第245页。
③ 《道藏》（第3册），文物出版社、上海书店、天津古籍出版社1988年版，第358页。

香滋味满斋肠。行功成，现玉皇。"①

1. 三教七宝会

金大定八年（1168），在文登姜实的盛情邀请之下，王重阳带领丘处机、郝大通、王处一、谭处端四人由昆嵛山烟霞洞迁居文登姜氏庵。② 这使重阳道教生活发生了变化：一是生活方式发生了重大改变，由过去弟子乞食，改为由信徒各家奉养。③ 二是传教重点由点化高才转为教化一般群众。④ 三是传道活动统一安排。在文登传道期间，文登信徒自发成立"三教七宝会"，安排重阳师徒的宗教宣传活动。"七宝"取自《太上老君内日用妙经》："人身中有七宝……精是水银，血是黄金，炁是美玉，髓是水晶，脑是灵砂，肾是璋璨，心是珊瑚。"⑤ 金大定八年（1168）八月，七宝会成立。王重阳一开始对七宝会寄予厚望，并赋诗《永学道人》七首教示七宝会学道者。但由于七宝会组织松散，不合重阳之意，重阳终离开文登返回宁海。

2. 三教金莲会

大定九年（1169）四月，应宁海周伯通之请，重阳师徒迁移到宁海金莲庵传教，至则立金莲堂，八月就本堂立金莲会。

"金莲"之名具有内丹修炼之真谛。王重阳认为"金莲者，乃神之祖"。王重阳《金莲社开明疏》曾言："窃以慧灯永照，须凭玉蕊之光；性烛长明，决得金莲之耀。内沐三光之秀，外消四假之名。步虚蹑空，探玄搜妙。洗来莹净之乡，出入芳馨之路。各怀珠璧，共捧琼瑶。显要全神，须令养气。消通斯诀，请挂芳衔。"⑥ 这篇《疏》充分表明王重阳取"金莲"之名，显内丹修炼之法之意。

王重阳还作《金莲会诗》三首⑦向民众宣传全真修道思想和教旨教规：

---

① 《道藏》（第25册），文物出版社、上海书店、天津古籍出版社1988年版，第602页。
② 赵卫东：《金元全真道教史论》，齐鲁书社2010年版，第85页。
③ 同上书，第85页。
④ ［日］蜂屋邦夫：《文登地区所见王重阳的布教活动》，载于《昆嵛山与全真道：全真道与齐鲁文化国际学术研讨会论文集》，宗教文化出版社2006年版，第350页。
⑤ 《道藏》（第3册），文物出版社、上海书店、天津古籍出版社1988年版，第400页。
⑥ （金）王重阳：《王重阳集》，白如祥辑校，齐鲁书社2005年版，第159页。
⑦ 同上书，第141页。

诸公须是助金莲，愿出长生分定钱。逐月四文十六字，好于二八结良缘。

长生永结金莲社，有始有终无诳诈。诸公不可半途止，直待王风去则罢。

劝君莫恋有中无，无无休失无中有。有有养出玉花头，头头结取金莲首。

第一首诗要求金莲会会员每月必须缴纳四文钱的会费，以维持社团活动费用。第二首诗要求会员必须坚持参加活动，不能有始无终，半途而废。第三首诗要求教徒不要追求内丹技巧，安心定神，最终结成金丹。①

3. 三教三光会

金大定九年（1169）九月，王重阳师徒又迁移到登州，在福山县建立"三教三光会"。三教三光会现存资料很少，难以再现重阳师徒之布教情形。即便是对于"三光"的含义，王重阳也没有明确的表述，但我们可从重阳诗词中略窥其意。王重阳诗词中有"外三光"和"内三光"之分。外三光专指日、月、星，重阳有诗云"乾坤一判三光秀""运三光处，五彩腾明"。内三光则指的是精、气、神，有诗云"禀三才，立三教，得三光，三丹宝聚"②。

4. 三教玉华会

在福山不久，重阳师徒迁往蓬莱，并在蓬莱建立三教玉华会（一说三教玉花会）。"玉华"一词代指"命"或"元气"，与"金莲"并提，寓意"性命双修、气神合一"。

玉华会现存资料有二：

一是《十九枝图》。③以圆形下面的栾字为起点，向左运转，依次为栾潘皇马姜张李杨宋三马蹇徐赵韩温姜宋周，这是当时玉华会的十九名成员。④圆中之诗"一轮明月吐光辉，桂树香传十九枝。正到中更分子午，

---

① ［日］蜂屋邦夫：《金代道教研究——王重阳与马丹阳》，钦伟刚译，中国社会科学出版社 2007 年版，第 120—121 页。
② （金）王重阳：《王重阳集》，白如祥辑校，齐鲁书社 2005 年版，第 186 页。
③ 同上书，第 337 页。
④ ［日］蜂屋邦夫：《金代道教研究——王重阳与马丹阳》，钦伟刚译，中国社会科学出版社 2007 年版，第 127 页。

放开灵彩射瑶池",则是重阳用明月、桂树和瑶池来美化玉华会的活动。《十九枝图》后有诗:"尽知常与道为邻,搜得玄玄便结亲。悟理莫忘三教语,全真搜取四时春。养成元气当充满,结做灵神没漏津。十九光明如我愿,敢邀相伴乐天真。"① 这表明玉华会秉承三教合一之理念,希望道众能把持逍遥自在的本性。

二是《玉华会疏》。王重阳通过《玉华会疏》告诫玉华弟子日常修炼之法,并予以勉励。《玉华会疏》全文:

> 切以能全呼吸定喘息,实非难;会养气神调冲和,应甚易。性凭三曜,命变五行。出阴阳造化之端,在清静虚无之上。要开金蕊,须种玉花。馨香吐而透人晴空,明艳显而朗舒碧汉。得自然而轻九转,得自然而没七还。自结大丹,自通玄妙。既为脱壳,便是登仙。显露赤心,请题芳号。②

5. 三教平等会

金大定九年(1169)九月,重阳到达莱州掖县(今莱州市),十月成立"三教平等会",至此"三州五会"正式形成。"平等"会放在最后,取其贯通集大成之意。王重阳在《三州五会化缘榜》中言"平等者,道德之祖,清静之元,首看莱州,终归平等,为玉华、金莲之根本,作三光、七宝之宗源。"③ 这是王重阳内丹思想的核心所在,也是对其道教思想的高度概括。

"三州五会"主张"三教合一,全真而仙,性命双修,功行双全,可以说涵盖了全真教的全部思想内涵"④。"三州五会"在短短两年之内,组织形态和教规管理日益完善,吸引了大量的教众,奠定了全真教在山东沿海地区的地位。这说明全真道选择这样一种宗教传播形式是成功的。其成功之经验:一是会首管理制度的落实。五会虽是由信众自发组织而成,但是规定每会必须有发起人或会首,如平等会的会首是徐守道,⑤ 三光会的

---

① (金)王重阳:《王重阳集》,白如祥辑校,齐鲁书社2005年版,第337页。
② 同上书,第140—141页。
③ 同上书,第255页。
④ 牟钟鉴等:《全真七子与齐鲁文化》,齐鲁书社2005年版,第136页。
⑤ 刘兆鹤、王西平:《重阳宫道教碑石》,三秦出版社1998年版,第162页。

会首是周彬甫。① 二是以庵为据点传播思想。五会建立之初都有庵堂为条件，如姜氏庵、宝莲庵，这是全真教徒传道的场所。庵堂若难成立，则不具备设社的条件，例如文登玉花社最终破产。三是以长生作为吸引道众的主要手段。重阳《五月一日》诗云："奉白金莲社里人，蕤宾月一起良因。诸公若悟灵山食，暗换长生不老身。"②

三 全真七子在山东的传教活动

全真七子均是山东人，在山东修道多年，但是由于"七子"在山东修道传道的时间不同，因此他们对山东道教发展的贡献和影响也就不同。马钰作为全真掌教，在山东开展了一系列布教活动。丘处机西行后东归栖霞修建宫观布教，广收门徒，制定《全真教榜规》。谭处端在铁槎山修道两年。玉阳子王处一，是全真七子中唯一以山东昆嵛山及以山东作为主道场的传道者，独自承担着在山东弘扬全真道的重任。郝大通则在山东传道22年。孙不二曾修炼于泰山。刘处玄于莱州大修宫观作为传道之所，并大规模购买观额和度牒。都对山东道教的发展都做出了贡献。

（一）马钰在山东的传道活动

马钰自金大定八年（1168）二月弃家修道，因头疼之疾后回乡休养，于十月一日获准继续修道，自此追随重阳真人进行传道。在大定九年（1169）十月之前，一直忙于山东牟平会社的建立和教义的传播，此后在重阳逝世于开封后便奔赴陕西传道布教。直至金大定二十二年（1182）春，马钰因"牒发事"，这才东归山东，开始在登、莱、宁海三州大阐教化。马钰东归后虽然在世仅仅一年零八个月的时间，但是对山东全真教的发展做出了重要推动。

1. 马钰的主要布教活动

马钰回到山东之后，作为全真掌教，开展了一系列的布教活动，主要有大阐教化、"拆洗"五会，修建宫观、大兴斋醮、展示神异、修建宫观等。③

---

① （金）王重阳：《王重阳集》，白如祥辑校，齐鲁书社2005年版，第70页。
② 同上书，第157页。
③ 赵卫东：《马钰东归及其对山东全真道的影响》，《齐鲁文化研究》，山东文艺出版社2004年版，第156—160页。

（1）大阐教化。全真道士有很多的清规戒律。王重阳认为"大凡学道，不得杀盗。饮酒食肉，破戒犯愿"①，要求全真道士必须遵守五戒：不杀生、不偷盗、不邪淫、不妄语（即不说谎）、不饮酒。回归宁海之后，马钰发现三州信徒杀生者众多，便利用信众对全真教的信服，开始戒杀教化。在马钰的教化和影响之下，屠户六清焚毁砧器戒杀生，鞠斌、郭亨、栾周等聚渔网而焚之。

（2）"拆洗"五会，修建宫观。《全真第二代丹阳抱一无为真人马宗师道行碑》载："二十一年冬，师谓门人来灵玉曰：'世所称衣服旧弊重修洁者何名？'曰：'拆洗。'师曰：'东方教法，年深弊坏，吾当往拆洗之。'未浃旬，官中有牒发事，遂以关中教事付丘长春为主张焉，仙仗东归。"②马钰到莱州后，发现原先设立的五会因各种原因不是凋敝就是名存实亡，因此马钰决定重兴五会。马钰先后作《赠五会道众》《赠莱州平等会首》《平等会》《赠三光会首周彬甫》等诗词劝告五会子弟，对五会会众的不当言行加以约束，注重清净之举，教风日渐纯正，响应者众多。

（3）大兴斋醮。马钰认为可借斋醮扩大全真影响，因此东归后多次应邀举行醮事。大定二十二年（1182）五月，东牟旱灾严重，州县官长请马钰举行了祈雨仪式；同年九月九日，马钰在昆嵛山契遇庵行孤魂醮；次年四月十三日，在芝阳掌醮救亡灵；下元日（农历十月十五日），应文登（文山）县令尼庞古武节的邀请，行九幽醮济度亡魂；十二月二十二为王重阳诞辰，马钰醮于游仙观，羽化成仙。马钰的很多诗作均与醮事有关，如《赠莱州醮首王永暨众道友》《文登县黄箓醮赠道众》《赴黄箓醮赠道众》《赴莱州黄箓大醮作》《赠莱阳县众醮首》《赴登州黄箓大醮》。

（4）展示神异。马钰在山东胶东行化期间，咒井水、活枯木，行神异，吸引了大量的教徒。刚回宁海，马钰见金莲堂井水咸苦，难以饮用，遂临井而咒之，井水变甘，③人们称之为灵液。次年四月，黄县全真庵松竹干枯，崔公询问丹阳："松竹是否可活。"丹阳以诗作答，并叫门人于知一修去松竹的黄叶，并浇灌了洗脸水，不过十日松竹返青。④种种奇异

---

① （金）王重阳：《王重阳集》，白如祥辑校，齐鲁书社2005年版，第239页。
② （金）马钰：《马钰集》，赵卫东辑校，齐鲁书社2005年版，第321页。
③ 《道藏》（第5册），文物出版社、上海书店、天津古籍出版社1988年版，第420页。
④ ［日］蜂屋邦夫：《金代道教研究：王重阳与马丹阳》，中国社会科学出版社2007年版，第301页。

之行，更增添了神秘色彩，增强了道教神异的说服力。

（5）修建宫观。马钰返回山东后便开始了道教宫观的修建工作。金大定二十二年（1182）四月，马钰东归至昆嵛山紫金峰，认定此为全真五祖之一东华帝君王玄甫的修炼故址，遂在山之阴建"契遇庵"，在山之阳建"东华观"，后更名为"东华宫"，最终成为元代全真教的东祖庭之一。① 同年九十月间，马钰在文山与七宝会众共创七宝庵。同年，马钰受钰庵。钰庵本为范明叔之花园，因范与马钰友善，又曾经与王重阳会于此，便送与马钰为修身养性之地，后改为玄都观。这些庵堂后均成为马钰的道场。

2. 马钰弟子在山东的传道活动

马钰一生所收弟子最多，难以计数，其中以关中收徒为最。后为扩大全真教影响，东归后又收众多弟子。这些弟子把全真思想从山东带到全国各地，对于弘扬全真精神、巩固全真教在中国道教发展中的地位，使之成为金元以后与南方天师道相对应的中国道教两大教派之一起了重要作用。

马钰东归宁海，随行弟子有姚珏、曹瑱（一说曹填）、宋明一、刘真一、苏铉、柳开悟、来灵玉等。马钰仙逝后，这几名弟子都离开了山东。姚珏北上河北滏阳白云庵传道，曹瑱先是继承丹阳遗志传道于胶东各地，后在明昌年间奉丘处机之命，赴燕、蓟一带传道。宋明一复入关中，居祖庭。刘真一游抚宁县（今属河北），筑重阳观以居。苏铉先于登州、莱州传道，后赴燕蓟传教，住崇福观。柳开悟传道燕、蓟一带。② 来灵玉去向不详。

雷大通传道峄山。雷大通（？—1211），延安敷政（今陕西延安市）人，世为延安巨族。雷大通乃饱学之士，曾以词赋夺魁乡试，时人称为解元。大定十五年（1175）春天，耳闻有人诵读催人出家之歌："可叹愚迷谩用功，浮华一梦转头空。何如立志修仙举，永住三山最上宫。"③ 出门即见仙诗刻于地，遂立学仙之志。同年秋，径赴终南拜谒马钰。马钰留于座下，训号洪阳子。马钰东归后，留居祖庵。大定二十四年（1184），大通闻马钰羽化，前往山东祭坟。明昌初（1190）西返过滕郡（今山东滕

---

① 张广保：《金元全真教史新研究》，青松出版社2008年版，第21页。
② 张晓松：《丘处机大传》，青岛出版社2006年版，第55—58页。
③ 《道藏》（第19册），文物出版社、上海书店、天津古籍出版社1988年版，第521页。

县），见峄山岩壑秀丽，遂留居此山筑庵传道。

3. 马钰的山东籍高徒

刘真一（？—1206），道号朗然子，世为山东登州黄县（今龙口市）巨族。大定年间投丹阳门下，出家修道。丹阳返山东，真一随行。丹阳逝前，叮嘱真一赴北方弘道，真一果不负师教，在河北抚宁县建重阳观，收徒数千人，创建大小道观三百余处。被称之为："北方道风洪畅，先生阐扬之力居多。"①

宋明一，本籍登州福山，道号昭然子。自幼治儒学，因不满当世而常有出尘学道的志向。大定十三年（1173）往祖庵拜丹阳为师，道功与日俱增。丹阳东归，明一随行在侧，并动员自己的母亲和兄弟姐侄六人拜丹阳为师。丹阳去世后明一复入关中，居祖庭。丘处机东归后，宋明一受法旨充任祖庭尊宿，新入道者均由其引度。正大丙戌（1226）北兵下秦川，民庶惊扰，避地南山，道众俱入涝谷先生独不肯往……兵卒至灵虚殿宇悉为灰烬。明一与灵虚观同归于尽。②

吕道安（1142—1221），出身宁海望族，幼年时即憧憬"玄风"，父母辞世后，于大定十三年（1173）入关至终南，拜马丹阳为师，多得熏陶。大定二十年（1180），取代陈知命任祖廷庵主，抚育道众，后传道陕西。承安三年（1198），吕道安为道观买度牒300个，敕额者达数十处，章宗赐全真祖庵为灵虚观，授吕道安"冲虚大师号，使掌敕牒，主领观事"。③

于善庆（1166—1250），字伯祥，祖籍山东宁海，不茹荤，长通经史，雅嗜道德性命之学。大定二十二年（1182）五月，丹阳东归后在金莲堂讲座，善庆前往学道，丹阳收其为徒。善庆初时立道不坚，祖父彦升勉励支持。丹阳感彦升之德，度善庆亲人入道，赐其父法号道济，赐其母法号道清，赐其姐法号妙静。马钰去世后，善庆又拜丘处机、刘处玄、王处一、谭处端为师，正大三年（1226），金廷遣中使专召，就任汴梁中太一宫提点。④

---

① 《道藏》（第19册），文物出版社、上海书店、天津古籍出版社1988年版，第521页。
② 同上书，第531页。
③ 同上书，第531页。
④ 同上书，第536—539页。

4. 马钰东归对道教在山东传播的影响①

马钰的布教活动开创了全真道在山东乃至全国传教的新局面，使产生于山东地域全真道教走向全国并产生了重要影响。

（1）为王处一和丘处机的被宣②准备了条件，这主要有两个方面：一方面，经过马钰不惜余力的布道，全真教获得了实质性的发展，其影响力日益提升，得到了金廷的关注和认可，这才有王处一和丘处机的奉召。另一方面，马钰劝导同门要广开教门，大开教化。王处一和丘处机秉承教诲，多次应诏主持斋醮大事。

（2）对山东全真教的阐道方式产生了重要影响。马钰对传道方式的改革和创新主要体现在两个方面：一是以神异和醮事吸引道众。马钰在山东传道期间以灵异现象闻名，刘处玄、王处一在传道过程中也屡展神异，这成为早期全真教吸收道众的手段和方法。全真教自马钰之后非常注重醮事在传教中的作用和影响，往往会应道众之请求举行斋醮活动。二是改变只拜一师的传统。马钰不拘一格，多次遣送弟子去其他同门处修炼，如遣赵九古、毕知常至丘处机处学道，故而马钰很多弟子后期都追随丘处机，如乔潜道、李冲道、于通清、宋明一、吕道安、于善庆等，丁善庆更先后拜丘处机、刘处玄、王处一、谭处端为师。

（3）改变了全真教道士的修持方式。王重阳认为修道必须行苦，认为"大殿高堂，岂是道人之活计"③。马钰承其意，在陕西行道期间"居庵不过三间，道伴不过三人"④。东归宁海之后，三州士庶施庵者众多，庙观多而豪华，马钰的修道方式遂改为住庵，不再坐环苦行，这就开启了全真道徒大建琳宇之先河。⑤

---

① 赵卫东：《金元全真道教史论》，齐鲁书社 2010 年版，第 122—123 页。
② 大定二十八年（1188），丘处机首先取得当时信奉道教的金世宗青睐，一月内两次在京召见，寻问其长生与治国保民之术。丘处机对金世宗"剖析天人之理，演明道德之宗，甚惬上意"。这是丘处机首次向最高统治者宣传自己的主张，并取得了成功。金世宗不仅亲赐大桃以示褒奖，让他主持万春节醮事，而且下令在宫庵中塑全真教创始人王喆之像以为纪念，为丘处机扩大全真教的影响和提高自己的社会地位无疑起了重要作用。
③ （金）王重阳：《王重阳集》，白如祥辑校，齐鲁书社 2005 年版，第 276 页。
④ 《道藏》（第 32 册），文物出版社、上海书店、天津古籍出版社 1988 年版，第 435 页。
⑤ 赵卫东：《马钰东归及其对山东镇道的影响》，载山东师范大学齐鲁文化研究中心《齐鲁文化研究》，山东文艺出版社 2004 年版，第 160 页。

（二）丘处机在山东的传道活动

金明昌元年（1190）正月，金章宗下令"制禁自披剃为僧道者"①。十一月，"以惑众乱民，禁罢全真及五行毗卢"②。明昌二年（1191）一月，"敕亲王及三品官之家，毋许僧尼道士出入"③。丘处机深感山东传道环境远胜于陕西，遂产生了东归的念头。明昌三年（1192）四月，丘处机启程东归，十月到达栖霞，开始了在山东的布教活动。其主要贡献表现在修建宫观、布教山东、广收门徒、制定《全真教榜规》等方面。

1. 修建宫观

丘处机回乡之后，费时一年修建滨都观。滨都观建于丘处机故居之上，而丘祖籍栖霞滨都里，故名"滨都观"。该观是丘处机在金明昌二年（1191）到金兴定二年（1218）的主要道场。金承安二年（1197），金章宗赐额"太虚"，遂称为"太虚观"。太虚观建筑豪华，金碧辉煌，为当时胶东第二大道观。此后，丘处机不断在各地营造宫观。金泰和年间（1201—1208），丘处机扩建昆嵛山烟霞洞的全道庵，并请观额为"神清"。金泰和六年（1206），丘处机再到宁海，将马丹阳的故居改为玄都观。

2. 布教山东，广收门徒

丘处机以太虚宫为传道之所，频招道徒，四处讲经布道，宣传全真教义，足迹踏遍山东全省。丘处机先后到燕京、青州、昌乐、潍阳、博州、莱州、招远、蓬莱、黄县、宁海、文登、海阳、福山、昌阳（今莱阳市）等地设坛传道。泰和八年（1208），丘处机应昌阳道友之请，至望城永真观（今莱西市望城观）讲道。泰和五年（1205）和大安元年（1209），丘处机两次应道友之邀，将全真道传播到崂山。金贞祐二年（1214），丘处机到昆嵛山布教，作《神清观》16 首并序。为规范全真教徒言行，丘处机制定了《全真教榜规》，明示众道知悉。④

在山东传道期间，丘处机收徒众多，如李志常、张志素、潘德冲、夏

---

① （元）脱脱等：《金史》，中华书局 1975 年版，第 213 页。
② 同上书，第 216 页。
③ 同上书，第 217 页。
④ 刘德增：《山东重要历史事件：宋元明清时期》，山东人民出版社 2004 年版，第 144 页。

志诚、綦志远、孟志源等都是全真教的风云人物。李志常（1193—1256），字浩然，号真常子，开州观城（今山东莘县）人，金宣宗兴定二年（1218）拜丘处机为师。张志素（1187—1268），号谷神子，睢阳（今河南商丘）人，泰和年间（1201—1208 年）谒长春随行师侧。潘德冲（1190—1256），字仲和，号冲和子，淄之齐东（今山东邹平、高青两县部分地区）人。夏志诚（1172—1255），号清贫道人，济南章丘人，泰和元年（1201）诣栖霞，师礼长春。綦志远（1190—1255），字世玄，号白云真人，莱州掖县人，金大安元年（1209）投丘处机之门。孟志源（稳）（1187—1261），字德清，号重玄子，莱州人，金章宗泰和三年（1203）拜师。

3. 制定《全真教榜规》（长春真人规榜）

《全真教榜规》有云："夫住庵者，清虚冷澹，潇洒寂寥，见性为体，养命为用，柔弱为常，谦和为德，慈悲为本，方便为门。在众者常存低下，处静者勿起尘情，所有尘劳，量力运用，不可过度，每一衣一食，不过而用之，每计庵粮，不可积剩，治身衣物，不可贪求，或常住之物，有余者济赡往来经过贫难之士……"① 榜文规定的都是道众日常生活所必须遵守的行为准则，体现了丘处机的目的和管理意图。

（三）王处一在山东的传道活动

玉阳子王处一自金大定十五年（1175）孙不二离开山东起，到金大定二十一年（1181）刘处玄东归止，整整六年的时间都独自承担着在山东弘扬全真道的重任，因此，对于山东全真道的发展，王处一功不可没。

1. 王处一在山东的道场变迁

王处一道场主要分布在浔山、铁槎山、昆嵛山（含余脉小昆嵛山）地区。金大定十三年（1173）前后，王处一修道于文登浔山和牛仙山。大定八年（1168）二月至大定九年（1169），拜师重阳，随行到昆嵛山烟霞洞及圣经山姜氏庵学习道法。大定九年（1169），王处一奉师命归隐荣成铁槎山云光洞，直至金大定二十七年（1187）。这一时期，王处一韬光养晦，积蓄力量，度人逾万，门人一度占本教门徒三分之二，为全真教弘扬做出了重大贡献。

金大定二十七年（1187）之后，王处一声名远播，深受金廷器重。

---

① 《道藏》（第 32 册），文物出版社、上海书店、天津古籍出版社 1988 年版，第 160 页。

大定二十八年（1188），王重阳返乡之际被道徒留在了宁海昆嵛山圣水岩。为了留住玉阳真人，道徒们营建玉虚观（后称圣水观），并建碑立传。此后该观成为全真著名宫观，乃山东三大观之一。"贞祐四年（1216），文登人请居天宝，"将已是75岁高龄的王处一迎至文登县天宝观，次年四月二十二日，王处一沐浴衣冠，拜上下四方毕，端坐留颂而逝。①

2. 王处一对山东道教的贡献

王处一通过自己在山东的布教，缓解了王重阳仙逝和全真六子离开山东的危机，对扩大山东全真教发挥了重要的作用。其在山东民间的行化巩固了全真教的民众根基，同时，借助与金廷的关系为全真教的发展创造各种条件。

（1）巩固了全真教的民众根基。王处一主要采取了三种传教方式：一是举办法会，弘扬教理。王处一借助"三州五会"的方式，在五会之地多次开办法会。如《赠文牟新出家众》中就言"传播清音满故乡，文牟法会愈恢张"②。二是运用法术行医治病，获取支持。王处一多次帮人除邪治病，四方有病者来如辐凑，将神仙和救世的形象塑造在民众心目中。三是大行醮事。王处一斋醮范围非常广，深入民间各个乡里村庄的角落。经此三途，全真教深入民心，极大扩大了全真教在胶东地区的影响力，为刘处玄、马钰等人的回归和布教创造了良好的社会基础。

（2）为全真教的发展创造各种条件。王处一在全真七子中最受金廷器重，先后五次被宣，即金世宗大定二十七年（1187）、大定二十八年（1188）十二月、金章宗承安二年（1197）六月、金章宗泰和元年（1201）、泰和三年（1203）。前三次宣召探求养生之道，并让其主持亳州太清宫普天大醮。金代皇帝对道教并不是很尊奉，却屡次征召王处一，主要有三大原因：一是全真教的社会影响力提升。当时太一教掌教萧道熙去世，太一教的影响力减弱，此时全真教历经20余年的沉淀和苦修，社会影响力大有提升。二是王处一法术高超，名达帝阙。王处一云光洞九年苦

---

① （金）谭处端：《谭处端·刘处玄·王处一·郝大通·孙不二集》，白如祥辑校，齐鲁书社2005年版，第374页。

② 同上书，第300页。

修，道业大成，"出神入梦，召雨摇峰，烹鸡降鹤，起死嘘枯"①，是征召首选。三是全真长生之术的吸引。全真教中有很多的养生和长生之术，这完全符合皇帝养生长寿的需要。金世宗晚年纵欲过度，身体极度虚弱，两次召见王处一，极有可能是想获取长生之方。

王处一借金世宗召见之机，阐述全真教师承和教义，消除了其对全真教的戒心，取得了社会合法性的契机。他向金廷推荐刘处玄和丘处机等全真道人，进一步扩大了全真道人的影响度。他在与金廷的交往过程中，还为全真教争取了很多的观额。金世宗时期，无观额的私庵是不合法的，王处一向朝廷买下了大量的观额，使原先之会堂发展成为合法的道观，如七宝堂发展成为七宝丹霞观，金莲堂扩充成为龙堂观等。

（四）刘处玄在山东的传道活动

大定二十一年（1181），刘处玄由洛阳东归莱州，此后一直以莱州为中心在山东传教，共计22年。刘处玄回莱州之后，大修宫观。大定二十二年（1182），在莱州道众及信徒的帮助下，刘处玄于莱州武官庄故居首建武官观。此观规模宏大，气势雄伟，"在所道院，武官为之冠，器次之，圣水又次之"②，这是全真教大规模修建道观之始，标志着全真教修行方式的转变。承安四年（1198），金章宗敕封观额"灵虚"，遂称为"灵虚观"。除此观外，刘处玄还建有太微、龙翔、集仙、妙真四观，作为传道之所。

除了建造宫观之外，刘处玄还大规模购买观额和度牒，如金承安三年（1198）刘处玄就曾购买数十观额、300度牒，用于全真教发展之用。刘处玄在山东的弟子众多，知名者有二人。一是于道显。于道显（1167—1232），号离峰子，文登人。未满二十，师从刘处玄，精于老庄之学，有《离峰老人集》传世。二是崔道演。崔道演（1140—1221），字玄甫，号真静，深得刘处玄真传。金末元初崔道演仍坚守山东传道，并在山东肥城布金山收徒张志纯。

除以上"四子"外，谭处端、郝大通、孙不二三人也对山东道教做出了自己的贡献。谭处端曾在铁槎山修道两年，郝大通于金明昌初年（1190）东归至金崇庆元年（1212）仙逝，在山东传道22年。孙不二曾

---

① 《道藏》（第3册），文物出版社、上海书店、天津古籍出版社1988年版，第378页。
② 陈垣编纂：《道家金石略》，陈智超、曾庆瑛校补，文物出版社1988年版，第471页。

修炼于泰山。在全真七子的努力之下，全真教的教义得到了普遍宣传，传道范围突破了胶东，并走向全国，为元代全真道教的传播创造了条件。

第三节　全真七子的道教思想

金代全真七子的道教思想内容非常丰富，涉及道教思想文化的各个方面，学界围绕着全真七子"性命双修""道法自然"等命题展开论述，系统阐释了七子的"全真"道教观念，以及内丹修炼法术等，集中体现了全真七子道教思想的精华和价值所在。

一　马钰的道教思想

马钰继承了王重阳清净结丹的思想，在出家修行、去除俗行、悟死修道、损忘并用，清净无为、神气合一等方面具有鲜明的修炼特色。其思想内容主要体现在以下方面：[①]

（一）出家修行、去除尘情思想

马钰把离家修道作为去除尘缘之前提，认为舍弃万缘才能安定心意。《示门人》说："欲要元初一点明，须教猿马两停停。心清意净三丹结，虎达龙蟠四象成。"[②] 为缚住心猿安定心意，舍弃俗行尘缘就成了关键。而舍弃俗行尘缘包括舍弃"气财酒色、攀缘爱念、忧愁思虑"。《西江月·赠吴知纲》吟道："学道休妻别子，气财酒色捐除，攀缘爱念未教无，绝尽忧愁思虑。不得无明暂起，逍遥物外闲居。常清常净是功夫，相称全真门户。"[③]

《养家苦》举出养家的种种人生之苦来劝导教众："养家苦，火坑深，万尘埋没不能禁。遇风仙，物外寻。养家苦，镇常忙，忙来忙去到无常。养家苦，似蜂虿，采花成蜜为谁甜。肯提防，蛛网粘。养家苦，特贪饕，家丰又待望官高。遇危难，无计逃。养家苦，恋尘缘，铺谋活计望千年。奈凡躯，不久坚。养家苦，没程头，一朝身死作阴囚。见阎王，不自由。

[①] 采用常大群《马钰内丹思想》一文观点，载丁鼎主编《昆嵛山与全真道：全真道与齐鲁文化国际学术研讨会论文集》，宗教文化出版社2006年版，第206—213页。

[②] 《道藏》（第25册），文物出版社、上海书店、天津古籍出版社1988年版，第565页。

[③] 同上书，第462页。

养家苦，为妻男，是非荣辱饱经谙。限临头，事怎甘。"①

在对待出家、去尘缘方面，必须要有大丈夫的决烈之心，誓死修成，决不回头。"决烈修持大丈夫，专心致志免三途，冰清玉洁个尘无。"② 他还告诉道众："凡作道人，须是刚肠男子，切莫狐疑不决。但念性命事大，力行不退，期于必成。若儿女情多，烟霞志少，非所谓学道者也。"③

（二）心死神活、用损用忘思想

对于死亡来说，世俗一切都是空与假。马钰曾言："妻妾儿孙一假，金玉珠珍二假，三假是荣华。幻化色身四假，知假知假，说破浮名五假。"④ 既然死亡意味着人生一切为空、一切为假，要损掉人生的一切、忘掉它们，修心重在用损、用忘，要事事休、放心放念。《赠任守一》："物物般般认认，常常战战兢兢，心心念念恐沉沉，得得来来损损。日日清清净净，时时湛湛澄澄，惺惺洒洒这灵灵，灿灿辉辉永永。"⑤ 要摆脱"沉沉"的命运，好的方法就是用"损损"。而损损的目的是保持清净，心地湛然，意识里十分清醒洒脱而得永生。

（三）清净无为、神气合一思想

马钰继承了王重阳的清净思想，认为除清净外，修法中有小术，有渐门，但都不是大道，更说明了清净的重要性。马钰提倡简单易行的清净无为之法，"清净无为，逍遥自在，不染不著"是气功养生最上乘的方法。马钰认为："清净者，清为清其心源，净为净其炁海。心源清则外物不能挠，故情定而神明生焉。炁海净，则邪欲不能干，故精全而腹实矣。足以澄心如澄水，养炁如养儿，炁秀则神灵，神灵则炁变，乃清净所致也。"⑥ 无论是"清其心源"还是"净其炁海"，都是从心意上用功夫，使心意清净，因为"炁海净，则邪欲不能干"，而邪欲不能干是用心意的结果。由心意清净而致神明生、精全而腹实到神灵而气变。马钰重视清净无为，强调神气结合而结丹。修法简单、快捷，代表了内丹修炼的极高水准。

---

① 《道藏》（第25册），文物出版社、上海书店、天津古籍出版社1988年版，第476页。
② 同上书，第611页。
③ 同上书，第704页。
④ 《道藏》（第23册），文物出版社、上海书店、天津古籍出版社1988年版，第469页。
⑤ 《道藏》（第25册），文物出版社、上海书店、天津古籍出版社1988年版，第463页。
⑥ 《道藏》（第23册），文物出版社、上海书店、天津古籍出版社1988年版，第703页。

（四）养气为重、保养神气思想

马钰在练养过程中非常重视养气，认为气的调控是极为困难的。他有言："气之难御，迅若奔马，唯静者为易，必去其外慕……是知道者，贵于无心也。"① 气并不是孤立存在的，精、气、神可以互相影响，神宁才能聚气，体虚才能运气，精全才能守气，尤以养气为重。他说："学道者无他，务在养气而已。夫心液下降，肾气上升，至于脾，元气氤氲不散，则丹聚矣。若肝与肺，往来之道路也。习至久，当自知之。苟不养气，虽挟泰山，超北海，非道也。"②

二 丘处机的道教思想

丘处机《磻溪集》收录的是其在秦川、磻溪、龙门、虢县、渭南以及故乡山东等地题咏名胜，即景抒情传道纪实，应酬赠友和赞颂真道的多类诗词歌赋，是研究丘处机道家思想和为人的重要资料。丘处机的道教思想主要包括"三教合一"思想，"清静""虚心"的道学思想，内修心性、外修功行禁欲主义的苦修思想等。③

（一）"三教合一"思想

丘处机主张"三教平等""三教合一"。《长春真人规榜》曰："见三教门人，须当平待，不得怠慢。"④ 他认为，"儒、道、释源三教祖，由来千圣古今同"⑤，"仙佛原来共一源，蒙师指破妙中玄"⑥。丘处机还从三教的产生过程角度论述了三教关系："千年以来，道门开辟，未有如今日之盛然……天运使然也。缘世道渐薄，天生圣贤相为扶持。上古以道化，其后以仁义治，又其后风俗浸衰，佛教流入中国，以天堂地狱劝率之。"⑦ 三教的产生都是源于当时社会的需要，因此三教融合是可行的；只有三教融合，不断相互借鉴学习，才符合社会的需要，也才能发挥三教的共同作

---

① 《道藏》（第23册），文物出版社、上海书店、天津古籍出版社1988年版，第702页。
② 同上。
③ 采用杨善友、车轩《丘处机的三教合一思想》一文观点，《宗教学研究》2008年第1期。
④ （金）丘处机：《丘处机集》，赵卫东辑校，齐鲁书社2005年版，第147页。
⑤ 《道藏》（第32册），文物出版社、上海书店、天津古籍出版社1988年版，第815页。
⑥ （金）丘处机：《丘处机集》，赵卫东辑校，齐鲁书社2005年版，第161页。
⑦ 《道藏》（第33册），文物出版社、上海书店、天津古籍出版社1988年版，第156页。

用。在"三教合一"思想引导之下,丘处机兼学三教经书,广泛借鉴儒家诗文和佛学禅理,这主要体现在纳儒入道、援佛入道等方面。

1. 纳儒入道

丘处机虽为全真教的一代宗师,但在他的思想中具有明显的儒家倾向。这主要体现在:

一是充分肯定儒家的中庸之道。丘处机《师鲁先生有宴息之所,榜曰"中室",又从而索诗》中写道:"一阴一阳之谓道,太过不及俱失中,道贯三乘玄莫测,中包万有体无穷。……儒、道、释源三教祖,由来千圣古今同。"①

二是充分肯定儒家"反求诸己"的修身路径。《磻溪集·聪明》曰:"修行大抵要聪明,只恐聪明向外呈。外假内真两相克,一边败后一边成。"② 又曰:"灵台内思不疚,任纵横,出处何疑。"③

三是吸取儒家忠孝思想作为全真教信徒的行事准则。丘处机要求信众"宗祖灵祠祭飨频","常行孝以序思量","追求与六亲合睦,朋友圆方"。丘处机招收弟子的重要标准之一就是慈孝。孟志源、夏志诚、李志源、祁志诚、李明园等都是以慈孝闻名,深受丘处机厚爱。丘处机还规定门下弟子出家后可以回家省亲、侍亲,以尽孝道。

四是积极吸收儒家积极入世、济世救人思想。在此思想的指导下,丘处机对马钰倡导的清静无为修道方式进行了改革,形成了全真道"有为为主、无为为客""有为为体、无为为用"的处世态度。

2. 援佛入道

丘处机在纳儒入道的同时,又特别重视对佛教思想的吸收。《磻溪集·心通》之后有《赞佛》言:"净梵王宫,太子殷勤,雪山六期。把世情我态,丝毫断念,灵根水谷,麻麦充饥。芥纳须弥,毛吞大海,自古男儿了悟时。超生灭,任循环宇宙,不管东西。圆成无得无知,信法界、空空寂灭机。又勿劳习定,安禅作用,偷闲终日,打坐行治,大理无时,真功非相,动静昏昏合圣规。无高下,但能通般若,总证牟尼。"④ 丘处机

---

① (金)丘处机:《丘处机集》,赵卫东辑校,齐鲁书社2005年版,第17页。
② 同上书,第25页。
③ 同上书,第71页。
④ 同上书,第67页。

赞赏佛教思想，积极援佛入道。

首先，在修炼中大量使用"色身""法轮""圆觉"等有佛教色彩的名词。如《无俗念·居磻溪》云："色身轻健，法身容易将息。"①《无俗念·月》云："圆明法界，法轮常自充实。"②《无俗念·性通》云："法轮初转，慧风生，徒觉清凉无极。"③

其次，引入佛教"慈悲为怀""愍物恻隐"的思想来阐道修真。以"心体空寂"作为命功修炼的先决条件。《寄西州道友书》言"性体虚空，方于正念，若不到真空，阳神难出"④，明显地带有佛教禅宗的印记。

再次，丘处机的"内丹修炼成仙说"与禅宗"明心见性成佛说"多有相似之处。所提出的"凡有七窍者，皆可成真"⑤，实源于佛教"众生皆有佛性"之说，使道教与佛教学说异曲同工。

丘处机相对王重阳、马钰来说更注重从儒家与佛教那里吸收理论知识并在处理儒、道、释三者之关系上，更加强调道教的主体地位，表现出了一种积极向传统道教靠拢的致思倾向，这就偏离了王重阳三教平等的初衷，为元代的道、佛之争埋下了隐患。⑥

（二）"清静""虚心"的修道思想

丘处机认为"斩断情恋爱欲"是利用凝神聚气保精修炼之理，只有"终始盖如清静道"，"人能天地悉皆归"。《学仙记》言："经曰：'人能常清静，天地悉皆归'。盖清静则气和，气和则神王，神王则是神仙之本，立本则道矣。此为内功，亦假外行。仙道贵实，人情贵华，仙道人情，直相反耳……大抵外修福行，内固精神。由外功深，则仙阶可进，洞府可游矣。古今成道者，皆福慧相须，慧为灯火福为油。"⑦ 这是清静虚心之道在心理修炼上的阐述。

---

① （金）丘处机：《丘处机集》，赵卫东辑校，齐鲁书社2005年版，第63页。
② 同上书，第65页。
③ 同上书，第66页。
④ 同上书，第143页。
⑤ 同上书，第150页。
⑥ 赵卫东：《丘处机与全真道》，山东文艺出版社2004年版，第150页。
⑦ （金）丘处机：《丘处机集》，赵卫东辑校，齐鲁书社2005年版，第175页。

(三) 苦修观

全真道士所进行的内修心性、外修功行的修炼，是以极端的僧侣禁欲主义为基础的，包括节欲思想、苦修思想：①

一是把传统道教的节欲思想发展到极端，宣称家庭、亲情的虚妄。丘处机在重视孝道的同时，却视夫妻恩爱为"金枷玉锁"，男女之欲为洪水猛兽，教人捐妻舍事。这是因为全真教的内丹修炼是以断绝色欲为先决条件的。正如丘处机所说："夫男阳也，属火，女阴也，属水。唯阴能消阳，水能克火，故学道人首戒乎色。"② 所以"学道之人，知修炼之术，去奢屏欲……则升乎天而为仙……恣情逐欲，耗精损神，是致阳衰而阴盛，则沉于地而为鬼，如水之流下也"③。

二是认为出家道士应以乞食为生。"饥餐渴饮，逐时村巷求觅。选甚冷热残余，填肠塞肚，不假珍馐力。好弱将来糊口过，免得庖厨劳役。"④ 烟火全无，箪瓢不置，逐时村巷求食，这是丘处机对苦修生活的描述。若在严冬苦寒难耐之时，"求饭朝入西村，临泉夹道，玉叶凌花结。冻手频呵仍自恨，浊骨凡胎为劣。昼夜参差，饥寒逼迫，早晚超生灭。须凭一志，撞开千古心月"⑤，从中可以看到其艰苦的程度。

三 谭处端的道教思想

谭处端的道教思想虽未突破重阳祖师所奠立的理论框架，但在自然观和心性思想方面却有其独到之处。主要以其《水云集》自然观和《水云集》《长真谭先生示门人语录》心性思想为代表。

(一) 谭处端的自然观

谭处端《水云集》收诗词二百四十余首，诗词以老子"清净""自然"为宗要，又有宣传三教一家，"忠孝仁慈胜出家"，"道禅清静不相差"等思想之特色，是全真道自然观的重要经典，具有重要的理论价值和较高的文学价值。《水云集》的自然观主要表现在"情景自然""生命自然"和"修道自然"三个方面。

---

① 左洪涛：《论丘处机道教词的苦修思想》，《中国道教》2002 年第 6 期。
② 《道藏》(第 3 册)，文物出版社、上海书店、天津古籍出版社 1988 年版，第 388 页。
③ (金) 丘处机：《丘处机集》，赵卫东辑校，齐鲁书社 2005 年版，第 472 页。
④ 《道藏》(第 25 册)，文物出版社、上海书店、天津古籍出版社 1988 年版，第 832 页。
⑤ 同上书，第 832 页。

1. 情景自然观

情景自然是《水云集》描写的一种人与自然"情""景"交融的心理感受，表达了客观世界给人们心理上影响的一种触景生情的美好体验。《水云集》通过一组对"山""竹""桂""鹤""仙"的情景感悟，抒发了其特有的情景自然的审美情怀。其中，分别用"白云高卧""直节虚心""精神朵朵""黑白分明""无为无作"表达山的清高、竹的亮节、桂的荣华、鹤的清明、仙的自然，既饱含道家因景生情的自然感叹，也是全真道人谭处端修道养身的内心表达。

情景自然内含三层含义：一是景色自然。二是情感自然。面对"山""竹""桂""松""鹤"的不同风格，从"无修"而修的道家情怀出发，阐释了其修道成仙的美好愿望。三是仙景自然。谭处端在欣赏景色自然而形成情景自然的过程中，从内心深处形成了特有的修道成仙之情怀，从而形成了谭处端仙景自然观。《游华山》曰："粝食粗衣度岁华，白云高卧隐烟霞。心香福炷灵源起，定观莲峰十丈华。"① 《咏孤竹》曰："一竿碧玉出芳丛，直节虚心众莫同。耐雪欺霜坚岁月，自然时复有清风。"② 《咏月桂》曰："绿叶柔茎结翠红，精神朵朵弄晴风。岁寒坚耐同松竹，尽占年光造化功。"③《咏鹤》曰："停停独立对秋风，黑白分明造化功。休讶得延千纪寿，为他顶上结丹红。"④ 《临江仙》曰："得得全真真妙理，无为无作无修。自然清静行功周。祥云围绛阙，瑞气绕琼楼。心似闲云无罣碍，身同古渡横舟。真空空界可相酬。白牛眠露地，明月照山头。"⑤

2. 生命自然观

谭处端以道家生命观为基础，精辟论述了全真道生命自然的思想，即生命的追求应具有"无欲无情"心理之欲望，以达到"悟虚华镜"，实现生命自然而然的超然意境；生命的性格应具有"便便大肚（大度）"坦荡之胸怀，以展现"灵物常闲"、实现生命本然的豁达气度，生命的本质应具有"清静自然"无为之内涵，以达到"性停住命"，生命高贵无私的理

---

① 《道藏》（第32册），文物出版社、上海书店、天津古籍出版社1988年版，第848页。
② 同上书，第849页。
③ 同上。
④ 同上。
⑤ 同上书，第857页。

想本然。

《赠新中郭四翁》曰:"几人得到白头翁,生老疴沉是始终。浊秽腥膻除寿算,悭贪嫉妒转昏蒙。有憎有爱难超世,无欲无情定脱空。幸有天堂地狱路,圣凡迷悟总有公。"① 这里表达了生命自然具有的四个方面的内涵:一是生命运动演变表现为生、老、病、死几个阶段,人们应该遵循并顺应这种生命的自然运动而不能违背这种规律;二是生命的自然运动历程会遇到各种各样的诱惑,违背生命自然的各种"浊秽腥膻"等都会干扰和破坏生命;三是生命自然还表现在人们"心性""情欲"的追求方面应该自然而然;四是生命运动的最终归宿会依循生命自然规律分为"天堂"和"地狱"。

《赠门人安然子等》曰:"风子微言启众曹,等闲休把气神劳。欲求海底成多宝,须炼山头绝一毫。心逐有情伤气火,意游攀爱害神刀。愿公早悟虚华镜,免向人间再一遭。"② 这首诗体现了生命自然观在行为表现上具有的三大特征:一是"气神"。"精气神"是全真道表达生命观的重要思想,也是检验和判断生命自然的标准之一。二是"心情",只有心静、心平、心坦、心灭,才能减少各种人为之"气""火"伤气伤肝伤心,实现生命自然之光明磊落之要求。三是"爱意",随心所欲是人生一大忌讳,在生命的艰难历程中,人们切忌不顾生命的自然本质要求在行为实践中任意为所欲为。

《游怀川》云:"了了心源万事休,此玄玄外更何求,便便大肚应无染,且向怀川任意游。"③ "灵物常闲,假身不病;清静自然,性停住命。"④ 该诗体现了生命自然的行为规范和道德修养。一是"万事休",道家主张清心寡欲、清静无为、顺其自然;二是"更何求",修道之人应坚持修道为本的思想,克服各种世故贪婪;三是"应无染",修道之人应远离各种生理感官的刺激和醉生梦死的不良生活习惯,洁身自好;四是"任意游",人们的意愿是无休无止的,如川流不息的河流,在生命的道德行为实践中,人必须克服这种没有制约和控制的心理意愿,"清静自

---

① 《道藏》(第32册),文物出版社、上海书店、天津古籍出版社1988年版,第845—846页。
② 同上书,第846页。
③ 同上书,第849页。
④ 同上书,第851页。

然，性停住命"，使生命的行为修养符合生命自然的行为规范，才是"性命双修"的道德要求。

3. 修道自然观

其内容主要体现在以下八个方面。

一是超法界、无罣碍。① 谭处端认为修道应从人性自然本源开始，"自然天性"是生命自然的本性本质，也是修道自然最基本的感悟之"源"。《水云集》云："修行须要认灵源，认出灵源一点鲜；情欲永除超法界，痴嗔灭尽离人天；休生颠倒贪诸有，莫起尘心染众缘；空寂性中无罣碍，自然闲里产胎仙。"②

二是心是佛、意莫留。谭处端从佛道合一的观念出发，通过修炼达到"本心"修道、"心外无佛"、"心外无道"、"心是佛"、"尘休昧"之目的。《水云集》云："修行休向法中求，著法寻求不自由。认取自家心是佛，何须向外苦周游。灵源慧照尘休昧，应物般般意莫留。两道清风开玉户，一条银滟出山头。"③

三是除情欲、合自然。谭处端从具体的修道要求出发，提出修道所要达到的基本目标是"除情欲""合自然"。《水云集》云："头浩浩涌灵泉，湛澄澄照上天，道要除情与欲，忘境灭积功千。分把捉休邪觅，本元初合自然，锻炼成无价宝，京重会害风仙。"④

四是合上天、破孽缘。谭处端认为修道自然如同自然而然高高突起的山，人们只能顺其自然而不能改变其所具有的本然状态，不能违背自然本末倒置。《水云集》中言："兀腾腾任自然，中涌出白花莲。朝锻炼无穷宝，志真修合上天。道割除情欲断，刀劈破孽因缘。头莫向灵源挂，结神胎管得先。"⑤

五是常清静、守自然。修道需要"清静""无为"守"自然"，这既是"修"真性、真气之需要，也是道家"清心寡欲、无为自然"在谭处端修道思想中的反映，是全真道教继承道家"清静自然"具有代表性的

---

① 罣碍：佛教语，谓凡心因迷成障，未能悟脱。
② 《道藏》（第32册），文物出版社、上海书店、天津古籍出版社1988年版，第847—848页。
③ 同上书，第848页。
④ 同上。
⑤ 同上。

意愿表达。《水云集》有云："大道常清静，无为守自然。自心不回转，何处觅言传。"①

六是孤清味、守三三。② 人们应坚持"孤清傲""独坐庵"，以超然的生命体验展现道人们面对世间疾苦，贫穷潦倒所具有的"翛然""默默"之态度，并在"寡欲""无事"中完成修道之实践。《水云集》有云："独坐若环庵，孤清味最甘；翛然无一事，默默守三三。"③

七是清凉境、思虑忘。谭处端认为修道自然的外在"境界"在于"清凉"，即修道要超凡脱俗，经得起超世间的清凉和寂寞，不为人世间的各种诱惑所动，在内心深处专注于"道人"之计。正如《水云集》云："古佛灵岩是我家，清凉境界绝忧嗟。道人活计无他做，唯采三光炼碧霞。"④

八是气神和、成佛仙。只有遵循修道自然的本性要求，必须通过"清爽少""气神和"的态度才能实现"消孽解魔"之修道目标。《水云集》云："心生清爽少，语默气神和，清净消诸孽，无为解众魔。"⑤

（二）谭处端的心性思想⑥

谭处端继承了王重阳"全真而仙"的价值判断，以"全真"为其立论宗旨，以"成仙"为其终极目标。谭处端在《水云集》《长真谭先生示门人语录》中体现的心性思想主要包括：

1. 成仙的依据是真性，而不是肉体

谭处端认为世间的一切都是四大即地、水、火、风在因缘的作用下和合而成的，当因缘散尽时，一切就都归于消灭。所以万物都没有自性，都是假；人的身体也是由四大合成的，也是假，他称之为"四假身"。这样的肉体是不能长久的，总有一天是要消亡的，因此试图通过追求肉体的长生来成仙根本是不可能的。不过人的身体虽然是假，其中却蕴藏着真，这就是人的真性，真性才是人的本真存在。因而谭处端的神仙观念所追求的不是肉体的不死，而是真性的显现，是一种在心境上超越时空的自在和逍

---

① 《道藏》（第 32 册），文物出版社、上海书店、天津古籍出版社 1988 年版，第 850 页。
② 戒贪、戒嗔、戒痴，坚持"孤清傲"乃为"守三三"。
③ 《道藏》（第 32 册），文物出版社、上海书店、天津古籍出版社 1988 年版，第 850 页。
④ 同上书，第 849 页。
⑤ 同上书，第 850 页。
⑥ 采用白如祥《谭处端全真心性思想浅论》一文观点，《东岳论丛》2010 年第 11 期。

遥。"性如朗月流青汉，心似闲云任碧空。"① 谭处端在这里把心和性并提，显示出二者是同一层次的概念。心不是尘世中的凡俗之心，而是真心，是真性在人身中的具体呈现。人要成仙就必须要修性，而修性就是修心，真心的呈现就是真性的显现。

2. 成仙必须明心见性、自我觉悟

谭处端把修性归结为修心，提出成仙必须明心见性、自我觉悟。人之所以不能成仙，在于人有无明，有贪、嗔、痴三毒蘖，蒙蔽了真心和真性，人要想成仙，必须破除无明、三毒。

> 凡人轮回生死不停，只为有心。德山云："心生则种种法生，心灭则种种法灭。"若一念不生，则脱生死。何为有心？盖缘众生贪、嗔、痴三毒蘖，无明心火，师云"跳出三山口"是也。所以悟人修行，割情弃爱，摧强挫锐，降伏除灭众生不善心，要见父母未生时真性，本来面目是也。何为不善心？一切境上起无明，悭贪、嫉妒、财色心，种种计较、意念生灭不停，被此业障、旧来熟境朦昧真源，不得解脱。要除灭尽，即见自性。如何名见自性？十二时中念念清静，不被一切旧爱境界朦昧真源，常如虚空，逍遥自在，自然神气交姤冲和。修行如了此一事，更有何生死可怖？更有何罪业可惧？如稍生一念，不为清净，即是罣碍，不名自在。如何到得？只要诸公一志如山，不动不摇向前去，逢大魔尽此一身，永无回顾，前期必了。晋真人云："心清意静天堂路，意乱心荒地狱门。"②

"无明"使现实的人生充满了种种迷妄执着，让人陷于其中而不能自拔，无法得见真性的光辉，因而有无尽的烦恼。烦恼因贪、嗔、痴"三毒"而起，一旦被"三毒"戕害，人心就成为恶"不善心"，会蒙蔽真源（真性），要"认元初，归莹素。勤拭灵台，勿使尘埃污"，消灭"不善心"，消除"三毒"对人心的戕害。

---

① （金）谭处端等：《谭处端·刘处玄·王处一·郝大通·孙不二集》，白如祥辑校，齐鲁书社 2005 年版，第 10 页。

② 同上书，第 60 页。

3. "除三毒"思想

三毒乃"贪、嗔、痴","除三毒"就是戒贪、戒嗔、戒痴。

戒贪即戒贪欲，即戒除人对外物的贪爱之心。（1）戒情欲。情欲包括酒、色、财、气等。情欲是修行中的一大关口，情欲伤害人的神气，损害人的先天本源，所以必须去除情欲，才能最终得道成仙。"人被欲情染，情生神气伤。人还情欲断，步步履仙乡。"① （2）戒名利。人们在尘世中忙忙碌碌，日夜煎熬，劳累身心，去追逐那虚幻的名和利，结果却是蒙蔽真心、伤神损气，最好能"将名利两俱忘"，有言曰"鄭中碌碌，虚幻名和利。休恁苦劳心，镇区区、伤神损气"②。（3）戒机心。贪欲使人在情欲和名利等方面斤斤计较，对其中的危险却浑然不觉，结果机关算尽，反而害了自己。他问那些日日夜夜驰骋机关的人说："谩使心机，空生计较，大限临头孰替伊？"③ 要想得道成仙，必须抛弃种种机心。

戒嗔，即戒嗔恚、戒忿恨。嗔毒会使人内心动荡不安，易被外物所牵引而迷失本性，从而蒙蔽真性。因此，需要"灭嗔心，去贪心，寂寞清贫合圣心，无生现本心"④。因为嗔毒最突出的表现是愤怒，故而戒嗔之法首在制怒。一是改变自己刚强的性格和耿直的气质。修行者要"摧强挫锐做修行，灭我降心断世情。默默琢磨除俊辨，昏昏锻炼去猩狞"⑤。通过修行消除对自我的执着，慢慢除去自己的胜心和棱角，才能有效地压制怒火。二是忍辱。忍辱虽然消极，却是对治嗔毒的好方法，也是达到神仙境界的好路径。即"每与无明经斗战，一回忍是一回赢"⑥。

戒痴，即戒愚痴、无知。愚痴无知使人心中黑暗一片，痴毒主要表现为人我是非之心。在修行中，首先要去除人我是非之心，"欲做俗中修炼，先灭我人分辨"⑦。对于他人要宽容，不能苛求，要谦虚，不能分成三六九等；对于自己则要严格要求，口头上不要谈论别人的是非长短，行

---

① （金）谭处端等：《谭处端·刘处玄·王处一·郝大通·孙不二集》，白如祥辑校，齐鲁书社 2005 年版，第 17—18 页。
② 同上书，第 40 页。
③ 同上书，第 42 页。
④ 同上书，第 51 页。
⑤ 同上书，第 11 页。
⑥ 同上。
⑦ 同上书，第 35 页。

动中要注意随时发现自己的过错，即"日上莫谈他事短，时中频整自心偏"①。只有这样，才能消除人我是非之心的影响，做到心中无人无我、无是无非。

四 王处一的道教思想

《云光集》是反映王处一道教思想的代表著作，其理论内容蕴含着关于修道说、性命论、金丹诀和养生法等本质本性和内在规律的系统观点和思想体系。深入分析和理解《云光集》的思想内容，有助于全面了解全真七子的思想及其对于道教文化的贡献。

（一）修道说

《云光集》自然观是王处一对于修道自然的一种体验和感受，是对于人们养生修道、悟道、合道、入道本质、本性的理解和认识。有诗云："复本还元达自然，虚无清净变金莲。通融四大心丹结，万道霞光出洞天。"②人们在养生中要做到合道、悟道、入道，符合其内在规律和本性，就必须修道，通过"复本还元"顺应和把握养生内在规律，才能获得成功，这就是"复本还元达自然"③。只有符合养生的内在本性才能称其为自然。在修道养生中如何做到顺应自然、把握自然，唯一的选择则是排除各种私心杂念，在内心深处做到"虚无清净"，这是通达合道、入道的必由之路。"虚无清净"是我们养生、修道、悟道、合道的"金莲"。如果能做到这一点，各种养生活动就能实现"霞光出洞天"的美好愿景。所以，"复本还元"是符合养生自然、把握修道内在规律和本性的正确选择。

修道要达到"宿无灵骨"之品位才能实现"成仙"之目标。有诗云："宿无灵骨谩修仙，达本方知道自然。缄口忘机绝视听，亘初面目可周全。"④"宿无灵骨"和"虚无清净"都属于修道自然，"达本"则是把握养生内在规律及本质本性的必然要求，只有做到"达本"顺应自然，才能把握修道之规律。实现"达本"要做到"缄口""忘机""绝视听"，

---

① （金）谭处端等：《谭处端·刘处玄·王处一·郝大通·孙不二集》，白如祥辑校，齐鲁书社2005年版，第46页。
② 同上书，第274页。
③ 同上。
④ 同上书，第276页。

杜绝各种"口""听"之"机",① 以持之以恒的精神和坚忍不拔的意志,固守人之本性和原始本善状态,才是实现"修仙"最为周全的方法。

修道、悟道需要寻求养生的内在本性,如果人们不能把握"道根基"规律之所在,则不能体会其中的"玄妙"之趣,如果我们能够"悟道"且掌握世间"乾坤"万事万物生生化化之机理,就会在这种规律的引导下,实现修道养气"幽微"之目标,有诗云:"世凡不悟道根基,生化乾坤应物机。会得此般玄妙趣,自然神气达幽微。"② 为此,王处一表达了修道自然的基本观点:"志坚心稳住崂山,华盖古时真人,曾兹炼大丹。""无限峰峦深掩映,自然尘事不相干。"③ "宁海龙祥观,金莲顺化生。福星都结聚,道德自然成。"④ 一是需要"志坚心稳"的敬业精神,需要对于修道、入道有坚定的信念。"华盖古时真人,曾兹炼大丹",就在于有坚定的信念和持之以恒的修炼意志。二是需要保持自己心态的沉稳,不被世间俗事所左右,顺应自然,抛弃人世间的一切烦恼和欲望。"住崂山"修道就需要全身心融入于无限美好的"峰峦"之间,尽情地享受天人合一的美好感受,如此则可以"炼成大丹"。⑤ 三是修道需要合道,达到养生的基本要求。修道自然是生命生长变化的必然需要,只有顺应生命运动的内在规律,不断地顺道、合道、入道,才符合道德的基本要求,这就需要顺应自然、遵循自然和把握自然,只有符合自然才能合道,成为修道养生的基本要求。

(二) 性命论

"性命双修"是全真思想的重要内容,要实现"性命双修"的最佳效果则在于遵循自然。王处一通过特有的行为方式展现了其对性命修炼方面的认识和感悟。有诗云:"深谢吾门广助缘,始终如一苦精研。存神默默尘无染,养气绵绵道自然。"⑥ "存神""养气"是全真性命修炼的重要内

---

① (金) 谭处端等:《谭处端・刘处玄・王处一・郝大通・孙不二集》,白如祥辑校,齐鲁书社 2005 年版,第 276 页。
② 同上书,第 306 页。
③ 同上书,第 295 页。
④ 同上书,第 326 页。
⑤ 同上书,第 295 页。
⑥ 同上书,第 252 页。

容，只有"存神""养气"才能达到既修性又修命之目的。如何做到"存神"和"养气"？王处一提出需要"深谢吾门广助缘，始终如一苦精研"①，只有做到"广助缘"，并且始终如一的"苦精研"，达到"默默尘无染"的心理意境，使所养之气"绵绵"自然，符合生命之道的内在规律和基本要求，才可以实现"性命双修"之目的。有诗云："扶持内教性灵灵，无色金莲叶叶荣，日用脱离诸苦厄，道芽仙福自然生。"②"扶持内教"也是王处一对于全真教性命论理的一种支持和拥护，通过修性使生命达到活灵活现之状态乃全真之根本，也是实现生命之树"叶叶荣"的法宝。通过修性不但可以使"无色"生命回归自然之状态，而且还可以"日用脱离诸苦厄"③，生命常青，生机盎然，蓬勃旺盛；通过修性也可以寻求生命之仙福，按照生命自身运动演化之规律生生化化，从而享受养生长生修道成仙之福祉。

王处一的性命论主张生命的返璞归真，实现生命之性的"舒长"和"自然"。有诗云："生大道自然香，有真师细较量。路上通仙信息，灰方得性舒长。"④ 只有做到"生"与"性"的合道自然，才能在通往生命之长、修道成仙的道路上感悟修真之真谛；如想得到修性知真通仙之信息，则需要通过两条基本的渠道：一是离不开"真师"的细心指点和修炼功底之"较量"；⑤ 二是修仙、养性需要合道、入道，顺应自然。做到这两点，不但可以实现生命之性的舒长，而且还能体验其"性命双修"的内在酣香。

王处一认为，实现"性命双修"不但需要怀有"菩提"之心，看空世界一切功名利禄，不随波逐流；而且还需要有一种淡泊名利、济世利人、清心寡欲和顺其自然，不被世间一切名利所"颠倒"的气度和精神。如果能做到这一点，则无论修性还是修命都可以自然灵通，排除各种障碍和心灵的纠结，回到人间仙境故乡"蓬莱"的逍遥自然、无忧无虑的仙人生活境遇之中。

---

① （金）谭处端等：《谭处端·刘处玄·王处一·郝大通·孙不二集》，白如祥辑校，齐鲁书社2005年版，第252页。
② 同上书，第295页。
③ 同上书，第295页。
④ 同上书，第315页。
⑤ 同上。

（三）金丹诀

王处一的金丹诀是其自然观的重要组成部分，内含性命自然、大道自然、金丹自然和神气自然等内在哲理和修炼秘诀，是人们自然养生、天人和合、性命双修、锻炼大丹的玄理依据和行为原则，对于深入理解全真教的金丹内涵，实现天人合一具有重要指导意义。有诗云：

酒气财气绝，世事般般彻。三尸阴魂消，六贼十恶灭。
魔山竭底摧，都休乱扭扭。乞食纸布衣，顿把心猿歇。
一意不真常，慧刀分两截。动静两俱忘，不得夸清洁。
性命稳栽排，深藏精气血。万神自欢谐，灵风透骨节。
上凑朱灵官，下通龙虎穴。保养气精神，慎勿轻心泄。
四海发云光，三山落白雪。际会玄元官，绵绵无断绝。
水火自抽添，周天自摆列。神气自然灵，真师自提挈。
百骸自豁畅，容貌自然别。日月自循环，金丹自然结。
婴儿自然欣，姹女自欢悦。五气自朝元，四大俱调摄。
玄理自然通，万神自超越。大道自然成，陆地自然别。
定正个中真，暗把心香爇。光散化成神，神光如电掣。
锻炼大丹成，现出家家月。一撞过三关，仙班云外列。
开廊天地清，阴灵飘荡彻。日月交光转，参罗碧凛冽。
圆光满世间，说中非有说。九转大丹成，永永超生灭。
清歌聒太空，浩浩朝金阙。混元三界中，嘱咐叮咛切。①

对于金丹自然的依据、意义和作用，王处一有诗云："我师弘道立全真，始遇纯阳得秘文，性满虚空凝皓彩，丹成表里结祥云。顿超法界留玄教，传化人天赞圣君。救拔群生诸苦难，自然寰海普知闻。"② 即金丹所具有的内容是弘扬全真之师纯阳秘文，是全真思想和精神的内在体现。金丹自然不但可以实现性命双修中的"性满虚空"，而且还可以达到"丹成"之目标，产生金丹修炼"凝皓彩""结祥云"之最佳效果。金丹自然

---

① （金）谭处端等：《谭处端·刘处玄·王处一·郝大通·孙不二集》，白如祥辑校，齐鲁书社2005年版，第332页。
② 同上书，第256页。

在性命双修中的作用可以使人"顿超法界",感悟其内在"玄教",使圣君将天人和合的天人关系运用于人世间的各种活动,实现圣君统治,并能够得到人们的普遍赞誉,还可以实现"救拔群生诸苦难",解除各种烦恼和人间困苦之功用,体会金丹给人们带来的身心效益。

如何实现金丹自然而达到"丹圆""果满""神光聚"之效果?王处一有诗云:"往昔重重结胜缘,心香袅袅透诸天。尘中养就真如体,火里长开不谢莲。普愿搜真登彼岸,各须弘誓灭前愆。丹圆果满神光聚,总达无为契自然。"① 本质是"无为契自然",在具体途径和方法上,王处一提出了"结缘""养体""搜真""自然"② 四种途径和方法。

(四)养生法

王处一养生法体现在"通真"与"养气""休心"与"济人""大道"与"自然"等几个方面。通过实践养生所需要的几种方法,最终可以实现"消灾""福禄"的生命追求之目标。

1. 养生需要做到"通真""养气"

有诗云:"通真万事喜颜红,养气全神不落空。海纳百川诸罪灭,自然地狱变天宫。"③ "通真"是达到"颜红"不老、生命长养的基本保证。所谓"通真",就是养生需要符合生命之养的内在规律和真理,只要能够做到"通真",则无论面对什么困难,遇到什么事情,人们都会以积极乐观的态度克服,保持生命所具有的本来面目。养气是生命之养的基本途径和重要方法,养生需要养气,只有养"气",生命才能表现出"精"与"神",生命才能显示其固有的本性和内涵。"精气神"是生命自然的本然体现,是对养生之道的深刻释义。人们只有具备生命应该包容的"精气神",具有"海纳百川"的气魄,才能消灭影响生命健康的各种罪恶和贪欲,将生命之地狱变为长寿之天堂,才能符合生命自然的本质要求。

2. 养生需要践行"休心""济人"

有诗云:"欲求长生之因,休心。欲了自然之道,拂袖。欲修真实福

---

① (金)谭处端等:《谭处端·刘处玄·王处一·郝大通·孙不二集》,白如祥辑校,齐鲁书社2005年版,第260页。

② 同上。

③ 同上书,第314页。

田，济人。欲作扶缘演教。和光。"① "休心"是寻求长生之道的必然要求，人们只有消除心灵深处的各种私欲和贪婪，不被各种欲望利禄所累，寻求生命自然之道和清静无为，在生命运动过程中做到清心寡欲、两袖清风、潜心修道则可以实现生命长生长养。同时，养生还需要做到"济人"，这是养生修道自然本性之所在，只有做到"济世利人"，把个人的私欲和追求抛之于脑后，才能实现生命长生"福田"的根本目标。"扶缘演教"则是根据生命自然的必然要求，以及全真教义的义理规范，传布教化，积德行善，"和光同尘"②，以无私的胸怀、宽广的气度、乐观的情绪和积极的态度遵道扶缘，享受生命应有的快乐和真实，不被利益所累，才能真正达到养生长寿之目标。

3. 养生需要符合"大道""自然"

有诗云："大道元和莫损伤，万灵真秀竞芬芳。自然滋益精神别，百味玲珑透骨香。"③ "大道"是天地万物运动演化的内在规律和本质体现。宇宙万物顺大道成，逆大道伤。人们在养身过程中只有遵循大道自然的内在要求和本质规律，才能实现生命自然之养，"天地人"才能实现"元和"共生，否则不但不能实现养生之目的，而且还会导致违反生命之养的内在规律，导致养生不成反受"损伤"。只有与大道元和，万物保持其"灵""真""秀"，才能显示出其各自所具有的"芬芳"生命本色。如果要实现养生过程中"莫损伤""竞芬芳"就必须遵循生命自然，这是永葆生命之精神的特殊体现，是养生长生而使生命"滋益"的必然要求。如果能做到养生自然，则可以实现生命"百味玲珑透骨香"，最终实现"消灾拔苦亡，照临天地静，福禄自然昌"④ 养生之根本目的。

五 郝大通的"易学天道"论

郝大通的主要著作有《太古集》《三教入易论》《心经解》《救苦经解》《示教直言》等。作品充分体现出郝大通以易为宗的全真学术风貌，

---

① （金）谭处端等：《谭处端·刘处玄·王处一·郝大通·孙不二集》，白如祥辑校，齐鲁书社2005年版，第329页。

② 同上书，第329页。

③ 同上书，第315页。

④ 同上书，第322页。

其易学思想，有易学天道论与易学丹道论。① 其"易学天道"论包括：

（一）前宇宙图景思想

郝大通之所以用道、气阐述宇宙万物的生化，其目的是为道教的终极信仰提供哲学根据，即以其作为推阐全真道教理教义和炼养工夫的理论基础。②

前宇宙图景，即天地产生之前的状态。郝大通将道论与易理相结合，认为"气"是道（或"庞"）生宇宙的中介环节，而气的酝酿、生成则经历了太易、太初、太始、太素诸阶段，太素之后，有无统一的混沌剖判，天地定位，万物（"有"）遂生生不息。《变化图》有云："夫易之道，非神功而不可测，非圣智而不可知。故有太易，仍未见之气也；有太初，气之始也；有太始，形之始也；有太素，质之始也。气形质具未相离者，谓之混沌。混沌既判，两仪有序，万物化成。混沌已前则为无也，混沌之后则属有也，一有一无而为混沌。"③

（二）天地造物的猜想

天地从大道化生，那么天地的结构如何，它们是如何造物的，万物具有什么样的属性呢？对此，郝大通做了进一步的解释。

1. 天地结构

郝大通易学三十三图中的《乾象图》《坤象图》《象图》《月象图》都做出了回答。在郝大通看来，天为圆形，势如偃盖，状若鸡卵，清虚高远，纯阳不杂；地为方形，纯厚广载，纯阴不杂。天地的造物之功，依赖于天地间日月的运行。日、月分别是太阳之精、太阴之精，二者效法天之道、地之道，它们的运行使宇宙间有了昼夜之分。④

2. 天地日月、乾坤坎离相配合而生万物的宇宙模型

郝大通认为天、地、日、月分别为老阳、老阴、少阳、少阴，分别象乾卦、坤卦、坎卦、离卦，其数分别为九、六、七、八。《四象图》进一步释之曰："夫四象者，重明天地日月之道，六七八九之数。如乾之老阳称九，坤之老阴称六，乾之少阳称七，坤之少阴称八。故知乾有六爻，爻

---

① 采用李延仓《郝大通的易学天道论》一文的观点，《周易研究》2010 年第 3 期。
② 同上。
③ （金）谭处端等：《谭处端·刘处玄·王处一·郝大通·孙不二集》，白如祥辑校，齐鲁书社 2005 年版，第 407 页。
④ 采用李延仓《郝大通易学天通论》一文观点，《周易研究》2010 年第 3 期。

各称九，以四因之，爻别三十六策；坤有六爻，爻各称六，以四因之，爻别二十四策。乾阳爻一百九十二，坤阴爻一百九十二，总之得万有一千五百二十之策，当万物之数也。"①

3. 天地造物

郝大通认为，万物生成需要天地交泰、日月会合。其《天地交泰图》认为，"天地宜交，不宜不交"，而天地交泰者，则是"天之阳气下降地中，地之阴气升而上天"。反之，如果天气上腾，地气下降，天地之气不能交感，则万物否闭不通。《日月会合图》认为，在日月行天的过程中，"日月隔壁谓之朔（旦）"，"日月相衡谓之望"，"四分之一谓之弦"，"光尽体伏谓之晦"，而"晦"则"相近于合也"，即日月会合之时。在郝氏看来，天地交泰、日月会合之时，则是混沌元气状态，其《变化图》曰："混混沌沌，天地、日月交泰会合之时也。"郝氏又认为，天地日月交泰会合而生物，并非杂乱无章，而是各有"数"存于其中。其《天数奇象图》《地数偶象图》指出，天为圆形、为纯阳，故有北一、东三、南七、西九、中五五个阳奇之数，总而论之，共得二十有五。地为方形、为纯阴，故有东八、西四、北六、南二、中央十五个阴偶之数，总而论之，共得三十。郝大通在《天地生数图》《天地成数图》中又解释了天地之数如何配合而生物。《天地生数图》言天地生长万物之数，以阳数一、三、五与阴数四、二相配，并谓，"天一与地四而为生也，天三与地二而为长也"。《天地成数图》言天地成就万物之数，以阴数六、八、十与阳数七、九相配，并谓："地六与天九而成，地八与天七而就，其于天五与地十，自相交通。"②

（三）天道规律

郝大通认为天地运行也遵循一定的规律。那么，天地运行的规律有哪些呢？为此，又对天道规律做了阐释。

1. 日月经天运行的规律及成岁原理

郝大通以《二十八宿加临四象图》《二十四气日行躔度加临九道图》说明日月运行的规律。《二十八宿加临四象图》曰：

---

① （金）谭处端等：《谭处端·刘处玄·王处一·郝大通·孙不二集》，白如祥辑校，齐鲁书社2005年版，第419页。

② 采用李延仓《郝大通易学天通论》一文观点，《周易研究》2010年第3期。

天象有二十八宿，度则三百六十五有四分度之一者，分布于十二分野之中，而经星之常道也。所以日月、五行、七政为纬，循环周度，变化生焉，以分四维。四正之义者，东方、南方、西方、北方自得其数，同天地日月之功。有苍龙焉，有白虎焉，有朱雀焉，有玄武焉，此者亦象春之与夏，秋之与冬也。①

二十八宿分为东方苍龙、西方白虎、南方朱雀、北方玄武，它们各有七宿，分居于周天三百六十五有四分度之一的区域，以地支分为十二等份，即十二分野，亦即十二辰，日月、五行、七政的循环周度，则形成春、夏、秋、冬四时的变化推移。②

《二十四气日行躔度加临九道图》又曰：

冬至之日，日行牵牛；夏至之日，日行东井。牵牛之宿，南极之星也；东井之宿，北极之辰也。自北极至于南极，一屈一伸，共行二十四气，经于二十八宿，布三百六十五度四分度之一。循环九道以明消息之功，达其升降之理者，皆日行之道，备矣。日一年行一运，月一月行一周，故知日行则有盈有亏，月行则有疾有迟。日行一日一度，月行一日十三度者，谓少一十二度，象一十二月，以成一岁焉。日经十有二年而行天之十有二运，月行之道即不然也，谓一年之中无闰而行天之一十二周，有闰而行天之一十三周。故知月之细度，一日行一十有二度三十七分也，日月之行，闰余生焉。③

日月行天三百六十五度四分度之一，有盈亏疾迟之异，有度数之别。日月循环九道，形成一岁十二月及闰月、二十四气。

郝大通《北斗加临月将图》曰：

天垂万象，以北辰为之枢机，统领众星，无失其时者也。夫北斗

---

① （金）谭处端等：《谭处端·刘处玄·王处一·郝大通·孙不二集》，白如祥辑校，齐鲁书社2005年版，第406页。
② 采用李延仓《郝大通的易学天通论》一文观点，《周易研究》2010年第3期。
③ （金）谭处端等：《谭处端·刘处玄·王处一·郝大通·孙不二集》，白如祥辑校，齐鲁书社2005年版，第419—420页。

七星之列，各自有方。主之则曰"魁枕参首"，"杓携龙角"，斗卧巨蟹者，明知此北斗第一星谓之魁星，第七星谓之杓星，自魁至杓，凡有七星，而布南方七官之辰也。故曰"戌为河魁"，"辰为天罡"，凡经七辰，象北斗焉。①

北斗七星从首星河魁（魁星），经从魁、传送、小吉、胜光、太乙，至尾星天罡（杓星），分别配地支戌、酉、申、未、午、巳、辰即南方七官，而分主二、三、四、五、六、七、八月将。郝大通之所以重视北辰与北斗七星在天象中的位置，是因为它们对于辨方位、定季节具有重要意义，② 如所谓"斗柄东指，天下皆春；斗柄南指，天下皆夏；斗柄西指，天下皆秋；斗柄北指，天下皆冬"等。

2. 一岁之中月、时、气、候的加临规律

一岁有十二个月，分春、夏、秋、冬四时，每月有两个节气，共二十四气，每个节气又分三候，共七十二候，这样又涉及月、时、气、候的加临即与律吕、干支、卦象相配的问题。关于这一问题，郝大通以《十二律吕之图》《天元十干图》《二十四气加临七十二候图》《二十四气加临乾坤二象阴阳损益图》《六子加临二十四气阴阳损益图》《二十四气加临卦象图》诸图加以说明。

《十二律吕之图》以十二律吕与十二月、十二地支相配，其配法为：十二支从子、丑、寅到亥，依次配十一月、十二月、正月至十月，配律吕则依次为黄钟、大吕、太簇、夹钟、姑洗、仲吕、蕤宾、林钟、夷则、南吕、无射、应钟。③

《天元十干图》以四时与天干、五行相配，即春配东方甲乙木；夏配南方丙丁火；秋配西方庚辛金；冬配北方壬癸水。四时转移而赋予万物魂、魄、性、命，实现生、长、成、就万物之功。而在此过程中，土则旺于四时之中，发挥着五行之主的作用。④

《二十四气加临七十二候图》是以十二月、二十四气、七十二候以圆

---

① （金）谭处端等：《谭处端·刘处玄·王处一·郝大通·孙不二集》，白如祥辑校，齐鲁书社2005年版，第419页。
② 采用李延仓《郝大通的易学天通论》一文观点，《周易研究》2010年第3期。
③ 同上文。
④ 同上文。

图相配，其内容不出秦汉以来的律历及易学象数之学。①

《二十四气加临乾坤二象阴阳损益图》是用十二辟（君）卦论一岁之内阴阳二气的消长。十二辟卦，又称"十二消息卦"，分配于十二月中，其中蕴含着阴阳二气的消长之理，亦即从复卦至乾卦为阳进阴退，而从姤卦至坤卦为阴进阳退。由于乾坤为众卦之父母，故十二辟卦可以视为乾坤二卦十二爻的变化消长。②

《六子加临二十四气阴阳损益图》曰："乾坤二象，象天地之大用。由未尽其理者，再明日月之运行，风雷之出没，山泽之通塞。据此，六卦三男三女所行之道，亦自冬至之日为首，以阳变阴，以阴变阳；至夏至之日为首，以阴变阳、以阳变阴。阳阴错杂，各有所变，变而通之，以明化物之功本自无为之治，出于自然而然也。"③

《二十四气加临卦象图》为进一步说明阴阳变易之理，即谓"起自冬至之日，以中孚有信，阳气始生；至夏至之日，以咸相感，一阴始长。故知卦有六十，经游二十四气之间，凡三百六十而成一岁之功。一年之内，则有三百五十四日，积之闰余，故知自冬之日至满一岁，度三百六十五日四分度之一。每一日管行一爻，六日七分而成一卦。内有闰余，共成其数也。惟坎、震、离、兑而归四正，不在其间者也。"④

3. 一岁之外的天道规律

一岁之外的天道运行也有其内在的规律，郝氏对此做了多角度的阐发。

《八卦反复图》曰："乾一世乃有所变而得姤，二变而得遁，三变而得否，四变而得观，五变而得剥，此者自下升上。上至五爻，变之至极，故自剥卦之后，自上变下者名之游魂，而得晋卦。晋卦之后，下体三爻齐变而为大有，名之归魂卦。他皆仿此。"⑤

《五运图》则把十天干分为五组，认为甲己、乙庚、丙辛、丁壬、戊癸之年，以五行相生顺序分别值土运、金运、水运、木运、火运，而五气

---

① 刘王建：《两汉象数易学研究》（上册），文本教育出版社1996年，第141—150页。
② 采用李延仓《郝大通的易学天通论》一文观点，《周易研究》2010年第3期。
③ （金）谭处端等：《谭处端·刘处玄·王处一·郝大通·孙不二集》，白如祥辑校，齐鲁书社2005年版，第414页。
④ 同上书，第416页。
⑤ 同上书，第414页。

之运是由五星行逆所成。

《六气图》则以十二地支说明特定的年份中阴阳二气运行的规律。每年之内有少阳、阳明、太阳、厥阴、少阴、太阴六气，每气各主六十日。而特定的年份，即寅申之年、卯酉之年、辰戌之年、巳亥之年、子午之年又各以一气主之。郝大通把十二支神分为六组，其分组的规律即其所说的"神之相对"。而这种把相对支神作为一组的方法，实际上即是筮法中的"相冲"，即寅与申冲、卯与酉冲、辰与戌冲、巳与亥冲、子与午冲。①

《六十甲子加临卦象图》按六十四卦卦序依次与六十甲子相配，由于二者数目不同，故把六十四卦末尾剩余四卦，即中孚、小过、既济、未济再次依序纳入甲子、乙丑、丙寅、丁卯中，亦即甲子、乙丑、丙寅、丁卯各纳两卦。此图"通万物之情性"，即万物的吉凶、悔吝、忧虞、存亡、得失之更坏皆备于其中。②

六 孙不二之女丹功法

孙不二注意到坤丹与男丹的区别，大大发展了以生理转变为重要内容的女丹。《孙不二元君语法》的女丹功法包括：③

（一）女丹功法的要点

1. 从静而修，尤重修心

孙不二认为男女本来是一气所生，然而却有动静清浊的差异，男子属动且属清，女子属静且属浊。内丹修炼既是要求清求静，因此女子修炼就要以静为本，以浊修清，使得生理结构逐步转变，修得男子之身。④孙不二云："夫乾道动，坤道静，欲修性命，务须从静。汝今原静，又何以修？坤道浊，乾道清，欲修性命，务须求清。惟能以浊修清，是以入道证果。"⑤又云："女人欲修真，切使真元聚。阴中有元阳，存清勿以弃。明此色与欲，本来无所累。屏除贪嗔痴，割断忧思虑。去浊修清性，不堕诸

---

① 采用李延仓《郝大通的易学天通论》一文观点，《周易研究》2010 年第 3 期。
② 同上文。
③ 采用戴桢《孙不二女丹功法浅述》一文观点，《宗教学研究》2009 年第 1 期。
④ 同上。
⑤ （金）谭处端等：《谭处端·刘处玄·王处一·郝大通·孙不二集》，白如祥辑校，齐鲁书社 2005 年版，第 461 页。

恶趣。静寂守无为，我即男子具。"①

做到从静而修，最为重要的就是对心的修炼。她认为要想悟道，就要先学息心，"心定气住，气住神全，神全形固，绵绵若存而不息，用之不穷而见功，谷神不死，合我真宗"②。孙不二的十四步坤道炼丹功法将收心视为下手第一步。《孙不二女丹次第诗》有云："吾身未有日，一气已先存；似玉磨逾润，如金炼岂昏。扫空生灭海，固守总持门；半黍虚灵处，融融火候温。"③修心要做到"智遣智，言即知之后，宜遗智慧，晦迹韬光"④。

2. 斩赤龙

孙不二女丹功法中最为核心的即"斩赤龙"这一环节。此环节正是女子恢复耗散真血和转变生理结构的关键。女子月经即是"赤龙"，"斩赤龙"就是指在女丹修炼的过程中，中断女子月经的功夫，即是要先培育真血之炁，等到真血之炁积累充足，然后转化真血之炁的路径，逆回炉中，从此女子月经中断，经不外漏，血气逐渐恢复。同时女性的生理特征也会随着月经的中断发生改变，女子双乳收缩，形如处子，返还到童女的状态。男子以精气为本，男子内炼的关键就是要使得精不外漏，精气充足，而后用身中真火锻炼，使得精化气，气化神，神化虚，从而证得神仙之道。女子以血气为本，因此女子内丹修炼就要以血气充足为关键，由血化气，气化神，神还虚。女子体质属阴，年少之时，真血盈满，血气充足。如果女子能够清洁性情，摒弃万缘，则能固守真炁。⑤然而"世人外为酒色之所贼，内为思虑之所萦，惟贪名利，消落精神，恋著粉尸，巧笑娥眉，逐外忘本，崩我灵基。使坎离坏散，致魂魄流离，儿女成列，形骸渐衰，为一棺之聚土，失天地之真机，良可悲乎！"⑥心摇则气动，精神内乱，真炁散落，女子月经产生。女子每月受到月经的伤害，元炁渐耗，

---

① （金）谭处端等：《谭处端·刘处玄·王处一·郝大通·孙不二集》，白如祥辑校，齐鲁书社2005年版，第463页。
② 同上书，第453页。
③ 同上书，第470－471页。
④ 同上书，第455页。
⑤ 采用戴桢《孙不二女丹功法浅述》一文观点，《宗教学研究》2009年第1期。
⑥ （金）谭处端等：《谭处端·刘处玄·王处一·郝大通·孙不二集》，白如祥辑校，齐鲁书社2005年版，第453页。

真血渐损，自此女命难修。

（二）女丹修炼的次第

孙不二女丹修炼的次第分为三步：第一步炼精化气，第二步炼气化神，第三步炼神还虚。①

1. 炼血化气

男子以精气为本，女子以血气为根，因此男丹修炼以炼精化气作为第一步，而女丹修炼则以炼血化气为下手第一步功夫。孙不二女丹功法此段功夫包含了收心、养气、行功、斩龙四步。②

收心和养气做的乃是内炼的入手功夫，并无男女之别。收心不过是要调伏妄念，做到万念不起、意守丹田、凝神入气穴，孙不二云："扫空生灭海，固守总持门，半黍虚灵处，融融火候温。"③ 同时还要调整呼吸，把后天呼吸培养充足，以此来返还先天，此所谓："子肥能益母，休道不回旋。"④

做好入手的功夫，第三步即要行功。行功诀云："敛息凝神处，东方生气来，万缘都不著，一气复归台。阴相宜前降，阳光许后栽。山头并海底，雨过一声雷。"⑤ 要做好此段功夫，必须寂然不动，调整后天呼吸之气，放下万缘，修炼至气机舒展，意志静寂，自然有气机发生，此气即先天之元气，之后要自然行周天运转之功，直到清静虚寂，则神炁混一，真阳大生矣。⑥

第四步斩龙，乃是孙不二女丹修炼中最为重要的一步。《孙不二元君法语·斩龙》云："静极能生动，阴阳相与模。风中擒玉虎，月里捉金乌。著眼氤氲侯，留心顺逆途；鹊桥重过处，丹炁复归炉。"⑦ 风指的是人的后天呼吸，月指的是无念之时，玉虎指的是先天阳气，金乌指的是神，鹊桥兼指上鹊桥（印堂、山根之里）和下鹊桥（尾闾、会阴间），炉

---

① 采用戴桢《孙不二女丹功法浅述》一文观点，《宗教学研究》2009 年第 1 期。
② 同上。
③ （金）谭处端等：《谭处端·刘处玄·王处一·郝大通·孙不二集》，白如祥辑校，齐鲁书社 2005 年版，第 449 页。
④ 同上书，第 472 页。
⑤ 同上书，第 474 页。
⑥ 采用戴桢《孙不二女丹功法浅述》一文观点，《宗教学研究》2009 年第 1 期。
⑦ （金）谭处端等：《谭处端·刘处玄·王处一·郝大通·孙不二集》，白如祥辑校，齐鲁书社 2005 年版，第 449 页。

指的是黄庭。①

2. 炼气化神

孙不二女丹功法炼气化神的阶段主要包含了养丹、胎息、符火、接药这四个大的步骤。②

第一步是养丹。诀云："缚虎归真穴，牵龙渐益丹。性须澂似水，心欲静如山，调息收金鼎，安神守玉关，日能增黍米，鹤发复朱颜。"③ 具体的行功方法就是要积蓄先天之气于两乳之中，凝神以合于气，使得神炁相合。而后更要凝神调息，一意静定，这样使得灵丹渐结，同时行功至此方有鹤发复童颜的效验。④

第二步是胎息。所谓胎息就是使灵丹快速形成。而使之快速形成的方法首先是要除却各种虚幻的困人之境，一心向道，此后更要"心心守灵药，息息返乾初"⑤，做到心息相依，使得真炁贯通上、中、下三丹田，正所谓"炁复通三岛，神忘合太虚"⑥。

第三步是符火。符火诀云："胎息绵绵处，须分动静机。阳光当益进，阴魄要防飞。潭里珠含景，山头月吐辉。六时休少纵，灌溉药苗肥。"⑦ 胎息出现之后，要分清动静的时机。阳气发动之时益进，而阴气发动时则要以静定之态，防止阴魄飞躁不安。此时要据身中六时一线到底，做足功夫，不能有一丝的懈怠。⑧

第四步是接药。这是炼气化神的最后一步，到此时修道的功夫已经做足一半，内丹已结，一身精气神皆完全坚固。然而此时虽能长生，还是不得成就天仙之道，因此需继续行炼形的功夫。接药诀中有云："鼻观纯阳

---

① 采用戴桢《孙不二女丹功法浅述》一文观点，《宗教学研究》2009年第1期。
② 同上。
③ （金）谭处端等：《谭处端·刘处玄·王处一·郝大通·孙不二集》，白如祥辑校，齐鲁书社2005年版，第450页。
④ 采用戴桢《孙不二女丹功法浅述》一文观点，《宗教学研究》2009年第1期。
⑤ （金）谭处端等：《谭处端·刘处玄·王处一·郝大通·孙不二集》，白如祥辑校，齐鲁书社2005年版，第480页。
⑥ 同上。
⑦ 同上书，第450页。
⑧ 采用戴桢《孙不二女丹功法浅述》一文观点，《宗教学研究》2009年第1期。

接,神铅透体灵。"①

3. 炼神还虚

炼神还虚是内丹修炼的高级阶段,是内炼的终极目标。孙不二女丹功法炼神还虚的阶段分为:炼神、服食、辟谷、面壁、出神和冲举六步。②

炼神还虚的第一步是炼神。功至此步时,要小心谨慎地保护在丹田凝结的元神,同时要紧闭下窍打开天门。这样做的目的是要保全一身精气,使之不能下泄,之后还要做好静定的功夫,于大静之后会有震动的效验。孙不二诀曰:"生前舍利子,一旦入吾怀。慎似持盈器,柔如抚幼孩。地门须固闭,天厥要先开。洗濯黄芽净,山头震地雷。"③

炼神还虚的第二步是服食。在灵丹形成之后,吸取天地日月之精华来培养元神,做足功夫以后自然"时候丹能采,年华体自轻。元神来往处。万窍发光明"。④

炼神还虚的第三步是辟谷。辟谷是指不食五谷,做足服食的功夫,吸取日月天地精华,自然能够不思人间烟火之食。饥饿的时候可以食用山芋和灵芝之类的药物,同时还要"忘神无相著,合极有空离"⑤,即要做到忘神绝相进入大定的状态。

炼神还虚的最后两步是出神和冲举,属于内丹修炼不可思议之境界,于静定之中,做完最后炼虚的一段功夫。阳神择佳期出窍,逍遥于仙境。⑥

七 刘处玄的道教思想

刘处玄的道教思想主要保存在《至真语录》《黄帝阴符经》等著作中,包括长生戒律思想、尊法自然思想、天人同构思想、悟道修真思想等。

(一) 长生戒律思想

刘处玄的长生戒律思想主要体现在长生十劝和长生十二劝中。

---

① (金) 谭处端等:《谭处端·刘处玄·王处一·郝大通·孙不二集》,白如祥辑校,齐鲁书社 2005 年版,第 483 页。
② 采用戴桢《孙不二女丹功法浅述》一文观点,《宗教学研究》2009 年第 1 期。
③ (金) 谭处端等:《谭处端·刘处玄·王处一·郝大通·孙不二集》,白如祥辑校,齐鲁书社 2005 年版,第 450 页。
④ 同上。
⑤ 同上书,第 451 页。
⑥ 采用戴桢《孙不二女丹功法浅述》一文观点,《宗教学研究》2009 年第 1 期。

长生十劝即"一劝不得自知是,衍过慢人,纵意不改;二劝不得自失错,嗔人道著,常起念怨人;三劝不得自衒己是,直言常说他人非;四劝不得夸自高,灭一切入道之人;五劝不得不依经教说道理;六劝不得有始无终,心意常要似初相见之时;七劝不得常说他世人之短,只要常言世人之美处;八劝不得作事不平等,不得见有施利者爱,见无施利者嫌;九劝不得定慧者,修行之人,不得不守静,未达理未开悟,不得不看书;十劝不得执著有无,不得不悟,住行坐卧,心常清静"①。

长生十二劝:"有信人从,有真归奉,有谦德顺,有通理明,有常无变,有定无乱,有是忘非,常善无恶,真爱无著,忘情无漏,气清通微,全道神灵。"②

长生十劝、十二劝的戒律思想主要表现在两个方面:一是有为思想和无为思想并重,掌教风格比较入世;二是以规劝的形式规定信徒必须读经,遵循经教。这是一个非常值得注意的变化,因为它对此后全真教创办玄学、建立完备的宫观教育制度具有深远的影响。③

(二)尊法自然思想④

刘处玄认为,天道自然,天生天杀、春生秋藏都不过是天道运行变化而已,道教修炼亦如此。只有顺应人体"道"自然而行才会收到较好的结果,违背"道"则会受到惩罚。有言曰:"人常顺其道,则如鱼在水也;物常顺其气,则如灯添油也。鱼离其水则死也,灯尽其油则灭也。"⑤"顺真则生,违道者死;顺真则平,违道者浊;顺真则柔,违道者刚;顺真则福,违道者祸;顺真则安,违道者病;顺真则升,违道者堕;顺真则炼铅,违道者丧命;顺真则神灵,违道者气逆,魂魄散为鬼,阴阳聚成仙,身心静者为功,应变夷者为行。"⑥

---

① (金)谭处端等:《谭处端·刘处玄·王处一·郝大通·孙不二集》,白如祥辑校,齐鲁书社2005年版,第109页。
② 同上书,第108页。
③ 采用朱展炎《驯服自我:王常月修道思想研究》一书观点,巴蜀书社2009年版,第218—220页。
④ 采用潘显一、李斐、申喜萍《道教美学思想史研究》一书观点,商务印书馆2010年版,第487—492。
⑤ 《道藏》(第23册),文物出版社、上海书店、天津古籍出版社1988年版,第711页。
⑥ (金)谭处端等:《谭处端·刘处玄·王处一·郝大通·孙不二集》,白如祥辑校,齐鲁书社2005年版,第108页。

刘处玄认为，要得道，其根本在于要弃俗情，乐道性，没有太多的喜怒哀乐，悟恬淡，得至静。为此刘处玄还针对贪恋俗情与追求体道的不同结局而进行比较分析，说："乐者，乐道则处清下为乐也。乐俗则恋歌酒以为乐业也，乐清下则无喜无忧也，乐歌酒则有欢有愁也，乐无为之道则无修无证也，乐有为之相则有修有堕也，乐真性则无形无尽也，乐伪身则有生有死也。……是以天下乐推而不厌，乐道则无其争也；失其道之乐，则忧生于苦也。"①

（三）天人同构思想

刘处玄认为人类虽然在宇宙中具有杰出的地位，但是世界是客观存在的世界，世人只能在现实世界里实现人生。因为人类面对纷繁复杂的事物，彼此间存在着很大的差别，如果不能适应客观世界固有的运动变化规律，必然导致失败的后果。寻求自然秩序与人类自我能动创造两者之间的对应，成为人生必须面对的最为现实的问题。"天之无恩，布炁生物而不有，而大恩生，万物生成也。万物不得天地之炁，不能造化成形。天大恩生，若无恩者，天不望其报也。人恩惠见其有者，望其报也。天恩与人恩异也。迅雷鸣，则甘雨降。天地生萌，烈风动则浮云散，万里天青，莫不蠢然。蠢动含灵，胎卵湿化，莫不总受天之一炁生，何况万物之无情之物。"②

由于天人同构，人类形体与宇宙存在成为对应的关系。人类调节自我生理机能的活动与宇宙运动变化的节奏，使之同一就会使宇宙创造的能量容摄于自身。刘处玄认为："火生，人之心日常触处，不万变之恶。于木者，乃人性也。念发无明，火则焚其木之性也。祸发必克，违吉而凶，丧福而祸也。克者，杀于真也。"③ 心灵的意识活动是生命的正常现象，与外在事物发生了冲突，加剧心灵活动向善恶是非的选择方面发展。"无明火"的愚昧无知彻底侵扰了心灵的宁静，就会完全破坏生命之"真"的积极创造作用。④

---

① 《道藏》（第23册），文物出版社、上海书店、天津古籍出版社1988年版，第708页。
② （金）谭处端等：《谭处端·刘处玄·王处一·郝大通·孙不二集》，白如祥辑校，齐鲁书社2005年版，第186—187页。
③ 同上书，第182页。
④ 采用强昱《刘处玄〈黄帝阴符经注〉的思想学说》一文观点，载丁鼎《昆嵛山与全真道——全真道与齐鲁文化国际学术研讨会论文集》，宗教文化出版社2006年版，第233—235页。

（四）悟道修真思想①

刘处玄的《黄帝阴符经注》蕴含着丰富的悟道修真思想，包括笃信神灵的存在、抵抗诱惑、服从于天理等内容：

（1）打破遮蔽自己心灵视窗的帷幕。刘处玄笃信神灵的存在，认为自我的修炼固然十分重要，但如果人为地将自己与世界封闭，不与神灵感通，当然不可能"明恍惚之妙"②。

（2）抵抗诱惑。刘处玄认为，内丹修炼是本体之道被人类领会、自觉运用于人类生命潜能的发掘并实现人生的结果。如果人类个体自我被纷至沓来的蛊惑人心的意见迷失了心灵的明觉，就葬送了自我的锦绣前程。"天人者，人性通于天也。合发则心尽于物也。人通彻人间世梦，明知荣枯、宠辱、成败、祸福、哀乐、生死，古今之常事也。人通天理，真荣而不枯，真宠而不辱，真成而不败，真福而不祸，真乐而不哀，真生而不死。明道之常也，道常而通万变，定其性之基本也。"③

（3）服从于天理。服从于"天理"实现人生，必须以"蜕形显身外真身"与"五眼圆明"为内容。具体要求为"不憎不爱，如天之平等"，意为摆脱了价值评价上的自我独尊才能心容万有，凭借精气神的调节循环逐步走向形神化质的人生不朽。"只要一切众生，悟天之道，理尽而明矣。要人万事不憎不爱，如天之平等。人之有情，悟天之无情，便是报天之恩也。若不依天理，纵浊恶邪淫，多病夭寿，死沉地狱受苦。尽则堕于傍生，失其人身。若依天之道，常善则炁和，常清则明性，常忘情则保命，常无染则明道，常不犯天条则无罪。不修世福，抱道全其真福。不殢傍门小法，顿明无为万法。所以三界无拘，尽矣。"④

第四节　金代泰山、崂山道教宫观、碑刻、洞穴

早期全真教主要传道于胶东地区，崂山成为金代山东道教传播的重要

---

① 采用强昱《刘处玄〈黄帝阴符经注〉的思想学说》一文观点，载丁鼎《昆嵛山与全真道——全真道与齐鲁文化国际学术研讨会论文集》，宗教文化出版社 2006 年版，第 243—245 页。
② （金）谭处端等：《谭处端·刘处玄·王处一·郝大通·孙不二集》，白如祥辑校，齐鲁书社 2005 年版，第 172 页。
③ 同上书，第 181 页。
④ 同上书，第 179 页。

地区之一。大定十九年（1179）金廷重修岳庙，历时三年告成。大定二十二年（1182）于庙庭（今岱庙大殿东南）立《大金重修东岳庙碑》。明昌元年（1190）金章宗封徂徕山神为扩国感应侯，立祠于徂徕山顶及独秀峰下。金末，丘处机布道泰山，曾修炼于岱阴金丝洞（洞在谷山寺遗址附近）。明代萧协中撰《泰山小史》载："金丝洞，在岳北九十里，洞容百余人，丘长春修炼之所。"① 孙不二（清静散人）金代也曾活动于泰山一带，日观峰附近有清净石屋，为"女冠孙清净修真处"②。

金朝末年，全真教也在济南府和泰山地区产生了重要影响，并留下了很多历史遗存。如金大定二十二年（1182），马钰东归途经济南，有姓韩名淘字清甫者，迎马丹阳于韩家安乐园乞垂问道，济南的安乐园此后便成为全真教的又一传播地。另外，泰山、崂山道教宫观和碑刻也反映金代山东道教发展的概况，是山东道教在金代兴盛的重要见证。

一 金代泰山宫观

金代泰山宫观主要有：全真观、洞真观、娄敬洞、洞虚观等。

（一）全真观

全真观，位于泰山西南五十里的上章村，其创立者是泰安人巨阳子韩志具，后经张志超最终完成。元宋子贞《全真观记》云："金明昌（1190—1196）间，道者巨阳子始筑室其上，学为全真。寻请于有司，因得今额……居既久，将薄游诸方，命其徒张志超嗣主观事。志超亦宽和能辑众，雅为道俗信向。继而州将李侯贵及其弟故帅进、进妻陇西郡夫人萧氏同助营缮，踵而成之。"③ 又曰："巨阳子，姓韩氏，名志具，士人也。幼礼奉高修真观王道悦为师，尝谒玉阳真人，辄许以法器，且授之名，后得诀于丘长春，遂蒙印可。"④ 据说丘处机西游路经济南时曾在此居住，内有邱子洞，是丘处机修真之所。

---

① （明）萧协中：《泰山小史校注》，刘文仲校注，泰安市新闻出版局1992年印，第72页。
② （清）聂剑光：《泰山道里记》，岱林、舟子、愚夫点校，山东友谊书社1987年版，第24页。
③ （元）宋子贞：《全真观记》，载阎凤梧《全辽金文》，山西古籍出版社2002年版，第2843页。
④ 同上。

（二）洞真观

洞真观，又名神虚宫，位于泰山西北麓五峰山南志仙峰下，是金代泰山最著名的宫观金世宗大定二年（1162）被封为"万寿之院"。洞真观创于金泰和年间（1201—1208），创始人为全真道士邱志园。《图书集成·职方典》云："泰和中，全真道士邱志园结庵于此。"金宣帝贞祐年间（1213—1215）敕封定名为"洞真观"。

创建洞真观，以王志深功劳最大。金宣宗兴定元年（1207），王志深和母亲田氏一起来到此处，主持修建了玉皇殿及东西两楼，并开凿池塘，蓄存泉水，供人们饮用。元代著名诗人、祖居长清的杜仁杰在《题洞真观》诗中说："贤哉王真隐，志欲铲垒嶂。林林万石滩，手独辟空旷。得非借天巧，无乃烦鬼匠，向来樵牧场，今作锦步帐。"① 元代文学家元好问《重修洞真观记》记载：

> 邱志圆、范志明剧地于此，屋绕数椽。邱范之后，道士王志深、李志清等辈增筑之始，有道院之目。金大定初，羽士王志深自栖霞奉母田氏，来此开辟山场，创修玉皇殿及东西两楼，凿池引泉，号洞真观。②

洞真观内建有玉皇殿、真武殿、三元殿等殿宇数百间。观内还有古代碑林遗存，有百余块，极为珍贵。

（三）娄敬洞洞虚观

娄敬洞洞虚观创立于金大定十二年（1172）。据清《灵岩志》记载："壬辰（1172）后，有道士曹志冲自燕蓟来，直抵所谓娄敬洞者，至则以日为岁，朝畚夕锸，芟夷除剪，经营不出者余三十年，其徒稍稍来集。"③ 曹志冲是丘处机的继承人李志常的弟子，他与曹致宁④共同开山建庙，使荒凉的娄敬洞成为一座庙宇。

---

① 李桐、邵承照刻本：《五峰山志》（卷上），《杜仁杰诗石刻》，清光绪二十一年（1895）版，第23页。

② 同上书，第102页。

③ （清）马大相：《灵岩志》，山东友谊出版社1994年版，第194页。

④ 据《娄敬洞洞虚观碑记》记载：曹致宁者，贰于曹志冲者也。致宁性绝巧，凿斧斤锯日不去手，前规后模，左布右置，率皆致宁所为，勤矣哉！[汤贵仁·刘慧主编：《泰山文献集成》（第10卷），泰山出版社2005年版，第262页]

二　金代泰山道教碑刻

金代泰山道教碑刻是研究金代道教重要的金石文献资料，列表如下：

表6—1　　　　　　　　　金代泰山道教碑刻一览表

碑刻名称	修建时间	碑文内容概要	碑刻现存地	撰文、篆额、书丹
泰山元阳子张先生坐化记	金天眷元年（1138）	该碑乃元阳子张先生记事碑	不详	朱守默、李□奴撰①
重修东岳庙碑	金大定二十二年（1182）	碑文记载了泰山东岳庙的保护和修建情况。碑文云"大定十八年，岁在戊戌春岳庙灾，虽门墙俨若，而堂室荡然……明年……黄金以两计二百四十有六，及民之愿出资以助者几十万千，且运南都之材以足之……二十一年辛丑冬告成，凡殿、寝、门、闼、亭、观、廊、庑、斋、库虽仍旧制，加壮丽焉"②	岱庙天贶殿前东碑台上	杨伯仁撰，黄久约书，党怀英篆额
重修宣圣庙碑	金大定二十三年（1183）四月二十六日	碑文记载泰山之历史以及李守纯修建宣圣庙之始末③	岱庙院东御座大门外南侧	李宋纯撰文，进士刘礼书并篆额
长春子书谷山诗刻④	金泰和七年（1207）	碑文记载丘处机对道士谷春日道教修炼氛围的感悟	山东泰安	佚失
洞真观碑	金大安二年（1210）十月望日	碑文记载了洞真观的历史，有"洞真之观，起自杨公"⑤之说	不详	佚失

---

① 陈垣编纂：《道家金石略》，陈智超、曾庆瑛校补，文物出版社1988年版，第1003页。
② （清）唐仲冕：《岱览点校（上册）》，泰山学院，2004年，第190—192页。
③ 刘秀池：《泰山大全》，山东友谊出版社1995年版，第874—875页。
④ 陈垣编纂：《道家金石略》，陈智超、曾庆瑛校补，文物出版社1988年版，第440页。
⑤ 同上书，第441页。

三　金代崂山道教及全真碑刻

全真道金末才正式传入崂山，金代全真弟子在崂山留下了大量的碑刻资料，[1] 如白龙洞、太清宫、上清宫、华楼宫、明霞洞等都有全真弟子碑刻遗迹。其中，金明昌六年（1195），丘处机首次由宁海到崂山太清宫，留诗21首，偕其道侣西去。丘处机曾数次来崂山云游访道，留下了41首咏唱崂山的诗词。崂山道教碑文石刻记载了全真教在崂山的弘道、传道情况，以及以丘处机为代者全真教派人物的思想。如崂山华楼宫《看崂山道》碑刻，有"云岩子上石。刘师傅、丘师傅游上清宫来看崂山道诗句"。王处一曾与崂山道士有过诗词往来，如在《云光集》中有《赠崂山郑先生》和《崂山采药》诗两首，故有可能也来过崂山。[2] 列表如下：

表6—2　　　　　　　金代崂山全真碑刻一览表

碑刻名称	时间	碑文内容概要	碑刻现存地	撰文、篆额、书丹
明昌重建太平宫碑	金章宗明昌年间（1190—1196）	碑文佚[3]	碑已毁	佚失
白龙洞摩崖诗刻	金泰和八年（1208）	丘处机崂山诗作20首[4]	崂山白龙洞	丘处机撰文　王志心、刘志宽凿刻
《青玉案》刻石	金大安元年（1209）	丘处机自胶西醮事完后所做诗作[5]	上清宫东之巨石上	上清宫道士丘处机
明霞洞石刻	金大安三年（1211）	洞额题"明霞洞"三字，旁书"大安辛未年立"[6]	上清宫北玄武峰下明霞洞	丘处机篆

[1]　1195年，全真七子已去世三人，根本不存在七真共游崂山的现象。全真弟子中，除丘处机有明确的到过崂山的记载和传世诗作外，另外来过崂山的还有刘处玄和王处一。（高明见：《道教海上名山：东海崂山》，宗教文化出版社2007年版，第34页）

[2]　高明见：《道教海上名山：东海崂山》，宗教文化出版社2007年版，第34页。

[3]　任颖卮：《崂山道教史》，中央编译出版社2009年版，第235页。

[4]　周至元：《崂山志》，齐鲁书社1993年版，第194—195页。

[5]　同上书，第196—197页。

[6]　同上书，第194页。

续表

碑刻名称	时间	碑文内容概要	碑刻现存地	撰文、篆额、书丹
太清宫石刻	金哀帝正大七年（1230）	金明昌六年（1195年）丘处机首到崂山太清宫时所作诗10首①	太清宫三皇殿后之巨石上	丘处机撰文　太清宫道士书写并上石镌刻

四　金代崂山其他道教洞穴、碑刻

（一）明霞洞及明霞洞石刻

明霞洞位于上清宫北玄武峰下，系一天然石洞，内高于人立，面积约10平方米，金大定年间，将此洞修建成庙宇。《胶澳志》载："明霞洞建于金大定二年。"②

（二）明昌重建太平宫碑

明昌为金章宗年号（1190—1196），太平宫三清殿前原有此碑，碑已毁，碑文亦佚。③

第五节　金代沂山道教宫观、碑刻

金代临朐道士沈清（河北雄州人）亲赴宁海拜师，回到临朐后开始对沂山道教进行整顿，只留东镇庙一处道场，并将众道人的思想统一归于全真道。经过此一整顿，沂山的全真势力大增。金代沂山全真道教宫观和碑文石刻数量众多，既是道教思想文化传承与弘扬的载体，又是金代沂山道教兴盛发展的历史见证。主要有沂山宫观，包括雨神庙、长春亭、长春庵，以及沂山道教碑刻等。

一　金代沂山宫观

金代的沂山宫观记录了沂山道教发展的历史。雨神庙、长春亭、长春

---

① 薛瑞兆、郭明志：《全金诗（第二册）》，南开大学出版社1995年版，第166—167页。
② 《胶澳志》民国十七年（1928）铅印本。
③ 任颖卮：《崂山道教史》，中央编译出版社2009年版，第235页。

庵等道教宫观既是当地人们信奉道教、祭拜神灵的地方，又是道教文化传承和弘扬的最佳场所，是金代沂山道教兴旺的象征。

（一）雨神庙

雨神庙位于沂山山巅略偏西之坳，建于金宣宗时期（1163—1223）。相传金代宣宗时，青州地方大旱，知府、县官至百丈崖雨师台祷雨，设祭焚香，跪拜。祈告誓愿毕，风起云涌，大雨倾盆如注，旱情解除。秋成，知府为还许愿，亦为祭祀祷雨方便，便于同年冬鸠工庀材，肇建雨神庙，香火极盛。①

（二）长春亭

金章宗泰和七年（1207），长春真人丘处机来到东镇传道。"坛设镇庙，虔心拜教者，三教弟子、士类庶民，远来莒沂，日达千众。真人宵授于殿堂，昼徙祭台露天，七曜不息。"② 隔年，为纪念真人至沂山，于崮巅北侧建"长春亭"。亭为长方形，面阔三间，进深一间。亭架木构，四面墙体石砌，两山各开八角回轩，中一间，门开前后，两次间南北二墙各安阔面方窗。"亭外间北壁，嵌诗刻一方，为丘真人赋书。明季亭圮，毁盗不明。"亭外左侧碑二幢，一为创修长春亭碑记，一为丘处机弟子李志常的"春光常在"碑刻。③

（三）长春庵

长春庵位于沂山碧霞祠北。原为草舍两间，现已坍塌，惟剩基址。相传丘处机传道东镇，曾寄宿于此，因其道号"长春子"，故名曰"寄春庵"，或曰"长春庵"。④

二 金代沂山道教碑刻

金代沂山道教碑刻较多，仅东镇庙碑林中就有金代碑林9幢，但无帝王御碑、无遣臣代祀碑。金代的沂山道教碑刻既有宫观修建的记载，也有祭奉、祈雨的碑文以及环境保护的律令等。列表如下：

---

① 潘心德：《东镇沂山》，济南出版社1998年版，第147—148页。
② 吉星田：《临朐县佛教、道教兴衰述略》，载中国人民政治协商会议山东省临朐县委员会编《文史资料选辑》（第11辑），1993年，第157页。
③ 潘心德：《东镇沂山》，济南出版社1998年版，第182—183页。
④ 同上书，第179页。

表 6—3　　　　　　　　金代沂山道教碑刻一览表

碑刻名称	时间	碑文内容概要	碑刻现存地	撰文、篆额、书丹
东镇修瓦殿碑记	金正隆四年（1159）	碑文不全	不详	太学生刘□记，彭城刘仪书①
吴德彰"祷雨东镇感应记"碑	金大定年间（1161—1173）季夏之十日	记载临朐主簿吴德彰东镇祷雨得应，修碑立庙之事。光绪《临朐县志·宦绩》载："遇旱步褥辄雨，屡致丰稔。秩满当去，百姓遮留弗获，立祠祀之。"②	沂山石门坊逄公祠东侧	佚失
《满庭芳》碑刻	金大定二十八年（1188）	碑文记录灵源姑唐括氏舍子出家一事。碑文云："弃金珠之饰而顶幅巾，释绮罗之服而披麻衣，谢膏粱之味而甘粝食。尽屏尘务，专志颐真。"③	潍县（今潍坊）玉清宫	马钰文，吴似之跋，唐括元义立石
创造三觉庙香炉阶砌碑	金明昌四年（1193）	字画粗丑，文亦鄙俗，有云："建造庙宁，神像团圆"，后具石沟村合社姓名④	沂山附近石沟村	佚失
聂朝散祭告东镇碑	金承安元年（1196）岁次丙辰，四月⑤	碑文无考	不详	佚失
百丈崖瀑布泉石刻	金承安年间（1196—1200）	记载百丈崖之道教景观	不详	胥从简跋，刘玠篆额，完颜尅官立石⑥

---

① 政协临朐县委员会：《临朐县旧志汇编》，潍坊市新闻出版局，2002年版，第178页。
② 同上书，第225页。
③ （金）马钰：《马钰集》，赵卫东辑校，齐鲁书社2005年版，第345页。
④ 政协临朐县委员会：《临朐县旧志汇编》，潍坊市新闻出版局，2002年，第179页。
⑤ 凤凰出版社：《中国地方志集成·省志辑·山东》（第4册），凤凰出版社2010年版，第2289页。
⑥ 张孝有：《沂山石刻》，山东人民出版社2009年版，第25页。

续表

碑刻名称	修建时间	碑文内容概要	碑刻现存地	撰文、篆额、书丹
东镇庙神应记——获鹿碑	金承安五年（1200）	该碑记载了在祭祀沂山神的过程中大小二鹿几次来到祭堂的过程①	沂山东镇庙碑林	蒲察昭武立，胥从简撰文
律令禁约樵采东镇庙界内山场之碑	金大安三年（1211）	碑文无考	沂山东镇庙内	立碑之人乃是武略将军行县尉事郎可王□□，主簿桂□□②

第六节　金代昆嵛山道教洞穴、宫观、碑刻

金代昆嵛山一直是全真教的主要活动地域和布教的重要道场，山上遍有道教宫观、碑文石刻等。通过金代昆嵛山道教洞穴、宫观及其碑文石刻的研究，不但能够深入了解昆嵛山道教发展演变的历史，而且还能够较好地掌握昆嵛山道教的相关思想内容。对于深入认识道教在金代昆嵛山地域的活动，以及在山东道教发展中的地位具有重要意义。

一　金代昆嵛山洞穴、宫观

金代昆嵛山洞穴、宫观主要包括烟霞洞、神清观、范园、玉虚观、太虚观、契遇庵以及东华宫等。其中，烟霞洞和神清观是当初王重阳和弟子们开洞修炼和讲经阐玄之所；范园是马钰首遇重阳祖师之所，道源影响深远；圣水庵是王玉阳被金世宗征召后所创的另一道场。

（一）烟霞洞

烟霞洞，位于昆嵛山西北隅，由一突兀岩石自然造化而成。清同治三年（1864）《宁海州志》卷三《古迹考》云："烟霞洞天在姑余山之西

---

① 潘心德：《东镇沂山》，济南出版社1998年版，第230—231页。
② 中国人民政治协商会议临朐县委员会：《东镇沂山》，1991年，第12页。

岩，金大定间陕右王嚞来宁海携七真人始开此洞，丹灶尤存，当时咸异之。"① 该洞僻静清幽，背山傍水，藏风聚气，为道人居士潜心修炼、讲道阐玄之处。王重阳和全真七子在此聚徒讲道，创立全真派。王重阳离开山东之后，烟霞洞仍是全真教的重要修道之所，有曹、甘、张姓道士在此修炼。马钰《赠曹仙、甘仙、张仙同居烟霞洞》曾言："两县三仙，一心同处。递相传授玄玄语。水云溪畔乐逍遥，烟霞洞裏忘恩虑。炼汞烹铅，调龙引虎。静中结正三田主，功成跨鹤去朝元，大罗天上为仙侣。"②

（二）神清观

神清观，位于山东昆嵛山脉的烟霞峰东北麓，原名全真庵。丘处机年少之时曾于此向唐四仙姑"问修行之要"③。金泰和六年（1206），丘处机重游此地，扩充全真庵，请观额为"神清"，并赋诗十六绝，以述其事。④金贞祐元年（1213），东牟彭城重新修建，名曰全道庵，改庵名为"神清观"。贞祐二年（1214），宁海人郝仪聚众攻上昆嵛山全真圣地，焚烧神清观。大火熄灭后，道士王志卒等回到昆嵛山重修殿宇斋舍，使之焕然一新。

（三）范园

范园，位于烟台牟平市市区西南，本是金代进士范明叔的花园。园内建有"怡老亭"，大定七年（1167）七月十八马丹阳、范明叔于此得遇重阳祖师。马钰东归之后范明叔将此园受于马钰，故称钰庵。马钰死后，丘处机继领此庵，把它扩建为玄都观。范园不仅是马钰初逢重阳祖师之处，而且是全真教在胶东传教、布道发展场所，是金元时期昆嵛山道教文化兴盛的象征。

范园东边是一个四合院，西边是花园。东院北房西屋门边尚有马丹阳《归山操》碑刻一处。另外还有一块《归山操》石碑，由范怿跋，其子范景仁书，立在马家，刻于大定甲辰中元日，即金大定二十四年（1184）七月十五。

---

① （清）《宁海州志》，清同治三年（1864）刻本。
② 《道藏》（第25册），文物出版社、上海书店、天津古籍出版社1988年版，第456页。
③ 李修生：《全元文》（第三十五册），凤凰出版社（原江苏古籍出版社）2004年版，第104页。
④ （金）丘处机：《丘处机集》，赵卫东辑校，齐鲁书社2005年版，第179—181页。

（四）玉虚观

玉虚观位于昆嵛山余脉尼姑顶东坡坳谷，为王处一的修炼之所。玉虚观本为圣水庵，金大定二十八年（1188）八月之后，王处一迁道场于圣水庵。当时王处一奉诏进京，名声大震，归乡途经昆嵛山，家乡道徒、百姓"千百相率，前十余舍遮道欢迎"①，遂于此结茅为庵，行道修炼，收弟子三百余，创立全真教嵛山派。第三次征召期间，众弟子"以庵易观"，并得官谍"玉虚"，改名玉虚观。金贞祐二年（1214），徒众为王玉阳树"玉虚观碑"。

（五）太虚观

太虚观，位于烟台栖霞市区北边，始建于金明昌二年（1191）十月，费时近一年，道观建成，因地处滨都里村，栖霞人俗称滨都观。金承安二年（1197），金章宗敕赐丘处机观额"太虚"，滨都观更名太虚观。金泰和七年（1207），章宗元妃李氏向太虚观驿送道经六千余卷，作为镇观之宝。金宣宗贞祐元年（1213），太虚观毁于战火，金元光元年（1222），丘处机之弟子范全生重修太虚观，历时三年而成。

金代太虚观金碧辉煌，雄伟壮观，号称"东方道林之冠"，有"天上有天宫，地上有滨都观"之说。自金明昌二年（1191）至兴定二年（1218），丘处机一直在此观进行传道弘教活动，成为当时负有盛名的道教丛林之一。

（六）契遇庵和东华宫

东华宫位于文登城西五十里紫金山上，初为王元甫修炼之所。金大定二十二年（1182），马丹阳过而之曰："此洞天福地名胜处也。"遂于白玉台下创筑契遇庵。后又以紫金峰前为古仙人东华帝君故宅，复营殿堂曰"东华宫"②。

二　金代昆嵛山道教碑刻

金代昆嵛山道教石刻具有较高的文献和史料价值，可以从中了解金代昆嵛山道教宫观建设、道教管理制度、道教思想文化，以及修道养生、道士生活等诸多方面。列表如下：

---

① 陈垣编纂：《道家金石略》，陈智超、曾庆瑛校补，文物出版社1988年版，第442页。
② （清）李祖年：《文登县志》，（台湾）成文出版社1976年版，第312—313页。

表 6—4　　　　　　　金代昆嵛山道教石刻一览表

碑刻名称	时间	碑文内容概要	碑刻现存地	撰文、篆额、书丹
马丹阳归山操碑记	金大定二十年（1180）（碑阳）金大定戊申（1188）（碑阴）	碑阳为马钰诗作，碑阴为"大道无为而无不为"①等道教思想内容	牟平城南雷神庙（范园旧址）	马钰文，丘处机书（碑阳）吴似之跋、唐括元义立石，胡样刊
范寿卿归山操跋石刻	金大定二十四年（1184）七月十五	碑文记录范怿遇郦州道士王公操琴，思念马钰一事。文中有"丹阳马真人尝游息其中"、"有郦州道士王公抱琴而来，作金石弄"②等内容	牟平城内马丹阳故宅内	州学正范怿跋，男景仁书
玉虚观牒碑	金承安二年（1196）	碑文记录宁海州牟平县昆嵛山圣水庵王处一请赐玉虚观牒之事	不详	杨道玄立石 匠人朱俊刊③
真清观牒	金大安元年（1209）	上截碑文记载丘处机等为怀州修武县七贤乡马坊村道庵请赐"真清"观之事。下截碑文记载置买地土文契④	不详	佚失

---

① 陈垣编纂：《道家金石略》，陈智超、曾庆瑛校补，文物出版社1988年版，第434页。
② 王宗昱：《金元全真教石刻新编》，北京大学出版社2005年版，第2页。
③ 陈垣编纂：《道家金石略》，陈智超、曾庆瑛校补，文物出版社1988年版，第438页。
④ 同上书，第440—441页。

续表

碑刻名称	修建时间	碑文内容概要	碑刻现存地	撰文、篆额、书丹
玉虚观碑记	金贞祐二年（1214）五月	记载金世宗、金章宗召见王玉阳问道、易庵为观、两次敕牒赐额、拓建道院等事。碑文内有"大定丁未，世宗遣使乘传，迎至辇下，召于内殿，延问修真之道"，"章宗遣近侍征以安车，宣见于内阁，赐坐，问养身之道，师以无为清净少私寡欲为对"① 等内容	万寿宫殿门东侧面西	金朝散大夫国称撰文，文山进士王良臣书丹，州学进士范景纯篆额，王道玄等立石，郝贵同、侯政刊
契遇庵石刻	不详	刻字为上下竖排，标题"契遇庵"为楷体大字	文登紫金峰北麓契遇庵遗址东侧一石壁上②	圆明道人李道昌书
《太上老子道德经》摩崖石刻	不详	向阳的凹面阴刻着《太上老子道德经》上下两卷。据《文登县志》记载，此石刻"大抵金元诸真人所为"，也有资料记载为马丹阳所为③	昆嵛山主峰泰磅顶东南的圣经山上	佚失
滨都重建太虚观石刻	金宣宗末年（1223）	碑文论述太虚观建设及其栖霞道风神韵，以及长春丘真人、范公讳全生弘道、修炼之概况④		姬志真撰文

---

① 陈垣编纂：《道教金石略》，陈智超、曾庆瑛校补，文物出版社1988年版，第441—443页。
② 山东省文登市政协：《中国道教名山昆嵛山》，宗教文化出版社2005年版，第128页。
③ 丁鼎：《昆嵛山与全真道：全真道与齐鲁文化国际学术研讨会论文集》，宗教文化出版社2006年版，第432页。
④ 李修生：《全元文》（第2册），江苏古籍出版社1998年版，第90—91页。

第七节　金代山东其他地域道教宫观、碑刻

一　金代大基山道教碑刻

金代大基山及其附近地区是道士修炼之圣地，很多全真高道都曾游历于此，开展大规模的传教活动，并留下了众多的宫观、碑刻。如武官灵虚观，① 遇仙园石刻、王重阳画像诗刻等，是研究大基山道教发展的重要金石资料。列表如下：

表6—5　　　　　　　　　大基山碑刻一览表

碑刻名称	时间	碑文内容概要	碑刻现存地	撰文、篆额、书丹
遇仙园石刻	不详	石刻右题"遇仙园"三字，阴题"遇仙楼"三字②	莱州长生观前	长春子立
王重阳画像诗刻	不详	石刻上题五绝："三冬游海上，六出满天涯。为访神仙窟，经过道士家"③	莱州青萝馆受宣堂	不详
马丹阳普救歌碑	金大定二十三年（1183）三月	碑文记录马钰的《普救歌》及登州福山县黄箓大醮一事。碑文中有"诵经以相之，作歌以咏之"④ 等言	福山县积金山通仙宫	李松、李珍刻
刘长生大基山诗刻	金大定二十九年（1189）	刘长生诗文。有"闲来慧目视灵峰，冷笑人间万事空"和"丹成跨鹤青霄里，行就携云碧落中"⑤ 等语	大基山道士谷	刘处玄文，范怿刻

---

① 武官灵虚观创建于金大定二十二年（1182），位于烟台莱州市北武官庄东北。金承安三年（1198），章宗接见刘长生先赐修真宫，又赐灵虚观之名。刘长生遂大兴土木兴建宫观，传道授徒，并注《道德经》《清静经》《黄庭经》。泰和三年（1203），刘长生升仙于此，葬于观内。
② 陈垣编纂：《道家金石略》，陈智超、曾庆瑛校补，文物出版社1988年版，第430页。
③ 同上。
④ （金）马钰：《马钰集》，赵卫东辑校，齐鲁书社2005年版，第350—351页。
⑤ 陈垣编纂：《道家金石略》，陈智超、曾庆瑛校补，文物出版社1988年版，第436页。

续表

碑刻名称	修建时间	碑文内容概要	碑刻现存地	撰文、篆额、书丹
刘长生灵虚宫唱和诗刻	金大定二十九年（1189）	诗作中描写灵虚宫之自然景观，有"依山临水亭前碧，耸桧攒筠轩外光，世梦不侵真得趣，飲来云步访蓬庄"①等描写	不详	刘处玄文 范怿谨跋 文山孙震刊
东莱勃术鲁骠骑节使园亭记碑	金大定二十九年（1189）五月	碑文有"骠骑节使"，任"御马副使""亳海太守"。"公自壮岁，协赞朝廷，力尽勤劳，敬思祖考，月陈祭祀。伟誉英声，耸动中外"，以及"清虚恬淡，世人所罕慕也"②等记载	山东莱州武安村长生殿	宁海州学正范怿德裕撰文
栖霞县建庙学碑	金大安元年（1209）	碑文记载了"各捐廪粟以助费。不徒而役。不赋而征"的修庙概况，以及"山东贤士大夫。观水于其澜。必有能辨之者"③等	不详	李纯甫文

二　金代崂山道教宫观

金代崂山是早期全真道的重要活动区域，主要的修道、传道、炼丹场所有长生观、白云宫等。通过这些道教宫观，可以了解道教在崂山发展和演变的历史。

（一）长生观

炉丹峪长生观，位于崂山冠子峰东北方。炉丹峪西邻为夫主山和玉女峰，相传夫主山为仙人蓝采和做法造化而成，玉女峰乃仙人何仙姑点化而就，峰下有老子李耳炼丹时的洗药池。长生真人刘处玄于金大定十二年

---

① 陈垣编纂：《道家金石略》，陈智超、曾庆瑛校补，文物出版社1988年版，第436—437页。
② （清）张金吾：《金文最》（全2册），中华书局1990年版，第1104—1105页。
③ 同上书，第1184—1185页。

（1172）传道于此，并收徒王贵实。王贵实经营炉丹峪长生观，赠"崇真大德灵隐真人"。王贵实传淳然子史志道，再传和阳子李志椿。暴道全、李道实、吴志全、张道亨、阎志夷等相继，道门极盛。炉丹峪长生观的主体建筑为老君堂大殿，大殿左右配房为土地祠、关圣武庙，高台三进，两厢配长廊，非常壮观。①

（二）白云宫

白云宫位于峄山中峰，为峄山十六大古建筑群之冠。白云宫本名白云观，宋元祐三年（1089）改曰"五华白云宫"②。金大定十三年（1173），长生真人刘处玄命弟子姚志翊（安然子）来白云宫，传教布道。姚志翊法传"远尘通妙纯德真人"王志顺，后再传碧云道子马道明，张志明、刘道亨、公志清继之。

三 金代峄山道教碑刻

金代峄山碑刻流传下来的较少，陈垣《道家金石略》录入的只有二幢，③列表如下：

表6—6　　　　　　金代峄山道教碑刻

碑刻名称	时间	碑文内容概要	碑刻现存地	撰文、篆额、书丹
三清殿碑	金大定二十四年（1184）	碑文记载了道教"三清"信仰，以及三清殿建设的情况。碑文中含有"太上老君常居紫微，故一号天皇大帝，一号太一天尊，一号金阙后圣君者是也"，"大范在天地之先，凝化空洞之上，郁结太无之中，其始也悉无形similar，悉无色根，化天上为三清"等内容	济宁嘉祥萌山真武庙内	乡贡进士翟三俊撰，乡贡进士翟师轲书丹，承信校尉前济州嘉祥县转殷仓都监云骑尉杜似篆额，翟□信立石，李信刊

---

① 冯广鉴、张奎玉：《峄山奇观》，山东友谊出版社1996年版，第23页。
② 同上书，第13页。
③ 陈垣编纂：《道家金石略》，陈智超、曾庆瑛校补，文物出版社1988年版，第1033—1039页。

碑刻名称	时间	碑文内容概要	碑刻现存地	撰文、篆额、书丹
滕州邹县纪城玉皇观记碑	金大定二十七年（1187）	碑文有"曲阜黄冠女道士李崇彦，先于尼山之上结茅，在后迁于绎山法华院"，以及经营二十余年"创建妆塑三清圣像，玉皇殿宇"等内容	不详	张道真书篆并写，李淳锡同张道真刘道玄立石，张珎刊

四 金代蒙山道教宫观、碑刻

金代道教在蒙山留有部分宫观、碑刻，记载了蒙山道士对于蒙山宫观建设和道教文化弘扬所做的贡献，是蒙山地域道教发展演变的历史见证。

（一）贾文与蒙山玉虚观三清殿

金皇统二年（1142），蒙山名道贾文主持修建三清殿。为了避免引起与当地民众的纠纷，沂州①使司亲颁榜文加以保护，晓谕当地"不得分毫骚扰阻碍"，违犯者要"告据提拿""具状申解到州"②。金皇统四年（1144）贾文羽化，谥"清虚文逸成公先生"，其徒为他立祠奉祀。③

（二）金代蒙山道教碑刻

金代蒙山道教碑刻主要分布在蒙山玉虚观、真元观、万寿宫等，列表如下：

表6—7　　　　金代蒙山道教碑刻一览表

碑刻名称	时间	碑文内容概要	碑刻现存地	撰文、篆额、书丹
玉虚观三清殿榜文碑	榜文颁于金皇统二年（1142）二月初七，刻于大定十八年（1178）十月十五	碑文记载了蒙山道士贾文创修玉虚观三清殿得到朝廷保护一事。碑文有"人不得分毫骚扰，阻碍工作。如有违犯之人，仰地方人或贾公等速赴随近官司告报，捉拿违犯之人"④等内容	蒙山万寿宫	佚失

---

① 沂州古城大致位于今山东省临沂市城区内，是山东省临沂市的古称。今天的临沂市全部、日照市的大部分，及沂源、临朐、赣榆等地都曾属于古沂州的范围。
② 临沂市地方史志办公室：《蒙山志》，齐鲁书社1999年版，第6页。
③ 同上书，第98页。
④ 陈垣编纂：《道家金石略》，陈智超、曾庆瑛校补，文物出版社1988年版，第441页。

续表

碑刻名称	时间	碑文内容概要	碑刻现存地	撰文、篆额、书丹
太虚观碑	金大定四年（1164）正月三日	碑文记载了蒙山玉虚观修建始末。碑文中有"载经载营，乃修乃葺。自时厥后，墙宇为之周建，丹雘为之一新"①的记载	蒙山费县城西桃花渊上	张万公谨记
真元观记碑	金大定二十一年（1181）五月	碑文记载了蒙山道士吴希景事迹和真元观创建经过。碑文云"梦受戒于真元君，自是所施神应，拯救沉疴，请灵符者上至王公贵族，下及黎庶，日有数百人"②	蒙山南麓鲁埠村	李振之撰文并书丹
玉虚观松柏林记碑	金大定二十八年（1188）六月初一	碑文记载了蒙山玉虚观住持皇希全"以淳古勤实，焚修持诵朝夕不怠，誉于一方"③的事迹	蒙山万寿宫	玉虚观道士杨希言立石。孔盈记，刘彦仔刊
蒙山祈雨记碑	金承安五年（1200）五月二十五日	碑文记述春天大旱求雨，最终"云横蒙顶，雾起岩穴，条风畅至，甘膏大注，阖境通洽"的情景	蒙山玉虚观	佚失

五　金代槎山道教洞穴、宫观

槎山位于山东省荣成市南部的黄海之滨，九顶连绵，危峰耸立，其色如黛，故有"九顶铁槎山"之称。槎山云光洞、增福延寿宫等是该地域道教文化的重要代表。金代槎山因王处一在此传道而闻名。

---

① 费县地方史志编纂委员会办公室：《费县旧志资料汇编》，1993年，内部刊印，第310页。

② 政协平邑县文史资料委员会：《平邑县政协文史资料：平邑文物》（第五辑），中国文化出版社2006年版，第193—194页。

③ 《石刻史料新编》（第3辑）《地方类、山东省》卷十四（下），（台湾）新文丰出版公司1986年版，第199页。

(一) 云光洞

云光洞位于槎山龙井顶一块平坦地面上。此处为王处一的修道之所，是道教全真教昆山派的发祥地。王处一的《云光集》就是在云光洞中完成的。云光洞原有八宝：银杏树、藤萝、咸水洞、龙泉井、仙人桥、石雕坟、痒痒树、菩萨庙，故亦称八宝云光洞。云光洞前有"仙人桥"，桥南是戏台，原建于金。

(二) 增福延寿宫

增福延寿宫位于槎山龙井顶南麓，是一处重要的道教场所。该宫初建于金代大定年间。

金代是山东道教发展的鼎盛时期，不仅涌现出道教新的教派，呈现出新的发展特点，而且通过金代皇室对道教的支持，使得道教思想和文化在民间广泛传播。王重阳传道山东并创立全真教，以丘处机为代表的全真七子承前启后、继往开来对山东道教的发展、教派传承以及道教思想弘扬等都做出了贡献。金代泰山、崂山、沂山、昆嵛山、大基山，以及峄山、蒙山、槎山等道教宫观、碑刻不但数量众多，而且构建精美，内容丰富，是金代山东道教鼎盛的历史见证。金代山东道教对中国道教的发展也做出了重要贡献，并为蒙元时期山东道教的发展奠定了基础，创造了条件。

第七章

蒙元时期山东道教

金国自章宗泰和年间（1201—1208）起，统治阶层日益腐朽残暴，赋税剥削掠夺疯狂，民族矛盾激烈，政局不稳。而此时北方蒙古族在成吉思汗的带领下迅速发展，侵扰金之北方领土，并数度攻占山东。至金正大四年（1227），山东全境纳入蒙元版图，并成为元朝的京畿屏障。蒙元时期，由于统治者的重视和扶持，道教在山东获得了新的发展。不仅全真教、大道教和太一教等在山东地域继续开枝散叶，而且南方的传统派别也向山东传播和转移。因此，蒙元时期成为山东道教兴盛与繁荣的又一重要时期。

第一节 蒙元时期全国道教概况

蒙元时期，统治者对道教持扶持的立场，鼓励道教各派发展，因而道教呈现向好的局面。新老道派呈现合流的趋势，各大教派不仅吸纳了众多的道教信徒，修建宫观，而且在国家和社会生活中承担了重要的角色，道士成为元代五岳国家祀典之专使，这一时期的道教呈现了一些新的特点。

一 蒙元王室与道教的关系

由于蒙元王朝采取了兼容并包的宗教管理政策，并与道教保持着密切联系，因而推动了道教的发展。蒙元皇室自成吉思汗起，历代皇帝（包括宗王）都比较尊重道教，常与道士来往。蒙古太祖十四年（1219），成吉思汗下诏征请全真掌教丘处机。孛儿只斤·窝阔台（1186—1241）统治时期，全真道士李志常与大汗廷来往频繁，多次介入汗廷重大事务。孛儿只斤·蒙哥（1209—1259）时期史称蒙哥汗，全真道士王志坦与其交往密切。元世祖忽必烈（1215—1294）时期，对天师道尊宠有加，宠信张宗演。元成宗、武宗、仁宗、英宗等朝，张与材（？—1316，字国梁，道教正一派第三十八代天师）、张留孙、吴全节等道士屡受皇封。

皇室尊重道教主要是为其政治统治服务的。但是随着道教的日益扩大，特别是当教权威胁到皇权的时候，皇室必然要压制道教的发展。蒙元初期以全真教为首的道教一度取得了高于佛教、儒学的优势地位。道教势力膨胀，网罗不法之徒，侵压佛教及儒学，引起佛教和朝廷汉族大臣的不满，为此蒙哥汗和忽必烈采取压制道教发展的管理政策。蒙哥汗五年（1255）八月，河南少林寺长老福裕指责"道士欺谩朝廷辽远，倚着钱财壮盛，广买臣下，恃方凶傻，占夺佛寺，损毁佛像，打碎石塔"①，引起朝廷对道教的警觉。蒙哥汗下旨命全真教退还所占佛寺，但张志敬②拖延支吾，不肯遵旨交付。③ 这引起皇权和道权的第一场冲突。为了维护皇权的权威，皇室不仅殴打诟骂张志敬，而且又两次旨令冯志亨④归还所占儒士夫子庙及学田。元世祖十七年（1280）四月，长春宫聚集五百名道士，持棍棒"殴击僧众，自焚廪舍，诬广渊遣僧人纵火"⑤。忽必烈认为此举是道教对自己的挑衅，下定决心全面整顿道教，借助佛道经书真伪之辩，焚烧道教伪经杂书三十九种，连同《道藏》一并烧毁，并将参辩的十七高道削发为僧，退回寺庙山林共483处。⑥ 这两起事件都是蒙元皇室为了打击道教的嚣张气焰而采取的警告措施。不过，蒙元皇室对道教并未完全禁止，有时还采取一定的保护措施。从总的倾向上说，蒙元统治者对道教采取扶持政策，鼓励道教各派的发展，使道教呈现出向好的新局面。

二 蒙元时期教派的归流与合并

元代道教政策比较宽松，各大道教派都获得了朝廷的认可，自传分

---

① （元）释祥迈撰：《辩伪录》卷三，见《大正新修大藏经·52·史传部（四）》，日本大正十三年（1924）创刊，第768页。

② 张志敬：字义卿，号"诚明真人"，元初道士，燕京安次（今廊坊市安次区）人。八岁入长春宫，拜李志常为师，因善诵工书，为志常所特爱，读志常所藏书万卷。志常临终，以其为掌教，大得京师贤士大夫之心。继李志常之后使全真道进一步经典化。

③ 李治安：《忽必烈传》，人民出版社2004年版，第558—559页。

④ 冯志亨（1180—1254），字伯通，号寂照，同州冯翊（今陕西大荔）人，丘处机弟子，辅尹志平、李志常掌全真教事。

⑤ 见《大元至元辨伪录》卷五，元刻本。

⑥ 张广保：《金元全真教史新研究》，青松出版社2008年版，第383页。

支。其中北方的全真道和南方的正一道条件优越,发展突出,在后期逐渐成为道教中心,众多小派别慢慢聚合到其周围,最终形成了全真与正一分统道教的格局,并为明清乃至近代道教的发展、教派的地理分布奠定了基础。

(一) 新旧符箓派的"三山归一"

新旧符箓派的整合早在入元之初就开始了。元世祖至元年间(1264—1294),清微派与正一派进行了合流,但是直到元朝中后期才逐步完成,最终实现了龙虎山、茅山和阁皂山的"三山归一"。正一道的归流和合并具有深刻的历史和现实原因。

全真道强大的压力是"三山归一"的现实条件。全真道历经金代和蒙元初期的全国布教,势力大增,成为宫观跨几省、徒众满江北的大门派,这对原本活动地域狭小、组织比较松散的江南符箓派来说是个刺激,逼迫其必须尽快组成一个大道派与之相抗衡。① 为此,南北天师道与上清派、灵宝派、净明道逐渐合流,与全真道相抗衡。

正一道天师确立的领袖地位是"三山归一"的组织条件。元代自至元十四年(1277)起,张陵后嗣代代被敕封为天师,受命主管江南教务大业,使该派历代天师逐渐成为南方诸道的共主,为正一道的一统江南创造了领袖基础和组织条件。有的教派甚至直接将活动交给正一道来举行,如太一道将太一万寿宫主祠六丁神之位交给正一道。

符箓派各支的交融是"三山归一"的思想基础。这种交融主要表现为教义方术上的交流。符箓各派教义接近,思想相通,再加上同归天师主管这一交流平台的确立,更加速了他们之间的交融。如龙虎宗吴全节既向陈可复②学雷法,又向东华派首领林灵真学道法,茅山道士张雨拜玄教道士王寿衍为师等。③ 这种交流使各派对正一道的道法产生了认可和共鸣,为其统一各宗奠定了思想基础。

(二) 全真道的南北合宗

在正一道合流的同时,北七真的门徒也在逐步与另外的丹鼎派合并,

---

① 卿希泰:《中国道教史(修订本)》(第3卷),四川人民出版社1996年版,第360页。
② 陈可复,元代方士,号雷谷,能兴云作雨及行禁架术。《宁波府志》云其"以法兴云,须臾雷电大作","以墨水噀符,顷即乌云掩月,天雨黑雨"。
③ 卿希泰:《中国道教史(修订本)》(第3卷),四川人民出版社1996年版,第361页。

组成规模更大的全真道。

全真道的南北合宗首先表现为大道教的合宗及归于全真。大道教在元代分为两支，即天宝宫派和玉虚宫派，各自传道布教。后天宝宫派逐渐强盛，两派整合于岳德文时期。① 此后大道教势力大增，"西出关陇，至于蜀；东望齐鲁，至于海滨；南极江淮之表，皆有奉其教戒者"②，仅"江南奉其教者已三千余人，庵观四百，其他可概知矣"③。十二祖张清志掌教后期即元末，真大道教开始衰落，逐步被全真教所融合。

全真道的南北合宗更表现为全真北宗与金丹派南宗的合流。金与南宋对峙期间，全真教和金丹派南宗因地域隔绝，只能各立门户。元世祖统一江南后，南北地域界限被打破，南北二宗交流增多，最终实现了合流。

早在金代末年，全真教就已南传，武当山全真弟子吉志通④即是明证。入元之后，全真道弟子又相继至苏、浙、闽、赣等省区进行传教，受其传者大都为南宗道士。⑤ 在传教的过程中，南宗获得更多了解全真道的机会，为两派的合并打下了基础。

元初统治者对全真道就很重视，全真道历任掌门皆被封"真人"。再加上全真道"以观度人"的传道理念和严密的组织结构，使其社会知名度很高，影响很大。与其相反，南宗道士组织十分松散，没有布道的固定宫观，社会影响力很弱。两者巨大的差距使南宗道士纷纷倒戈，借全真之名广纳道徒。加之全真道与南宗金丹派的道术体系相通，两者同主修丹，皆尊钟吕，可谓同出一源、本为一家。李道纯再传弟子柯道冲《玄教大公案序》曾言："自周汉以来，惟尹子嗣祖位，金阙帝君继道统，授东华帝君，帝君传正阳钟离仙君，钟传纯阳吕仙君，吕传海蟾刘仙君，刘南传张紫阳五祖，北传王重阳七真，道统一脉自此分而为二。"⑥ 故把南宗与北宗的功法合为一体便成为很多南宗道士的共同想法，因而就为南北二宗

---

① 岳德文（1235—1299），元代道士，真大道教第八祖，号"崇玄广化真人"，绛州翼城（今山西）人。
② 陈垣编纂：《道家金石略》，陈智超、曾庆瑛校补，文物出版社1988年版，第831页。
③ 唐代剑：《王嚞·丘处机评传》，南京大学出版社2000年版，第81页。
④ 吉志通（？—1264）宋元之际陕西邠阳人，号熙真子。据《陕西通志》载，自幼颖悟，师真乔潜道、潘清容，博学多闻。后居武当山。十年不食，但饵黄精、苍术，精神清彻，行步如飞。至元元年（1264）无疾而终。
⑤ 卿希泰：《中国道教史（修订本）》（第3卷），四川人民出版社1996年版，第364页。
⑥ 《道藏》（第23册），文物出版社、上海书店、天津古籍出版社1988年版，第889页。

的合并奠定了思想基础。

三 道士成为元代五岳国家祀典之专使

五岳祀典是指历代帝王对五岳四渎举行的祭祀仪式，它有常礼，或为郊祀，或遣使者到诸岳所在地致祭。元代之前使者一般为当朝权贵，绝无方外杂流侧身其中，但是这一传统却为蒙元皇室所破。蒙古国蒙哥汗元年（1251），全真掌教李志常奉诏代行岳渎，首开道士充当祀岳使之礼制。全真碑刻和传记中均提及此事，如王鹗《玄门掌教大宗师真常真人道行碑铭》记载："岁辛亥，先帝即位之始年也，欲遵祀典，遍祭岳渎。冬十月，遣中使诏至阙下，上端拱御榻，亲缄信香，冥心注想，默祷于祀所者久之……仍赐内府白金五千两以充其费。"① 李志常之后，道门中人承担祀岳使成为朝廷惯例。有元世祖至元十二年（1275），真大道教主李德和代祀"岳渎、后土"②。至元十五年（1278），全真掌教祁志诚"持香币偕今御史中丞崔或往祀南岳"③。至元十七年（1280），正一道宗师张留孙"奉诏祠名山川"④。至元二十七年（1290），全真掌教张志敬"被朝命巡祀岳渎"⑤。元贞二年（1296），吴全节"奉诏祠中岳、淮渎、南岳、南海"⑥。元延祐四年（1317），王寿衍"奉旨代祀北岳、济渎、天坛、中丘及汴朝元宫"等。⑦ 道士成为国家五岳祀典之专使，行使代祀权，使五岳祀典的道教化达到了一个新的高度，实现了道教发展上的新飞跃。⑧

道官是由统治者任命或许可的道教各级管理者。道官设置始自南北朝，标志着教职的官职化。元代统治者继续将教门自治体制纳入统治者管理体制之中，赋予道官高管职位和宽泛的管理权限，实现了道阶与官阶的最终结合。与前代相比，元代道官制度有了很大的改变，主要体现在五个

---

① 李修生主编：《全元文》（第8册），江苏古籍出版社1998年版，第30页。
② （明）宋濂：《元史》，中华书局1976年版，第93页。
③ 同上书，第700页。
④ 同上书，第924页。
⑤ 陈垣：《道家金石略》，陈智超、曾庆瑛校补，文物出版社1988年版，第680页。
⑥ （元）虞集撰：《道园学古录》卷二十五《河图仙坛之碑》，见《四部丛刊·集部》，上海涵芬楼景印，明景泰翻元小字本。
⑦ （明）王袆：《王忠文公集》（八册）卷十三《元故宏文辅道粹德真人王公碑》，中华书局1985年版，第337页。
⑧ 王志民：《齐鲁文化研究》总第6辑，山东文艺出版社2007年版，第307页。

方面：一是道官有较高的品级。元朝统治者不仅册封真人或宗师之衔，而且还授予其一品或二品之高阶职位。二是道官有自己的官衙。与前朝不同，元代道教各道管一般都有自己的官署、部属，各教宗师大道必须居住在京师。三是道官有极大的职掌权。元代道教管理权下放，道官（特别是大宗师）手中握有大量的道教管理权。比如宗师有任命权，可以任命各路道官，有管领权，管领本门道徒和宫观事务，可授其道职，有赐号赐额之权。四是道官属地（区域）管理。元代道教在集贤院统辖下，各道派分区域管理道教。如全真道统辖长江以北地区的道教，正一道管领江南道教等。五是道官领袖的皇命。早先道教掌教的传承乃由前任宗师直接制定，朝廷并不干预。但在元代，各教宗师的产生必须经由皇帝直接任命，或者需要报请汗廷同意。①

四 蒙元皇室举办斋醮法事频繁

蒙元王室常行斋醮之事，比前朝历代活动规模更大、更为频繁。元朝大兴黄箓斋醮，有着重要的政治背景。元统治者武力征服中原，无数将士血染沙场，命归黄泉，百姓更是生灵涂炭，"马蹄之所及无余地，兵刃之所临无遗民，玉石俱焚，金汤虀粉"②。因此统治者需要借道教济度之功能，来普度阵亡将士和无主孤魂。这类斋醮活动具有三大特色。

一是斋醮地点以燕京长春宫为主。长春宫（现北京白云观）是丘处机仙逝之所，后被封为全真三大祖庭之一。元代国家举行的斋醮，不管主坛者为谁，其坛场多设在长春宫。③ 如元世祖至元十四年（1277）四月，正一道天师张宗演修周天醮于长春宫；元仁宗延祐元年（1314），玄教宗师张留孙建周天大醮应于城南重春宫等。

二是斋醮规模宏大频繁。道教斋醮科仪有普天大醮、周天大醮、罗天大醮应之分。据道经规定，普天大醮应供奉 3600 醮位，周天大醮应供奉 2400 醮位，罗天大醮应供奉 1200 醮位。蒙元时期所进行的斋醮，多为普天大醮和周天大醮。丘处机弟子李志常曾两奉朝命，在长春宫建黄箓普天

---

① 张广保：《金元全真教史新研究》，青松出版社2008年版，第317页。
② 《道藏》（第25册），文物出版社、上海书店、天津古籍出版社1988年版，第416页。
③ 张泽洪：《金元时期的全真宗师与国家斋醮》，载刘凤鸣主编《丘处机与全真道——丘处机与全真道国际学术研讨会论文集》，中国文史出版社2008年版，第159页。

大醮、金箓大斋。① 元世祖中统五年（1264）三月，张诚明奉敕在长春宫设周天大醮七昼夜。延祐元年（1314），张留孙建周天大醮。延祐二年（1315）十月，玄建金箓普天大醮九昼夜。泰定二年（1325）二月，天师张嗣成、全真孙履道、玄教吴全节在长春宫建黄箓普度大醮七日。元文宗至顺二年（1331），马道逸等受召修普天大醮。

三是诸派宗师同坛行醮。元朝道教斋醮上高道云集，全真、太一、玄教诸派宗师，同坛举行斋醮仪式。如延祐二年（1315）十月，玄教张留孙、全真掌教孙德彧等共建大醮。泰定元年（1324），玄教宗师吴全节和真人夏文泳、嗣教太一真人萧天佑和吕志彝、大道教真人刘尚平等联合主坛黄箓普度大醮。泰定二年（1325）二月，天师张嗣成、全真孙履道、玄教吴全节在长春宫建七日斋醮。②

五 元代的道教典籍编撰

元代政局统一、刊刻技术提升、道教信徒众多等有利条件，激发了教内外人士撰写道教典籍的热忱，《长春真人西游记》《茅山志》《甘水仙源录》《七真年谱》《终南山祖庭仙真内传》等一批经典之作纷纷问世。这期间虽因焚经事件受挫，但是道教典籍的编撰工作一直未曾中断。

（一）元代道教典籍繁多

元代是道教典籍编撰的黄金时代，这主要体现在三个方面：

一是道教典籍书目众多。元代道教典籍内容较为丰富，收入谱录、记传两类的道教史籍约33种177卷，在《正统道藏》所收道教史籍中占有重要地位，种数和卷数之比分别达到38%和61%。③

二是典籍体裁多样化。元代道教典籍在谱录、仙传、山志、碑刻集、游记、目录等方面都有代表性的作品。④ 谱录典籍以《七真年谱》和《清微仙谱》为代表；仙传有《凝阳董真人遇仙记》《体玄真人显异录》《仙鉴后集》等；山志有《茅山志》《龙虎山志》《洞霄图志》等作品；碑刻

---

① 张泽洪：《金元时期的全真宗师与国家斋醮》，载刘凤鸣主编《丘处机与全真道——丘处机与全真道国际学术研讨会论文集》，中国文史出版社2008年版，第159页。
② 同上。
③ 刘永海：《元代道教史籍研究》，人民出版社2010年版，第12—13页。
④ 北京师范大学古籍与传统文化研究院：《中国传统文化与元代文献国际学术研讨会会议论文集》，中华书局2009年版，第830页。

集有《甘水仙源录》《宫观碑志》等；游记以《长春真人西游记》最为经典；目录以《元玄都宝藏》和《道藏尊经历代纲目》为首。

三是《玄都宝藏》问世。金代曾编撰过《大金玄都宝藏》，后因藏书处天长观失火，道藏经版遭焚毁。蒙元时期高道宋德方与弟子秦志安历经八年，重编《玄都宝藏》，故称《大元玄都宝藏》。典籍成于马真后三年（1244），共7800余卷，比《大金玄都宝藏》多收1400余卷，在历代道藏中篇幅最多、搜集最广。该道藏乃全真道士以一派之力重修，是道教史上独有之举（其余皆官修），对后来道教典籍的编撰和流布产生了重要的影响。①

（二）元代道教典籍的收藏和被毁

元代道教典籍的收藏主要分为三部分：一是官府的收藏。元朝统治者设立了专门机构——秘书监负责道教史籍的收藏工作。《元秘书监志》记载："在库书经一百二十一部一千二十三册，史七十九部一千七百二十四册，集五十七部一千七百二十四册，道书三百三部四百二册，医书一十四部一百七十一册，方书八部一百五十二册。"② 二是宫观收藏。这是元代道教史籍的主要收藏地。如燕京长春宫、东平万寿宫、陕西重阳万寿宫、华清宫、南昌崇真观、龙虎山正一宫等地，都藏有大量的道经典籍。三是道教学者收藏。著名道教学者杜道坚（原名杜处逸）曾作览古楼，聚书万卷，研读经籍；其弟子周德方藏书也有数千卷。③

在道教典籍流布天下之际，道佛矛盾加深，道教欺佛压佛事件时有发生，并数次诉诸皇廷，引发了道教经书被焚。蒙哥汗六年（1258），下令焚烧《化胡》在内的伪经45部。④ 至元十七年（1280），元世祖诏谕焚毁伪妄经文及经板。至元十八年（1281），除《道德经》外，悉数焚毁。焚经给元代道教史籍的编撰带来了一些不利影响：一是致使道藏经板和经书大量失传，明《正统道教》只有2500卷，就是因为道教经书、经板失传所致。二是道众撰写道教史籍的激情受挫，数量明显减少，质量和影响力明显下降。

---

① 卿希泰：《中国道教史（修订本）》（第3卷），四川人民出版社1996年版，第216页。
② 王士点、商企翁：《秘书监志》，浙江古籍出版社1992年版，第110页。
③ 湖州市地方志编纂委员会：《湖州市志（下卷）》，昆仑出版社1999年版，第1900页。
④ 卿希泰：《中国道教史（修订本）》（第3卷），四川人民出版社1996年版，第222页。

（三）元代道教典籍的价值

元代道教典籍的编撰和流布既扩大了道教的影响范围，也为相互之间的交流提供了平台，为元代中后期道教的合流奠定了思想基础。元代道教典籍的核心价值主要体现在对道教史的贡献上。首先，典籍编撰体例对后世产生了重要的影响。明清时期所编撰的《三教同源录》《万历续道藏》《藏外道书》等典籍基本上都沿袭了元代的编撰目录体系。[①] 其次，为道派传承的研究提供了基本素材。元代道教典籍详细记载了历代仙真的事迹和道教传承体系，有助于我们了解某一道派的发展脉络。再次，对道教思想和道教理论的充实、完善。元代的修仙理论也开始向先秦道家思想回归，并吸收儒释思想精华，更贴近世俗，修仙思想进一步完善。最后，典籍为我们研究元代道教管理制度提供了佐证。元代典籍中有大量碑石内容，对道教中人参与的政治活动也做了详细记载，是我们研究元代道教的重要史料。

第二节 蒙元时期大道教及太一道在山东的传道活动

蒙元时期大道教、太一道在山东的传道活动，不仅是山东道教的重要内容，而且还是中国道教发展的一个缩影。其具体表现在大道教派的分合与传承，太一道的传承及皇室封赐，大道教、太一道布道于山东，以及道教宫观建设、道教碑文碑刻等各个方面。

一 蒙元时期大道教在山东的传道活动

大道教在蒙元时期分为灵虚宫派和天宝宫派，并在山东传道。郦希成正式执掌大道教之前一直传道于泰山区域，其掌教并传道山东以后，对道教在山东的发展起着推动作用。张清志率弟子"入东海大珠牢山，结茅而居"。他修建道宇，"遍游山东诸州，传教济人，祈福祛病"，并与峄山白云宫住持王志顺来往密切，这在一定程度上也促进了峄山道教的发展。

（一）大道教在蒙元时期的分合与传承

元睿宗拖雷元年（1228），大道教四祖毛希琮病逝，其教内部因继承

[①] 刘永海：《元代道教史籍研究》，人民出版社 2010 年版，第 15 页。

权问题出现了纷争，分化为灵虚宫和天宝宫两系。两派都获得了蒙元统治者的认可和支持，各有自己的传承体系，后来天宝宫系道门隆盛，灵虚宫系遂与其合并。

1. 灵虚宫派

灵虚宫派以燕京（大都）玉虚宫为传道中心，又称玉虚宫派。玉虚宫乃是四祖毛希琮仙逝前的住所。该派视李希安为毛希琮的继位者，后传刘有明，再传杜福春。

五祖李希安（？—1266），号湛然子。蒙古拖雷元年嗣为五祖，主燕京玉虚观，修葺该观焕然一新。蒙古乃马真皇后监国元年（1241）李希安被征召，辞老不赴。蒙古蒙哥汗五年（1255）忽必烈在王邸，闻其道行，赐以真人号。元中统二年（1261）敕命掌管大道教。①

六祖刘有明，号崇玄子，河间莫州（今河北任丘）人。至元三年（1266）嗣教，赐号崇玄体道普惠真人。其事迹史料未有详细记载。

七祖杜福春。杜福春掌教期间有两大事：一是至元十二年（1275）的金箓大醮和代祀济渎，有《代祀济渎投龙简记》为证；② 二是至元十八年（1281）世宗命文臣及僧录司教禅诸僧诣长春宫，偕正一天师张宗演、全真掌教祁志诚、大道掌教李德和与杜福春考证道藏伪经经板。③

七祖之后不见记载，后并入大道教天宝宫一脉。

2. 天宝宫派

天宝宫奉郦希成为五祖正宗。《洛京山改建先天宫记》云："四祖见性达聪，罔愆成法，心厌尘世，不永斯年，掌教五星有奇，得年三十八岁。以法逊与五祖太玄真人郦君。"④ 燕京（大都）天宝宫（原名天宝观宫）是郦希成于蒙古窝阔台汗十二年（1240）所建，后成为该派祖庭。该派在元代的传承为：郦希成—孙德福—李德和—岳德文—赵真人——赵德松—郑进元—张清志。

五祖郦希成（1181—1258），号太玄，妫川（今河北怀来县）人。郦希成乃是大道教教门发展的中兴人物。郦希成于蒙古成吉思汗十七年

---

① 卿希泰：《中国道教》（第1卷），知识出版社1994年版，第166页。
② 刘晓：《元代大道教玉虚观系的再探讨——从两通石刻拓片说起》，《中国史研究》2005年第1期。
③ 卿希泰、唐大潮：《道教史》，江苏人民出版社2006年版，第454页。
④ 中国道教协会研究室：《道教史资料》，上海古籍出版社1991年版，第296页。

（1223）掌教，但因教门纷争，难以掌教，遂退隐深山，后于蒙古窝阔台汗十年（1238）获得支持，重上掌教之位。此后，郦希成受到元宪宗（蒙哥汗）的礼遇，获太玄广惠真人之封。蒙哥汗四年（1254），郦希成为正天宝宫正统地位，求得圣旨将其所领道派改名真大道。在他掌教期间，真大道由原来的河北、山东，发展到了河南许州（今河南许昌）一带。

六祖孙德福（1217—1273），号通玄，蒙哥汗八年（1258）掌教。蒙古至元五年（1268），世祖赐号"通玄真人"，命孙德福统辖诸路真大道，赐铜章。

七祖李德和，号颐真，至元十年（1273）掌教。李德和掌教期间有三大事：一是至元十二年（1275）三月，李德和奉圣命与怯薛丹察罕不花、侍仪副使关思义、真人李德和一道代祀岳、渎、后土；二是至元十四年（1277），李德和五月代祀济渎；三是至元十八年（1281），李德和受命与正一天师张宗演、全真掌教祁志诚、正一道真人杜福春共同考证道藏伪经经板。

八祖岳德文（1235—1299），号崇玄，涿县（今河北涿县）人，至元十九年（1282）掌教。岳德文16岁时进入隆阳宫，18岁师事郦希成。至元二十一年（1284），元世祖赐德文"崇玄广化真人"号，"命掌教宗师，统辖诸路真大道教事，又赐玺书褒保之。自是眷遇隆渥，中宫至诏见，亲赐袍焉"①。元贞元年（1295），加封其祖师，"赐赍尤厚，使人立碑棣州冠剑所藏处"②。岳德文掌教期间，天宝宫一脉强盛，与玉虚宫一脉合流，实现了教派合一。

岳德文死后，张清志虽受命，但未嗣教，真大道步入"两赵一郑"时期。九祖赵真人大德二年（1299）嗣教，十祖赵德松大德六年（1302）嗣教，十祖羽化后郑进元"嗣领教务"③。这一时期大道教屡获皇封。大德六年（1302），元成宗授赵真人"崇真广道真人道橛，升本路举师"，封赵德松为"明照湛然普化真人"。大德八年（1304），郑进元被封为"明真慧照观复真人"。

---

① 陈垣编纂：《道家金石略》，陈智超、曾庆瑛校补，文物出版社1988年版，第830页。
② 同上书，第831页。
③ 袁冀：《元史研究论集》，（台湾）商务印书馆1974年版，第29页。

十二祖张清志（？—1325），乾州奉天（今陕西乾县）人，师岳德文，大德十一年（1307）掌教。张清志掌教后改革教规，严整教纳，主张寡欲修身，深居寡出，不交权贵，"贵人达官来见，率告病伏卧内。虽有金玉重币之献，漠如也"①。其操守深得士大夫们的赞许，并屡受元武宗、元仁宗、元英宗和泰定帝的赞赏。泰定元年（1324），张清志被泰定帝授予"演教大宗师、凝神冲妙玄应真人"的称号，真大道达到极盛。

张清志后真大道教传承资料不详，但据《周天大醮投龙简记》所载，张清志应传承于刘尚平。《周天大醮投龙简记》碑文如下：

> 泰定改元甲子之春正月，诏玄教大宗师玄德真人吴全节、太一崇玄体素演道真人嗣教七祖蔡天祐、五福太一真人吕志彝、正一大道真人刘尚平、玄教嗣师真人夏文泳，率法师道士几千人，修建金箓周天大醮于大都崇真万寿宫，为位二千四百，昼夜凡七。受厘之日，天颜甚愉，重封香币，遣太一七祖真人蔡天祐、承德郎郊祀署令马怀吉，捧刻玉宝符、玄璧龙纽，驰诣济渎清源投奠。五月初三日至祠下，醮祭如礼，质明沉龙简于水府，礼成而退。郡守臣嘉议大夫、怀庆路总管李德贞，奉议大夫、孟州知州刘士冕，怀庆路知事苏让等咸与焉，谨记。②

（二）大道教掌教传道山东

山东一直是大道教传道的重要地区。蒙元时期，大道教掌教先后传道于山东，由山东和河北交界之处，经泰安、益都传至胶东沿海，可谓横贯东西，遍布全境。③

1. 郦希成在山东的传道活动

郦希成正式执掌大道教之前一直在山东泰山区域传道。《重修隆阳宫碑》记载："第五祖师太玄真人郦君，讳希成，妫川（今河北怀来县）之水峪人也。……圣朝创业之初，为教门举正，而阐教山东。"④碑文还记

---

① 陈垣编纂：《道家金石略》，陈智超、曾庆瑛校补，文物出版社1988年版，第830页。
② 同上书，第863页。
③ 白如祥：《山东大道教考》，《中国道教》2008年第4期。
④ 陈垣编纂：《道家金石略》，陈智超、曾庆瑛校补，文物出版社1988年版，第823页。

载了郦希成行教泰安州一事。《郦希成本行碑》对此行也有记述:"往岁诣岱岳,属时亢旱,吏民以告,君曰:'若等能改过思善,则甘泽可期'。皆再拜,曰:'诺。'因取棕扇蔽面,云起,所坐之方,雨随澍。"①

此外,郦希成在山东还收徒薛德悟和孟德平。薛德悟号悟真大师,曾在肥城之北修建宫观天和观;孟德平修东平的尧帝延寿宫,兼管四季祭礼。

2. 张清志在山东的传道活动

《天宝宫碑》和《尧帝延寿宫碑记》均记载,张清志曾受八祖岳德文所遣,率两名弟子"入东海大珠牢山,结茅而居"。在此期间张清志修建道宇,"遍游山东诸州,传教济人,祈福祛病"②。张清志与峄山白云宫住持王志顺来往密切,将大道教传播于峄山,插花石东唐人洞、齐天洞均有信徒修行③,影响深远。东平地区于天历二年(1329)刻《尧帝延寿宫真大道真人道行碑记》以彰其功。张清志还曾"为永昌王祈福于五岳、四渎"④,传道于泰山等地区。

(三)大道教传道山东碑刻

大道教遗留众多的碑文碑刻,是大道教在山东发展的重要金石材料。列表如下:

表7—1　　　　　　　　大道教传道山东碑刻一览表

碑刻名称	时间	碑文内容概要	碑刻现存地	撰文、篆额、书丹
重修隆阳宫碑	元至元二十八年(1291)	碑文记述了郦希成传道山东的情况,包括泰山祈雨与奉先县建庵观之事,还对大道教的道教思想做了简单的分析和说明。碑文中有"道可道,非常道,名可名,非常名""道之为物杳兮冥,其中有精,其精甚真"⑤等语	北京房山区	宣授管领本文下随路诸色户总管田璞撰。前东平路行军万户兼管军民总管次授资德答复江浙等处行中书省右承严忠翰书丹并篆额

---

① 李修本:《全元文》(第十三集),江苏古籍出版社1999年版,第312页。
② 韩理洲:《华山志》,三秦出版社2005年版,第334页。
③ 张奎玉、田振铎主编:《峄山索录(上册):峄山风情轶事》,山东省出版总社济宁分社1990年版,第248页。
④ 陈垣编纂:《道家金石略》,陈智超、曾庆瑛校补,文物出版社1988年版,第827页。
⑤ 同上书,第822—824页。

续表

碑刻名称	时间	碑文内容概要	碑刻现存地	撰文、篆额、书丹
尧帝延寿宫真大道真人道行碑记	元天历二年（1329）	该碑记载了真大道教九祖张清志"年十六，从天宝李师为道流"、"年十八，辞家入太白山，越一年，徙觐李师，辞亲入终南山"、"年二十六，创长安明道观"①的事迹	山东省东平县	太中大夫东平路总管兼本路诸军奥鲁总管管内劝农事苏炳书丹并篆额，东平路儒学教授朱衡撰
重建龙山观碑	元至正三年（1343）	碑文记载龙山观的历史及元代大道教道士于清渊等重修龙山观的事迹。碑文中有"为殿为堂，东西方丈，云寮靖室，斋厨库马厩，以楹计者不下三十有余。其塑像金碧彩绘，殚其技无遗巧焉。同槽碾磨博钟之制，特其余尔"②等语	山东青州弥河镇的修真宫内	周德洽文

二　蒙元时期太一道在山东的传道活动

蒙元时期太一道的传承由五祖萧居寿至七祖萧天佑，皇室分别封赐萧抱珍、萧道冲、萧辅道、萧居寿、萧全岭、萧天岭。太一道在山东兖州嵫山建太玄观，弘扬"通明圣道""呼吸阴阳""蕴蓄清和"的太一道精神，开展祈福祷雨等济世利民法事活动，众多百姓莫不顺应。

（一）蒙元时期太一道的传承及皇室封赐

蒙元时期太一道掌教传承为：五祖萧居寿，本姓李，讳居寿，字伯仁，道号淳然子，卫州汲县西晋里人；六祖萧全佑（岭），本姓李，洺水（今属河北）人；七祖萧天佑（岭），本姓蔡。二祖、三祖皆为金代，四祖之后由金入元。七祖之后，流传不详，渐次衰微，终而消失。

元宪宗二年（1252）追封萧抱珍为"太一一悟真人"，升太一万寿观

---

① 陈垣编纂：《道家金石略》，陈智超、曾庆瑛校补，文物出版社1988年版，第833—835页。
② 王宗昱：《真大道教史料钩沉》，《中国道教》2003年第4期。

为太一广福万寿观；元世祖先后赐萧道冲元通大师号，赐萧辅道太一中和仁靖真人号，赐萧居寿太一演化贞常真人号和赐太一掌教宗师号，封萧全龄观妙大师，后加封承化纯一真人，赐萧天龄太一崇玄体素演道真人号。

（二）蒙元时期太一道在山东的传道活动

元代山东地区有太一道的宫观。如嵫阳县（今山东兖州）嵫山的太玄观。该观是在金元之际被焚毁后，道士石守清"触热冲寒，手胼足胝，开劚荆棘，垦辟田土七十余亩，渐寝生理巨足。约会乡耆，协议而诺，壮者助力，富者助资，其弥月而功成也"①。他还捐私财，于山东嵫山麓下"经营云堂二座，正房斋堂三间，卜立林域，栽植枣果，俾生者有所资，死者有所归"②，这表明太一道也注意通过一些公益活动来积累善基。③

第三节　蒙元时期山东全真教的传承

山东全真教经历金代的人才储备，进入蒙元时期发展更快、传播范围更广。加之自成吉思汗以来的统治者大力扶持，山东出现了以尹志平为代表的十八宗师等一批全真道士继续在山东及全国传道阐玄，从而为道教在山东乃至全国的发展创造了条件。

一　山东全真道走向蒙元地域

丘处机际遇成吉思汗是全真道发展的重要契机。成吉思汗在统一全国的征程之中得闻丘处机博古通今，才能超群，遂遣使臣宣召。成吉思汗曾三请丘处机，前两次丘氏隐居山林，深居简出，避而不见。蒙古太祖十四年（1219）五月，成吉思汗派遣近侍臣刘温④三请丘处机。丘处机审时度势，接受了成吉思汗的邀请，并于次年率弟子尹志平等18人，历时2年终到达成吉思汗的军营，得到了成吉思汗的欢迎和召见。丘处机的应诏，

---

① 陈垣编纂：《道家金石略》，陈智超、曾庆瑛校补，文物出版社1988年版，第864页。
② 同上。
③ 安作璋、张熙惟、赵文坦：《山东通史（宋金元卷）》，人民出版社2009年版，第375页。
④ 释行迈《至元辨伪录》记载："刘温字仲神妙者，以作鸣镝幸于太祖，首信僻说，阿意甘言，以医药进于上，言：'丘公行年三百余岁，有保养长生之术。'"刘仲禄是成吉思汗的近臣，他借机进言，让成吉思汗看到了能够长生的希望，立即派遣刘仲禄征召丘处机。

为全真道在元代的兴盛拉开了序幕。

成吉思汗万里求访丘处机的原因：一是出于推动政治局势的目的。成吉思汗想借助丘处机及其统领的全真道收买人心，为其进军中原奠定社情民意的基础。二是满足其养生成仙的思想诉求。刘温向成吉思汗进言，丘处机年三百，有养生延命的秘诀，这对年老体衰的成吉思汗极具吸引力。三是耶律楚材的推荐。耶律楚材，字晋卿，金国尚书左丞耶律履之子，蒙太祖十年（1215）投降成吉思汗，受到赏识。耶律楚材为使成吉思汗及其蒙古贵族们更加清楚治国平天下的深奥道理，遂冀求于丘处机。

丘处机奉诏也有其复杂而深刻的原因：一是当时特定历史条件使然。当时金人统治黑暗，行将灭亡；南宋力量孱弱，偏安一隅不思复国。而蒙古皇朝方兴未艾，丘处机遂婉拒金与南宋之邀，反赴蒙元之请。二是想用全真道教思想抑制蒙古贵族的屠杀政策。当时蒙古军每攻占一地，轻者大肆劫掠，重者残酷屠城，丘处机想借会见成吉思汗之机，向其宣传全真教的"天道好生"思想，制止或改变蒙古实行的杀戮政策。三是帮助成吉思汗尽快平息战乱。丘处机想依靠成吉思汗实现他自己平息内战的计划，以"太平"为理念尽快结束战争而解救万民。四是为了全真教的发展。丘处机依据对时局的判断，相信蒙古王朝必定成为天下主宰，作为全真掌教想借此营造有利的道教生存环境。

丘处机觐见成吉思汗一事开创了全真教发展的新篇章，提升了全真教的政治地位，确立了全真教的合法地位。他在西行过程中大力宣传全真教义思想，获得了道众的信奉和支持，得到了沿途民众的欢迎和赞赏，为全真教打下了深厚的群众基础。与此同时，全真教得到了蒙元上层统治者的支持，获得了全真道院道士赋税差役的豁免权。在无税政策下，丘处机遂广发度牒，建立平等、长春、灵宝等八个教会，并新建大量宫观，设坛作醮，使全真道获得迅速发展。

二　丘处机后山东全真教的传承和发展

全真道在元代鼎盛的标志之一就是知名道士居多，尤以丘门道士为最。据传世的多种碑文及道教文献所载，丘处机亲传弟子总共有86人[①]。

---

① 樊光春：《全真道龙门派在西北的传承》，载《丘处机与全真道：丘处机与全真道国际学术研讨会论文集（上册）》，中国文史出版社2008年版，第454页。

除丘门弟子之外,其他六子的门徒亦有相当的发展,道门异常兴旺,这对全真道教的发展产生了重要的影响。

(一)蒙元时期全真掌教的传承体系

丘处机死后,全真教在元代历经了 13 位掌教:尹志平（1227—1238）→李志常（1238—1256）→张志敬（1256—1270）→王志坦（1270—1272）→祁志诚（1272—1285）→张志仙（1285—1308）→苗道一（1308—1312）→常志清（1312—1313）→孙德彧（1313—1320）→蓝道元（1320—1323）→孙履道（1324—1328）→苗道一（1328—1335）→完颜德明（1335—1362）。这十三位掌教中,祁志诚、苗道一、完颜德明渊源于刘长生一系。孙德彧师承马丹阳一系,孙履道属郝太古一脉,张志仙师承不详,余者均为丘处机之弟子或再传弟子。

(二)蒙元时期山东全真教发展的分期

蒙元时期全真教的发展可以划分为三个阶段:

1. 鼎盛阶段（1219—1255）

以成吉思汗之召见、宠遇丘处机为契机,在丘处机及其弟子们的推动下,全真道发展至鼎盛,当时全真道宫观遍布北方各省区,"虽十室之邑,必有一席之奉"①。丘处机及其弟子是元代在山东境内宣扬三教合一思想的主要代表。成吉思汗曾亲自接见丘处机,问其"为治之方""长生久视之道"②。丘处机奉命前去的途中,所过之地即招徒授道,宣传三教合一思想,并于当地建立了全真教组织法的全真教组织。元代人陈时可云:丘处机"于道经无所不读,儒书、梵典亦历历上口,又喜属文赋诗,然未始起藁,大率以提唱玄要为意,虽不事雕镌而自然成文,有《磻溪》、《鸣道》二集行于世"③。丘处机自己身体力行宣传三教合一思想的同时,也培养了一批得力弟子,如尹志平、李志常等。尹志平编写的《北游录》④等书,创造性地继承并发展了丘处机的三教合一思想,是元代全真教非常重要的一部理论著作。李志常也有深厚的儒学功底,元太宗窝阔台曾邀其"教皇太子公进《易》《诗》《书》,且具陈大意"⑤。

---

① 陈垣编纂:《道家金石略》,陈智超、曾庆瑛校补,文物出版社 1988 年版,第 476 页。
② (明)宋濂:《元史》(全 15 册),中华书局 1976 年版,第 4524—4525 页。
③ 《道藏》(第 19 册),文物出版社、上海书店、天津古籍出版社 1988 年版,第 735 页。
④ 《道藏》(第 33 册),文物出版社、上海书店、天津古籍出版社 1988 年版,第 153 页。
⑤ 《道藏》(第 19 册),文物出版社、上海书店、天津古籍出版社 1988 年版,第 745 页。

2. 困难阶段（1255—1294）

元代，山东儒、道、佛三教尤其是道、佛两教为了自身教派的利益，相互争夺地盘现象严重，造成三教之间的冲突较多。如山东青州道士把佛教供奉在云门山半腰的灵光菩萨像拆掉并将其供奉地改为道观，取名灵官庙。① 金、元时期，大明府僧人智究来山东济宁峄山占据山阴十七座庙宇，但因其拥金反元，道教道众利用这一矛盾并借用元军势力对这些庙宇的僧徒进行了驱逐。② 元宪宗五年（1255）和宪宗八年（1258），佛道两家进行了两次大的辩论，但都以道教的失败而结束，道教的发展受到打击。至元十八年（1281），张易又奏言"参校道书，惟《道德经》系老子亲著，余皆后人伪撰，宜悉焚毁"，而忽必烈"从之，乃诏谕天下"③。道教受到沉重打击。佛道"化胡经"之争，使全真道元气大伤，全真道发展进入低谷。元世祖忽必烈继位之后，由前任掌教宗师指定全真教掌教宗师并报请汗廷认可的传承方式被打破，改由元统治者直接掌控。

3. 重振阶段（1294年后）

1294年元成宗即位，解焚经之禁，全真道获得正常发展。在元代中后期，全真道北宗和道教南宗逐渐认同、融合，"在南宗道士陈致虚等人的推动下，二宗经过对祖师宗祀的调整，南宗最后并入全真道"④。合并后的全真道遂成为更大的道派。元世祖忽必烈坚持佛儒并行，他曾说："朕今亦行此政教两道于国度矣。"⑤ 元仁宗孛儿只斤·爱育黎拔力八达（1285—1320）也主张儒、道、释三教并行，尝曰："明心见性，佛教为深；修身治国，儒道为切"，"儒者可尚，以能维持三纲五常之道也"⑥。这些政策促进了三教合一思想在山东的传播。全真道主张融儒、道、释于一体，大力宣传"三教合一"，全真教在山东莱州兴盛，虽佛教信奉者仍为数不少，但信仰人数逐渐减少，不少地方有庙无僧。⑦ 山东各地建有融

---

① 青州市志编纂委员会：《青州市志》，南开大学出版社1989年版，第964页。
② 山东省邹城市地方史志编纂委员会：《邹城市志》，中国经济出版社1995年版，第728页。
③ （明）宋濂：《元史》（全15册），中华书局1976年版，第234页。
④ 程发聘：《古翼城百论》，山西人民出版社2006年版，第423页。
⑤ 鲍因：《〈十善福经白史〉浅译》，《蒙古学资料与情报》1987年第2期。
⑥ （明）宋濂：《元史》（全15册），中华书局1976年版，第594页。
⑦ 山东省莱州市史志编纂委员会：《莱州市志》，齐鲁书社1996年版，第668页。

通儒、道、释的三教堂,如山东莒南县在元代就兴建有三教堂。① 元代,山东烟台长岛道教开始兴盛,道教在佛教寺庙周围新建了道教宫观,形成道教宫观与佛教寺庙混杂的布局。当时,有的群众既信仰道教又信仰佛教。② 全真道"三教合一"的思想,促进了道教兴盛的同时,也有利于民间儒、道、释三教间的融合。

(三)蒙元皇室对山东全真教发展的影响

全真教在蒙元时期能一度凌驾于太一、真大和正一教等教派之上,与皇室的认可和支持有很大的关系。尹志平曾与窝阔台论道,并得皇后特赐道经一藏。李志常"历事三朝(太宗、定宗、宪宗),荐承恩顾,云骈所至,倾动南北"③。王志坦一直是蒙古汗廷和教门之间的联络者,与蒙古宗王交往密切,深受蒙哥汗的尊崇。其后的掌教也得到了皇室的认可和支持,获得了极大的特权和殊荣。蒙元皇帝对全真教赐封列表如下:

表7—2　　　　　　　　蒙元皇帝对全真教赐封一览表

时间	掌教	皇帝	赐封内容
1233年	李志常	元太宗	燕京教蒙古贵弟官子弟十八人
1244年	潘德冲	元太宗	署全真道士为河东南北道教提点,并营建纯阳万寿宫
1252年	李志常	元宪宗	道士掌道教事
1269年	张志敬	元世祖	敕封全真道五祖为真君,七真为真人
1308年	苗道一	元武宗	玄门演道大宗师,管领诸路道教,知集贤院道教事
1310年	苗道一	元武宗	加封全真道五祖为帝君,七真为真君(孙不二为元君),尹志平、李志常、宋德方为大真人,宋道安等十五人为真人
1314年	孙德彧	元仁宗	授特进神仙演道大宗师、玄门掌教辅道体仁文粹开玄真人、知集贤院道教事
1324年	孙履道	元泰定帝	授特进神仙玄门演道大宗师、泰号定虚白文逸明德真人、掌管诸路道教、知集贤院道教事

---

① 山东省莒南县地方史志编纂委员会:《莒南县志》,齐鲁书社1998年版,第759页。
② 山东省长岛县县志编纂委员会:《长岛县志》,山东人民出版社1993年版,第377页。
③ 陈垣编纂:《道家金石略》,陈智超、曾庆瑛校补,文物出版社1988年版,第580页。

蒙元皇室对全真教的重视，还直接影响了全真掌教的继承，这主要体现在三个方面：一是尹志平的退位和李志常的继位。因为李志常与蒙古窝阔台汗一系的统治者如太宗窝阔台（1186—1241）、乃马真后（？—1246）、定宗贵由（1246—1248）及海迷失后（斡兀立海迷失，？—1252）联系密切，王室对李志常的支持给予了尹志平极大的压力。① 二是苗道一曾两度掌教，他的继位、离职、复位都与元代皇室的宫廷争斗息息相关，是蒙古汗廷直接干预的结果。三是全真掌教的任免权掌握在皇室手中。元世祖忽必烈继位之后，前任掌教宗师指定，报请汗廷认可的传承方式被打破，改由元统治者或皇帝本人直接掌控。

三 蒙元时期的山东高道及在山东的传道活动

蒙元时期，山东有尹志平、李志常、宋德方、赵道坚、宋道安、夏志城、王志明、孙志坚、于志可、张志素、郑志修、鞠志圆、孟志稳、张志远、綦志远（清）、何志清、杨志静、潘德冲十八宗师②全真道士传道阐玄，在山东乃至中国道教史上产生了重要影响。

（一）十八宗师在山东的传道活动

十八宗师是对随丘处机应诏赴雪山的十八名道士的尊称。这十八人多为胶东三州（登州、莱州、宁海）人士，或外地至胶东三州拜师，并在西游前都在山东的传教者。十八宗师的传道活动，不但推动了山东地域的道教发展，而且对整个蒙元时期中国道教的发展也做出了重要贡献。

1. 尹志平与潍坊玉清宫

尹志平（1169—1251），字太和，道号清和，祖籍河北沧州，宋时徙居莱州。初住昌邑之西庵，后从师丘处机于栖霞，尽得丘之真传。尹志平拜师后修行于潍州（今潍坊市）之玉清观（后改名玉清宫），后随师西游居长春宫。

尹志平西游之后未回山东，但其对推动道教在山东发展发挥了重要作用：一是玉清宫成为山东中部著名道教圣地。尹志平的发迹之地被视为圣

---

① 熊铁基、麦子飞：《全真道与老庄学国际学术研讨会论文集》（上），华中师范大学出版社2009年版，第229页。

② 闵智亭：《道教全真派五祖七真金元高道传》，中国道教学院编印，1990年，第86—105页。

地，受到地方执政者的崇拜，元代驻潍高级将领都是玉清宫的忠诚护法者。① 二是掌教期间大修宫殿的举动影响了山东。在其鼓励之下，张志纯大修泰山宫观，于通清在胶东福山修真庵，刘志坚入崂山建庙修道。三是尹志平的门徒成就大。尹志平玉清宫内弟子有5人晋为大师，道徒多达200余人，并在望留麓台、坊子小赵都建有分观。② 为了纪念尹志平对山东道教的贡献，延祐年间（1314—1320），刘道依、朱志城为尹志平立"清和仙迹碑"。

2. 李志常在山东的传道活动

李志常（1193—1256），字浩然，号真常子，祖籍洺州永年（今河北省永年县），后寄籍于开州观城（今山东省西部）。李志常拜师前在东莱之牢山修隐，后徙至天柱山之仙人宫，蒙太祖十三年（1218）拜师丘处机习道于栖霞，太祖十五年（1220）随师东行，后于蒙窝阔台汗十年（1238）掌全真教。据庚戌年十二月（1250）泰安徂徕山《炼神庵碟碑》记载："掌教真人李志常据东平府路道录司之举荐，授予徂徕山炼神庵道士丁志年'和光大师'之号，并奏报汗廷恩赐文牒。"③

李志常对山东道教的推动有二：一是善良之举博得道教发展的舆论基础。李志常在山东传道期间，曾遭遇贞祐丧乱，"土寇蜂起，山有窟室，可容数百人，寇至则避其中，众以公后，拒而不纳。俄为寇所获，问窟所在，捶楚惨毒，绝而复苏，竟不以告。寇退，窟人者出，环泣而谢之……争为供养"④。这件事在当时广为传颂。二是注重寻求统治者的支持。李志常"历事三朝，荐承恩顾"，这为全真教的发展找到了强有力的依靠，为道教在山东发展创造了良好的环境。

3. 其他宗师对道教在山东发展的贡献⑤

除尹志平、李志常外，其他宗师也对道教在山东发展做出了贡献。

夏志城、孟志稳、于志可、宋德方、潘德冲、綦志远六人均为山东人，西游前一直立足于山东，后虽传道外地，但是山东仍是其活动中心。

---

① 王振民：《潍坊文化三百年》，文化艺术出版社2006年版，第539页。
② 同上。
③ 周郢：《蒙古汗廷与全真道关系新证》，《中国史研究》2013年第1期。
④ 李志常：《长春真人西游记》，河北人民出版社2001年版，第137页。
⑤ 参考闵智亭《道教全真派五祖七真金元高道传》，中国道教学院编印，1990年，第86—105页。

夏志城（1172—1255），号清贫道人，济南章丘人。孟志稳（源）（1187—1261），号重玄，山东平度人，随丘处机修道于潍县玉清观。于志可（1184—1255），号冲虚，宁海人。宋德方（1183—1247），字广道，号披云，莱州掖城（今山东莱州市）人，曾在莱州神山开九阳洞。潘德冲（1190—1256），字仲和，号冲和，淄之齐东人，曾增葺潍阳玉清观，也曾至昆嵛山麻姑洞，取历代诰册刊之石，以彰灵迹。綦志远（1190—1255），字子玄，号白云道人，莱州掖县人，曾主持莱州昊天观。

赵道坚和张志素二人为外来至胶东三州求道者。赵志坚（1163—1221），原名赵九古，号虚静子，河南澶州人，初师马丹阳，后学道于丘处机和刘处玄，在山东传道30年，影响深远。张志素（1187—1268），号谷神子，河南睢阳人，一直在山东、蒙古、燕京传道。

宋道安、孙志坚、鞠志圆、张志远、何志清、杨志静、王志明、郑志修八人虽也在山东传道，但是因资料有限，难以考察其与山东道教发展的关系。

另外，中统四年（1263）夷山姬翼（姬志真）、曹南李湛书《高良太清观碑》，记载了道教女冠任守真在高良（今菏泽牡丹区沙土镇石碑王庄）弘道修建太清观之事迹。说明郝大通—王志谨—姬志真等全真道华山派在今菏泽地区也有传道筑观活动。

（二）西游期间留守山东的道士

丘处机带领十八宗师西行传道之后，仍有一批全真道士如范圆曦、范全生、范志敦、孙道古、韩抱真等留守山东，进一步巩固全真道在山东的根基，为后期全真道的发展做出了贡献。

1. 范圆曦

范圆曦（1178—1249），号玄通子，宁海人，师承郝大通。范圆曦于金承安元年（1196）从郝大通学道。范圆曦深得郝大通器重，并以观事相委。郝大通去世后，范圆曦来到胶西修炼，后又往密州（今诸城）修炼。蒙太祖年间，山东爆发大规模农民起义，全真道观大部分被毁，范圆曦被迫往河北传道，得丘处机授以河间、真定等路道门提点。蒙太祖二十年（1225），河北爆发"武仙反蒙归金"之变，河北战事纷争不断，范圆曦又"挈徒走泰山"①，驻上清万寿宫直至蒙古窝阔台九年（1237）。此后范圆曦又传道宁海、河北真定，蒙古定宗四年（1249）病逝于河北大名，

---

① 胡道静：《道藏要籍选刊》（六），上海古籍出版社1989年版，第725页。

弟子将其灵柩扶归东平，安葬于上清万寿宫。

2. 范全生

范全生（1178—1245），号虚真子，济南济阳人。金明昌三年（1192）拜师丘处机于栖霞太虚观。丘处机奉召西游之后，范全生奉命留守山东，主持太虚观事务。蒙古太祖十七年（1222），范全生开始重建太虚观，耗时三年，最终新观乃成，并且还置下庙产，为太虚观的扩大与发展立下汗马功劳。① 蒙古乃马真后四年（1245），范全生离开栖霞，"至迁安县，馆于长春观"。范全生羽化后，弟子们将其灵柩运回栖霞太虚观，葬于丘祖殿后三仙祠，享信徒之香火。蒙元时期，范全生还以"广行救亡济人之举"闻名于山东半岛。他在杨安儿战争期间，曾助前金朝潞国公主逃上艾山避过灾难；在太虚观遭逢无名之火之际，将所剩余粮尽数分与救火之人，自己却因饥饿过度昏睡五日。《清虚纯德辅教真人祠堂记》记载了此事。

3. 范志敦

范志敦，号真常子，籍贯和生平不详，丘处机弟子。早期在莱州山中苦修，"寒惟一衣，饿止一食，胁不至席者积十余年"②，得到淮南行省李全的关注，传道淮南。蒙古窝阔台三年（1231），李全被杀，淮南大乱，范志敦回归山东，择莱州大泽山上清观作为传道之所。

4. 孙道古

孙道古，③ 名彬，道号灵神子，金泰和年间（1201—1208）拜师王处一于圣水宫。孙道古在圣水观悉心修道，并修建"玉皇庙""海神庙"作为传道祭祀之所，自此道门大兴。成吉思汗敕封其为"贞晦真人"，后旨加洞明大师，赐金襕紫服，道冠东方。著有《玉阳内传》《范无生本行》《女真戒律》等。

5. 韩抱真

韩抱真，号广阳子，山东禹城人，弱冠即学道于王处一。韩抱真金末逃难之际，路经益都，有"会首马公，素重先生之道德，因以其地施焉"。抱真与其徒"剪去荆榛，结茅其上"，日营月葺，终成白云观，此

---

① 柳进军、于法：《丘处机与栖霞太虚宫》，《齐鲁文史》2006 年第 3 期。

② 吴绍田：《源远流长的东莱文明：平度旧志校注（上卷）》，山东人民出版社 2005 年版，第 342 页。

③ 李修生：《全元文》（第 5 册），江苏古籍出版社 1998 年版，第 40 页。

后便成为其传道之所。后又有会首施田,前后总计"田六十亩,尽充观之常住,赡养徒众焉"①。韩抱真弟子有刘志遂、景志纯等。

(三)全真七子再传、三传弟子

全真七子再传、三传弟子包括高道宣、张志纯;李道元、耿道清;刘志坚、李志明、王嘉禄;史志道、李志椿、王志顺等,他们分别在泰山、昆嵛山、崂山、峄山等地域开展弘道、传道活动。

1. 高道宣、张志纯在泰山传道

高道宣(1201—1276),道号明真子,乃郝大通之再传弟子,师承范圆曦。据《纯正昭惠冲和真人高君道行碑》载,高道宣年32岁开始师事范圆曦,深得赏识。蒙哥汗四年(1254),随李志常建普天大醮于长春宫,被任命为东平路道士提领、玄坛侍经;后接受掌教张志敬的任命,担任东平路都道录,兼领东岳庙事。元世祖至元二十八年(1291),追赠真人号。

张志纯(1220—1316),师承崔道演,乃刘处玄再传弟子。张志纯原名张志伟,字布山,号天倪子,又号布金山人,泰安州埠上保(今肥城市安驾庄镇张家安村)人。志纯秉承师学,道学高深,元世祖忽必烈闻其名,屡召而问道,并赐号"崇真保德大师",授紫服,令其住持岱庙。自蒙哥汗元年(1250)始,张志纯修葺泰山宫观祠庙,朝廷为彰其修建之功,"特加崇真明道圆融大师之号,兼提点泰安州教门事"。中统四年(1263),授"蒙燕都大长春宫掌教诚明真人专使赍奉圣训,委师提举修饰东岳庙事"②。

2. 李道元、耿道清在昆嵛山传道

李道元(?—1320),道号清贫子,河南卫辉路淇州朝歌(今河南卫辉市)人,乃王处一之再传弟子。李道元不惑之年起念出家,持钵云游。至元二十六年(1289),拜于孙道古门下,在云州金阁山修道。大德三年(1299),被封为"抱元真净清贫真人"。大德六年(1302),传道昆嵛山紫金峰,竭力兴筑,造洞建碑。其主要功德有开凿紫府洞(东华洞)、开朝阳洞、刻五祖七真人像、采玉石建立五华碑、修复东华宫、朝阳洞等,为昆嵛山全真教发展鞠躬尽瘁,死而后已。

---

① 陈垣编纂:《道家金石略》,陈智超、曾庆瑛校补,文物出版社1988年版,第666页。
② 同上书,第497页。

耿道清（？—1343），李道元高弟，东华宫住持。其事迹见《重修增福延寿宫碑记》①和《寓真资化顺道真人唐四仙姑祠堂碑》。②耿道清曾托钵南游募化，至治年间募得中统钞500余贯，于东华宫南建迎仙桥，后于东华洞上谋建石阁，营谋未成而羽化登仙。玉皇阁山主殷志和提点韩道微、董道安等人继志承修东华洞。

3. 刘志坚、李志明、王嘉禄在崂山传道

刘志坚（1240—1305），号云岩子，博州（今山东聊城市）人。刘志坚年轻时得永昌王（英王）重用，后弃家入道，拜东平仙天观道士郭至空为师。郭至空乃郝大通一脉，为王志谨之弟子。据元泰定三年（1326）《云岩子道行碑》③载，刘志坚为修道曾多方游历，经邹、滕、沂、莒各县，后居于崂山西麓之华楼山，潜心苦修，在此成道。刘志坚深得祁志诚和张志仙二任掌教之赞赏。元大德八年（1304），赐"崇真利物明道真人"。次年四月十七日，端坐而逝，年65岁，葬于崂山凌烟崮，当地吏民不期而来会葬者甚众。元泰定元年（1324）秋，刘志坚的门人黄道盈建华楼宫，为其撰写碑文，记述其苦修一生。

李志明，籍贯及生卒年不详，为全真郝大通一脉。元大德元年（1297），李志明应刘志坚之邀至崂山传道。因见上清宫庙宇颓圮，荒草没径，遂率徒重修殿宇，塑造神像。元泰定三年（1326），李志明又创建聚仙宫。李志明在崂山明霞洞一住25年，来问道者络绎不绝，度弟子五百余人。④

王嘉禄，山东新城（今淄博桓台）人。元泰定三年（1326）入崂山隐居，"遇道士教以五禽之术，久遂不食。但以石为饭，或以松柏叶，渴则饮涧水。久之，遍身生毛寸许。一日思其母归，复火食，毛尽落。餐石如故。闲常囊石自随，映日视之，即辨其味。著齿无声，如粱糕饵。后母死，复入崂，不知所终"⑤。

4. 史志道、李志椿、王志顺在峄山传道

---

① 昆嵛文化研究丛书《碑石史料篇》，山东牟平全真文化研究中心2013年4月编，第37页。

② 王宗昱编：《金元全真教石刻新编》，北京大学出版社2005年版，第53页。

③ 青岛市史志办公室编：《崂山志》，五洲传播出版社2003年版，第436—437页。

④ 同上书，第316页。

⑤ 周至元：《崂山志》，齐鲁书社1993年版，第164页。

史志道（1206—1292），字复古，号淳然子，浙江平阳（今浙江平阳县）人，师承刘处玄弟子王贵实，受命守炉丹峪。史志道幼失怙恃，随叔父来山东，往来滕兖间，崇尚道宫琳宇。正大八年（1231）入峄山，正逢崇德灵隐真人王贵实隐修于此，遂执弟子礼，给予簪戴。史志道力服勤苦，白天给侍，夜间坚坐不卧，历久不懈，终得真传。王贵实羽化后，史志道继续在峄山隐居传道，修建仙人万寿宫，问道求医者，络绎不绝。至元二十九年（1292）壬辰十二月十三日，无疾而化，寿86岁。① 史志道名闻朝野，追赠"淳然体道明德真人"。其高弟有杨道远、刘志微同侄李道实等。其事载于《明德真人道行记》。②

李志椿（？—1296），字知常，号和阳子，彭城（今徐州）人。李志椿幼年颖然悟道，投史志道门下。李通晓经旨，擅长琴书。史公死后升为仙人万寿宫提点住持。"公既领命，道义愈加，处事雍容，昼则傅众，矻矻然以戮力，夜则萃集云友，心地用功，悦役盈门而弗倦者"③。李志椿不仅修建了三清宝殿等宫宇，而且度化门人百余众。元元贞三年（1296），沐浴更衣，曲肱而化，赐号明真和阳崇德真人。著有《幽栖悟真文》一卷。其弟子李道实、张道古于元英宗至治二年（1322）立石铭师之广德。

王志顺，号远尘子，益都（今山东青州）人，师承刘处玄弟子安然静朴栖德真人姚志翊，奉守白玉宫。曾任山东廉访使的滕州人李稷、孔孟颜三氏教授张翌，均与王志顺为友。王志顺有武功，精于道家飞升术。为给先师姚公治病，曾以绝技"飞升"功飞临济南取趵突泉水及药物，来回不隔夜，传为佳话。他先后在峄顶创建三清殿、三子堂、东西斋厨等百多楹。王志顺于峄修行长达40多年，至130岁而终。其安坐瞑目之处，后人称"飞升台"。④ 至元戊申年（1308）冬季，赐王志顺号远尘通妙纯德真人。⑤

---

① 孙士让：《孟子故里邹县》，山东友谊书社1992年版，第115页。
② 张奎玉、田振铎主编：《峄山索录（上）：峄山风情轶事》，山东省出版总社济宁分社1990年版，第28—29页。
③ 周永慎：《历代真仙高道传》，中国社会科学出版社2003年版，第268页。
④ 刘玉平、陈宪刚、王明珠：《邹城历史人物（文史资料）》（第20辑），山东人民出版社2010年版，第131页。
⑤ 孙士让：《孟子故里邹县》，山东友谊书社1992年版，第116页。

5. 崔道演在五峰山传道

五峰山洞真观《戊申岁纪海众信士姓氏之图》对金元以来王重阳及其七真再传弟子崔道演在五峰山传承谱系做了详细录记，包括魏志舒、王志冲、范志明、郝志坚、丘志园、李志清、王志深、季志淳，以及李源固、胡志坚、张德元、李志希、季道深、田志明、梅志久、赵志邻、董志希，以及王志冲再传弟子李源洞、曹源炳、马源美、李源固、杨源智、薛源高、王源谦、佐源朗、王源存、陈源规、马源宗、李源津、翟源浡、王源宜等。①

第四节 尹志平对全真心性思想的继承和发展

蒙元时期山东名道的道教思想涉及内容较多，但有代表性的人物是尹志平，而其核心思想则是对全真心性学的继承与发展，集中反映在《清和真人北游语录》《真仙直指语录》和《葆光集》等著作中。詹石窗、张欣对尹志平的心性论进行了多年的深入研究，全面系统地阐释了尹志平"治心为要""性命一体""善恶还报"等心性论思想。②

一 "平常心"和"治心为要"思想

尹志平在早期全真道心性论的基础上，融合禅宗"佛性元无悟，众生本不迷，平常用心处，即此是菩提"的思想，将禅宗的"平常心"概念引入全真道心性理论，赋予全真道"心体"以新的内涵。尹志平认为，修仙证道关键是要有一颗平常心。关于"平常心"的内涵，《清和真人北游语录》云：

> 凡世之所爱，吾不为甚爱，世之所恶，吾不为甚恶。虽有喜怒哀乐之情，发而能中其节，而不伤吾中和之气，故心得其平常，平常则了心矣。③

---

① 陈垣编纂：《道家金石略》，陈智超、曾庆瑛校补，文物出版社1988年版，第500页。
② 该部分采用詹石窗、张欣《尹志平对全真心性思想的继承和发展》（《宗教学研究》2007年第3期）一文的观点。
③ 《道藏》（第33册），文物出版社、上海书店、天津古籍出版社1988年版，第166页。

> 学道之人，不与物校，遇有事来轻省过得，至于祸福寿夭，生死去来，交变乎前而不动其心，则是出阴阳之外，居天之上也。如此则心得平常，物自齐矣。①

"平常心"是指"虽有喜怒哀乐之情"，但"能中其节，而不伤吾中和之气"，要求人始终保持不因"祸福寿夭"，"生死去来"而"动其心"的中和状态。平常心就像夜空的明月般清朗皎洁，但也容易被私心邪念所遮障而"失其明"。因此，要重显平常心之洞明，就必须驱除邪恶杂念。《清和真北游语录》云：

> 又指其月曰：此物但不为青霄之下浮云障蔽，则虚明洞彻，无物不照，人皆见之矣。殊不知人人有此心月，但为浮云所蔽，则失其明。凡私情邪念，即浮云也。人能常使邪念不生，则心月如天月之明，与天地相终始，而不复昧矣。②

"此物"即指高洁圣灵的"平常心"，它清明洞彻，照鉴一切，可以扫除任何邪恶杂念，而不被遮蔽。"修行"实质上是一个"修心"的过程，凡求道者都时刻以"治心"为要。在炼心上下功夫，炼就"平常心"。通过制念达到炼心的目的：

> 但举一念处为生，绝一念处为灭，一日十二时中无功夫，人心上千头万绪萦系其心，便是千生万死也。若要绝生灭，但举一念，先用觉照照破，万缘尽是虚假，方可物境不能染住，久久行持，觉照亦忘，心上自清静，清静生无为，无为自然合大道矣。③

只要从心灵上做到清静无欲，无念无求，即可与自然之道相契合，也就走进了修道成仙之境。

---

① 《道藏》（第33册），文物出版社、上海书店、天津古籍出版社1988年版，第155页。
② 同上书，第162页。
③ 同上书，第441页。

二 "修行必当其时"的思想

世间万物是随着时间而发展变化的，其由盛而衰或由衰而盛，周而复始，永恒不绝。有感于此，他将《易》学的"时中"观念引入修道实践，提出了"修行必当其时"的思想。《清和真人北游语录》说：

> 凡世间之事，皆随时盛衰，谁能违此。①
>
> 信乎随时之义大矣。国家并用文武，未始阙其一，治则文为用，乱则武为用，变应随时，互为体用，其道则一也。教门之时用，何独异于此？②

作为一种修道的方法，尹志平的"修行必当其时"思想包括两层含义：首先，在修道途径的选择上"必当其时"。有为和无为同出于一道。

> 有为无为一而已，于道同也。如修行人，全抛世事，心地下功，无为也；接待兴缘，求积功行，有为也。心地下功，上也，其次莫如积功累行，二者共出一道。③

尹志平认为"有为"与"无为"都是修道的功夫，都是自然无为之道的体现，故可说共出一道。然而，什么时候有为、什么时候无为，则需要因时宜来区分。尹志平列举了马丹阳以来教门的功法，认为"无为"系保持内在心地的清静、无欲，"有为"系指外在的"积功累行"，强调内在的清静无为与外在的积功累行不脱离共同的大道，才能成丹、成仙。

其次，在具体的修道过程中"必当其时"。内功修炼就像播种一样，需要掌握时辰的规律；如果不能明了时辰，也就不知如何进退，火候当然也就不准确了。《清和真人北游语录》云：

> 此时既过，修行将至难矣。④

---

① 《道藏》（第33册），文物出版社、上海书店、天津古籍出版社1988年版，第159页。
② 同上书，第167页。
③ 同上书，第159页。
④ 同上书，第158页。

> 于今入道既久，信时之义大矣。尝观长生师父掌教初年，修行人居静下功，行之未久，心上便有消息，如此者历历可数。至末年未见有所得者，何也？非其时故也。正如有人布种于仲冬之月，所用工力倍于寻常，然终无所得。①

三　"积累功行"的渐修观与"在己者""在天者"说

尹志平掌教时，全真教已经走向全国，修道者不计其数。对于数量众多的普通修道者而言，炼心虽然可以通过清修、直指人心的内修途径达到目的，但单纯地以心制念，难度较大，不利于修行。因此，还必须靠外在的功修炼，通过渐修后达到"顿悟"。他认为"顿悟"是渐修的自然结果，如果坚持在外修上下功夫，苦己利他，积累起深厚的善德和功行，道心自然开悟。《清和真人北游语录》云：

> 今教门大开，举动皆是功行，恳心低下，断绝人我，苦己利人，其所以行此者，即是道性。勤勤不已，久而自有开悟。②

> 有云：赫赤金丹一日成。学人执此言，谓真有一日可成之理，则误矣。本所谓功行既至，天与之道，顿然有悟于心，故曰一日成也。若果有不待功行，一日可成之理，则人人得师真一言，皆可入于道，而祖师暨诸师真，又何必区区设教化人，修行勤苦如此。③

修道者只需一心驱除邪念，巩固正念，当达到"饥来吃饭、困来即眠"的境界时，也就实现了"不执着于一物、不为物所役"的炼心目标。此时，在道德修养上就实现了全真道宗教伦理道德所追求的真慈悲，即由一尘不染的清静之心所产生的慈悲，体现在积累功行上就是真善。当积累起深厚的善德和功行时，由"在天者"把握，"功行既至"则"道乃自得"。道心开悟，正念亦除，自然就达到了"寂无所寂"和无欲无念的心境。

四　"性命本非二"和"天之所赋之命"思想

尹志平掌教后，受南北文化交流相互影响的诸多原因，重新梳理性功

---

① 《道藏》（第33册），文物出版社、上海书店、天津古籍出版社1988年版，第158页。
② 同上。
③ 同上书，第166—167页。

与命功的关系，提出了"性命本非二"，性即命、命即性的思想，强调性命合一，并重新规定了"命"这一概念的含义。《清和真人北游语录》中说：

> 初学之人，不知性命，只认每日语言动作者是性，口鼻出入之气为命，非也。性命岂为二端，先须尽心认得父母未生前真性，则识天之所赋之命，《易》曰：穷理尽性，以至于命。①
>
> 人谓李老不言命术，平叔不言性宗。性命本非二，此理甚明。但难以言形容，必得明达之人则可传。②

尹志平以"天之所赋之命"的新义否定了历史上曾经流行的以气释命论。实际上，他是把"天"作为"道"的代名词，而天之所赋之"命"就是指天道的真体。由此，真性就与命合二为一了。这种理论的形成不是偶然的，而是全真道为适应教派迅速发展和社会环境变化而提出的。以外修作为首要的修道方式，积累功行本身就是修道。当这一渐修过程达到一定阶段时，通过"顿悟"自然就可实现修道的目标。

五 以阴阳诠释善恶和"善恶皆有还报"的思想

尹志平掌教后，以积累功行作为首要的修行方式，强调道德践履在修行中的重要作用。这样，他把善德纳入修道体系，必然引出对善恶问题的讨论。

在善、恶产生问题上，他引入阴阳概念来加以阐释，认为阴阳是产生善恶的根源，阴可致恶，阳能向善。《清和真人北游语录》言：

> 盖世间之事，善恶相半，既有一阴一阳，则不得不然耳，惟在人之所择也。习善不变，则恶境渐疏，将至于纯善之地，恶念不复能生。习恶不悛，则恶境易熟，善念亦不能生矣。③

既然如此，那么善恶是存在因果报应的，善的还报有助于修行，恶的

---

① 《道藏》（第33册），文物出版社、上海书店、天津古籍出版社1988年版，第157页。
② 同上书，第158页。
③ 同上书，第163页。

还报有害于修行。《清和真人北游语录》云：

> 善恶皆有还报，且如我以和悦之色奉人，则人亦以和悦答我；我以暴慢之色加彼，则彼亦必以暴慢复我矣，自然之道也。小逆小顺尚必还报，果有损人害物之恶，岂得无报。①

由此，尹志平提倡抑恶扬善，把至善、全善作为追求的目标。具体到修道上，就是要去阴还阳，全其纯阳之体，因为修成纯阳之体时，就达到了全善之境。《清和真人北游语录》云：

> 凡称人善，己慕之，称人之不善，己恶之。慕善恶恶之念既存于心，必自有心去取者。行之有力则至于全善之地。②

同时，他还认为求善不能只表现在行为上，要扩展到动机上，要善行、善念并重，体现在修道过程中就是把求善的道德实践和炼心结合起来。在追求至善、全善的修炼过程中，食、睡、色对修行的危害最大，而制服这三种欲望则需要一个长期的过程。因此，在达到至善、全善之前，不妨先做个"谨慎君子"以逐步积累善德。

尹志平在将阴阳与善恶结合时，进一步发展了全真心性修行思想。基于《周易》的阴阳哲学，道教从《太平经》开始就有了培补阳气的理念，后来更发展出纯阳的修道思路。尹志平将无阴无阳视为纯阳。《清和真人北游语录》言："凡居阴阳之中者，莫不有数。所以人不能出阴阳彀中，惟天上无阴无阳是谓纯阳。"③

六 "绝学无忧"的思想

尹志平继承了丘处机掌教后期重视学习的传统，强调博识的重要性。在强调学习重要性的同时，劝诫修道者不可执着于已学的知识，对老子的"绝学无忧"做了新解。《清和真人北游语录》云：

---

① 《道藏》（第33册），文物出版社、上海书店、天津古籍出版社1988年版，第170—171页。
② 同上书，第155页。
③ 同上。

既知所未知，觉其未觉，则欲其行也。行之既至，心与法同，则虽无法可也。法如药饵也，病既痊矣，勿药可也。学其未觉，惠也，功也，弘扬教法，接物利生，行也。积功累行，为道基本，绝学遗法，乃可入于道，故曰：绝学无忧。①

第五节　蒙元时期泰山、五峰山道教宫观、碑刻

蒙元时期泰山、五峰山道教的发展情况可以从泰山、五峰山宫观建设以及泰山、五峰山道教碑刻记载的内容反映出来。这个时期泰山宫观建设包括新修、重修和改扩修等多个方面，不仅数量多，而且规模大。建筑艺术和建筑风格都具有一定水平。而道教碑文碑刻不仅数量众多，而且记载的内容详细而具体，是山东道教史上内容较丰富的碑刻之一。

一　蒙元时期泰山宫观

蒙元时期泰山全真教的宫观多与张志纯有关。据《泰安阜上张氏先茔记》记载，张志纯历经三十余年，重修、新建了玉女祠、南天门、会真宫、玉帝殿、圣祖庙、朝元观和蒿里山神祠等宫观，对泰山道教的传承和发展做出了贡献。另外，蒙元时期泰山还重修仁安殿、灵派侯庙、雨花道院等。

（一）昭真观

昭真观，又称昭真祠，在泰山极顶南侧。创建于宋大中祥符二年（1009），重修于元世祖中统五年（1264）。宋称"玉女祠"主祀泰山玉女。在蒙元之前，泰山玉女一直是作为民间神灵存在的，不在国家祀典之列。但玉女却是全真教的引道人物，有"金童赍玉锁，玉女捧金匙"之说。为替"玉女"争取合法地位，元代布山道士张志纯将其改名为"昭真观"。此举可谓"一石三鸟"：一是保护了泰山玉女祠，使其不会再因淫祠问题而遭到指责或禁毁。② 二是提高了泰山玉女的地位，为其成为泰山主祀神做了铺垫。三是借"昭真"其名宣传全真道教思想。

---

① 《道藏》（第33册），文物出版社、上海书店、天津古籍出版社1988年版，第166页。
② 邓东：《泰山玉女祠改名昭真观的缘由考辨》，《山东科技大学学报》（社会科学版）2008年第4期。

张志纯所修建的玉女祠，"取东海白玉石"，"倍于故殿三之二"①。该祠以山门为界，分内、外两院。外院有歌舞楼、东西两神门阁、左右钟鼓楼等；山门内供奉青龙、白虎、赵公明、刘挺四尊铜质铸像。全祠主体建筑是碧霞元君殿，面宽五楹，重檐八角，殿顶由360垅铜瓦组成，内供碧霞元君鎏金铜像。②

（二）南天门

南天门，又名三天门、天门关，位于泰山十八盘顶端。南天门创建于元世祖中统五年（1264），由张志纯历时数年创建而成。当时名士杜仁杰赞之"可谓破天荒者也"。南天门是泰山自然景观与人文景观的绝妙结合，蕴含全真"天人合一"之精神，既宣告了帝王受命于天、国泰民安的政教使命，又迎合黎民百姓拜庙求神、庇佑苍生的心灵诉求。③ 南天门建成后，泰山道教得到了进一步的发展。

（三）会真宫

会真宫，旧名奉高宫，位于今山东泰安肥城东南隅，创建年代不详。金元之际为战火所毁，张志纯将其修葺一新，并居此宫直至羽化。《岱史》载："元张志纯居会真宫数载，道行超群辈，赐号'崇真保德大师'，授紫服。"④ 会真宫在蒙元时期闻名天下。

（四）圣祖庙

圣祖庙即伏羲圣祖庙，位于泰山西南之布山，始建于唐。金元时期大殿毁于兵火，至大三年（1310）十月，在泰安乡民张安德的协助之下，张志纯将伏羲圣祖庙恢复了原貌。

（五）朝元观

朝元观原称升阳观，位于岱宗坊北。元至正二十二年（1362），张志纯重修该观，改名朝元观，主祀东华帝君，俗谓之东岳福神。碑文有学士徐世隆⑤记，刘惟一篆碑为证，该碑尚存。其文曰：

---

① 孔繁信：《杜仁杰诗文选》，济南出版社2009年版，第97页。
② 罗伟国：《中国道观》，上海古籍出版社2009年版，第146页。
③ 范恩君：《张志纯与泰山南天门》，《中国道教》2002年第4期。
④ 马铭初、严澄非：《岱史校注》，青岛海洋大学出版社1992年版，第129页。
⑤ 徐世隆（1206—1285），金正大四年（1227）进士。入元，官至山东等道按察使。有《瀛洲集》百卷，文集若干卷。

朝元者何？两仪……资生，万物居泰，群臣之贺正也。故道家取象，名其观曰朝元。古殿摧仆，掌教洞明真人属天倪子，鸠工抡材，虽时经凶年，亦勉力成之。其费皆出会真常住、岳顶香资及掌教所助净财。夫洞天三十六，福地七十二，泰山其一也。其兴与废必有灵祇司之，岂不为神物所护持者哉？①

（六）蒿里山神祠

蒿里山神祠，位于泰山前的蒿里山上，始建年代不可考。蒿里山神祠自唐宋以来香火不绝，五代重修。元代祁志诚和张志纯加以重修扩建，徐世隆所作《重修东岳蒿里山神祠记》载其事。蒿里山神祠的主殿是阎王殿，主祀道教阴间主神阎罗王。

（七）仁安殿

仁安殿即岱庙大殿，创立于金大定二十年（1180），元至三年（1266）重建。元世祖定岁祀岳渎之制，祀泰山于泰安州。并诏命重修东岳庙，构建仁安殿（即岱庙大殿），以奉祀泰山神。岱顶东岳庙也于此时前后修复。据至正十二年（1352）四月立、杜翔撰《东岳别殿重修堂庑记》载："我世祖皇帝践祚之七年，创构仁安殿，以妥岳灵，其他则未遑。"② 据《东岳庙碑》一文，宋代岱庙（东岳庙）大殿名曰"嘉宁"，而不是世俗所传的"宋天贶殿"（天贶殿故址应在泰安城西灵液亭附近），元代大殿为仁安殿。③

（八）灵派侯庙

灵派侯庙原名通泉庙，宋真宗东封时改今名。该庙初建于后晋天福六年（941），元至正十三年（1353）重修，内附五哥、王母等殿，后俗称五哥庙。

（九）雨花道院

雨花道院为岱庙道教建筑群落，始建于唐代。元代雨花道院道士为岱庙主持，也是官方委任的官员，他们居住于雨花道院，负责岱庙的修缮及接待朝廷祭祀泰山神的王公大臣。④ 元《通制条格》卷三十《营缮》有"岳祠"一条，记世祖东岳庙之管理事甚详，云："至元二十九年（1292）

---

① 汤贵仁、刘慧：《泰山文献集成》（第1卷），泰山出版社2005年版，第119—120页。
② （明）汪子卿撰，周郢校证：《泰山志校证》，黄山书社2006年版，第342页。
③ 周郢：《嘉宁殿、仁安殿与岱庙壁画》，《泰安师专学报》2010年第1期。
④ 赵祥明：《岱庙雨花道院的历史变迁及现实保护》，载柳建新主编《泰山文博研究》，山东画报出版社2008年版，第351页。

三月,中书省。御史台呈:'近为东岳庙宇荒废不曾修理,合从朝省选差年高有德清洁道士主管祠事,仍与本处官司,一同收管每岁香钱,公支使用,其余污滥道众,悉皆遣退。行据集贤院备道教所呈:除差廉千道官充提点,及将不应道士遣退外,据香钱一节,累奉圣旨节该,令本庙住持提点道官管领,就用增修庙宇。'①据此,东岳庙自至元三年(1266)重构后,20年中未作修葺,至元末年已渐荒废,故有命主持道人用香钱整修之令。时任东岳庙提点者为张志纯。②

二 蒙元时期泰山道教碑刻

蒙元时期泰山道教碑刻主要包括两大部分:一是道教宫观修建、改建和扩建记载,二是人物、摩崖碑刻。碑文记载了蒙元时期全真教在泰山的功德及弘道情况,列表如下:

表7—3　　　　　　　　蒙元时期泰山道教碑刻一览表

碑刻名称	时间	碑文内容概要	碑刻现存地	撰文、篆额、书丹
大朝国创修真常观摩崖	蒙古窝阔台四年(1232)	碑文记载真常观的四至界限,是李志常一系全真道众活动频繁的标志。碑文有"东至郭念二,南至山,西至石城沟,北至分水岭。四至分明"③之记载	岱岳区黄前镇西麻塔村北山	佚失
真静崔先生传碑	元定宗贵由汗二年(1247)	碑文记载了崔道演生平及修道、弘道情况。碑文有"先生姓崔氏,讳道演,字玄甫,观之蓨人,真静其号也……去家为道士,师东海刘长生,甚得其传"④的记载	不详	杜仁杰撰,高翱书丹篆额,李顺立石

---

①　方龄贵:《通制条格校注》,中华书局2001年版,第742页。
②　(明)汪子卿撰,周郢校证:《泰山志校证》,黄山书社2006年版,第342页。
③　柳建新:《泰山文博研究》,山东画报出版社2008年版,第193页。
④　《真静崔先生传》,参见李桐、邵承照刻本《五峰山志》卷下三(清光绪二十一年,1895)。

续表

碑刻名称	时间	碑文内容概要	碑刻现存地	撰文、篆额、书丹
炼神庵牒碑	庚戌年十二月（1250）	引录皇后懿旨、太子令旨，全真宗师掌教有据，授予道徒"师德名号"。掌教真人李志常据东平府路道录司之举荐，授予徂徕山炼神庵道士丁志年"和光大师"①	泰安徂徕山	仕时珍、袭爵男宥、孙栋同立石。楚太和杨德
长春观记	元中统二年（1261）	碑文记载了丘处机之弟子妙真大师嘗守慎积累修辑、寒暑饥渴、极其劳作等传道修观之业绩	泰山岱庙	寿阳路大中书丹篆额，阳高政刊
全真观记	元中统二年（1261）	碑文记载了"巨阳子姓韩志具""幼礼奉高修真观王道悦为师""度徒凡四百人，置观三十余所"② 等情况	泰安城西南五十里上章村	徐世隆正书，宋子贞撰文
南天门创建碑	元世祖中统五年（1264）正月	碑文记载了泰山南天门创建始末。碑文有"泰山天门无室宇尚矣，布山张炼师为之经构，累岁乃成，可谓破天荒者也"③ 的记载	岱顶南天门西侧石棚西壁	杜仁杰撰文，严忠范书丹，岱庙观主刘德源、昭真观主翟庆真同立石
创修通道宫碑	元世祖至元十八年（1282）	碑文记载了安闲子圆明大师宁志平修建通道宫和灵阳观的始末。碑文有"君承法旨，起灵阳观。于是开畎亩，斫荆榛，与众兴工，朝勤暮息，不数日载而□，象方壶斋云便舍，间计五十，就立碑焉""至元十三年夹钟，缉营后殿。至元十七年，绘塑七真法师，尊师宫金碧晃然"④ 等内容	不详	前东岳庙提点洞真通元大师赐紫金襕魏道明书丹篆，高又元、男高溶刊

---

① 周郢：《蒙古汗廷与全真道关系新证》，《中国史研究》2013年第1期。
② 李修生：《全元文》（第一册），江苏古籍出版社1999年版，第180—181页。
③ 孟昭水校点集注：《岱览校点集注》（上篇），泰山出版社2007年版，第278页。
④ 王宗昱：《金元全真教石刻新编》，北京大学出版社2005年版，第30—31页。

续表

碑刻名称	时间	碑文内容概要	碑刻现存地	撰文、篆额、书丹
重修蒿里山神祠碑	元至元二十一年（1284）	碑文有"玄门掌教宗师管领诸路道教洞明真人祈志诚，与天倪子意契，遂竭力以成。旧祠百二十楹，近已完缮，次第落成。其塑像辉耀，比旧有加焉"①等重修蒿里山神祠记载	原立于蒿里山森罗殿后，1972年移至岱庙院内	徐世隆撰文，徐汝嘉书，杨桓篆额
岳阳重修朝元观碑记	元世祖至元二十二年（1285）	碑文记载了严实之孙严度助张志纯重修朝元观一事。碑文有"天倪承命，遂鸠工抡材。虽时经凶年，亦勉力成之，其费皆出会真常住岳顶香资，掌教所助净财，支用殆尽"②之记录	泰安八蜡庙内	徐世隆撰，刘惟一篆，高又元镌，鲁严度立石
至元泰安州禁约碑	至元二十九年（1292）九月	碑文记载泰安州淮东岳提点监修官牒中对泰山三庙及岩岩亭的禁约，有"诸人无得于池上下作秽，如违，决杖八十"③等规禁	泰山南麓的老君堂内	不详
重修伏羲圣祖之庙记	元至大三年（1310）	碑文记载张安德、张志纯等重修伏羲庙之事。碑文有"伏羲圣祖，道化流传；居五帝上，在三皇先。始画八卦，观象于天；代结绳政，文籍生焉"④等记载	不详	张仲宽济卿书丹并篆额，张安德、弟张安仁同立石

① 孟昭水校点集注：《岱览校点集注》（下篇），泰山出版社2007年版，第578页。
② 孟昭水校点集注：《岱览校点集注》（上篇），泰山出版社2007年版，第400—401页。
③ 同上书，第396页。
④ 同上书，第592页。

续表

碑刻名称	时间	碑文内容概要	碑刻现存地	撰文、篆额、书丹
娄敬洞洞虚观碑记	元至正二十一年（1361）	碑文记载了"道士曹志冲自燕蓟来，直抵娄景"，以及"旧有玉皇殿，不知何代所作，绘塑犹有存者"① 等洞虚观的概况	长清东南娄敬洞山	杜仁杰撰文
延禧殿堂庑记	不详	碑文记载延禧观的建设历史及"我世祖皇帝践祚之七年，创构仁安殿，以妥岳灵"② 等内容	不详	尹杜翱撰

三　蒙元时期五峰山道教碑刻

蒙元时期五峰山地区成为道教的重要传播地，留有众多的碑刻资料。道教碑刻可分为三类：一类是人物传记、传承；二类是宫观修建；三类是道场修炼。列表如下：

表7—4　　　　　　　蒙元时期五峰山道教碑刻一览表

碑刻名称	时间	碑文内容概要	碑刻现存地	撰文、篆额、书丹
虚静真人像赞	元定宗贵由汗二年（1247）	碑的正面是沈士元刻画的崔道演先生肖像，上有元好问、刘祁、杜仁杰像赞各一通③	五峰山仙亭桥东边池中	锦川散人沈士元子政莫年画司中刊

---

① （清）马大相：《灵岩志》，山东友谊出版社1994年版，第194—195页。
② 孟昭水校点集注：《岱览校点集注》（上篇），泰山出版社2007年版，第221页。
③ 陈垣编纂：《道家金石略》，陈智超、曾庆瑛校补，文物出版社1988年版，第1126—1127页。

续表

碑刻名称	时间	碑文内容概要	碑刻现存地	撰文、篆额、书丹
真静崔先生传	丁未（1247）	赞扬崔道演"赋性雅质无俗韵，长读三教书。师东海刘长生，甚得其传。俗寿八十有一"	长清五峰山	清亭杜仁杰撰，益津高翿书丹篆额，东平路府事李顺立石
五峰山重修洞真观记碑	元定宗贵由汗三年（1248）	碑文记载了"泰和中，全真师丘志圆、范志明剧地于此"建观，"丘、范而设，同业王志深、李志清辈增筑之，始有道院之目既成"①等情况	山东长清洞真观内	元好问撰，王万庆书，公孔元措篆额，严忠济立石
宁真子田先辈墓碣	元至元十年（1273）	碑文详细记载先辈讳志明，字彦美，宁真子其号的生平及其在五峰山修道、弘道、建观、修观情况。碑文中有"遇赤脚孙（下缺）师礼之，未几尽得其传""有鹤自东北来，盘飞其上，少之焉立殿楹，若顾若诉，良久乃去"②的记载	山东长清洞真观内	泰山三溪老人真止先生记，岳麓中溪老夫夭倪道人莫年书丹
炼真观碑记	元至元二十七年（1290）	碑文记载了邵志平"学道于长生刘公之徒山阳李道宣"，以及"洒即所居以为观。殿堂门庑，次第建立。故长生真人赐名炼真"③等事迹	长清褚保里尹家庄西北	朝列大夫侍御史行御史台事吴衍撰

---

① 《五峰山志》卷上，光绪二十一年（1895）刻本。
② 陈垣编纂：《道家金石略》，陈智超、曾庆瑛校补，文物出版社1988年版，第606页。
③ 李修生：《全元文》（第二十四册），江苏古籍出版社2001年版，第189—190页。

续表

碑刻名称	时间	碑文内容概要	碑刻现存地	撰文、篆额、书丹
普光大师王公墓志碑	元成宗元贞二年（1296）	内容系统介绍了"王氏，讳志宣，号普光大师"，"守真抱素，师五峰山真隐大师，寿六十有八"，"特立独行，林食涧饮，与木石居，与鹿豕游，凡五十春秋矣"①的情况	长清五峰山内	莱阳道人撰并书，羽士曹若拙题额，梁希诚立石，青亭司荣并弟司存刊
松岩纯真子墓碣铭	元延祐三年（1316）	碑文记载了"松严纯真子口不肖叔父"，"时丘长春处机爱其不凡，即赐道名曰松岩纯真子"，以及"拜五峰山主纪然子王志深为师"②等内容	长清五峰山	翰林编修将仕郎济南李世杰撰，德州齐河县儒学教谕蔡佑□□篆，清亭石匠高用刊

第六节　蒙元时期崂山道教宫观、碑刻

蒙元时期崂山宫观建设呈现出兴旺的局面，众多道教宫观建设反映了蒙元政权对道教的重视，以及民间对于道教的信仰与祀奉。同时，蒙元时期崂山大量的道教碑刻也记载了道教在崂山地域的传承及发展演变情况，是蒙元时期山东道教发展的见证和活化石。

一　蒙元时期崂山宫观

蒙元时期是崂山道教宫观兴建最为兴盛的一个朝代，修建了众多规模大、耗时长、用工多的道教宫观，其中不乏豪华和精美之作，反映了蒙元时期崂山道教在山东道教中的突出地位。

（一）华楼宫

华楼宫位于崂山支脉华楼山的中部，是崂山九宫之一。华楼宫本为一座草庵，乃崂山名道刘志坚于元泰定二年（1325）筹资创建而成。据传

---

① 陈垣编纂：《道家金石略》，陈智超、曾庆瑛校补，文物出版社1988年版，第1126—1127页。
② 同上书，第747—748页。

刘志坚一次在崖边背对夕阳洞打坐，不慎跌下洞底，却安然无恙。此事被人们大加渲染，认为刘志坚有神仙佑体。这段神迹使广大善男信女纷纷捐资助其修建华楼宫。华楼宫内外石刻很多，居崂山之首，其中有30多处出于丘处机、刘志坚之手。

（二）聚仙宫

聚仙宫，又名韩寨观，位于烟云涧东一里，是上清宫的下院（又称脚庙）。该宫乃李志明和王志真于元泰定三年（1326）创立。该宫因靠近大海，地处交通要道，善男信女、文人墨客云集，四方的道士多来此挂旃，故华山派掌教大师赐名"聚仙宫"。

元代聚仙宫有玉皇、真武、三清诸殿，宏丽壮观。宫院尚存元学士张起岩撰写的《聚仙宫碑铭》，文字完好无损。①

（三）黄石宫与黄石洞

黄石宫，位于崂山城阳区夏庄镇崂山水库北岸，黄石宫绝壁下有黄石洞，因洞石色黄而得名，创建于元代，有两大刻石作证：一是黄石洞上方刻有"同夫人胡氏上石至元年立"的字样；二是黄石洞内石壁上的元代大德年间的石刻。

（四）迎真观

迎真观，又名迎真宫、东庵、月子口庙、迎仙观，位于崂山区王哥庄真毛石村东，该观创建于元至大三年（1310）②。且规模较大，在崂山诸庙宇中享有盛誉。迎真观遥山环抱，面临平野，观中祀真武，院庭宽敞，松竹蔚茂，与深山观刹气象迥异。③

（五）寓仙宫、通真宫、大崂观

寓仙宫，又名三官庙，位于崂山城阳区流亭街道办事处邱家女姑村，创建于元至元二十一年（1284）。④

通真宫，又名童公祠，位于城阳区惜福镇傅家埠村南，创建于元皇庆二年（1313）。通真宫分前后两院，前院祠堂3间，高4米多，重檩起架，彩绘

---

① 周至元：《崂山志·建置志》，齐鲁书社1993年版，第93页。
② （明）黄宗昌：《崂山志》卷三《名胜》，民国五年（1916）十月即墨黄于斯堂排印本。
③ 周至元：《崂山志·建置志》，齐鲁书社1993年版，第93页。
④ 青岛市史志办公室：《崂山志》，五洲传播出版社2003年版，第226页。

云龙，前出檐4柱，雀替撑顶，青砖小瓦，硬山式建筑，内祀童恢①彩塑坐像，墙上彩绘壁画，记童恢生平及训虎故事。通真宫西北为道院，建镇武殿、娘娘殿，共有殿堂、道舍36间，占地面积约2000平方米，建筑面积500多平方米。通真宫于元延祐年间重修过。②

大崂观，又名真武庙，位于崂山区北宅镇卧龙村南，创建于元延祐年间（1314—1320）。③

（六）平度云山观

云山观，位于山东省平度市东30公里的云山山腰，始建于唐代，原名兴国观，元至正年间（1341—1368）予以重修。④ 相传此观为王重阳之孙王抱玄与李志常、许志部修炼之所。

（七）先天庵

先天庵，又称天门后，位于崂山区沙子口街道办事处南天门东北涧。⑤ 据传该庵建于元代至正年间，丘处机亲笔题名。⑥

（八）大王庙

大王庙位于马山之阳大王沟侧，始建于元代，⑦ 殿堂三间，正尊所祀金杰、童环。⑧ 元泰定年间（1324—1327）又建聚仙宫、华楼宫、迎真宫。⑨

二 蒙元时期崂山道教碑刻

蒙元时期崂山道教碑刻具有重要价值，是崂山石刻最为重要的代表之

---

① 童恢（生卒年不详），字汉宗，东汉时姑幕（今山东诸城市西南）人。东汉光和五年182年任不其县令。当时，不其倒境内多山，猛虎出没，祸害百姓，童恢即组织吏民设槛捕虎，驱虎归山以除虎害。百姓为了纪念他于县内建造童府君祠，塑像其中，四时供奉。

② 青岛市史志办公室：《崂山志》，五洲传播出版社2003年版，第175页。

③ （明）黄宗昌：《崂山志》卷三《名胜》，民国五年（1916）十月即墨黄于斯堂排印本，沈云龙主编《中国名山胜迹志》本，文海出版社有限公司印行。

④ 政协平度市文史资料研究委员会：《平度文史资料·第九辑·平度名胜与名人》，1993年，第60页。

⑤ 青岛市史志办公室：《崂山志》，五洲传播出版社2003年版，第229页。

⑥ 周至元：《崂山志·建置志》，齐鲁书社1993年版，第102页。

⑦ 即墨市政协文史资料委员会：《马山志》，青岛市新闻出版局，1999年，第9页。

⑧ 即墨市政协文史资料委员会《马山志》载，其庙于清顺治间重修，先后增龙王、牛王、马王、八蜡、增福、略福诸神像以及童男恢、康霖生等政绩卓著的地方官之塑像。庙中原有道人多名，清末民初年间，因涉庙产纠纷案诉讼，道人离去，殿堂于建国前被拆除。

⑨ （清）林溥修、周禽镇纂：《即墨县志》卷十二《杂稽·寺观》，清同治十二年（1873）刻本。即墨市政协文史资料委员会编《马山志》又载玉皇庙亦称"聚仙宫"建于永乐二年（1404）。

一。列表如下：

表 7—5　　　　　　　蒙元时期崂山道教碑刻一览表

碑刻名称	时间	碑文内容概要	碑刻现存地	撰文、篆额、书丹
太清宫成吉思汗圣谕碑	不详	刻有元太祖成吉思汗给丘处机的圣谕。碑文中有"丘神仙至汉地，凡朕所有之城池，其欲居者居之，掌管天下道门事务，以听神仙处置，他人勿得干预，宫观差役尽行蠲免，所在官司常切卫护"①的圣谕	太清宫三皇殿的东西两壁上	残佚
云山老人归真石刻	蒙古太宗乙未年（1235）	碑文记载崇真大师王抱玄学道及创建兴国观事迹。文中有"大云山兴国观者，乃是特赐崇真大师王公炼心养道之处也"、"双鸾伏地，赤凤搏空，青霞紫气馥郁寡欢馨香，显迹殊多"②等内容	位于山东平度云山观旁	不详
重修盘石上清观记	元世祖至元十年（1274）	碑文记载范志敦修道大泽山之事迹。碑文中有"先生高尚有志之士也，平生有山水癖，仍兴大福德而能终始，得全山水之乐者……肋不至席者积十余年，猛兽驯服，神物呵卫，在全真中以苦行见称"、"上清观，今既废毁不存，有遗址焉，将即其地而新之"③等内容	平度大泽山西侧盘石观村东南侧	张杞撰，虚白道人陈志道书丹，澹然子韩志柔篆额，侯政刊，杨妙真立

---

①　陈垣编纂：《道家金石略》，陈智超、曾庆瑛校补，文物出版社1988年版，第650页。
②　牟钟鉴：《全真七子与齐鲁文化》，齐鲁书社2005年版，第355—356页。
③　李修生：《全元文（第四十六册）》，凤凰出版社（原江苏古籍出版社）2004年版，第32—33页。

续表

碑刻名称	时间	碑文内容概要	碑刻现存地	撰文、篆额、书丹
重修凝真观碑	元大德十年（1306）	碑文已佚①	不详	佚失
华楼玉皇洞碑	元至大二年（1309）	碑文记载华楼玉皇洞修建中莱州府助缘功德主的名姓②	不详	缘化道士姜志平立
重建上清宫碑	元仁宗延祐四年（1317）	碑文记载了上清宫修建始末。碑文中有"大德元年重阳之派口（孙）通玄弘教洞微大师隐真子李志明，以明道阐教为宗乐木石同居，养乔松之寿，功行内修，英华外著"③的记载	不详	承务郎朱翚撰文
重修童真宫碑	元仁宗延祐年间（1314—1320）	碑文已佚④	不详	达鲁花赤普颜不花撰
聚仙宫碑铭	元泰定二年（1325）	碑文记载了修建聚仙宫的缘由、过程，以及修道、弘道之况。碑文中有"为宫殿，为门垣，请于掌教大宗师，赐额聚仙宫，而簪裳之士云集。于是即山垦田，以供其饩，取材以供其用。通玄隐真子李志明实住持是，提点王志真实纲维是，助其成者则县尉栾克刚也。工既告成，为塑像"⑤等内容	崂山区沙子口镇幸福村东的聚仙宫内	张起岩撰

---

① 周至元：《崂山志》，齐鲁书社1993年版，第217页。
② 同上。
③ 同上书，第211—213页。
④ 同上书，第214页。
⑤ （清）黄肇颚：《崂山续志》，山东省地图出版社2008年版，第301页。

续表

碑刻名称	时间	碑文内容概要	碑刻现存地	撰文、篆额、书丹
云岩子道行碑	元泰定三年（1326）	碑文记载"云岩刘尊师，实丘真人所出第三传"，"来到鳌山下死功，十年得个真气力"，以及"默与道吻，历稔三十"① 等弘道情况	崂山华楼宫内	集贤大学士光禄大夫赵世延撰
寓真资化顺道真人唐四仙姑祠堂碑	元泰定五年（1328）	碑文记载"仙姑孙不二"在崑崳山"苦志劳躬，结庵独处，修炼精深"② 的事迹	崂山神清观	鞠孝恭所撰，钟贵、王士高刊
重修上清宫宗派记	元顺帝至元二年（1342）	碑文记载"清和大师真常子范志敦""实长春高弟，目击长春之道而得其真者也"，以及"迨其谢师来游，乃宫上清于磐石，而衍其宗"③ 等弘道、修宫的情况	不详	胶水县主簿李惟彦撰并书

第七节　蒙元时期胶东三州道教宫观、碑刻

　　蒙元时期全真教布教中心虽以崂山和泰山为主，但胶东三州（登州、莱州、宁海州）④ 因金代全真教义的传播，存有许多知名宫观，是众多道士布教传道之地。这个时期不但道教宫观、碑文碑刻众多，分布地域较广，而且全真道教在群众中有着深厚的基础，道教活动频繁，道教思想深入人心。遍布胶东三州等地的大量道教宫观碑刻，是全真教在该地区繁荣

---

① （清）黄肇颚：《崂山续志》，山东省地图出版社2008年版，第153—154页。
② 李修生：《全元文》（第35册），凤凰出版社（原江苏古籍出版社）2004年版，第104—105页。
③ 王宗昱：《金元全真教石刻新编》，北京大学出版社2005年版，第58页。
④ 蒙元时期的莱州包括今烟台的莱西、莱阳、海阳、招远、掖县等地；宁海州包括烟台市区东部、威海市区、牟平、乳山、文登、荣成等；登州则包括今蓬莱、长岛、栖霞、龙口、福山等地。

发展的历史见证。

一 蒙元时期胶东三州道教宫观、洞穴

蒙元时期胶东三州比较有代表性的道教宫观、洞穴是：昆嵛山紫金峰上东华宫（俗名"东华洞"）、"五祖"石像等，东莱州寒同山神仙洞，昆嵛山烟霞峰神清宫，牟平城南范园内玄都观，昆嵛山南麓圣经山上混元殿、朝阳洞，以及烟台市芝罘区毓璜庙等。

（一）东华宫

紫金峰位于圣经山南侧，是昆嵛山七十二峰中的奇中之奇。[①] 元大德六年（1302），道士李道元自云州（今河北赤城）来到紫金峰，在东华宫正殿北开石洞曰"紫府洞"，俗名"东华洞"。洞内供奉着道门"五祖"石像，建五碑，俗名"五华碑"，以石为亭，四柱皆刻字。中为《东华帝君碑》，亭之下为石狮，登者蹴狮乃可上。碑额篆书《东华紫府辅元立极大帝君碑》十二字。至正六年《增修东华宫记》。[②]

元延祐七年（1320），李道元弟子耿道清在东华宫外修建石桥，曰"迎仙桥"。元至正三年（1343），耿道清化缘筹资，鸠工劈石，会同山主殷志和提点韩道微在"东华洞"上方岩石上建玉皇阁，又名十八摞，象征着十八层天的意思，阁中奉有汉白玉雕玉帝圣像。东华宫经多次修葺后，规模不断扩大，成为占地一万多平方米、享有盛誉的道教殿宇。

（二）神仙洞

神仙洞位于今山东莱州市区南部的寒同山上。该洞是全真道两大洞窟之一，为刘处玄弟子宋德方开凿，历时十年之久。金大定二十一年（1181），刘处玄由洛阳回到山东莱州，见寒同山之景观，遂萌建宫凿窟之想，但因当地官员阻止，未能付诸行动。为了完成先师遗愿，元世祖至元十七年（1280），宋德方召集全真弟子，开始开凿神仙洞，历时十年，于至元二十七年（1290）完工。元代的神仙洞由"神山七洞"组成，山阴1座，山阳6座分上下两层，上层四洞略大，下层两洞略小。

（三）神清宫

元代曾将神清观升格为神清宫。据蒙古蒙哥汗八年（1258）《重修神

[①] 上海唐码城邦咨询有限公司北京分公司：《山东自助游》，人民邮电出版社2010年版，第68页。

[②] （清）李祖年：《文登县志》，（台湾）成文出版社1976年版，第313页。

清宫记》记载:"泰和六年贸其观为神清观……壬寅冬冲虚登旨庚戌葆光来燕以本宫常住田产、文契并七真之亲翰献堂□真常□□□□以恩例改观为宫因委之曰宫。"① 蒙古乃马真后元年(1242)冬,冲虚大师上旨元朝廷请求升观为宫,蒙古海迷失后二年庚戌(1250),葆光等人又带着神清观常住道人名单、田产地契文书以及七真所留下的笔墨证据等材料来燕京(大都),使元朝按以前惯例同意神清观升格为神清宫。元朝哈鲁罕为保护神清宫专门颁布了旨领,据《蒙古马儿年令旨》(1294)和《狗儿年令旨》(1310)记载:将神清观提高到"大昆嵛山东祖庭",成为受元朝政府特别保护的全真教祖庭宫观。②

(四)玄都观

玄都观,位于牟平城南范园内,原为范明叔花园。因马钰于此得遇重阳真人,范明叔后舍园为庵,施予马钰,曰钰庵,遂成全真宫观。马钰仙逝,丘处机继领此庵。金泰和六年(1206),丘处机重返宁海,令门人邱志坚等修建玄都观。但在贞祐(1213—1216)年间,受蒙古南下、金廷南迁的影响,未能成志。元定宗后元年(1249),李志常请旨再次命名为玄都观。蒙古蒙哥汗八年(1258)立碑详述其事。

(五)混元殿、朝阳洞

混元殿位于昆嵛山南麓圣经山上,建于元延祐五年(1318)夏。"混元"取自"混沌之前,元气之始",意蕴宇宙尚未形成的状态。此殿堂乃是全真后世弟子李道元纪念祖师而建,俗称"祖师庙""太师庙"。③ 混元殿由主殿和两个侧殿组成,全为石筑,古朴无华。主殿为元神殿,供奉太上老子之像,殿顶刻"天地日月"四字,两侧殿分别供奉道教"三清""三官"等尊神。

朝阳洞位于昆嵛山南麓圣经山上,是马丹阳的弟子李道元于元大德壬寅年(1302)开凿而成。因该洞接收阳光照射时间最长,孕育道教兴旺之意,故取名"朝阳洞"。朝阳洞原有道门"五祖"石像。朝阳洞西面与西北面两块巨岩上分别刻有"洞天""福地"四个大字,字径米余。此处

---

① 张凌波:《〈00神清宫记〉校记》,《中国道教》2005年第5期。
② 刘学雷:《宗教历史考》(上),齐鲁书社2010年版,第18页。
③ 丁鼎:《昆嵛山与全真道:全真道与齐鲁文化国际学术研讨会论文集》,宗教文化出版社2006年版,第433页。

环境清幽,是神仙居住的地方。①

（六）毓璜庙

毓璜庙原名玉皇庙,坐落于烟台市芝罘区毓璜顶,建于元朝末年。

二 蒙元时期胶东三州道教碑刻

（一）蒙元时期登州碑刻

蒙元时期,登州主要管辖蓬莱、长岛、栖霞、龙口、福山等地。该地区的道教碑刻记录了各宫观建设和全真弟子修道、弘道的概况,列表如下：

表7—6　　　　　　蒙元时期登州碑刻一览表

碑刻名称	时间	碑文内容概要	碑刻现存地	撰文、篆额、书丹
灵源观碑	蒙古蒙哥汗七年（1257）	碑文记载了灵源观的历史以及元代道士王志全重建灵源观的事迹	龙口市卢山延真宫下观灵源观山门外东侧	牢峰羽士述,提控苗源书丹②
金华宫碑	元世祖至元八年（1271）	该碑记载了全真教在金元时期的发展传承及金华宫的修建历史。碑文中有"全真之理,契为道良。全真之教,□占东方。台曰宝华,积土如岗。庵曰金玉,闤□而藏。□□□宫,高真殿堂。斋厨栏圃,临风自香"③等内容	山东龙口市文庙尊经阁前	林溪居士杨庭杰撰并书丹,古黄士人迟恕篆额
延光月主真君祠题刻	元至元九年（1272）	碑中有"惟有乡民酬德重,时拈香火到灵祠"④等记载	山东龙口市莱山庙内	孔文贞题刻

---

① 山东省文登市政协：《中国道教名山昆嵛山》,宗教文化出版社2005年版,第86页。
② 王宗昱：《金元全真教石刻新编》,北京大学出版社2005年版,第7页。
③ 李修生：《全元文》（第十一册）,江苏古籍出版社1999年版,第165—166页。
④ 山东省龙口市史志编纂委员会：《龙口市志》,齐鲁书社1995年版,第690页。

续表

碑刻名称	时间	碑文内容概要	碑刻现存地	撰文、篆额、书丹
清虚纯德辅教真人祠堂记	元至元二十八年（1292）	此碑乃清虚道人范全生的道行碑。碑文有范全生"师长春真人，问以修行之要"、曾助"亡金潞国大长公主及驸马都尉"上山、"公主以金玉谢，公皆不受"、"公于益都东门街北购得徐知府旧宅，创立太虚观。其井水苦，变而为甘"①等内容	栖霞丘祖殿后三仙祠右偏间内	登州学正王瑞记
莱山月主真君灵验记	元元贞元年（1294）三月初三	该碑记载元至元二十一年（1285）莱山延光月主真君显灵破案。碑文中有"莱山延光月主真君袭秦爵封，迄今千有余岁，庙食一方""恐逮无辜，具情表闻真君之前。不旬日，果沐神庥"②的记载	山东龙口市莱山庙内	黄县教谕吕焕文撰文
八神阳主庙记	元元贞元年（1294）四月	碑文记载八神："一曰天主祠天齐，二曰地主祠梁父，三曰兵主祠蚩尤，四曰阴主祠三山，五曰阳主祠之罘，六曰月主祠莱山，七曰日主祠成山，八曰四时主祠琅琊"	山东福山	初才撰文
长春真人道行之铭	不详	碑文记载"长春仙人道业隆""四方学者如云从""仙名不朽垂无穷"③等内容	不详	王之纲撰文

---

① （金）丘处机：《丘处机集》，赵卫东辑校，齐鲁书社2005年版，第587—589页。
② 李修生：《全元文》（第二十八册），凤凰出版社（原江苏古籍出版社）2004年版，第230页。
③ （金）丘处机：《丘处机集》，赵卫东辑校，齐鲁书社2005年版，第587页。

续表

碑刻名称	时间	碑文内容概要	碑刻现存地	撰文、篆额、书丹
祝圣道院碑	元元统二年（1334）	碑文记载元统甲戌秋八月道士林德荣兴修福山县芝山祝圣道院的事迹。碑文中有"德荣拾瓦碟，划荆棘，恳请诸方……乃因旧基，创为正殿……平巉塞门，版筑以補其两，叠石四周以为址，广输余百弓，构堂五楹，爽垲宏敞，遂为邑之胜地"①等内容	不详	张起岩撰
创建马真君碑亭记	元至正七年（1347）	碑文记载张处道、林德荣、金国宝修建丹阳马真君道场一事。碑文有"公即以赀授德荣，用鸠材僝工，与完盛事"，"今住持提领刘德清、林志贞克绍前人之志，恐灭其迹，造门备陈本末"②等内容	烟台福山芝阳真武殿后	山东福山县教谕武思恭撰写

（二）蒙元时期莱州碑刻

蒙元时期莱州地区包括今天烟台的莱西、莱阳、海阳、招远、莱州等地。这一时期的碑刻记载了该地域道教宫观的建设情况以及全真道人在此地养生修炼的情况。列表如下：

---

① 李修生：《全元文》（第三十六册），凤凰出版社（原江苏古籍出版社）2004年版，第142—143页。

② 于宗潼：《福山县志：金石卷》，烟台福裕东书局1920年版，第20—21页。

表7—7　　　　　　　　　蒙元时期莱州碑刻一览表

碑刻名称	时间	碑文内容概要	碑刻现存地	撰文、篆额、书丹
神仙洞圣旨碑	乃马真后称制四年（1245）正月	碑文记载皇帝下旨莱登州长官都师，为修建莱州神仙洞，将"侧佐一带山栏荒地除有主外，应据无主者尽行给付本观"①	不详	不详
莱州掖县王贾村兴仙观记	蒙古蒙哥汗七年（1257）	碑文记载莱州贾村兴仙观修建始末，其中有"观曰兴仙，乃素德大师王道谨之肇基也"，公"与其徒明虚大师柳志升，苦志劳形"，"致观宇聿新，规模丕阐"② 等内容	掖县（今莱州）兴仙观	杜春篆额，丁钰书丹，卢珍刻
谏皇姑暨重立天下第一庵碑铭	元中统二年（1261）	碑文记载了沈婺华、王偬、皇太妃郑氏、御妹麻达姑等在此修炼的事，供天下人祭祀。碑文中有"圣母撼皇权，太妃斥銮旌，观音懿德厚，心慈世人敬。金枝承高品，执诚守黄庭，逝者忆佚亦，俗者继修行。大士声名重，描旧重立铭，天下第一庵，永世济苍生"③ 等内容	不详	元代高道訾洞春文

---

① 李修生：《全元文》（第一册），江苏古籍出版社1998年版，第123—124页。
② 王宗昱：《金元全真教石刻新编》，北京大学出版社2005年版，第8—9页。
③ 黎明：《古邑春秋：历史故事》，中国大地出版社2006年版，第122页。

第七章　蒙元时期山东道教　171

续表

碑刻名称	时间	碑文内容概要	碑刻现存地	撰文、篆额、书丹
灵虚宫碑	元世祖中统四年（1263）四月中旬	碑文记载灵虚宫的修建始末，有"夫灵虚观者，乃长生真人刘君所营建也""贞祐甲戌……例为灰烬，唯正殿坛堧独存……乃集门人李□□等，始行兴复""岁甲辰……莱州掖县武官村灵虚观改称灵虚宫，命下燕京大长春宫嗣教真宫真人李君奉行厥事"① 等内容	山东莱州灵虚宫	太华洞真子史志经撰，赐紫普济大师益都府路都提举本宫知宫王指静立石
三师祠堂记	元世祖至元二年（1265）	碑文记载"冲虚大师郝命清、清虚大师刘常善、清真大师于道真""劝率羽流，举振玄纲，重光祖道，以是不负仙师之遗荫"② 之事	山东莱州	赐紫徐志、普济大师知宫赐紫王志静立石
莱州朱桥重建太微观记	元至元四年（1267）	碑文记载朱桥太微观修建始末，有"有观曰太微，乃长生刘真人之所建，而其徒（郝）命（清）重修之也"，"所建者混元殿一，真官殿一，□堂一。众之所居，宾之所馆，门庑斋厨，以次而具，计其勤劳□已，无□前人无废后观者矣"③ 等内容	莱州市太微观	燕京大长春宫教门都提举高志朴撰文，宋志方书丹，灵虚宫提点王志静立石

---

① 王宗昱：《金元全真教石刻新编》，北京大学出版社2005年版，第17—18页。
② 同上书，第19—20页。
③ 同上书，第22—23页。

续表

碑刻名称	时间	碑文内容概要	碑刻现存地	撰文、篆额、书丹
神山□□洞天长生万寿宫碑	元至元二十二年（1290）	碑文记载了神仙洞的开凿及全真道教在莱州的活动情况，其中有"嗣教祈志诚以洞天事奏闻上，皇帝诏旨□洞名曰神山万寿宫""山之间洞有七：曰虚皇、三清、五祖、六真、长生、披云□丰宫□女仙洞之内焜煌金碧，□万寿宫□雕镂咸以玉石□□设施各以等□以明月□□牖白云为垣□是境也"① 等内容	寒同山南麓	承务郎前江东□□道提刑按察司经历□山朱书丹
修莱州城隍庙记	至元二十九年（1297）	碑文记载道子德"复增葺之，扩其正殿，翼以雨庑，外明中敞，轮奂一新"② 的事迹	不详	不详
丹阳真人归葬记碑	元皇庆二年（1313）	碑文记载马丹阳生平事迹及归葬始末，有"东华宫山主李道元□□为棺以殡之，会葬之日，□云现空，瑞鹤翔墓"③ 等内容	莱阳	翰林学士承旨资善大夫知制诰兼修国史张仲寿撰并书题额，玄门演道大宗师大明演教大阳真人常志清立石

（三）蒙元时期宁海州道教碑刻

蒙元时期宁海州统辖今烟台市区东部、威海市区、牟平、乳山、文

---

① 陈垣编纂：《道家金石略》，陈智超、曾庆瑛校补，文物出版社1998年版，第668—669页。
② 李修生：《全元文》（第二十册），江苏古籍出版社2000年版，第543—544页。
③ （金）马钰：《马钰集》，赵卫东辑校，齐鲁书社2005年版，第342—344页。

登、荣成等地。该时期的道教碑刻记载了全真教在该地域修炼、养生、传道、布道、传承活动的历史，列表如下：

表 7—8　　　　　　　　蒙元时期宁海州道教碑刻一览表

碑刻名称	时间	碑文内容概要	碑刻现存地	撰文、篆额、书丹
元玄都观碑记	蒙古蒙哥汗八年（1258）	该碑记载范公明叔将私宅范园捐给马钰为庵一事及丘处机时代参与重修道士姓名。碑文中有"宜福颖悟，投玄而师事焉。祖师赐其道号曰丹阳，法讳钰，字曰玄宝""岁在壬寅，真人复归仙里，是以明叔施此昔游之圃，永为清化之庵"①等内容	牟平城南范园内，	东山老人高晔撰并书丹，栖霞羽士刘德中篆额，洞玄大师知宫门事刘德永赐紫通真大师张德真立石，卢宝刊
重修神清宫记	蒙古蒙哥汗八年（1258）十月望日	该碑记载了全真教祖师王重阳上昆嵛山，辟烟霞洞，修道阐玄，创立全真教的经过和神清宫的兴建始末。碑文中有"师携丹阳长真长春三师真往东莱，其庵令空虚子尹庵主主之。至莱郡，又得长生刘真人与之西迈。明昌初，长生师过，因名其庵曰全道""清静谓神本好清而心□□□本好静而欲牵之。逐教人从之欲，以至于无心。□终之以常应常静，乃断之以一言曰当清静矣。以此观之人之神不能清者"②等内容	昆嵛山神清宫遗址内	太原李志鼎篆额，超然大师赵□□，葆光大师姜志□立石

---

① 王宗昱：《金元全真教石刻新编》，北京大学出版社 2005 年版，第 10—11 页。
② 张凌波：《〈○○神清宫记〉校记》，《中国道教》2005 年第 5 期。

续表

碑刻名称	时间	碑文内容概要	碑刻现存地	撰文、篆额、书丹
灵神洞明贞晦真人道行记	元至元十六年（1280）	该碑记载洞明大师孙道古之事迹。碑文有"灵神子姓孙氏，名彬，东牟沟头人"，"谒王玉阳于圣水，受名道古，道号灵神子"，"奉朝旨加洞明大师，赐金襕紫服"①等内容	山东荣成圣水观玉清宫	太华山洞元子史志经撰文
神清宫圣旨碑	元至元三十一年（1294）	碑文记载了神清观住持静渊明德大师道正孙道衍"修整圣像兴盖殿宇"②等内容	神清观东北侧碑林中	不详
宁海州紫府洞白石神像记碑	元大德九年（1305）	碑文记载马丹阳修建紫金峰帝君故宅，有"明惠等继主之"，"文登天宝宫扈庆真继葺之"，"庆真没，道宽等相承整饬"③的事迹	不详	焦养直撰，张仲寿书丹，谭振宗篆额
唐四仙姑石龛懿旨（碑）	元至大三年（1310）	该碑文记载丘处机求道唐四仙姑及皇帝敕封唐四仙姑"寓真资化顺道真人"并立石记之一事。碑文中有"在先邱神仙曾过来，唐四姑有来，为他在前德行高的上头，他根底赠寓真资化顺道真人唐守明的名字"④等内容	存于牟平唐四仙姑石龛内西壁	翰林国史院编修鞠思诚撰文

---

① 王宗昱：《金元全真教石刻新编》，北京大学出版社2005年版，第30页。
② 同上书，第63页。
③ 同上书，第43页。
④ 同上书，第63页。

续表

碑刻名称	时间	碑文内容概要	碑刻现存地	撰文、篆额、书丹
元五华碑记	元皇庆元年（1312）	该碑记载东华观的发展变迁。碑文中有"昔仙人东华君常栖真于此，吾全真教之宗也"，"东华者，木公炳灵，受青阳元真之气，有白云上真者，授之以符箓灵文，金丹火候，青龙剑法。白云尝得之金母，金母得之太上者也"①等内容	不详	邓文原撰文，张仲寿书，赵孟𫖯篆额，玄门演道大宗师大明演天阳真人常志清立石
大东华宫紫府洞记	元皇庆元年（1312）	该碑记载李道元等肇建东华宫之始末。碑文有"始运椎凿……斫白石为五祖七真像祠其中"，"武道彬、萧道固等缵其遗规，鸠工抢材，百役具举，而洞卒成于道元也"，"道元又尝试为石址，高逾丈，纵广二百尺有奇，其上为长阑，为三门，皆辇巨石加砻琢"②等内容	不详	邓文原撰，张仲寿书，杨光祖篆额
抱元真静清贫李真人道行碑	元至治三年（1323）	该碑记载清贫子李道元的功德事迹。碑文有"清贫凡住金阁十余年，成就大殿、寿宫、灵堂及竖立丰碑，皆与有力焉"③等内容	原立于东华宫，现已失	张仲寿撰并书篆
东华宫增修玉皇阁碑记	元至正六年（1346）	该碑记载了李道元弟子耿道清化缘筹资，鸠工劈石，与殷志和、韩道徽、董道安等人完成玉皇阁建造一事④	不详	东牟处士秦才篆额，东牟逸士崔佐撰并书

---

① 文登市史志办公室、文登市旅游局等：《昆嵛山文集》，1992年，第65—67页。
② 李修生：《全元文（第二十一册）》，江苏古籍出版社2001年版，第85—86页。
③ 李修生：《全元文（第十七册）》，江苏古籍出版社2000年版，第414—416页。
④ 王宗昱：《金元全真教石刻新编》，北京大学出版社2005年版，第59—60页。

第八节　蒙元时期沂山道教宫观、碑刻

蒙元时期沂山是山东道教兴盛的地区之一，主要标志是沂山道教宫观的兴建以及大量道教碑刻的产生。特别是昊天宫，其规模之宏大，宫观设计之完美，标志着沂山道教发展进入了一个新的阶段。元成宗大德二年（1298），元成宗铁穆耳皇帝加封沂山为中国五大镇山，并"诏封东镇沂山为元德东安王"等，说明蒙元时期沂山在中国道教史上已经具有特殊的重要地位。

一　蒙元时期沂山宫观

（一）昊天宫

昊天宫，位于山东省青州城南六公里处的驼山山顶，始建年代无考。据青州驼山《重修昊天宫碑》载：元至元二十七年（1290），全真道士孟道和、马道宽、宋志道等重修此宫，使其成为规模巨大的宫观。昊天宫南北长约150米，东西约100米。它分为七宝阁、玉皇殿、戏楼、东西配殿和廊房等，共计殿、堂、楼、房等50多间。宫内建有"昊天上帝祠"。"昊天上帝"又称玉皇大帝，全称"昊天金阙无上至尊自然妙有弥罗至真玉皇上帝"，是总执天道的最高神灵，如同人间的皇帝。[①]

（二）天仙玉女祠

天仙玉女祠，位于青州城南云门山顶的中峰，是云门山最古老的建筑。其最初为蒙古包式，元朝时改建为今天所见的道士帽形状。[②] 该祠主奉天仙玉女娘娘神像，即七仙女。民间传说七仙女被逼返天庭即是从该处消失。七仙女形象深入民心，为善男信女们所敬仰，香火不衰。

（三）灵官庙

灵官庙坐落于青州云门山半山腰处，修建于元代，后毁于战火。[③]

[①] 至元二十七年（1290）碑刻记载了重修昊天宫时参与其事的全真道士有29人。明中后期，昊天宫再次出现道士的身影，但由于人数较为稀少，无法断定其派别归属。入清以后，全真教龙门派开始在此传承繁衍（赵卫东、莊明军编：《山东道教碑刻集·青州卷》，齐鲁书社2010年版，第1—135页）。

[②] 牟钟鉴：《全真七子与齐鲁文化》，齐鲁书社2005年版，第356页。

[③] 王立胜：《青州通史（第四卷）：典志人文》，中国文史出版社2008年版，第318页。

二 蒙元时期沂山道教碑刻

蒙元时期沂山产生了大量的道教碑刻，是道教在沂山发展繁荣的历史见证。其不但记载了沂山道教宫观建设发展的历史，而且还记载了道教思想文化在沂山传播和弘扬的过程，是蒙元时期山东道教兴盛的重要见证之一。列表如下：

表7—9　　　　　　　　　蒙元时期沂山道教碑刻一览表

碑刻名称	时间	碑文内容概要	碑刻现存地	撰文、篆额、书丹
赵璕、郝载唱和诗碑	元至顺二年（1131）	该碑内容乃赵璕、郝载二人对沂山东镇庙的描写。碑文中有"宝位新登仰圣王，星轺分道降天香"，"万国咸宾圣帝王，九重飞出御炉香"①等内容	沂山东镇庙碑林内	佚失
赵崇诗碑	元至顺三年（1132）二月	碑文是赵崇对沂山东镇庙的描写，有"驿使分香来至意，居民获福赖灵神。琳宫道士承恩数，青社官僚致祭频"②等内容	沂山东镇庙碑林内	佚失
李顿东镇代祀碑	元至元元年（1264）三月二十七	该碑记载李顿代祀东镇沂山元德东安王祠一事。碑文中有"特命必暗赤僧宝、集贤侍讲学士李顿，钦赍御香、金幡、银盆、楮币，二十七日驰传至东镇沂山元德东安王祠，洁齐醮齐三献告成"③等内容	沂山东镇庙碑林	李顿文

---

① 中国人民政治协商会议临朐县委员会：《东镇沂山》，1991年，第56页。
② 临朐县沂山风景区管委会：《东镇沂山旅游文化读本·一·东镇碑林》，山东文艺出版社2007年版，第17页。
③ 潘心德：《东镇沂山》，济南出版社1998年版，第232页。

续表

碑刻名称	时间	碑文内容概要	碑刻现存地	撰文、篆额、书丹
方塔剌赤代祀沂山记	元世祖至元二年（1265）二月二十五	碑文记载奉训大夫徽政院断事官臣方塔剌赤等代祀东镇庙一事。碑文中有"赞天开圣仁寿徽懿宣昭太皇太后降特旨，命侍臣醮祀天下山川河岳，奉训大夫徽政院断事官臣方塔剌赤、承务郎官正司典簿臣刘思诚，受旨于徽政院；使秃满迭儿乘八乘传于岱宗、东海、东镇，以二月二十五日至于元德东安王祠下，奠以香酒，奉以锦幡，侑以楮帛。是夕，遂命道士鸣钟鼓、列樽俎醮事焉"①的记载	沂山东镇庙碑林	刘思诚撰、刘思文书丹题额
重建昊天宫碑	元世祖至大二十七年（1290）	碑文主要记载了驼山昊天宫道士孟志和等修建昊天宫之事。碑文中有"公讳守正，兖州人也。二十一岁，礼济南阳丘紫微宫弘阳郭真人，数载方传印可，直寻于此……度门弟翟志中积行累功，与天坛张二三子叠石墙，兴殿象，众皆仰奉，春秋还愿，杂还岑攀。翟度孟道和、赵志和、马道宽、宋志道，同修厥果。孟等翻庀正殿，左龙王堂象，右真官之祠，外护山神，宫门牌额，圣水池亭，宾位斋厨，轮乎次第"②等内容	山东省青州市驼山昊天宫	魏道明书丹篆额，孟道和等立石，太虚宫郇仲平同刊
增封东镇元德东安王诏碑	元成宗大德二年（1298）	碑文中有"加东镇沂山为元德东安王；南镇会稽山为诏德顺应王；西镇吴山为成德永靖王；北镇医巫闾山为贞德广宁王；中镇霍山为崇德应灵王"③的内容	沂山东镇庙	不详

---

① 同上书，第232—233页。
② 陈恒编纂：《道家金石略》，陈智超、曾庆瑛校补，文物出版社1988年版，第664—665页。
③ 张孝友：《沂山石刻》，山东友谊出版社2009年版，第19—20页。

续表

碑刻名称	时间	碑文内容概要	碑刻现存地	撰文、篆额、书丹
大元增封东镇元德东安王感应之记	不详	碑文主要记载了沂山作为镇山能"阜民生安地德","历代帝王莫不祀事",大德二年圣天子"诏封东镇沂山为元德东安王"①,并遣使致祭的过程以及东镇沂山的灵验等	不详	不详
大元降御香之记碑	元大德六年（1302）	石碑记载了元成宗铁穆耳派使者苟宗礼到青州昊天宫"降御香",行祭祀之礼一事。碑文中有"大德二年岁戊戌,天使苟宗礼祗奉德音,分降香于此。将事之旦,诚意交孚,神人胥悦,林壑辉映"②之表述	山东青州市驼山昊天宫	马骧撰并篆额,张敬书丹,驼山昊天宫知观赵志和等立石,卢镕刊
东安王神应记	元至大三年（1310）	此碑旧志存目,碑文无考③	沂山东镇庙	蒲察撰文
元代残碑	不详	碑文残缺不全,仅存46字,内含陈德平、王志坚道士名及元代官名④	山东省青州市弥河镇上院村村西修真宫内	不详
临朐县达鲁花赤祭春记碑	元至大四年（1311）	碑文记载临朐县达鲁花赤祭于东镇沂山元德东安王祠下一事。碑文中有"凡在守土之官,必有祭神之礼。兹因祭春之日,用豕一,酒肴清洁,率领僚吏人等,祭于东镇沂山元德东安王祠下。以答神圣之佑。刻石于此,以表守土之责"⑤等内容	不详	不详

---

① 同上书,第24页。
② 赵卫东、庄明军:《山东道教碑刻集·青州昌乐卷》,齐鲁书社2010年版,第7—8页。
③ 政协临朐县委员会:《临朐县旧志汇编》,潍坊市新闻出版局,2002年版,第551页。
④ 赵卫东、庄明军:《山东道教碑刻集·青州昌乐卷》,齐鲁书社2010年版,第184页。
⑤ 张孝友:《沂山石刻》,山东友谊出版社2009年版,第25—26页。

续表

碑刻名称	时间	碑文内容概要	碑刻现存地	撰文、篆额、书丹
东镇祭告碑	元皇庆二年（1313）	碑文记载脱欢和蔡文渊二人奉皇命昭告于东镇，向元德东安王祈雨的经过。碑文中有"皇帝敬遣集贤院大学士荣禄大夫脱欢、翰林待制承直郎兼国史院编修官蔡文渊，谨以香币、醴斋洁牲、柔毛刚鬣、粢盛庶品，昭告于东镇元德东安王"①的内容	沂山东镇庙内寝殿前廊东壁	集贤大学士脱欢撰，翰林待制蔡文渊书
元延祐六年残碑	元延祐六年（1319）立	碑文记载元仁宗谴使祭祀东镇元德东安王之事。碑文中有"祀典者国家岁时致祭岂曰文具而已……于祭方今国之□□礼亦尚矣。郊祀天地"②等内容	沂山东镇庙内	益都路教授单思明撰
舍尔别赤速哥代祀碑	元延祐七年（1320）	碑文记载迩臣舍儿别赤速哥等代祀东镇庙一事。碑文中有"特遣迩臣舍儿别赤速哥、集贤直学士韩谊、钦赍御香分祀于岳、镇、渎、后土。延祐庚申季夏十有七日乙卯，届东镇沂山元德东安王祠下，御香、幡、盆、白金、楮币为奉祀之仪。有司设笾豆陈庶品，惟恭惟肃；使命谨斋沐行三献礼，惟敬惟虔。神明歆飨诚固然"③等记载	沂山东镇庙碑林	元益都路儒学教授贾光德记

---

① 张孝友：《沂山石刻》，山东友谊出版社2009年版，第28—29页。
② 赵卫东、宫德杰：《山东道教碑刻集·临朐卷》，齐鲁书社2011年版，第7页。
③ 临朐县沂山风景区管委会：《东镇沂山旅游文化读本·一·东镇碑林》，山东文艺出版社2007年版，第13页。

续表

碑刻名称	时间	碑文内容概要	碑刻现存地	撰文、篆额、书丹
东镇沂山元德东安王庙神佑宫记	元至治二年（1322）季秋中旬八日	碑文记载了神佑宫的历史和元朝时神佑宫的修建情况。碑文有"有曰庙之右神祐宫者，乃知庙道士叁礼之所也"，"大德三年乙亥二月内，掌教大宗师真人给降剳付张德显，允东镇沂山神祐宫提点句当，知元德东安王庙事。其人任内建三门，复隐殿，补神像，又于庙右因其旧址重修神祐宫"① 等内容	不详	郦道顷书并篆，安和明德通妙大师东镇庙神佑宫住持提点王道融立石
刘瓒、胡居佑诗碑	元致和改元（1328）	碑文是刘瓒、胡居佑二人对沂山东镇庙的描述。碑文中有"天香捧出九重宫，驿骑奔腾迅若风。万叠奇山供眼底，一方雄镇位齐东"，"宝炷遥颁下帝宫，星轺玉节翼高风"② 等内容	沂山东镇庙鼓楼东壁右上方	刘瓒、胡居佑撰文
东镇代祀记碑	元至顺三年（1332）	碑文记载的是元顺帝三年（1332）皇帝遣使代祀东镇沂山元德东安王庙之事。碑文中有"御香金幡银盒币楮分祀诸……东镇沂山元德东安王祠下"③ 等内容	山东沂山东镇庙内	佚失
李绣代祀东镇记	元至正十年（1350）二月	碑文记载李绣等代祀东镇庙一事。碑文中有"资善大夫宣政院副使臣桑哥的斤应奉翰林文字从仕郎同知制诰兼国史院编修官臣李绣，当诣东岳、东海、东镇……二月四日由东莱至沂山元德东安王祠下"④ 等内容	沂山东镇庙碑林内	佚失

---

① 赵卫东、宫德杰：《山东道教碑刻集·临朐卷》，齐鲁书社2011年版，第9—10页。
② 张孝友：《沂山石刻》，山东友谊出版社2009年版，第35—36页。
③ 赵卫东、宫德杰：《山东道教碑刻集·临朐卷》，齐鲁书社2011年版，第13页。
④ 潘心德：《东镇沂山》，济南出版社1998年版，第231—232页。

续表

碑刻名称	时间	碑文内容概要	碑刻现存地	撰文、篆额、书丹
东镇时享之记	元至正十三年（1353）	碑文记载翰林学士承旨臣咬哥，翰林待制臣远者图也东镇沂山元德东安王庙庭之事。碑文中有"致祭于东镇沂山元德东安王庙庭，其仪物则香一、银盆币二、锦幡宝楮五百两。有司具牲酒庶品，以荐读祝奏乐，礼成三献"① 的记载	东镇庙内碑林	佚失

第九节　蒙元时期峄山及其他地域道教宫观、碑刻

蒙元时期峄山道教受益于金代刘处玄的随山派和孙不二的清静派，其相继者王贵实、史志道、李志椿、姚志翊、王志顺、马道明、张志明等，对蒙元时期峄山道教的发展做出了一定贡献，同时，其他地域的道教也获得了一定发展。

一　蒙元时期峄山道教

（一）道派及道士

蒙元时期峄山道教始于全真道刘处玄的随山派和孙不二的清静派。刘处玄曾于金大定十二年（1172）和十三年（1173）两次来峄山，并指定峄山为随山派修隐之地，并命其弟子姚志翊，号安然子由东海来峄山，奉守白云洞。其相继者有王贵实及其弟子史志道、李志椿，以及姚志翊弟子王志顺、马道明等。孙不二弟子李崇彦于金大定年间在峄山创建玉泉观，并任住持，先后三传：崇彦传李淳锡、李淳锡传张道真、张道真传刘道元等，对蒙元时期峄山道教的发展产生了重要影响。

姚志翊（1190—1265），号安然子，赐号"安然静扑栖德真人"。刘处玄两次来峄山命其守白云洞（后称白云宫）。元至元二年（1265）仙

---

① 中国人民政治协商会议临朐县委员会：《东镇沂山》，1991年，第56—57页。

逝，寿76，葬于白云宫东南，全石筑墓，其徒王志顺撰铭并书。①

马道明，又称碧云乐道子，宿郡人。曾隐于宿郡北山婵窟洞，寂然端坐十余年，后来峄山焚修。张志明，蒙元时期曾刻《道德》二经版、《随堂》五经版，广为流传，颇负盛名。

蒙元时期峄山白云宫随山派传承情况：

王贵实→史志道→李志春→姚志翔→王志顺→马道明→张志明→刘道亨→公志清
　　　　　　　↓
　　　　　　暴道全→吴志全→阎志夷─→刘太升
　　　　　　　↓　　　　　　　　　└→刘志淳
　　　　张道亨　李道实　明道贵

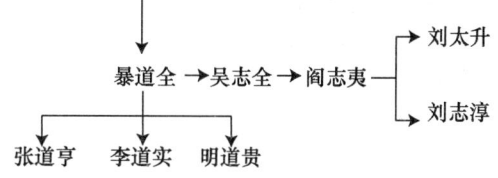

其他属于随山派的还有元至十一年（1351）二神祠提点李志遇，大德戊戌年（1298）主领长春宫事的杜志希，泰定三年（1326年）创建峄阴东华观的卓道方等。随山派在峄山前后八传，历经120多年，明代以后才转归华山派住持，属郝大通一系。②

（二）道教碑刻

蒙元时期，峄山产生了大量道教碑刻。碑文记载了道教在峄山发展的历史，以及蒙元时期峄山的道教文化传统和地缘文化特点。列表如下：

表7—10　　　　　蒙元时期峄山道教碑刻一览表

碑刻名称	时间	碑文内容概要	碑刻现存地	撰文、篆额、书丹
重修伏羲庙碑记	元世祖中统二年（1261）九月十五日	碑文记载鱼台县凫山伏羲重修始末。碑文有"甲辰秋，前县佐黄君谒黄冠师宏元冲素大师赵道坚于东大里，以住持为请，庶依之而缮修之功得日起"，孔志纯"日与土木从事，幡然残喘，崎岖南北，经营缔构"③等内容	济宁市微山县凤凰山南麓陈庄村的伏羲庙内	佚失

---

① 田振铎、刘玉平、秦显耀编：《峄山新志》，济宁市新闻出版局，1993年，第108页。
② 同上书，第108页。
③ 李修生：《全元文》（第十一册），江苏古籍出版社1999年版，第701—702页。

续表

碑刻名称	时间	碑文内容概要	碑刻现存地	撰文、篆额、书丹
增修集仙宫记碑	元世祖至元二年（1262）	碑文记载集仙宫增修始末。碑文有"金崇庆元年冲虚大师王志演创为之殿，慈柔纯德葆光大师郝通道明嗣之，自皇元至元丙子岁，至至顺庚午，凡五十有五年而有成"①的内容	不详	陈绎曾撰，古邾吴祥书，郝道明、胡道林，刘道坚立石，李达男、李玉楚珍刊
峄州玄都观碑记	元世祖至元二十八年（1291）	碑文记载了元代全真道士戎体玄和宁真大师周志明师徒在峄州玄都观的修道经历。碑文云"今有能为创建之谋，而复有为继述之计者，乃中真大师真成子，与夫宁真大师其人也"②	不详	前太学进士林应开撰
纯正昭慧冲和真人高君道行碑	元世祖至元三十一年（1294）	碑文记载昭慧大师高道宣的修道经历。碑文有"本宫受业十有余年，服膺拳拳，未始少懈。师怜其勤，遂以平昔所得于太古宗师者付授，偈赐昭慧大师，道号明真子"③的记载	济宁南门外元清宫	诸路道门元学提举王道明撰

---

① 陈垣编纂：《道家金石略》，陈智超、曾庆瑛校补，文物出版社1988年版，第783页。

② 陈玉中、李响、杨衡善：《峄县志点注》（第4分册），枣庄出版管理办公室，1986年，第1039—1041页。

③ 李修生：《全元文》（第十七集），江苏古籍出版社2000年版，第20—21页。

续表

碑刻名称	时间	碑文内容概要	碑刻现存地	撰文、篆额、书丹
元许池龙神庙碑	元大德丙午年（1306）	碑文记载古鄫国（缯国）许池龙神之庙的修建始末。碑文有"庙经岁久将欲隳，度神之居难□□。官民费□重扶持，丹青梁栋营参差。金碧塑像从新为，珠宫睥睨同□□"①的记载	不详	佚失
创建三清殿记碑	元延祐二年（1315）	碑文记载碧云乐道子马道明修建峄山三清殿始末。碑文有"命道明，使计材木，为师于顶上建三清殿，以为焚修之所"②等内容	不详	连观国撰，历吉亨书并篆
白云五华宫记碑	元延祐五年（1318）	碑文记载姚安然、王志顺、张志明等修建五华宫之事迹。碑文有"夷真通教大师王公从师姚安然……创起三清殿、三子堂，彩绘辉焕，复建东西斋厨以为四方道友往来寄身之所，由是观宇翕然一新"③等内容	邹县	赵天麟撰，张仲寿书并篆

---

① 陈玉中、李响、杨衡善：《峄县志点注》（第4分册），枣庄出版管理办公室，1986年，第1037—1038页。

② 陈垣编纂：《道家金石略》，陈智超、曾庆瑛校补，文物出版社1988年版，第1147—1148页。

③ 同上书，第750—751页。

续表

碑刻名称	时间	碑文内容概要	碑刻现存地	撰文、篆额、书丹
崇德真人之记碑	元代至治二年（1322）十一月十五	碑文内容有三：一是阐明道教宗旨及全真道来历，二是以道教的观点赞美峄山胜景，三是颂扬明真和阳崇德真人。碑文中有"《道德》至尊，希夷盅理深。……重阳帝君，金莲正宗。七真真君，玉华淀□。李公真人，长生重孙。悟明天理，洞洌凝神。绳绳瓜瓞，后来弗辍。……真人之名，掷地金声。真人之心，月白风清。妙光高处，镌诸巨珉。道众牲牲，亿劫长春"①等内容	峄山仙人棚前左侧西向	邓志明撰，赵子昂书，张畴斋篆
仙人万寿宫重建记碑	元代至治二年（1322）十一月十五	碑文颂扬炉丹峪长生观住持崇真大德灵隐真人王贵实及其弟子经营仙人宫宫观庙宇百余楹之事迹。碑文中有"道家者流，出黄帝老子。以清净虚无为宗，颐神养性为事，长生久视为著，效神仙飞升为极致"，"捣费度材，搜补遗阙。于宫，于观，于邹城，于炉丹峪、匡家庄、狼弃村，皆瞻宫恒缠，之所修创，大小凡百余楹"②等内容	峄山东宫枕石南端	赵孟頫篆额

---

① 济宁市政协文史资料委员会：《孔孟之乡石刻碑文选》，山东友谊书社1992年版，第182—184页。

② 刘玉平：《峄山诗文选》，山东省出版总社济宁分社1990年版，第20—21页。

续表

碑刻名称	时间	碑文内容概要	碑刻现存地	撰文、篆额、书丹
元诏祀峄山碑记	元延祐九年（1322）	碑文记载了峄山的历史以及达鲁花赤等奉旨祭祀峄山神灵岩侯一事。碑文中有"命工磨石刻灵岩侯三字于山阳长春宫之左，庶几后日承承继继，永为祭祀之所"①等内容	不详	刘之美撰文
炉丹峪重建长生观记碑	元代至正四年（1344）十一月	碑文记载了长生观恒产及地界四至；碑阴还刻有全真道峄山随山派世系图。炉丹峪道士视此碑为根基祖业碑②	炉丹峪老君堂前	李元彬撰，蔡思中书并篆

二 蒙元时期其他地域道教宫观

蒙元时期在潍州、济南（平阴）、曲阜分别建有玉清宫、南天观、景灵宫、长春观等著名的道教宫观。它们不但是该地区道教发展与兴盛的重要体现和象征，而且还是全真道派弘道、布道和传道的重要结果。其碑文则大量记载了全真弟子们传道各地并建庙筑观的事迹。

（一）玉清宫

玉清观，位于潍州城北，因潍州时称北海，故又称北宫。玉清观本为金代潍州州将完颜龙虎③的东花园。金大定年间（1161—1189），尹志平传道潍州时，完颜龙虎舍园入观，并于次年为其请来皇赐观额"玉清观"。这在《清和演道玄德真人仙迹之碑》中有记载。玉真观在金代已有盛名，入元之后随着尹志平在全国影响的扩大，玉清观也成为山东中部著名道教圣地，并受到地方执政者的崇拜。元武宗至大三年（1310），玉清观扩建，改名为"玉清宫"。

---

① 山东邹县地方史志编纂委员会办公室：《邹县旧志汇编》，邹县地方史志办公室，1986年，第253页。
② 陈垣编纂：《道家金石略》，陈智超、曾庆瑛校补，文物出版社1988年版，第1206页。
③ 完颜龙虎，生卒年不详，为世袭千户，广有家财，笃信道教。据传尹志平自栖霞西下，途经北海，完颜龙虎闻讯迎于城外，愿将吾城北之花园舍为道观，后改为玉清观。

元延祐四年（1317）玉清宫诗刻，石高四尺四寸，宽二尺三寸。碑文如下：

昔日烧丹院，今为养老庵。爱山非谓景，慕静不名贪。四海水云足，五华归计堪。采薪墙脚北，汲水皂头南。食粥浑身暖，啜茶满口甘。一真离妄想，万法更何参。有客不迎送，无宾罢接谈。任教人见怪，自喜老来憨。

岁次丁未正月三日五华道院撰

北海儒人罗谦书

延祐四年七月日通义安和大师提点朱志诚立石①

（二）南天观

南天观，古称天观，位于山东平阴县洪范池镇南云翠山北侧一环形山腰处。该观创建于元至大四年（1311），明隆庆年间按元代规格重修，主要建筑有玉皇阁、蓬莱仙院、凭虚阁、长春阁、真武观、三真观、戏楼及看台等。②

南天观建筑群占地约3600平方米，主建筑分四个院落，呈现"田"字形结构。西半部玉皇阁及蓬莱仙院与长春阁南北相望，东半部三真观与真武观前后相连。东侧的三真观与真武观规模大体与西侧相邻。玉皇阁坐南朝北，③内设玉皇大帝塑像。玉皇阁北10米处即是蓬莱仙院，院内主建筑为长春阁。④阁南东端筑石阶可登二层。阁西侧筑有石砌平房3间。阁底层南北正中各设一门，南通蓬莱仙院，北通戏楼及看台。据《平阴县志》记载，道教全真派创始人丘处机及其弟子曾修炼于南天观，是当时闻名全国的四大观（北京白云观、济南长春观、邹城峄山长青观、洪范南天观）之一，⑤这充分说明了南天观在人们心目中具有相当的地位和影响。

南天观西侧有元至大四年（1311）的《云翠山南天观记》碑文记载

---

① 陈垣编纂：《道家金石略》，陈智超、曾庆瑛校补，文物出版社1988年版，第749页。
② 政协山东省平阴县委员会：《平阴名胜古迹》，济南市新闻出版局，2001年，第15页。
③ 玉皇阁，东西三间长9米，南北宽4米，拱门方窗，齐檐高2.5米，脊高4米，墙为大志青砌垒，小灰瓦覆顶，脊顶及檐角有雕砖雉尾等饰物。
④ 长春阁，二层，坐北朝南，东西长约10米，南北宽4米，檐高月8米，脊高9.5米。
⑤ 政协山东省平阴县委员会：《平阴名胜古迹》，济南市新闻出版局，2001年5月编，第15页。

了建观的原因：全真教弟子牛志淳、郭志仙两人游至此，乡人孙友见两人"气质古澹，志节坚苦，真远世辞俗之士"，便指云翠山曰："山上曾有仙人隐居，至今遗址存焉"（应指云翠山丘子坪），两人于是"留之不忍去"，遂"截正方隅，略定堪止"，"同侪周志方、赵志古继至"，四人"凿坚凿壁，身服劳苦，殆无虚日"。"乡之善士出资，成此观"。建成此观后"又安宝像（丘真人像）其上"。元至大四年（1311），赵道宽、赵道昌立碑为记。①

《云翠山南天观记》碑阴部分为《全真宗派之图》（图7—1）。该图与陈垣在《道家金石略》中《增修集仙宫记碑阴》（宗派图）②记载的内容相比较具有三个重要的区别③：一是修正部分记载不清的天仙派弟子姓名。二是完善和丰富了碑文的传承人员。三是更加清楚详细地明确了传承弟子情况。

图7—1　平阴云翠山南天观《全真宗派之图》

---

①　参见政协山东省平阴县委员会编《山东平阴风物志》，中国戏剧出版社2004年版，第135页。

②　陈垣编纂：《道教金石略》，陈智超、曾庆瑛校补，文物出版社1988年版，第784页，在邹县《增修集仙宫记碑阴》中（宗派图）。

③　参见赵芃《云翠山南天观初考》，《世界宗教研究》2014年第1期。

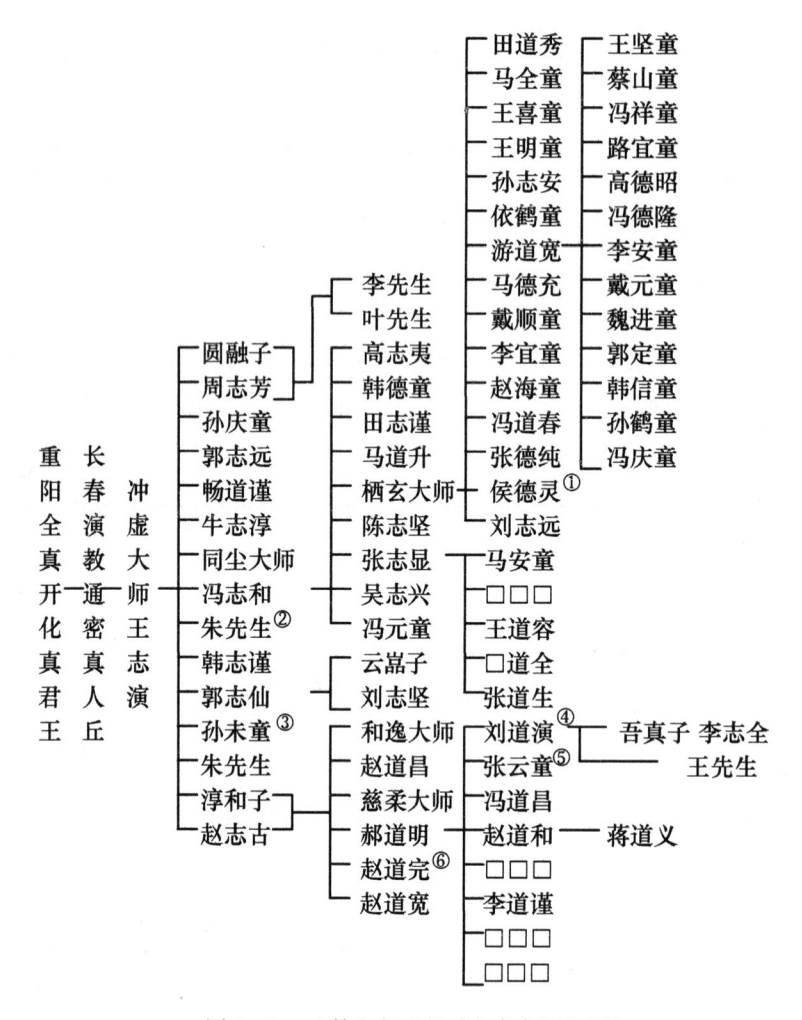

图 7—2　云翠山南天观《全真宗派之图》

---

① 陈垣编纂：《道教金石略》，陈智超、曾庆瑛校补，文物出版社 1988 年版，第 784 页，在邹县《增修集仙宫记碑阴》中（宗派图）把"侯德灵"录入为"侯德□"。

② 同上，在邹县《增修集仙宫记碑阴》中（宗派图）把"朱先生"录入为"朱□生"。

③ 同上，在邹县《增修集仙宫记碑阴》中把"孙未童"录入为"孙□童"。

④ 同上，在邹县《增修集仙宫记碑阴》中录入为"刘道清"。

⑤ 同上，在邹县《增修集仙宫记碑阴》录入为"张山童"。

⑥ 同上，在邹县《增修集仙宫记碑阴》中把"赵道完"录入为"赵道元"。

（三）景灵宫

肇始于宋代的景灵宫，曾毁于蒙元初年战乱之中。蒙古海迷失后二年（1250），曲阜县尹孔之全与蒙古元帅岳某予以营修。元至正十一年（1351），县尹孔克钦与道士潘道谨重修。周伯琦所撰《重修景灵公碑》记其事。景灵宫内设供奉黄帝及其正妃嫘祖的神像。元宪宗元年（1251）遭雷电火之焚，遗址现存。

（四）长春观

长春观，原名大庵，位于济南市内。该观始建于北宋政和元年（1111），元代多次重修。观名来自元廷封赐。丘处机受到元太祖铁木真的召见和赏识，元世祖忽必烈封丘处机"长春演道主教真人"，赐其道观名为长春观，遂改"大庵"为长春观。《泰山道里记》载："元初知州张郁建。金乡女冠訾守慎嗣法于燕京长春国师，后修真于此，赐号妙真观，圮。有中统二年元和子记碑。《金石文字记》：'长春观有元丁亥年碑'。邱神仙牒及成吉思皇帝碑并亡。"①

三 蒙元时期其他地域道教碑刻

在山东菏泽、济南、潍坊、淄博、济宁等地散落了大量蒙元时期道教碑刻，碑文不但记载了全真道教的思想文化内容，而且证明了其在山东传播广泛、影响深远，以及对山东地域文化的影响力和渗透力。列表如下：

表7—11　　　　　蒙元时期其他地区道教碑刻一览表

碑刻名称	时间	碑文内容概要	碑刻现存地	撰文、篆额、书丹
高良太清观碑	元中统四年（1263）（蒙古中统碑）	碑冠系双龙戏珠，两龙相视，盘绕缠绕而上，碑首篆刻"创建太清观碑"六个字。② 碑文有长春真人丘处机道教思想在当地传播、弘扬情况，以及太清观占地百亩，道教女冠任守真学道修炼，建立太清观"立前殿以奉高真，序后堂以集清众，东西翼殿，左右堂厨"等内容	菏泽市牡丹区沙土镇石碑王庄	夷山姬翼、曹南李湛书

---

① （清）聂剑光：《泰山道里记》，山东友谊出版社1987年版，第40页。
② 碑通高3.63米、碑冠高0.95米、厚0.29米、碑身高1.95米、宽0.95米，碑身全部以龙、凤和牡丹为主要纹饰。

续表

碑刻名称	时间	碑文内容概要	碑刻现存地	撰文、篆额、书丹
增修长春大元都宫碑	元至元三年（1266）立	碑文记载了长春大元都宫的增修始末。碑文有"圣元大宗师真常真人承制，革斯宫额。先是辛卯岁，盘山栖云王真君高第弟子邓志迴、卜志平、杨志友，大为经营，广其制。知宫大师杨道明谒三洞讲经师知常子姬志真，文纪诸石"①等内容	山东聊城高唐县大元都宫	亚中大夫礼部侍郎达庄康璧撰
妙真观记碑	元至元五年（1268）立	碑文记载了妙真观之由来及女冠云溪散人田妙真修道妙真观之事迹。碑文有"初，女冠云溪散人田妙真，当壬辰北渡，税驾于此"②等内容	山东巨野城隍庙	乡贡进士高天祐撰
元高兴埠龙王庙碑	元至元十四年（1277）立	碑文记载了龙王庙修建始末。碑中有"曩经爇毁，故基惟馀瓦碟，居民悯焉。圣朝混一，朔南丕冒，海隅出日。自至元丁丑轮奂再新，丹青复旧，每祈晴祷旱，必于此祠，又三十余年于此矣"③的记载	不详	薛揭谦撰
潍州昌乐县第六都辛牟村重修府君之庙创建门楼碑记	元至元十五年（1278）四月十二立	碑文记载了潍州昌乐县东南二十余里等十七都胡家庄石匠作头胡琛等创建庙前门楼一座，重修千古神宫新气象之事。碑文中有"本庄庙后张聚同启信心，维首，翻盖正殿三间，塑像绘仪，润色圣体"、"琛意未安，即是发虔诚心，纠乡贡信事之众，各舍清净之财，命到工匠人等，创建庙前门楼一座，同成胜事俱完。复得圣容，安妥土脉，重修千古神宫新气象"④等内容	不详	张文彬撰

① 王宗昱：《金元全真教石刻新编》，北京大学出版社2005年版，第20—21页。
② 同上书，第23—24页。
③ 李修生：《全元文》（第三十六册），凤凰出版社（原江苏古籍出版社）2004年版，第299页。
④ 李修生：《全元文》（第十七册），江苏古籍出版社2000年版，第308—309页。

续表

碑刻名称	时间	碑文内容概要	碑刻现存地	撰文、篆额、书丹
重修浮烟王行宫之记	不详	碑文记载了潍阳西南张嵩村孙兴庄前有一神祠乃浮山浮烟王行焉之宫的修建始末。碑文有"于故基重修瓦庙三间，又亲管神像七尊，命待韶孟羲以丹青圆绘"①等内容	不详	张文彬撰
仙公山建栖真观记	元至元十八年（1281）立	碑阳文前半部分记述的是栖真观的创建过程，后半部分是当地全真道的传授谱系。碑文中有"此地山势回还，窈然幽邃，可谓僻乎僻者也。名则未尝有闻也，而长春指授之，道安草创之，葆光踵成之，岂偶然哉？盖有由也。嗯，凡为胜地处，必有异人居，不其然乎！后之主者庶几其无泰云"②等记录	山东沂源栖真观内	汴梁毛翌记，朱志休立石，张泉、国用同刊
灵显观碑记	元世祖至元二十年（1283）立	碑文记载了洞真大师琅琊潘公与门弟王志淳辈修建灵显观的事迹。碑文有"与门弟王志淳辈，高者平之，下者填之，曲者直之，经营二十余年。好义者复同心协力，遂创转角大殿五间，绘以天尊之像"③等内容	山东寿光旧城隍庙内	佚失
栖真宫常住地土四至下顷摩崖	元至元二十五年（1288）立	碑文详细记述了当时栖真观扩张土地的情况，前后续买土地共计有161亩之多，加上其原有土地，可知以栖真观为中心的当地全真道教之盛况。碑文中有"上至没口峪，下至孤山脚，两至分水岭。内小峪、仄坡、树木等尽属本宫"④的记载	栖真观所在安平村东一悬崖南面	栖真宫提点朱志休等立石

---

① 李修生：《全元文》（第十七册），江苏古籍出版社 2000 年版，第 309—310 页。
② 姜生：《栖真观碑记所见沂蒙山区早期全真道》，《世界宗教研究》2006 年第 4 期。
③ 新文丰出版公司编辑部：《石刻史料新编》（第 3 辑），（台湾）新文丰出版公司 1986 年版，第 563—564 页。
④ 姜生：《栖真观碑记所见沂蒙山区早期全真道》，《世界宗教研究》2006 年第 4 期。

续表

碑刻名称	时间	碑文内容概要	碑刻现存地	撰文、篆额、书丹
重修济渎庙碑	元至元二十八年（1291）立	该庙碑对"清源王"的来历及演化过程做了详尽解读，并介绍了云霞观主道士胡志常重修庙宇之事。碑文中有"至元六年，凿池及泉，甃甓为池。明年，构正门。又明年，求巨木商于山中，浮洛达河，而东北至于襄邑登陆，而载者几百乘，乃构正殿焉。州尹刘昭督就尤力。像设彩绘，焕然一新。又五年，增献殿焉。计縻钱万有奇。积十年，厥功告成"①的记载	原存于山东菏泽西渎庙，因碑身中折，卧置于正殿西壁下	商琥撰文并书
重修方山龙神祠记碑	元大德十一年（1301）立	碑文记载元大德三年（1299）方山以西边下村裴姓一家重修龙神祠一事。碑文中有"伐山运木，募工缮材，卜时涓日，依旧基础，是以重修。构祠三间五檩，双扇两牖，经营壮丽。起于大德三年季春，成于孟夏上旬八日"②的记载	山东省昌乐县方山龙神祠	青社后进李敬祖撰并书丹篆额，作头卢泽刊
任城神霄万寿宫碑记	元大德六年（1302）	碑文记载任城神霄万寿宫之传承，有"任城神霄万寿宫，女师所居也，旧为神霄观，岁己未，师妙清始以州将萧君请茸而居之。妙清传之守净，守净殁，传之慧秀，益能谨师承"③的内容	不详	佚失

---

① （清）刘藻：《曹州府志》，齐鲁书社1988年版，第233—234页。
② 赵卫东、庄明军：《山东道教碑刻集·青州昌乐卷》，齐鲁书社2010年版，第369—370页。
③ 李修生：《全元文》（第十一册），江苏古籍出版社1999年版，第532—533页。

续表

碑刻名称	时间	碑文内容概要	碑刻现存地	撰文、篆额、书丹
东平全真观记碑	元至大三年（1310）立	碑文记载了东平全真观修建始末。碑文有"长春真人大宗师丘公尝赐观额曰全真"，"惠和之门人刘志深履其地……首创殿三楹，中像纯阳真君，列侍七真，而从者有堂，羽流有庐，斋庖宾□，以次毕举"①	东平	陈俨撰，乔达□篆额，住持彭居惠立石
云翠山天观记碑	元至大四年（1311）立	该碑记载了吕祖天仙派修建云翠山南天观的整个过程，碑阴刻绘了《全真教宗派之图》，详细记载了王重阳全真教派在云翠山地区的传承情况，用图示形式展示了南天观全真教徒流派脉系②	山东平阴县云翠山南天观内西侧	李谦撰文，赵道宽和赵道昌同立
长春真人门徒三史郭公碑	元至治元年（1321）立	碑文记载了郭道安的事迹。碑文有"清□玉象中央柄，参天宫阙煌琉璃，仙掌露盘君其思，鹤鸣九皋吾先师，霞佩玎珰音空垂，万古唐尧当今待"的记录③	淄川七里店修真观	关西羽士聂明德撰文
迎祥宫碑	元至治三年（1323）立	碑文记载了重玄子陈志渊及其弟子修建济南迎祥宫之始末。碑文有"重玄子分命其徒葺舍于傍，为修祀事"，"迎祥遂为府城胜处。然殿宇岁久寝坏，志信高弟邵道康力□修葺，复还旧观"④等内容	济南舜井商业街南部西侧"舜园"内	张起岩撰并书，张养浩篆额

---

① 陈垣编纂：《道家金石略》，陈智超、曾庆瑛校补，文物出版社1988年版，第729页。
② 赵芃：《云翠山南天观初考》，《世界宗教研究》2014年第1期。
③ 李修生：《全元文》（第四十七册），凤凰出版社（原江苏古籍出版社）2004年版，第14—15页。
④ 王晶、张幼辉：《济南巨观·华阳宫》，济南出版社2008年版，第98页。

续表

碑刻名称	时间	碑文内容概要	碑刻现存地	撰文、篆额、书丹
元移建神霄玉清万寿宫	元泰帝二年（1325）立	碑文记载了希夷大德乔正忠、希真大师刘正清、中孚大师敬真子李善信、冲真大师元亨等修建神霄玉清万寿宫始末。碑文中有"甲辰年，创正殿五间，正堂间，挟以翼室。戊申年……又增置长真、辅真二庄观，余曰先天、颐真、长春……二十一年翻修正殿，像太上其中，左右法师灵宫各一座"① 等内容	不详	时天锡撰，解居仁书，杨僖篆
敕赐极真万寿宫碑	元泰定帝致和元年（1328）立	碑叙封悟元参化妙靖真人修道之事迹。碑文有"极真万寿宫者，发冠仙姑封悟元参化妙靖真人寓迹之所也"② 等内容	济宁市任城区西南	元代张养浩撰写
纯阳吕仙堂记碑	元至顺二年（1331）立	碑文记载了纯阳真人吕洞宾的事迹及萧道谨修建吕仙唐之事。碑文中有"吕公名严，字洞宾，京兆人"、"纯阳演正警□□佑帝君之祠，暨同志王□□像于中。二君出己□□率于前，协谋者赞襄于后，经始乎□□改元之八月，甫一岁□□□轮奂一新"③ 等内容。	不详	刘文潜书并题，苏若思撰，萧道谨记
重修青山惠济公记碑	元至正三年（1337）十一月立	该碑文记载了惠济公庙的修建历史、惠济公的封赐以及大德五年的祷雨灵验事迹。碑文中有"惠济公之祠也。若乃叱咤风云，呼吸雨露，祛炎旸而扫魃孽，甦焦枯而沃生意，俾泉石、草木、山川、人物咸沾润泽者，神之感灵德惠也"④ 等内容	山东嘉祥县西南七公里青山南麓青山寺内	东昌教授赵衡正撰，嗣子赵之敬书丹

---

① 李修生：《全元文》（第三十五册），凤凰出版社（原江苏古籍出版社）2004年版，第323—325页。

② 李修生：《全元文》（第二十四册），凤凰出版社（原江苏古籍出版社）2001年版，第643—644页。

③ 李修生：《全元文》（第五十六册），凤凰出版社（原江苏古籍出版社）2004年版，第105—106页。

④ 山东省嘉祥县地方史志编纂委员会：《嘉祥县志》，山东人民出版社1997年版，第795页。

续表

碑刻名称	时间	碑文内容概要	碑刻现存地	撰文、篆额、书丹
元至正惠济公庙记	元至正三年（1337）立	碑文记载了元至正三年（1337）惠济公庙的大修经历。碑文中有"诸神庙门观坏□撤故而作，以楹计者二十有奇。臐牖几案，咸□规制。神像衣冠，金碧绚烂，奂然更新"① 的记载。	不详	苏若思撰
重修太清观记	元初立	碑文记载了太清观修建始末。碑文有"太清观相传创于唐，毁于宋之季，见名额于金，重修于大朝"② 的内容	位于古般水镇（今章丘龙山镇）	杨宏道撰
玉清宫提点张公寿堂之记	元至正五年（1345）立	碑文记载了明真悟理安然大师张志功的生平简介及修道经历。碑文有"投本宫清和大宗师的孙李道正为师，学为全真"③ 的记录	不详	周德洽撰
重修景灵公碑	元至正十一年（1351）立	该碑详记载了仙源县景灵宫的历史，以及尹克钦和潘道谨修建之始末。碑文中有"寿邱兮鬼鬼，俨寿宫兮天开。御阴阳兮观六合，驾龙车兮晨来着。霞深兮瑶□，芳菲菲兮满室。念裔孙兮畴昔，顾轮奂兮三太息"④ 等内容	不详	周伯琦撰
重修关王庙记	元至正十五年（1355）五月中旬立	庙别有残碑，内容佚失	潍坊城内关帝庙	马天骥书，徐岳篆

---

① 李修生：《全元文》（第五十六册），凤凰出版社（原江苏古籍出版社）2004年版，第106—108页。

② 王宗昱：《金元全真道石道新编》，北京大学出版社2005年版，第5—6页。

③ 王宗昱：《潍县全真教小史》，摘自丁鼎《昆嵛山与全真道：全真道与齐鲁文化国际学术研讨会论文集》，宗教文化出版社2006年版，第364—365页。

④ 李修生：《全元文》（第四十四册），凤凰出版社（原江苏古籍出版社）2004年版，第549—550页。

蒙元时期是山东道教发展的又一鼎盛时期，大道教及太一道在山东的传道活动，以及以丘处机为代表的全真教的传承，道教思想的弘扬，特别是丘处机应蒙诏之后，蒙元全真道获得较快的发展，涌现出一大批山东高道，以及尹志平"心性"论等为代表的道教思想、著作，使山东道教达到鼎盛与辉煌的程度。蒙元时期泰山、崂山、沂山、五峰山、峄山等地大量道教宫观、碑刻的修建。不但记载了山东道教兴盛与繁荣的历史，而且说明这个时期道教以山东地域为中心向全国各地传播渗透，山东成为中国道教发展和传播的中心，并对中国道教的发展和传承做出了重要贡献。

第八章

明代山东道教

洪武元年（1368）二月，山东全境被明军攻占，进入明朝统治时期。① 朱元璋安抚百姓，恢复经济，山东出现了稳定和发展的局面。受明朝崇道政策以及相应管理机构设置的影响，明代山东道教在向世俗化方面发展的过程中，出现了局部繁荣的情形，形成了以泰山、崂山、蒙山、沂山为核心的道教发展区域，道教思想和文化不断得到弘扬和传承。洪武三年（1371）曾诏封"东镇沂山之神"②，并多次重修沂山东镇庙，使之成为明代道教活动的重要庙宇。明代泰山、崂山道教文学、道教音乐盛行，道教碑刻增加，道教宫观建设兴盛，以全真道龙门派为代表的新生道士人数增多等，都显示了明代山东道教出现了局部繁荣状况，并对中国道教的发展产生了积极影响。

第一节 明代山东道教概况

明代是山东道教发展的特殊时期。传统的佛、道两教在山东已由盛转衰，并逐渐向民间世俗化方面演化，而杂糅儒、道、释教义的各种民间宗教组织则纷纷出现。③ 以符箓为主的正一道派受到了朝廷的推崇，而以内丹修炼为主的全真道派则遭冷落而失昔日的显赫。明代山东道教从总体上呈现出衰落的趋势，但在崂山、泰山等地却出现局部繁荣的情形。如青岛崂山出现了三个新兴全真道龙门支派，即奉徐复阳为祖师的鹤山派、奉齐本守为祖师的金辉派和奉孙玄清为祖师的金山派，其中金山派后来影响最

---

① 安作璋主编：《山东通史》（明清卷），人民出版社 2009 年版，第 11 页。
② 《明太祖诏定岳镇海渎神号碑》，该碑现在山东省临朐县沂山镇沂山东镇庙，明洪武三年（1370）立。
③ 安作璋主编：《山东通史》（明清卷），人民出版社 2009 年版，第 359 页。

大。这几个支派是丘处机龙门派在明代的延续,三位创始人均活动于明嘉靖、万历年间,死后均得到皇帝的敕封。这三人所开之支派为崂山道教赢得了"全真道教天下第二丛林"[1]的称号。还值得注意的是,明代山东道教音乐也获得较快发展,如崂山古琴乐、泰山民间道乐、云翠山天仙派道乐等,都在明代中国道教音乐中占有重要地位。

一 明代山东道教宫观概况

道教宫观的发展是明代道教在山东发展和繁荣的重要体现。无论从当时分布于全省各地的道教宫观的数量和规模还是从设置地域和位置上来说,道教在山东全境的影响都已具备了一定的广度和深度。列表如下:

表8—1　　　　　　　明代山东道教庙观一览表[2]

序号	观庙名称	地点	创建或重修年代	备注
1	吕祖庙	济南市趵突泉公园	明代,于阁北增建斗母殿,即为现在格局	济南市史志编纂委员会:《济南市志》(第6册),中华书局1997年版,第432页
2	长春观	济南市市中区长春观街9号	明弘治七年(1494)、正德五年(1510)、嘉靖八年(1529)、万历四十五年(1617)重修	济南市史志编纂委员会:《济南市志》(第6册),中华书局1997年版,第431页
3	真武庙	东营西范乡辛集村	明朝末年建	
4	白衣庵	山东利津县	明万历年间重修	
5	郯子庙	郯城县郯子庙村	明万历三十二年(1604)重修	占地2亩、房屋20间
6	关帝庙	郯城县东曹村	明代创建	

---

[1] 白云观位于今北京西便门外二里许,是中国道教协会所在地,有全真第一丛林之称。白云观前身唐代的天长观。唐玄宗笃信道教,奉道教始祖老子为祖宗,为了"斋心敬道",奉老子为"玄元皇帝",并诏"两京及诸州各置玄元庙一所",在幽州(今北京)建"天长观"一座,距今已有1200多年。

[2] 参见山东省郯城县地方史志编纂委员会编《郯城县志》,深圳特区出版社2001年版,第904—906页;临沂地区民族宗教事务局编《临沂地区民族宗教志》,临沂地区出版办公室出版,1994年,第113—122页;山东省乳山市地方史志编纂委员会编《乳山市志》,齐鲁书社1998年版,第834页。

续表

序号	观庙名称	地点	创建或重修年代	备注
7	三官庙	郯城县城西北门	明初创建	占地2亩
8		郯城县城北关一中处	明初创建	
9		郯城县王圩子村	明初创建	
10		郯城县城关卸庄	明初创建	
11		郯城县马头镇	明初创建	
12	文昌阁	郯城县北东北直属库前	明万历八年（1580）创建	
13	玉清观	郯城县旧城北门内路西	明成化四年（1468）知县李楷创建	明万历三年（1575）医士官蒋功移路东
14	南岳庙	郯城县城西60里长城镇	明天顺年间通判王郁重修	
15	三清观	郯城县城北门里路面	明成化四年（1468）创建	占地3亩
16	老母庙	莒县①县城西南公婆山	不详	明称碧霞元君祠。属龙门派
17	三官庙	莒县县城东南石井附近	不详	明以前为丛林寺，居僧甚多，属龙门派
18	关帝庙	莒县县城东北牛家庄	不详	明代称三司阁，属龙门派
19	三清三官庙	莒县县城北箕屋山	不详	清代以前据全真派道士，属全真派
20	玄都观	莒县县城西北玉皇山	不详	明朝时居住全真道士，属全真派
21	太清观	蒙阴县县城西	明万历二十七年（1599）道官胡全阳重修	
22	龙泉观	蒙阴县县城西南40里	明洪武二十七年（1394）修	
23	三元阁	蒙阴县东关	明代常熟县令王之翰、郎中公旬修	

① 包括今五莲县西部、诸城市西南部、安丘市南部、莒县全部、莒南县大部等。

续表

序号	观庙名称	地点	创建或重修年代	备注
24	大士阁	蒙阴县仙洞山阴	明代兵部尚书秦士文夫人张氏建	
25	关帝庙	在蒙阴县东关	明崇祯十一年（1638）知县朱琛创建	
26	文昌祠	沂水县东皋南麓	明万历二十八年（1600）建	
27	天仙观	临沂县①县城南南坛	明永乐年间建	
28	佑德宫	临沂县城北门内东侧	明洪武三年（1370）道士郭道元建。明万历三十六年（1608），兵备陆梦履、知州徐汝冀重修	
29	清泉观	临沂县北70里桑行	明嘉靖年间建	
30	玉泉观	费县上冶东岭	明代建有"枕流亭"，为明大学士许慎手书	
31	城隍庙	高密市城隍庙街	明嘉靖十五年（1536）重修，后屡有增补	
32	碧霞元君祠	邹平市黄山	明代建	
33	志公殿	山东淄博	始建于明万历二十四年（1596），明万历三十四年（1606）重修	殿房面阔三间，进深一间，砖石结构，四梁八柱②
34	玉皇宫	山东淄博	始建于明万历三十三年（1605）	此庙立于青石台上，藏于柏林之中，幽雅别致③
35	玉皇庙	山东省东平县西部腊山	创建于明万历四年（1576）	现庙内有《创建玉皇庙碑记》、清康熙四十一年《重修玉帝大殿碑记》等碑刻④

① 包括今临沂市苍山县大部、临沭县大部，郯城县、莒南县和沂南县小部。
② 赵浦根、朱亦：《山东寺庙塔窟》，齐鲁书社2002年版，第160—162页。
③ 同上。
④ 同上书，第156—157页。

续表

序号	观庙名称	地点	创建或重修年代	备注
36	即墨海云庵	青岛市四方区海云街	建于明代	据清同治《即墨县志》卷十二载："海云庵，在县西南九十里。庵内现存一株明代银杏树，树龄已逾500年①"
37	清微观	今山东高密鲁家庙村	1628—1644年兵部尚书张福臻所建	
38	于姑庵	位于青岛四方区错埠岭村	约建于明成化年间（1465—1487）	因错埠岭村一于姓女出家为道姑，在原黄德庵废址上重建道庵，遂名为"于姑庵"，属道教临济派②
39	集鹿山三教堂	今山东莒南县	明英宗正统十年（1445）和明神宗万历十三年（1585）曾两次重修	庙西有一泉，乡民常祈雨于此。庙中有银杏树3株③
40	青龙观	今山东莒南县陡山乡后惠子坡村	建于明万历二十四年（1596）	山东省莒南县地方史志编纂委员会：《莒南县志》，齐鲁书社1998年版，第758页
41	太平观	威海文登	明代后期由大芦头村（今小观镇）的村会创建	文登市地方史志编纂委员会：《文登市志》，中国城市出版社1999年版，第896页
42	兰玉庵	乳山崖子村南	明代初期	有道士3人，属华山派
43	三官庙	乳山夏村村西	明末	属金辉派
44	土台寺	乳山水井村	明代	属金辉派

① 赵浦根、朱亦：《山东寺庙塔窟》，齐鲁书社2002年版，第201页。
② 同上书，第144页。
③ 山东省莒南县地方史志编纂委员会：《莒南县志》，齐鲁书社1998年版，第758—759页。

续表

序号	观庙名称	地点	创建或重修年代	备注
45	泥土庵	乳山山西村北	明代	有道士1人，属华山派
46	佛爷庙	乳山人石村北	明代	属金辉派
47	三官庙	乳山垛崮山西麓	明代	属金辉派
48	老爷庙	乳山海阳所村西南	明代	有道士2人
49	城隍庙、药王庙、宴公庙、三皇庙三皇庙	惠民县城、城南申家桥	明朝初期	
50	东岳庙、三官庙、药王庙、玉皇阁、二郎庙及	无棣县	明朝初期	重修大山中坳关帝庙，教徒聚会之处
51	太上观、三清观、玄妙观、碧霞行宫	惠民、无棣县	明朝初期	今滨州市

二 明代山东新生代道士

明代道教在山东局部发展和繁荣的重要标志，还表现在产生了一批道教新人，可称之为新生代道士。其代表人物有：

李筮，明代道士。据明刘勅《历乘》第十六卷《人物列传》载："李筮为济南人，聚学自给，寓临安，尝诣净慈寺。过长桥，见青衣道人林下断笋，筮揖之，同食笋。食毕，道人忽不见，筮顿觉身轻神逸，行步如飞，又入蜀隐青城山，后乘云而去。"[1]

---

[1]《历乘·仙释》，崇祯六年（1633）刻本影印，中国书店1959年影印本卷十六。

海上老人，明代道士。据明刘勅《历乘》卷十六《人物列传》载："海上老人，不知姓字，发如银丝，颜如渥赭，双目澄澈，左手尝握而不开，日进生果三枚，水一勺而已。"①

杨生，明代道士。据清道光二十年（1840）《济南府志》卷六十《仙释》引《通志》云："杨生，历城诸生，喜谈神仙，居龙山镇。儿夜啼，生剪纸为二月，口吹上升，使二月相斗，百里内皆见。巡抚某知为仙术，秘访之，问尚有别术否，生举所擎茶，泼之阶前，水暴长若降雨然。呼以仙师送之。归后数日复访之，已携妻子去，不知所之。"②

王勅，明代道士。据道光二十年（1840）《济南府志》卷六十《仙释》引《通志》云："王勅，字云芝，历城人，尝读书卧牛山寺。见火光，发之，得一书。勅中夜焚香展诵，能通天、徹地、御风、出神，知未来休咎所在，多奇迹焉。"③

柏颠，明代道士。据道光二十年（1840）《济南府志》卷六十《仙释》引《通志》云："柏颠，新城人，幼不娶，薄游江湖三十年，有异术，能于暗中嘘气作光，巨石数十人莫能动者，辄手移之。虽过其前则命之舞。能使人做异梦，闭斗室中烧丹，未及期，而母启之，鼎遂焚，柏惊。仆其丙既甦乃颠，后不知其所往。"④

于半仙，明代道士。据道光二十年（1840）《济南府志》卷六十《仙释》引《通志》云："于半仙，居淄川城西治头店，性质朴无为，家有铁拐仙人画像，于日具香纸斋奉阅数岁，常早起赴县役。天尚昧，中途见一人，宛然所供画像，曰：'非吾李仙师乎？'遂恳切求度。曰：'汝随我行，慎勿开目。'须臾至一处，开目视之，则波涛拍天，浩无畔，岸乃东海滨也。惊怖，告归。乃与之金，旬日抵家。年至九十，无疾而终。因谓之半仙。"⑤

长白山异人，明代道士。据道光二十年（1840）《济南府志》卷六十《仙释》引《邹平志》云："济南尹林庵游长白山遇异人，授以方书，遂洞医药，名驰天下。贡生刘梦松就执弟子礼，尽得其术，为德蕃

---

① 《历乘·仙释》崇祯六年（1633）刻本影印，中国书店1959年影印本卷十六。
② 《济南府志·仙释》道光二十年（1840）刻本·卷六十。
③ 同上。
④ 同上。
⑤ 同上。

名医。"①

何五子，明代道士。据道光二十年（1840）《济南府志》卷六十《仙释》引《长山志》云："何五子，邑北弥勒胡同人。童子时，遇纯阳，授异术，遂辟谷于凌岩，明洪武中化去。康熙丙寅丁卯，闲屡降乩于邑南李中丞斯义之、庆云堂，订风雅，谈性命，自称烟霞老叟，有《凌岩集》一卷。"②

云门鹄我子，明代道士。据道光二十年（1840）《济南府志》卷六十《仙释》引《长山志》云："云门鹄我子，天启闲人何仙及门也，著金丹秘篆十二章，批点唐诗一部，乩笔酬唱，时与何仙俱焉。"③

王一凤，明代道士。据道光二十年（1840）《济南府志》卷六十《仙释》引《禹城志》云："王一凤，寓南关玉皇庙，瞑目静坐，身不下榻者百余日。有以馓粮馈者，郤不受，茹蔬饮水而已，后不知所终。"④

王道人，明代道士。据道光二十年（1840）《济南府志》卷六十《仙释》引《德州志》云："王道人，州人无名，俗呼为王四，幼跛，倚双踊而行，娶妻魏氏，数年忽出家为道士，云游不知去向。阅二十年，州人有见之于武当山者，蓬头赤足，容貌如旧。崇祯初，又有人见之于柏乡王参将家中。参将病，教以导引之术。为人饮食不恒，或日不食，或食兼数人。时有陈道人晓吐纳之术，谓人曰：'此子捉住，性命不死矣'。"⑤

耍子，明代道士。据康熙十二年（1673）《蓬莱县志》卷六《仙释》载："耍子，幼从师，修真于城之万寿宫，遇异人止宫之窑，师不为礼，私食之。异人授以术，点铁成金。师觉异人遁去，耍子沐浴跣足而化遗一履。是日城西三十里，有人见其赤一足逐一鹅行，曰：'烦寄吾师，吾寻异人去矣。'"⑥

赤脚王，明代道士。据康熙十二年（1673）《蓬莱县志》卷六《仙释》载："赤脚王，碧目苍颜，发明如鉴，戴一笠，非布非绒，其光如漆，其质如灰，每自以为始冠时物，不知其几千年。所尝为人力田，随意

---

① 《济南府志·仙释》道光二十年（1840）刻本·卷六十。
② 同上。
③ 同上。
④ 同上。
⑤ 同上。
⑥ 《蓬莱县志·仙释》康熙十二年（1673）刻本·卷六。

耘籽，不问人知，隆冬不履，冰泽腹坚，踏其上如平地，行步如飞，骤马追之不及，人争异之，以长生之术求，则厉色嗔词，俚不可解。八九十岁老人日童时屡见其貌，正如今日婴儿，瘤疾邀拊摩之立瘳。间有调笑之者，下其裳，童身稚肤，乃共惊传其为全真子也，争师事之，早已遁去，杳不可寻。以其四时徒跣，遂名为赤脚王云。"①

马贞一，明代道士。据康熙十二年（1673）《蓬莱县志》卷六《仙释》载："马贞一，不知何许人也，有人于弘正间见之居华山，当时已百数十岁矣。万历乙丑，抵登，预识郡变，多隐语。"②

董光纯，明代道士。据康熙十二年（1673）《蓬莱县志》卷六《仙释》载："董光纯，自称安丘人。岛将变，忽至登。语多颠越，不相连续，率一二语略可解，着白布衣，遍书诗，其上诗亦多，不可晓。偶于街头狂叫曰：'二十一日十字口，两条腿无处走。'未数日，监军道黄孙茂果为岛将刘兴治所害，遂服其为异人云。"③

毛廷芳，明代道士。据乾隆二十三年（1758）《掖县志》卷五《仙释》载："毛廷芳，早为掖诸生，好道书，通呼吸摄纳之法，施茶舍药，与方外游接。一旦投书井中，因失廷芳所在。弟学彦物色得之劳山，苦劝不回，子衍复往求之，遂不能得。后数十年，孙俊登篑序，有芒衣棕毯道者至其村，村中老人识之曰：'廷芳归矣。'不应而去，遂绝影迹。"④

蓝道行，明代道人。据乾隆五年（1740）《莱州府志》卷十二《方术》云："蓝道行，即墨人，善降紫姑。嘉靖中以荐招入禁中，使言祸福，奇验，上以为神。一日，从容问辅臣贤否，道行遂诈为箕仙，对其言嵩父子弄权状。上曰：'果而上玄何不殛诛也。'诡曰：'留待皇帝正法。'上默然。"⑤

麻衣赵，明代道士。据乾隆五年《莱州府志》卷十二《仙释》云："麻衣赵，冬夏恒衣麻，隐胶州大朱山石室辟谷得仙，其门上勒'朝阳

---

① 《蓬莱县志·仙释》康熙十二年（1673）刻本·卷六。
② 同上。
③ 同上。
④ 《掖县志·仙释》乾隆二十三年（1758）刻本·卷五。
⑤ 《莱州府志·仙释》，乾隆五年（1740）刻本·卷十二。

庵'。"①

去留馨，明代道士。据乾隆五年（1740）《莱州府志》卷十二《仙释》云："去留馨，姓范，自幼灵秀，好游，遇道人授以辟谷导引之术，既长绝不饮食，身轻如槁叶，行住处异香袭人，自号去留声。歌舞于市，不以言笑假人，洪武间乘云上升胶州，屡年丰稔。"②

李真人，明代道士。据乾隆五年（1740）《莱州府志》卷十二《仙释》云："李真人，不知何许人也，在平度云台观修养日久，后坐化于石岩下，二十余年，皮骨不朽，尚书赵焕题曰：'李真人蝉脱处。'"③

孙教鸾，明代道士。自号烟霞散人，髫年好道访名山，遇安师修道。④

杨一正，明代道士。据同治十二年（1873）《即墨县志》卷十二《方伎》载："杨一正，天顺间于山中得异书，每遇旱请祷者不令置坛，但书'霹雳'二字于役人手中，令其急握开之，即雷轰雨沛，所刻之期未有爽者。尝与友偕行遇雨，数里不少霑，濡人呼为杨童子。"⑤

王之霖，明代道士。据同治十二年（1873）《即墨县志》卷十二《方伎》载："王之霖，号凤南祖一中，有异术，能煮石成金。之霖颖悟，八岁通古文尚书，游庠后，累试不第，发愤自矢，取典坟邱，索百家诸子，并涉猎一切阴阳医卜之术，靡不精人妙解，遇不如意事，即闭户诵读。构奇疾，人皆危之，自诊曰：'脉不疾。'果无恙。逾年复病，自诊曰：'危矣！'随不起。"⑥

华楼宫道士，明代道士，据同治十二年（1873）《即墨县志》卷十二《释道》载："华楼宫道士，失其名，形容怪丑，执樵苏之役。高密张生假馆庵中，甚轻忽之。一日为其徒说《易》，道士窗外呼曰：'君所述皆俗说。'试叩之名理，出人意表，生受其学，遂以说《易》擅东方。"⑦

---

① 同上。
② 《莱州府志·仙释》，乾隆五年（1740）刻本·卷十二。
③ 同上。
④ 山东省龙口市史志编纂委员会：《龙口市志》，齐鲁书社1995年版，第773页。
⑤ 《即墨县志·方伎·释道》，同治十二年（1873）刻本·卷十二。
⑥ 同上。
⑦ 同上。

三 明代山东道教石刻、碑刻

明代山东道教繁荣和发展的另一重要标志是局部道教石刻、碑刻增多，碑文内容丰富、详实，富有特色，这从一个侧面反映了明代道教在山东重点地域的传播和发展。列表如下：

表8—2　　　　明代山东部分地域道教石刻、碑刻一览表

碑刻名称	时间	碑文内容概要	碑刻现存地	撰文、篆额、书丹
《重修玉清宫记》碑	明成化十五年（1479）	该碑记载了潍县玉清宫的历史以及修建始末。碑文中有"昔丘、刘、谭、马、郝、王、孙七仙栖真之所也"，"永乐十八年，道会张希全自髫年焚修本宫，礼前道会云庵郑公为师"，"精专道业，确守宗风，而凡召号风雷，祛邪御灾之术，尽得其指归"以及建三清、玉皇殿经过①等内容	不详	平度州儒学训导钱塘谢信撰，本州儒学廪膳生员白绘篆，潍县儒学廪膳生员卢玭书，贺复真刊
《大明鲁国重修万寿宫》碑刻	明成化二十一年（1485）	该碑记载了济宁万寿宫于明代修缮的缘由和过程。碑文中有"万寿宫乃旧东岳庙，在兖城内之东北。重修于元至正二年壬午"、"先祖考靖王命内臣承奉杨胜修补如初。成化二年丙戌，兖州府道纪司都纪巩道岩又重修东岳庙"，"经始于十八年壬寅之春正月，落成于今十九年癸卯之秋八月。因其旧基，撤去向之腐敝，重新结构"②等内容	不详	赐进士朝列大夫湖广布政司右参议致仕寓古兖玉田刘□钟撰，赐进士亚中大夫陕西布政司右参政致仕寓古兖贾杰书丹，鲁府右相奉政大夫关西张机篆额

---

① 陈垣编纂：《道家金石略》，陈智超、曾庆瑛校补，文物出版社1988年版，第1267页。
② 同上书，第1267—1269页。

续表

碑刻名称	时间	碑文内容概要	碑刻现存地	撰文、篆额、书丹
《感应井泉记碑》	明正德九年（1514）四月	碑文记载了"一夕梦寐间，即其地凿之，果得泉涌出。色清味甘，众欢欣踊跃"①，遂以石作亭于上，名曰"感应井泉"，以及由此引申出"惟欲甘以养人不欲苦以害人"等道家积善成德、善恶报应、济世利人的思想和感触	济南大明湖北极阁附近	赐进士出身奉政大夫兵部武选司郎中郡人邹袭撰，赐进士出身中宪大夫山西按察司提学刺使济南边贡篆额，济南府学生平原□□书
《颜悦道登琅琊述碑》	明万历二十四年（1549）仲秋立	此碑乃明诸城知县颜悦道登琅琊台抒怀述事石碑。碑文记载了进士第文林郎，知诸城县事魏郡琅琊主人颜悦道，托梦悟道、寻道，以及"随仙人陟琅琊之巅"，"前二十年而山灵入愚梦中，今复幸邀，海灵呈其异，以快此游"② 等仙道情怀	碑原藏于胶南市博物馆，现陈列于琅琊文化陈列馆	颜悦道撰文，儒学教谕胶州李君宠、训导长□李本□蓬莱杨维纲同立石
沂源织女洞石刻	明万历七年（1579）	此碑记述沂源县织女洞重楼的重修缘由。碑文中有"志云，唐人过谷，闻个中扎扎机声，以故织女旧矣……对寿并起朱寝，在天成像者，而在地成形矣"③ 等内容	山东沂源县大贤山东北麓	大明龙集万历七年己卯岁秋八月吉庠生孙儒撰书，章丘石匠孟来贤镌立

---

① 济南市名泉保护管理办公室：《济南名泉大观》，济南出版社1998年版，第161—162页。

② 山东省胶南市《琅琊台志》编纂委员会：《琅琊台志》，齐鲁书社1997年版，第85—86页。

③ 郭春义、任纪录、金世才：《织女洞游记》，《临沂地名》1988年第2期。

续表

碑刻名称	时间	碑文内容概要	碑刻现存地	撰文、篆额、书丹
《玉皇上帝圣庙貌辉煌纪》石刻	明崇祯三年（1630）	碑文记载了毓璜顶玉皇庙的修建历史，说明道教在毓璜顶曾经有过辉煌的发展。碑文中有"乙未岁春刘惟业等各发虔念，纠众立会醵资崇建玉皇圣庙一座。轮奂崛起，规模壮丽，庙宇焕然，金象鲜妍，俱已完备"①的记载	烟台毓璜顶	福山县儒门生员丘成岳沐手撰

另外，明代新增道教造像在山东道教史上较为罕见的，主要有两处：一处为青州市云门山阴万春洞中的陈抟枕书长眠石像，开凿于明嘉靖年间；另一处为云门山马丹阳祖师打坐真像浮雕，亦为明代所造。② 这反映了道教特别是全真道教在山东的深远影响，并表明以陈抟、马丹阳为代表的全真道教徒在山东道教信众心目中的地位及影响力。

蒙元时期全真道士王处一拜王重阳为师后到荣成槎山隐居，住云光洞内，钻研道法。因来云光洞寻道问佛者越来越多，王处一不堪其扰，便率领弟子迁到清凉顶，在其北石壁上开凿一洞，名为"全真洞"。明万历年间，有僧人云游到此，见全真洞景致非凡，便在洞内石壁上镌刻了1000尊佛像（实际为998尊，另外2尊在山北坡一处称为"上天梯"的石壁上），全真洞遂改名为千真洞，俗称千佛洞。③ "千真洞"的产生是明代全真道教衰落而佛教兴盛的结果，是明代道教局部繁荣总体式微的反映，预示着道教在明朝后期进入衰落时期。

四 明代山东儒、道、释的融合

明代山东儒、道、释融合程度不断得到加强，主要体现在泰山儒、道、释的融合，崂山儒、道、释间的冲突与融合，三教堂的兴建、山东邹

---

① 烟台市园林管理处毓璜顶公园：《毓璜顶文化》（第3辑），2010年印刷，第45页。
② 牟钟鉴：《全真七子与齐鲁文化》，齐鲁书社2005年版，第316页。
③ 同上书，第317页。

城儒、道、释的融合,以及三教融合对民间宗教派别产生的影响等方面。

(一) 泰山儒、道、释的融合

明代泰山儒、道、释三教融合的突出表现是儒、道、释三教寺庙并存,如佛教寺庙普照寺。普照寺,于明宣德三年 (1428) 由高丽僧满空建造。满空是普照寺重开山第一代云公禅师,驻普照寺二十五年之久,弘扬佛法,是当时知名高僧。儒家祠庙五贤祠,旧称泰山书院,为儒家在泰山的标志性建筑。明嘉靖年间称三贤祠,祠内祀孙明复、石守道、胡安定、宋初三先生。道教庙观三阳观,为明嘉靖道士王三阳所建,万历年间扩建,由此形成了"你中有我、我中有你""三教合一"的独特文化景观。

泰山寺院宫观的建立和发展,不但表现了明代泰山儒、道、释三教各自存在,而且还昭示着三教既斗争又融合仍然是当时不同教派关系的主旋律。

(二) 崂山儒、道、释的冲突与融合

1. 崂山释、道之争最突出的表现就是崂山道士耿义兰与憨山和尚的庙产土地之争。憨山曾居住在五台山,后来山东崂山寻那罗延窟。[①] 到崂山后,憨山主持建造了佛教庙宇海印寺,并于万历十六年 (1588) 立新建海印寺石碑。万历十七年 (1589),道士耿义兰向憨山提出寺址的产权归属,并将憨山告上山东巡抚衙门,但耿义兰败诉。万历十八年 (1590),道士贾性全、连演书、刘真湖等又将憨山告上山东巡抚衙门,亦败诉。万历二十三年 (1595),耿义兰又为此事进京告御状,最终打赢了这场官司。这场释道之争体现了各教为维护自身利益不相兼容的一面,从这场争斗中可以看出明代道、佛之间的利益交锋越来越多。

2. 崂山儒、道、释之融合。崂山儒、道、释的融合,首先表现为憨山主动融通儒、道两家。憨山虽然与道士耿义兰进行过庙产之争,但他持有儒、道、释三教融合的思想却是值得赞赏的。憨山幼时学习儒、道,既壮修佛。其《论心法》云:"余幼师孔不知孔,师老不知老;既壮,师佛

---

① 《憨山大师年谱疏》中记录了憨山来崂山寻那罗延窟的情况:"予初因阅《华严疏·菩萨住处品》云:'东海有处名那罗延窟,从昔以来,诸菩萨众于中止住。'《清凉疏》云:'梵语那罗延,此云坚牢,即东海之牢山也。禹贡青州登莱之境,今有窟存焉。'予慕之,遂特访至牢山,果得其处,盖不可居。"(张永俭:《憨山大师法汇初集·憨山大师年谱疏》,香港佛经流通处,1997年,第50页)

不知佛。"① 憨山认为必须借助中国传统儒道思想，把儒家忠孝观念作为佛教徒的基本守则，才能促进佛教兴盛。故其在《论去取》中把孔孟老庄称为"四哲"，赞叹其与佛法同为，广大微妙。② 在崂山住持修建海印寺期间，憨山还参与修建崂山一些道教宫观，曾在全真道观白云庵居住，并作有《重修巨峰顶白云庵玉皇殿记（并铭）》，其中云："无建立功德，自与山海共之，又焉用记？乃为之铭。"③ 憨山与道教的密切关系，还表现在憨山曾应全真道之罘山神庙住持高常清的邀请为之罘山神庙作记，题为《重修之罘山神庙记（并铭）》。④

憨山在其《学要》篇云："尝言为学有三要，所谓不知《春秋》，不能涉世；不精《老》、《庄》，不能忘世；不修禅，不能出世。此三者，经世、出世之学备矣。缺一则偏，缺二则隘，三者无一而称'人'者，则肖之而已。"⑤ 憨山以"三要"教诲弟子，要求弟子以"三要"自勖。他还强调："三教本来一理，无有一事一法"，"三圣本来一体，无有一人一物"⑥，"三教圣人，所同者心，所异者迹也。以迹求心，则如蠡测海。以心融迹，则似芥含空。心迹相忘，则万派朝宗，百川一味。"⑦ 他还结合自己对儒道的理解，对多部儒道经典著作作注，如《老子道德经注》《庄子内篇注》《中庸直指》等。

憨山对崂山儒、道、释融合的贡献还体现在他通过与崂山当地的名流显要及居士保持长久的友谊而促进儒、道、释间的融合。"憨山在崂山结识的居士、门人张大心、江吾与、黄子光、黄悟山、黄柏山、王牧长、周世父等不但在海印寺常相交流，即使憨山远遣南粤，也时有书信关注。"⑧

---

① 曹越：《明清四大高僧文集·憨山老人梦游集》（下），孔宏点校，北京图书馆出版社2005年版，第330页。
② 青岛市崂山文化研究会：《崂山研究》（第1辑），中国海洋大学出版社2006年版，第123页。
③ 曹越：《明清四大高僧文集·憨山老人梦游集》（上），孔宏点校，北京图书馆出版社2005年版，第413页。
④ 同上书，第410页。
⑤ 曹越：《明清四大高僧文集·憨山老人梦游集》（下），孔宏点校，北京图书馆出版社2005年版，第205页。
⑥ 同上书，第333页。
⑦ 同上书，第348页。
⑧ 青岛市崂山文化研究会：《崂山研究》（第1辑），中国海洋大学出版社2006年版，第124页。

由于这些名流显要、居士受儒家思想影响很深，憨山与这部分人保持密切往来，必然会促进崂山儒、道、释间的进一步融合。

崂山儒、道、释之融合的另一表现是众多文人士大夫游览崂山道佛古迹，并留有作品。如明代陈沂的《鳌山记》、高宏图的《崂山九游记》、蓝田的《劳山道中》、赵鹤龄的《王乔崮》、杨泽的《上苑》、邹善的《华楼》等。这些作品都表现出作者对崂山道佛生活的向往。其中，陈沂《鳌山记》记载当时崂山"栖禅炼真、灵异之迹"，有"佛宇僧庐""仙释拥出之景像"等，展现了佛道建筑交相辉映的情景，描绘了明代崂山佛道共存、道释融合的气象。

（三）明代山东其他地方儒、道、释的融合

明代山东的三教融合也表现在各地兴建了象征儒、道、释融合的三教堂方面，如山东莒南县境内当时就建有三教堂。① 明代，山东邹城道佛两教亦相互渗透，这与统治者的支持不无关系。鲁王朱檀信奉道教，但也支持佛教的发展，他曾出资兴建了供佛教僧徒居住的峄山孤桐寺。明代的峄山还出现了道佛两家共建道藏阁一座的有趣现象，新建的道藏阁用来存放《续道藏》一书。道、佛两家还共同购置了民田两顷余。②

（四）明代融合儒、道、释三教的民间教派

随着明代儒、道、释三教的融合程度不断增强，一些民间团体吸收三教思想创立了新的教派。如当时风靡华北及江南部分地区而主张外佛内道的黄天教，③ 明末在山东得以迅速发展的弘阳教，④ 明万历年间在山东蔓延扩展的闻香教⑤等。明成化、正德年间，山东即墨人罗梦鸿创立了主张"清静无为、无生、真空"的罗教，其教义既融合了道教思想也融合了佛教观点。⑥

另外，自明天顺七年（1463）开始，佛、道二教相继入住昌乐方山龙神庙，佛、道二教信仰与民间信仰的融合，一方面更加扩大了龙神信仰在当地民间的影响力，另一方面使宗教信仰呈现出多样性与地域性的特

---

① 山东省莒南县地方史志编纂委员会：《莒南县志》，齐鲁书社1998年版，第759页。
② 山东省邹城市地方史志编纂委员会：《邹城市志》，中国经济出版社1995年版，第727—728页。
③ 马西沙：《中国民间宗教史》，中国社会科学出版社2004年版，第308页。
④ 同上书，第370页。
⑤ 同上书，第414页。
⑥ 同上书，第353页。

征,为佛、道两教的生存与发展提供了新的样态。①

第二节 明代山东主要道教宫观及碑刻

明代山东各地修建、改建、扩建了一批在中国道教史上具有重要影响的道教宫观,如烟台蓬莱阁、栖霞太虚宫、济南华阳宫、济南北极阁、岱庙、肥城王母大殿、烟台芝罘阳主庙等。以这些地域的道教宫观建设为依托,产生了以石刻、碑文为主要载体的众多具有较高文学艺术价值的诗歌、散文等,使山东道教呈现出局部繁荣的态势,从而促进了明代道教思想文化的发展。

一 明代烟台蓬莱阁

蓬莱阁坐落于蓬莱市城北濒海的丹崖山顶,为一组古建筑群。楼台殿阁分布得宜,包括弥陀寺、龙王宫、天后宫、三清殿、吕祖殿、蓬莱阁等六个建筑单体。

历史上,蓬莱阁曾经过多次维修。龙王宫于明洪武、万历年间均曾修葺。天后宫曾于明崇祯九年(1636)重修。三清殿曾于明隆庆年间重修,原有白云宫于明万历三十一年(1603)被毁。从明宋应昌的《重修蓬莱阁记》和陈钟盛的《蓬莱阁记》中,可以详细了解明代蓬莱阁的修缮历史。

蓬莱阁久负盛名,明代留下了不少关于蓬莱阁的诗篇。如黄克缵、塞达、赵亨、师尹的《登蓬莱阁》②,以及王世懋的《寄讯蓬莱阁》、陶性的《观海市》③、徐应元的《甲子仲夏登署中楼观海市》、赵鹤的《蓬莱阁观海》等。诸诗不但蕴含着文人墨客的道家情怀和神仙信仰,而且代表了明代山东道教文学发展的一个重要方面。

二 明代栖霞太虚宫

明代,太虚宫因为丘处机得道之处,远近闻名,吸引了众多文人墨客前来观谒,并留有大量诗词等文学作品。主要有左思忠、牟道立的《游滨都

---

① 秦国帅:《民间信仰与佛道两教的互动——以山东昌乐县方山龙神庙为例》,《潍坊学院学报》2011年第3期。
② 见清道光十九年(1839)《重修蓬莱县志》卷十四《艺文志(下)》。
③ 同上。

宫》①、何思鳌的《憩滨都宫》②，以及《谒长春像》③ 等。

三　明代济南华阳宫（崇正祠）

济南华阳宫，位于济南华不注山南麓。明嘉靖年间，改华阳宫为崇正祠，殿内祀齐大夫逄丑父和先贤闵子骞，配殿祀名臣乡贤铁铉等。④ 万历时崇正祠废，仍为华阳宫，祀四季之神（春句芒，夏祝融，秋蓐收，冬玄冥），并奉风、云、雷、雨等神。

四季殿，为华阳宫主殿，前有月台。明嘉靖十一年（1532）和明万历六年（1578），曾对该殿进行过维修。

泰山行宫，在济南华阳宫的西侧，由门楼、东西十王殿、元君殿等组成，是华阳宫古建筑群的一部分。崇祯二年（1629）、崇祯五年（1632）以及崇祯十年（1637）碑文记述了泰山行宫在明代修建之缘由、重修及维修的过程，是华阳宫在明代变迁的真实记录。

元君殿，创建于明崇祯二年（1629）。东、西十王殿，在地藏殿两侧，进深二间，面阔三间，单檐硬山顶，约创建于崇祯二年（1629）。明代华阳宫碑刻碑文记载了其修建、扩建的盛况，列表⑤如下：

表 8—3　　　　　　　　明代华阳宫碑刻一览表

碑刻名称	时间	碑文内容概要	碑刻现存地	撰文、篆额、书丹
崇正祠碑记碑	不详	记述了华阳宫改为崇正祠及修缮崇正祠的经过。碑文中有"嘉靖壬辰，诏天下毁淫祠。于是有司议毁华阳"、"具请于两台，咸报议可，遂易华阳为崇正祠，颓者起之，腐者新之，有堂有门，有庑有亭，有庖有湢，有龛有座，其外固以周垣，表以石槛，通以津梁，引以川源，其制厂焕睹瞻"⑥ 等内容	原立于华阳宫内，现已无存	明代学宪陆绒撰

---

① 见清光绪五年（1879）《栖霞县志》卷十《诗》。
② 同上。
③ 同上。
④ 济南市史志编纂委员会：《济南市志》（第 6 册），中华书局 1997 年版，第 433 页。
⑤ 王晶、张幼辉编著：《济南巨观·华阳宫》，济南出版社 2008 年版，第 98—109 页。
⑥ 见明刘勋《历乘》第十七卷《文苑传》，明崇祯六年刻本。

续表

碑刻名称	时间	碑文内容概要	碑刻现存地	撰文、篆额、书丹
济南府新建崇正闸记碑	明万历六年（1578）	碑文记述了修建崇正闸的经过，及用修建崇正闸所剩物料复修华阳宫祀四帝和风、云、雷、雨等神的情况。碑文中有"闸傍旧有华阳宫，规制颇弘，厂中□□□莫有辨之者，少府公因正其名号，以祀四帝并风云雷雨等神，示民知所祈报，且以修闸余材及德王贤殿下与乡大夫所施，增构斋厨等处"①的记载	济南华阳宫二宫门前	赐进士出身文林郎知历城县事鲁山贺一孝撰，督工济南卫经历李时用历城县典史康希政、省祭官王宗宝立石
碧霞元君行宫碑记	明崇祯二年（1629）	碑文记述了碧霞元君信仰和修建碧霞元君行宫的始末。碑文中有"余修岱史，考碧霞元君之所从来，说者曰：黄帝时俾九女焚修于泰山，以奉香火，元君其一也，亦未可尽信"、"信士王君□四帝宫之上，吕公堂之下，创建一宇，以栖元君肖其像而祠之，俾一方之士女得以奉香火"②等内容	现嵌于华阳宫泰山行宫廊厦东墙上	金舆山道人刘敕撰
新建泰山行宫醮社碑记	明崇祯五年（1632）	碑文记述了华阳宫何以取名泰山行宫的缘由。碑文中有"华阳宫之西建一宫，命曰泰山行宫"，"泰山甲于五月，则山为巨灵，灵气所通，无在而无乎不在也。矧连陵而来华山亦泰山之肢脉欤？灵在则神在也，神在则山在也，故谓华为泰，谓神在为宫"③等内容	位于华阳宫泰山行宫院内	刘敕君授甫撰

---

① 济南市历城区政协文史委：《历城文苑采撷》，大众文艺出版社2007年版，第276—277页。

② 王晶、张幼辉：《济南巨观·华阳宫》，济南出版社2008年版，第106—107页。

③ 济南市历城区政协文史委：《历城文苑采撷》，大众文艺出版社2007年版，第274页。

续表

碑刻名称	时间	碑文内容概要	碑刻现存地	撰文、篆额、书丹
泰山行宫醮社碑记	明崇祯九年（1636）	碑文记载了泰山行宫之祭祀以及斋醮一事。碑文中有"华山之麓有宫，名曰泰山行宫，碧霞元君之所栖也，而以十王配之，列于两庑"、"里中诸君子醮于斯者数百人，妇女亦居其半"①之记载	现镶嵌于华阳宫泰山行宫山门内壁西侧	富平侯刘敕撰
泰山行宫醮社碑记	明崇祯十年（1637）	碑文记载碧霞元君信仰以及斋醮事。碑文中有"行宫，元君之寄寓也。元君籍山灵以效灵宫之"、"鸠四百余众，靡不设诚奉祀，如出一心，业五易寒暑于兹矣"②等内容	华阳宫泰山行宫旁	佚失

四 明代济南北极阁

济南北极阁又名真武庙、北极庙，位于大明湖北岸，始建于元代，曾于明永乐年间重修。由前后两殿、钟鼓二楼、东西配房组成。前殿为正殿，内塑真武及其神将19尊。后殿（又名启圣殿）塑真武父母像，为明成化年间增建。真武原名玄武，为北方之神，它同青龙、白虎、朱雀合称古代神话中的四方之神。明人刘敕在《历乘》中曾赋诗对北极庙作了生动描绘："庙貌郁崔嵬，溪云护法台。凭轩双目豁，倚槛万峰来。树影孤帆动，香烟古殿开。喜看载酒者，一棹任徘徊。""傍城一刹欢凌空，山色湖光一望中。闲把酒船泊此地，香烟遥接落霞红。"③

五 明代岱庙

岱庙，历史悠久，明代曾重修过。明嘉靖二十六年（1547）冬，岱庙遭受火灾，除少数宫殿幸免外，其余皆被焚毁。唐槐在岱庙的西南院。

---

① 王晶、张幼辉：《济南巨观·华阳宫》，济南出版社2008年版，第109页。
② 济南市历城区政协文史委：《历城文苑采撷》，大众文艺出版社2007年版，第276页。
③ 见明刘敕《历乘》第十七卷《文苑传》，明崇祯六年（1633）刻本。

明万历十五年（1587），甘一骥曾题"唐槐"二字。① 岱庙的后花园中立有明代的铜亭、铁塔。铜亭又名"金阙"，明万历四十三年（1615）铸造，为仿木结构，造型精巧。铁塔系明嘉靖十二年（1533）造，原为十二级，现仅存五级。

六　明代肥城王母大殿

肥城王母大殿，明嘉靖年间由乡人在牛山寺的基础上创建。殿内祀西王母彩塑坐像。殿西有甘霖池、丈夫石、八角琉璃井等。琉璃井旁有碑，上刻"古落石泉"，泉水甚碧，深数尺，传说龙潜其中，每逢大旱之年，远近乡民前来祈雨者络绎不绝。②

第三节　张三丰及其在山东的传道活动

张三丰，明朝著名道士，名通，又名全一，字君实（一作君宝），号玄玄子，辽东懿州（今辽宁阜新）人，生年不详。其出生地虽不是山东，但其在山东活动频繁，并对山东道教的发展做出了重要贡献。张三丰曾于崂山隐居多年，日诵洞经。又据《泰山道里记》云，张三丰曾修真于泰山明月嶂的"懒张石屋"。③ 英宗天顺三年（1459）诏封张三丰为"通微显化大真人"。成化二十二年（1486），明宪宗特诰封张三丰为"韬光尚志真仙"④。嘉庆四十二年（1563），明世宗赠封其为"清虚元妙真君"⑤，后明熹宗又封其为"飞龙显化宏仁济世真君"⑥。

一　张三丰在山东的传道活动

从明初起，张三丰便受到皇帝的器重。洪武十七年（1384），太祖朱元璋下诏征张三丰入朝。洪武二十四年（1391），又命四十三代天师张宇

---

① 赵浦根、朱亦：《山东寺庙塔窟》，齐鲁书社2002年版，第8—11页。
② 同上书，第84页。
③ （清）聂鈫：《泰山道里记》，中华书局1985年版，第25页。
④ （明）张三丰：《张三丰全集》，方春阳点校，浙江古籍出版社1990年版，第325页。
⑤ 同上。
⑥ 同上。

初访求张三丰。明成祖对张三丰更加景仰，分别于永乐五年（1407）、永乐十年（1412）、永乐十四年（1416）寻访张三丰。张三丰曾频繁活动于以泰山、崂山为中心的山东广大区域，张三丰不仅为崂山留下了独成一派的技击拳法，① 而且留有大量的内功修炼的著作，如《玄机只讲》《道言浅进说》《玄要篇》等，其理论是追求炼精化气，炼气化神，炼神还虚，增智开慧。明之后，张三丰道家武术开始流传民间，② 甚至影响了崂山道术中包括斋醮、外丹、内丹、引导等内容的发展，并对山东道教思想文化的发展产生了重要影响，山东各地多处留有张三丰传道弘法的遗迹。

张三丰喜爱云游具有悠久仙道传统的名山大川。据《云水前集》中《东游》一诗所述："此身长放水云间，齐鲁遨游兴自闲。欲访方壶圆峤客，神仙万古住三山。"③ 明永乐年间，张三丰"尝自青州云门来于崂山下居之。居民苏现礼敬焉。邑中初无耐冬花，三丰自海岛携出一本，植现庭前，虽隆冬严雪，叶色愈翠。正月即花，蕃艳可爱，今近二百年，柯干大小如初。分其蘖株别植未有能生者"④。张三丰所植的耐冬花⑤，寓意道教哲学及修炼中所主张的"我命在我，不属天地"以及"道在养生""仙道贵生"的思想。张三丰在崂山移栽树木花卉，为中国道教宫观增添了意韵，当时全国各地较著名的道教宫观，都非常重视具有象征意义的花卉树木的栽培。

二　张三丰的道教思想

张三丰虽是道教徒，但他对儒家、佛教思想也有自己独到的理解。其《儒书篇》提出了"六经而外，立言可法也，必推孔门"，《禅旨篇》提出

---

① 据明代崇祯年间御史黄宗昌编撰的《崂山志》记载，张三丰一生三次来崂山，将道教医学和内丹相结合，把在武当山练成的拳术、剑法、气功、点穴术等逐一传给崂山道士，其宗旨是练武健身、炼丹医病，为崂山道教及武术的发展奠定了基础。

② 《崂山区志》编纂委员会：《崂山区志》，方志出版社2008年版，第606页。

③ （明）张三丰：《张三丰全集》，方春阳点校，浙江古籍出版社1990年版，第196页。

④ （明）黄宗昌：《崂山志》，文海出版社1961年版，第51—52页。

⑤ （清）蒲松龄《聊斋志异·香玉》中有对耐冬花的描写："劳山下清宫，耐冬高二丈，大数十围。"（蒲松龄：《聊斋志异》，张友鹤辑校，中华书局1962年版，第1548页）

了"以佛设教,取觉悟众生之意"等论断。张三丰认为道家修炼思想与儒、佛思想有共通之处,需要借鉴儒、佛两家思想来提高自身修为,儒、道、释思想应相互融合、相互借鉴,故主张在思想和行为上实现三教合一。

(一) 三教合一思想

在《大道论》上篇中他明确提出:"予也不才,窃尝学览百家,理综三教,并知三教之同此一道也。儒离此道不成儒,佛离此道不成佛,仙离此道不成仙",① 三教皆统一于"道"旗下。至于三教之间的关系,他说:"儒也者,行道济时者也;佛也者,悟道觉世者也;仙也者,藏道度人者也。各讲各的妙处,各讲各的好处,何必口舌是非哉!夫道者,无非穷理尽性以至于命而已矣。孔子隐诸罕言,仙家畅言之,喻言之,字样多而道义微,故人不知耳。"② 认为三教之间仅在功能和表现形式上相异,并无本质上的区别,皆为"穷理尽性以至于命"。所谓儒、道、释三教仅为创始人之不同,实则"牟尼、孔、老皆名曰道",而"修己利人,其趋一也",又称"一阴一阳之谓道,修道者修此阴阳之道也,一阴一阳,一性一命而已矣。三教圣人,皆本此道以立其教也"③。他还认为:"玄学以功德为体,金丹为用,而后可以成仙。"④ 其《正教篇》对三教之间的关系进一步做了解说:"奚无三教?惟一惟道。一何以分?分何以三?盖自有孔、老、牟尼,乃至有孔、老、牟尼,虽至有孔、老、牟尼,仍非有孔、老、牟尼。孔固儒也,老固道也,牟尼固释也,然有所分,故究无所分,故以无所分,故必有所合,故不孔亦不老,不老亦不牟尼,牟尼、孔、老,皆名曰道。"⑤ 可见,张三丰不主张以儒、道、释的形式把三教分开,而是主张把三教思想融合。

(二) 道教内丹法

在三教合一思想的观照下,张三丰阐发了他独特的内丹功法理论,并有不少这方面的著述。《明史·艺文志》著录其《金丹直指》《金丹秘

---

① (明)张三丰:《张三丰全集》,方春阳点校,浙江古籍出版社1990年版,第3页。
② 同上。
③ 同上书,第6页。
④ 同上书,第125页。
⑤ 同上书,第123页。

诀》各一卷。明代曾有人编辑过张三丰文集《捷要篇》。①

张三丰禀承金元丹法之精要，又加以创新，将内丹法分清修和双修两大部分。清修是对出家的道教徒来说的，双修是对世俗的成年人来说的。其内丹修炼主要体现在《大道论》《玄机直讲》《玄要篇》之中。张三丰内丹修炼以《太极图说》为理论根据，以无极而太极，太极动静生阴阳五行等，比附于人之性命生育。《大道论》曰：人在父母未生之前是无极，父母始生之始为太极，既生之后，复以无极统其神，太极育其气。"气脉静而内蕴元神，则曰真性；神思静而中长元气，则曰真命。浑浑沌沌，孩子之体，正所谓天性天命也。人能率此天性，以复其天命，此即可谓之道。"② 其丹法倡性命双修，主张丹法修炼自修心炼性入手，待心空性现之后再及时采药封固，炼化精气，返本归根，复还先天无极之道，以复天命。张三丰强调，丹法筑基炼己为首务，③"正心诚意"即实践现实社会中的人伦为先为要，力求把修炼与实践社会伦常相结合、入世与出世相统一。

张三丰认为性命双修是"无为而无不为"的过程。其目标是达于神仙不死的境地，超出生死。其《大道论》云："天地之间，至灵至贵者，人也；最忙最速者，时也；可大可久者，金丹也。惜人多溺于功名富贵场中、爱欲恩情之内，狼贪不已，蛾扑何休，一朝大限临身，斯时悔之何及！"④ 人唯有修道求仙，"换骨长生，居不夜之天，玩长春之景，与天地同久，日月同明"⑤。张三丰虽然把修道成仙作为其人生价值追求的目标，但又极力主张入世，把维系世俗社会秩序的伦理规范纳入其内丹修炼的范围，从而把入世与出世、仙道与人道统一起来，视"人道"为"仙道"之阶。这既是对早期全真道教内丹修炼思想的继承与发展，又对他以后的内丹修炼理论产生了重要影响。

---

① 清雍正年间，汪锡龄将所见张三丰丹经二卷、诗文若干篇，附张三丰"显迹"三十余条，辑成《三丰祖师全集》家藏。清道光年间，李西月又广采诸书补辑成《张三丰先生全集》八卷，广为刊印。《全集》收有《大道论》、《玄机直讲》、《道言浅近说》、《玄要篇》（上、下）、《云水前集》、《云水后集》、《云水三集》、《天口篇》、《训世文》、《九皇经》、《三教经》、《度人经》、《菩提经》、《钟偈》、《水石闲谈》、《古今题赠》、《隐镜》等篇章。
② （明）张三丰：《张三丰全集》，方春阳点校，浙江古籍出版社1990年版，第1页。
③ 同上书，第7页。
④ 同上书，第5页。
⑤ 同上书，第3—4页。

第四节　明代泰山道教

朱元璋为削弱泰山道教的发展，虽然采取一系列限制措施，使泰山道教管理失去了相对独立性，但由于明代统治者多次祭拜泰山神，带动了泰山道教的局部兴盛。如道教宫观数量增多、规模扩大，并产生了一批泰山道教名人。碧霞元君信仰深入泰山百姓群众之中，成为泰山道教信仰的重要内容之一。泰山石刻、碑刻内容丰富且具有较高的书法篆刻水平，凸显了泰山道教的文化特点以及在中国道教发展中的特殊地位。

一　明代泰山道教发展概况

自古以来，道教就视泰山为神仙所居之洞府和道士理想的修行地，称其为三十六洞天之第二洞天。明成化年间（1465—1488），兖州《重修东岳庙记》曰："五岳众山之宗，泰山又诸岳之宗也。"①"东岱岳泰山，乃天帝之孙，群灵之府也。岱岳者主于世界人民官职及定生死之期，兼注贵贱之分、长短之事也。"② 唐宋时期，泰山先后被封为"天齐王""仁圣天齐王""天齐仁圣帝""天齐大生仁圣帝"。太祖朱元璋则认为，这是"渎礼不经"的行为。"夫英灵之气，萃而为神，必受命于上帝，岂国家封号所可加？"③ 因此，于洪武三年（1370）诏定岳镇海渎神号，取消了"天齐仁圣帝"的封号，而以"东岳之神"称之，特在岱庙立碑以示天下。

朱元璋还于洪武十五年（1382）设道教管理机构，泰安州道纪司设在岱庙，正德十一年（1516），武宗开征泰山香税，设分理官、巡官等。规定本省香客每人税银5分4厘，外省香客每人9分4厘。明万历八年（1580），泰山香税改为本省外省香客一律8分。这一措施在经济上制约了泰山道教的发展，也使全真教开始走下坡路。泰山全真道士不再是远离尘世的出家人，他们也不再重视所谓的神仙信仰和内丹修炼，而是通过深入世俗生活，或为百姓禳灾，或为皇室斋醮获取更多的利益。

---

① 陈垣编纂：《道家金石略》，陈智超、曾庆瑛校补，文物出版社1988年，第1262页。
② 同上书，第1313页。
③ （清）张廷玉：《明史》，中华书局1974年版，第1284页。

明朝出于维护皇权统治的需要，在对泰山道教采取一定限制措施的同时，又对泰山道教给予一定的扶持。明万历二十七年（1599），神宗差太监李升来东岳庙颁发《道藏》5486卷，敕谕住持和道徒"朝夕诵读"。道教众多派别在泰山都有活动的记载。有丘祖龙门派、周祖铁官派、刘祖随山派、郝祖华山派等道教组织。由于泰山道教在百姓的心目中占有一席地位，泰安城乡各地受道教影响，也因地设神、因人设仙、因事设灵，不断重修和拓建各种庙宇。① 万历的母亲孝定皇太后，亲至泰山修炼，被奉为"九莲菩萨"。在皇室的参与下，东岳庙遍布黄河上下、长江南北，东岳庙会成为中原地区普遍的活动。明陆容《菽园杂记》卷七引《重修蒿里山祠记》云："每年三月二十八日，属东岳帝君诞辰，天下之人不远千数百里，各有香帛牲牢来献。"② 明张岱《岱志》载："合计入山者日八九千人，春初日满二万……岁入二三十万。"③ 使明代泰山道教出现了局部兴盛。

二 明代泰山碧霞元君信仰

对于碧霞元君，明朝王之纲的《玉女传》曰："泰山玉女者，天仙神女也。黄帝时始见，汉明帝时再见焉。"明成化十九年（1483），宪宗赐额碧霞灵应宫，④ 此后泰山碧霞元君成为道教一大主神，祠庙遍布海内外。⑤ 明神宗万历十四年（1586），"泰山碧霞宫四方来祷焚者互相践踏，死六十一人"，"死者惟咎于事神不恪，及积过所到而已"⑥。据明万历二十一年（1593）所立的《东岳碧霞宫碑》载："近数百里，远即数千里，每岁瓣香岳顶数十万众。"明于慎行在其《登泰山记》中曾这样描述："五方士女，登祠元君，以数十万。夜望山上篝灯，如聚萤万斛。叫呼殷赈，鼎沸雷鸣，弥山振谷，仅得容足之地以上。"⑦ 从进香火钱情况看，

---

① 泰安市泰山区、郊区地方史志编纂委员会：《泰安市志》，齐鲁书社1996年版，第600—601页。
② （明）陆容：《菽园杂记》，中华书局1985年版，第73页。
③ （明）张岱：《琅嬛文集》，云告点校，岳麓书社1985年版，第68页。
④ （明）任弘烈：《泰安州志》卷一《祠庙》，明万历三十一年（1603）刻版。
⑤ 邓东：《试述泰山碧霞元君演进的三个阶段》，《泰山学院学报》2006年第2期。
⑥ 刘秀池：《泰山大全》，山东友谊出版社1995年版，第586页。
⑦ 王传明：《于慎行诗文选》，曹茜选注，济南出版社2009年版，第242页。

可见当时民间对碧霞元君的崇奉。张岱《岱志》中这样描述道：

> 置钱之例，其来已久，然未有盛于今时。四方香客，日数百起，醵钱满筐，开铁栅，向佛殿倾泻，则以钱进。元君三座，左司子嗣，求子得子者，以银范一小儿酬之，大小随其家计，则以银小儿进。右司眼光，以眼疾祈得光明者，以银范一眼光酬之，则以银眼光进。座前悬一大金钱，进香者以小银锭，或以钱，在栅外望金钱掷之，谓得中则得福，则以银钱进。供佛者以法锦，以绸帛，以金珠，以宝石，以膝裤、珠鞋、绣帨之类者，则以绵帛、金珠、鞋、帨进。以是堆垛殿中，高满数尺。山下立一军营，每夜有兵守宿。一季委一官扫殿，鼠雀之余，岁数万金。山东合省官，自巡抚以至州吏目，皆分及之。①

出于政治、经济上的考量，明嘉靖皇帝曾公开下令征收碧霞宫的香税。当时，在元君上庙（此处香火最盛）正殿两旁设立东、西宝库，用以存香客们投递的银钱、供品。还特设香税总巡官，官衙称东公署，专司收敛四方善男信女向元君贡献的金钱财货。又据清韩锡胙《元君记》载："统古今天下神祇，首东岳。而东岳祀事之盛，首碧霞元君……自京师以南，河、淮以北，男、妇日千万人，奉牲牢香币，喃喃泥首阶下。前代高官征税，充度支。"②

三　明代统治者的泰山祭拜活动

古帝王多于即位之初或太平之岁到泰山封禅，祭告天地，以祈福禳灾。到了明代，帝王则没有进行泰山封禅，但祭祀泰山神的活动比较频繁。明代多有帝王遣员致祭泰山，致祭内容包括三个方面：一是嗣统，二是用兵，三是祈年。

洪武十年（1377）八月，朱元璋以天下"宁谧"为由，遣曹国公李文忠、道士吴永舆、邓子方代其祭祀泰山，也在岱庙立碑，诏明自今以

---

① （明）张岱：《张岱散文选集》，夏咸淳编，百花文艺出版社2005年版，第33—34页。
② 汤贵仁、刘慧主编：《泰山文献集成》（第6卷），泰山出版社2005年版，第241—242页。

后，岁以仲秋诣祠致祭。其《御制祝文》曰："受天之命，蒙神灵之福，平群雄，息祸乱，主黔黎于华夏，统控蛮夷，于国康宁。予自建国以来十年于兹，国为新造，民为初安，是不得亲临所在而祀神也。特遣开国忠臣李文忠、道士吴永舆、邓子方以代予行，奉牺牲，祝帛于祠下，以报效灵。自今以后，岁以仲秋诣祠致祭，惟神鉴之。尚飨。"朱元璋认为，给予神封号，是渎礼行为，自古不经。但他也明白：泰山祭祀之礼，"若以上古之君言之，则君为民而祷，岁有春祈秋报之礼，于斯之际有望于神而祭者，有巡狩于所在而燎瘗者"①。从此，明朝便由遣道士代君祭祀泰山，行泰山封禅之礼。

洪武十一年（1378），朱元璋为仲秋报祀之礼，特令使者奉牺牲祝帛诣致察。洪武二十八年（1395），朱元璋遣神乐观道士乐本然、国子监生王济祭泰山。洪武三十年（1397），因"西南戍守诸将，不能昭布仁威，但知肥己虐人，致今诸夷苗民，困窘而奋，怒攻屯戍，致伤戍守善民者。……于是，年九月二十六日，兵行，特遣人专香帛牲礼先诣神所，谨告"②。成祖永乐四年（1406）七月，鉴于"安南逆贼黎季厘及子孙黎苍，逞凶肆暴，屡坏边疆，侵夺思明府、禄州等处地方"③，成祖派师讨伐安南，并特遣道士严土安致祭泰山，祈神灵。永乐五年（1407），又遣道士复生再祈神灵降福，早日平息安南之乱。明嘉靖十一年（1532），世宗为嗣子遣员致祭泰山。嘉靖十七年（1538），祭泰山以利战事，在岳镇，偃兵息民达于安定。至于祈年、求雨禳灾则是为了"作镇东土，兴致雨云，茂育万物"④、"灵崎方岳，钟秀后祇，主司生民"⑤ 的目的。

四 明代泰山道教名人

泰山自古为道家修炼圣地，明朝时的泰山出现了许多道教名人，其道教思想和道教活动是明代泰山道教局部兴盛的标志和象征。择其要者有：

雪蓑，不知何许人，亦不知其姓氏。其生性颖慧，琴、诗、书等诸技皆通。尝游泰山、徂徕，卧烟霞深处，啸吟自若。明嘉靖间，馆李中麓

---

① （明）朱元璋：《明太祖集》，胡士萼点校，黄山书社1991年版，第403—404页。
② 汤贵仁、刘慧主编：《泰山文献集成》（第2卷），泰山出版社2005年版，第67—68页。
③ 同上书，第68页。
④ （明）王子卿：《泰山志校证》，周郢校，黄山书社2006年版，第29页。
⑤ 汤贵仁、刘慧主编：《泰山文献集成》（第2卷），泰山出版社2005年版，第67页。

家,"每值宴会,竞登筵,踞左席,旁若无人。偶与中麓游蔬圃,手撮韭叶,濡墨大书,见者称奇。又于棋天观石壁高处书'玄之又玄'四字。后辞中麓,入山采药,往来于海岱间,不知所终。"① 莱芜的碁山现今仍保存有"玄之又玄"巨碑,位于三清殿故址。

昝复明(?—1598),号云山,陕西渭南人,曾师事王阳辉。② 昝复明继师承业后,三阳庵神宇庄严,面貌发生了很大的变化,形成入门三重,登道而上有殿、阁、台、亭和客寮的较大规模的"丹台紫府",万历二十三年更名"三阳观"。③ 三阳观在昝复明时期,达到了鼎盛阶段。不仅有民间百姓、达官贵人前来焚香醮祀,就是皇亲国戚来泰山朝拜岱顶碧霞元君,也要来此作醮典。据现存的两幢《皇醮碑记》载:万历十七年(1589),"钦差乾清宫近侍,御马监太监樊腾,尊奉大明皇贵妃郑涉旨,敬诣'东岳泰山岱顶圣母娘娘陛前,虔修醮典,遍礼诸圣,仍于三阳庵全真道士昝复明等,复做清醮一百二十位,上叩诸天,遥见圣母垂慈,佑保贵妃,圣躬康泰,皇子平安……寿命延长,家国吉顺。'"④ 万历二十二年(1594)孟春,皇贵妃郑淑又遣近侍太监来三阳观,"仍命三阳观住持,全真道士昝复明,于玄阁修醮,进香三次,礼醮三坛,伏望诸天默祐,圣母垂慈上祝,皇帝万岁,享圣寿于无疆,寿遐龄,衍天年于不替。……皇图巩固,国脉延绵。"⑤

张毓秀,明代道士,东阿人。"年六岁,患痘将危,适有羽士医之,甦。留数日,从羽士去,不知所之。越十二年,自劳山归,家人悲喜,择配郑氏,生子。毓秀坐卧幻渺,不可捉拟。尝偕内弟郑赴扬州,顷刻至,遍观琼花火树。毓秀跃入火池而还,郑不敢从,独留扬州,数月乃还。学

---

① 汤贵仁、刘慧主编:《泰山文献集成》(第8卷),泰山出版社2005年版,第246页。
② 王阳辉,明代道士,东平人,号三阳,遍游名山,归隐凌汉峰,建道观,其弟子云山等重修,名三阳观(见山东省泰安市地方史志编纂委员会《泰安地区志》,齐鲁书社1997年版,第662页)。
③ 据现存三阳观南道士墓群的墓碑所记,三阳观由全真教住持。派系为全真教果老祖师云阳派。在昝复明之时,三阳观发展到徒子徒孙近百人。在其门徒中,师承明确,有师祖、师爷、师父之称。在各师承关系中,辈分清楚,均用统一的辈名。如道士孙守值,他的徒子以"太"字辈为名,徒孙以"玄"字辈为名。均遵循其宗派世袭次序。另外,还有教徒、徒侄、德徒之分。(刘慧:《泰山宗教研究》,文物出版社1994年,第179—181页)
④ 刘秀池主编:《泰山大全》,山东友谊出版社1995年版,第916页。
⑤ 同上。

士于慎行每对毓秀称西湖佳景，乃壁上画舟，向学士吹气，公辄隐几卧，越时方醒。曰：'予方与子同登舟诣西湖，景色果甲天下'。但甫至，时狂风荡舟，予甚怖。毓秀不答而笑。迨入阁疏荐，毓秀奉诏入见神宗，封为半仙，御制诗旌表。七十二卒。有周某者，路经香山，见毓秀与人手谈。造其门，已悬纸数日矣。与家人启棺视之，只遗双履"。①

于蚝虚，明汶上道士。万历间，隐修于徂徕山礤石峪之隐仙观，"栖神玄默，寿至八旬。蜕去后一月，有路某遇之汶上，见一赤足携一履，云将往南京。先是宁阳徐梦觉、徐裴然十余人自南海归，路由金陵，见蚝虚在市中，与语移时。即旋里，闻蚝虚已卒。计在南京之日，即遇于汶上之次日也。今峪西北贵人峰下，有于仙葬衣冠处"②。

单道士，明代道士，自称日照人。"赤脚挽双髻，破衲悬瓢。访侍御宋焘于青岩洞中，为十日之饮，醉后意态粗恶。焘初不知其为异人也，善幻术，倏忽变化，莫可端倪。后辞去。隔岁，有请箕仙者。仙降大书曰：'我，单道士也'。书诗甚多，有句云：'纯阳游岱岳，转转寻同侣。始悟《單》字两口为《吕》，日照者，纯阳也'。临行时，曾留衲衣一、藤扇一。未几，皆失去。"③

五 明代泰山道乐

岱庙收藏了古代流传下来的丰富的道教音乐史料。据资料载：明万历二十七年（1599）神宗皇帝朱翊钧下旨颁发给岱庙《道藏》经书一部5486卷，令道人朝夕诵读。其中收入并保存了唐宋时期的道教音乐声乐谱集《玉音法事》。岱庙现存有《上清灵宝大成金书》曲线谱集1部，及《大明御制玄教乐章》。④

《上清灵宝大成金书》是用曲线谱记写的一部道教音乐谱集。该谱集是正一派道众做法事之经韵谱集。是由明代龙虎山道士周思得在继宋《玉音法事》的基础上，根据道场需要重新修订的，于宣德八年（1433）刊行。该谱集列周思得撰《上清灵宝大成济度金书》全卷（40卷）之

---

① 汤贵仁、刘慧主编：《泰山文献集成》（第8卷），泰山出版社2005年版，第246页。
② 见民国十八年（1929）《重修泰安县志》卷十《人物志·方外四》。
③ 同上。
④ 刘秀池：《泰山大全》，山东友谊出版社1995年版，第1839页。

一。《上清灵宝大成金书》谱集曲目集中列有正一派各种法事经韵及赞颂词章，其曲目为：《步虚第一》《步虚第三》《步虚第五》《金阙步虚词》《空洞》《奉戒》《三启第一》《三启第二》《三启第三》《启堂颂》《敷斋颂》《大学仙》《小学仙》《焚词颂》《山简》《水简》《土简》《白鹤》《泰玄章》《玉清乐引》《玉清乐》《上清乐引》《上清乐》《太清乐引》《太清乐》《散花引》《五言散花》《七言散花》《起敬赞》《三皈依》《敷坐赞》《开经》《宿命赞》《三闻经》《解坐赞》《唱道赞》《华夏》《转声华夏》《请师修斋颂》《云舆颂》《请符使》《步虚词》《三涂颂》《三捻上香》《信礼》《礼十方》《礼十一曜》《礼斗》《斗经末句》《每遇斋毕道》。①

《大明御制玄教乐章》是明成祖朱棣在位时（1403—1424）颁布的道教音乐新制乐章，它从词章的章法结构及音乐的旋律形态、风格、唱诵形式，均套用了宫廷祭祀乐，并吸收了宋元以来具有南北曲音调的新道曲，是一部永乐皇帝宣扬君权神授，颂扬永乐太平盛世、国泰民安、风调雨顺的钦定乐曲。《大明御制玄教乐章》由道士在宗教仪式活动中所使用，其特点是前两乐章词曲相配并记有工尺谱，其旋律为一字一音，不着板眼。②包括：醮坛赞咏乐章《迎风辇》《天下乐》《圣贤记》《青天歌》；玄天上帝乐章《迎仙客》8首、《步步高》、《醉仙喜》；洪恩灵济真君乐章《迎仙客》8首词，无曲。③

另外，明代泰山道教音乐除了钦定乐曲外，民间还将巫觋祭祀音乐及民歌与地方戏曲音调、民间音乐等融入其中，创编了《迎仙客》《泰山景》《游仙客》《爬山虎》《大月儿高》《豆芽黄》《粉红莲》《四季春》等富有本地色彩的道乐曲牌。

泰山道教音乐除应用于庙内的诵经、赞礼等法师活动外，每年三月初三王母生日、三月十一碧霞元君诞辰，以及民间祈雨、丧事活动等活动中也广泛被运用。

六 明代泰山道教宫观

泰山道教宫观主要分为宫观、庙宇、楼阁三种类型。其数量多，分布

---

① 刘秀池：《泰山大全》，山东友谊出版社1995年版，第1842页。
② 同上书，第1843—1844页。
③ 同上书，第1844页。

广、类型全，代表了明代道教宫观建筑的最高水平。

(一) 泰山宫观

碧霞灵应宫，碧霞元君下庙。明正德年间（1506—1521）泰安城西南创建灵应宫。为北京咸候宫的香火院。① 据清唐仲冕《岱览》卷二十《岱麓诸山》载："高里，为东岳辅相……旧有天仙祠，元君下庙也。明万历三十九年（1611）奉敕拓建，赐额'灵应宫'，前后殿庑崇丽，回廊周密，中为崇台，下门四达。上设铜楼，亦万历时造，号金阙，栋宇、栏楯，象设皆范铜镀金为之。自岱顶移遥参亭，后迁此。"② 对于本次灵应宫重修的事于《重修灵应宫碑记》中有记载，但已佚失，唐仲冕的《岱览》中收录有部分碑文。③ 遥参亭内供奉元君神像。据《泰山道里记》载：遥参亭，"一名草参，凡有事于岳者，拜于亭而后入，是为入庙之始。自明人设元君像于亭中，遂与庙隔，不可通辇路矣"④。

斗母宫，东临龙泉峰，有龙泉水自西北山峡绕宫东注中溪，故又名龙泉观。宫观筑于盘道旁，深秀幽雅，是泰山规模较大的古建筑群之一。⑤ 斗母宫所奉斗母元君又名"先天斗母大圣元君"，也叫斗姥，是道教崇拜的女神。但斗母神又俗称"千手千眼佛"，是佛教中之观音菩萨的化身。斗母宫充分体现了道教与佛教的融合。斗母宫创建年代无考，明嘉靖二十一年（1542）《重修斗姥宫碑》记载："坊南有斗姥宫、古龙泉观。明嘉靖时德藩重建。"⑥

玉帝观，位于泰山绝顶玉皇顶之上，为泰山最高的道教宫观。玉皇顶"盖古登封台，昔尝圮废"⑦。西北侧有"古登封台"碑，古代帝王登山祭天，就在此处设置祭坛。明成化十九年（1483），使以内帑金资重建，济南知府蔡晟记石。⑧

三阳观，旧名三阳庵，位于泰山五贤祠北凌汉峰山腰。关于建观的缘

---

① 李东辰：《泰山祠庙经历》，曲进贤主编、周郢等编撰《泰山通鉴》，齐鲁书社2005年版，第135页。
② 汤贵仁、刘慧主编：《泰山文献集成》（第4卷），泰山出版社2005年版，第429页。
③ 同上书，第437页。
④ 聂鈫：《泰山道里记》，中华书局1985年版，第3—4页。
⑤ 刘秀池：《泰山大全》，山东友谊出版社1995年版，第2106页。
⑥ 汤贵仁、刘慧主编：《泰山文献集成》（第3卷），泰山出版社2005年版，第265页。
⑦ 马铭初、严澄非：《岱史校注》，青岛海洋大学出版社1992年版，第141页。
⑧ 汤贵仁、刘慧主编：《泰山文献集成》（第1卷），泰山出版社2005年版，第113页。

起、过程以及三阳观当时的兴盛状况，于慎行《重修三阳观碑》云："嘉靖辛亥（1551），东平道士三阳王公，'穷游四域，遍历名山，将归而隐于岳麓，乃携其徒'华阴云山昝公辈，周爰相度，得是地而乐之。伐木薙草，凿石为窟以居。德藩二三常侍，嘉其苦行，捐资相助，稍稍营葺庐居，庄严神宇未竣。而云山承之，广结众缘，大兴缔造，弥历三纪，结瑶构琼，辉映岩壑。四方道俗，香火醮祝，岁无虚月。'而是观之胜，几与岳帝之宫比雄而埒胜焉，可谓非常之创述矣'。"① 萧大亨《建立三阳庵记》："庵以三阳名者，从全真道士王三阳之号也。嘉靖辛亥（1551），三阳率其徒云山昝复阳云游岱岳，卜地修真。时大梁张乐峰者，以宦隐亦与三阳游，见其山川形胜，遂输资为市而居。德藩承奉龙泉于公复捐俸以益之，于是庵不数月而底绩。"② 王三阳去世之后，三阳观由其弟子昝复明主持，他不仅进一步扩建了三阳观，而且还以其高超的道行名达皇室，受命多次举行皇醮。③

白云观，位于岱宗坊西南，明万历年间建。祀王母，其后增祀元君。殿设雕栏，楼榭层晖，今改称梳妆院。④

青帝观，位于泰山玉皇顶西南，是青帝广生帝君的上庙。弘治、正德年间曾重修。⑤

隐仙观，坐落于徂徕山顶峰太平顶东南的礤石峪内，创建无考，原名巢父庙，后改称隐仙观。东侧前有玉皇阁，后为三清殿。西侧前有吕祖殿，祀吕祖；后为六逸堂，祀"竹溪六逸"。⑥ 占地3200平方米，修于明代，主祀吕洞宾，观东曾有一天然丹灶，传为明代道士炼丹之处。⑦

天书观，在汶阳桥北，旧名乾元。门阁三重，殿庑三所。⑧ 天书观即

---

① 孟昭水：《岱览校点集注》（下），泰山出版社2007年版，第481页。
② 周郭：《明代名臣萧大亨》，中国文联出版社1999年版，第115页。
③ 丁鼎：《昆嵛山与全真道：全真道与齐鲁文化国际学术研讨会论文集》，宗教文化出版社2006年版，第415—416页。
④ 汤贵仁、刘慧主编：《泰山文献集成》（第8卷），泰山出版社2005年版，第82页。
⑤ 同上书，第114页。
⑥ 山东省地方史志编纂委员会：《山东省志·泰山志》，中华书局1993年版，第448页。
⑦ 山东省地方史志编纂委员会：《山东风物大全》，世界知识出版社1990年版，第137页。
⑧ 汤贵仁、刘慧主编：《泰山文献集成》（第3卷），泰山出版社2005年版，第380页。

乾元观，为碧霞元君行宫。① 明武宗正德年间，即于观内设元君殿，尝遣中宫致祭，有御祝文勒殿东壁。② 万历四十二年（1614），尊孝定皇太后为九莲菩萨、命中使在天书观建九莲殿，改额为天庆宫。明代的萧协中对天书观描述道："绛节回风玉陛遥，朅来瞻对忆前朝。人多妄想邀灵异，天下何书下沉寥。千载法幢云篆古，一泓仙醴墨花娇。圣慈崇锡悬新榜，添得名蓝擅胜标。"③

（二）泰山庙宇

玉皇庙，在泰山回马岭，按察司陈察④撰记，"庙前亩许为崖磴，高三丈余。磴尽处为升仙阁"⑤。

元始天尊庙，建于明代，位于泰山傲徕峰与扇子崖连接处的山石前。分前后两殿，其中后殿为无梁殿，穹形石屋顶，进深三间，前门有额，上有明代王无欲"天尊殿"的题字，殿正中祀天尊，天尊两旁，分别有九座侧立神像。分别是黄天化、黄天祥、黄天禄、土行孙、无极、韩毒龙、黄天爵、方弼、殷洪、洪锦、方相、哼将、韦礼、苏全忠、薛恶虎、殷蛟、哈将、韦驮。⑥

酆都庙，在岱宗坊东，升元观东，主祠酆都大帝，配以冥府十王。明弘治十四年（1501）太监李瑾建。⑦ 李钦《重修酆都庙记》记载了其在明末重修的经过。

后石坞庙，俗称姑子庙，位于玉皇顶东北尧观台东，北依天空山，东靠九龙岗，南临乱石沟，为岱阴道观。明代万历十九年（1591）修圣母寝宫楼，隆庆六年（1572）供昊天上帝像。⑧

---

① 《道藏》（第35册），文物出版社、上海书店出版社、天津古籍出版社1988年版，第736页。
② 泰山文物风景管理局、泰山志编纂办公室：《泰山志资料选编》（第2辑），1984年，第69页。
③ 汤贵仁、刘慧主编：《泰山文献集成》（第3卷），泰山出版社2005年版，第382页。
④ 陈察（1478—?），明代官员、藏书家。字原习，号虞山，别号扬清子。南直隶常熟（今属江苏）人。弘治十五年（1502）进士，授南昌推官。
⑤ 汤贵仁、刘慧主编：《泰山文献集成》（第1卷），泰山出版社2005年版，第113页。
⑥ 赵浦根、朱亦：《山东寺庙塔窟》，齐鲁书社2002年版，第204—205页。
⑦ 汤贵仁、刘慧主编：《泰山文献集成》（第5卷），泰山出版社2005年版，第168页。
⑧ 山东省地方史志编纂委员会：《山东省志·泰山志》，中华书局1993年版，第284—285页。

碧霞灵佑宫。又称碧霞灵和宫、碧霞元君上庙。明嘉靖时扩建碧霞灵佑宫，明世宗嘉靖十六年（1537），遣工部郎陈赉宫施万金重修。《岱史》卷九《尹龙记略》："即故址增饰之。祠殿为间者五，以奉元君。左右回廊各三间，则护从之神居焉。神道有门，钟鼓有楼。恐其凌空壁立，易为风雨所剥蚀，故陶土为砖，冶铁为瓦，务为坚确。黝垩丹漆，金碧交辉。视昔有加焉……"①《东岳碧霞宫碑记》谓："宝户绘闼，月牖云霏。丹碧嵯峨，祥光陆离。"②《泰山道里记》载："祠正殿五间，像设及盖瓦鸱吻檐铃之类，皆范铜为之……东西庑设眼光子孙像，瓦皆铁冶。中为香亭（万历建金阙处）……东西碑亭二，南为重门，旧额神秀，门前为台绰楔三，向有坊三：北曰护国灵佑，东曰宏仁济世，西曰圣德安民。台东有鼓楼，西有钟楼，南为大门，旧额金阙。"③

现院内有明万历四十三年（1615）立的《泰山天仙阁金阙》铜碑和明天启五年（1625）立的《泰山灵佑宫》铜碑。另外，院内还有明嘉靖九年（1530）的铜铸千斤顶和明万历十七年（1589）的铜质万岁楼。④ 泰山碧霞灵佑宫供奉的是碧霞元君，即道教所称的天仙圣母，民间又称其为泰山娘娘或送子娘娘。泰山碧霞灵佑宫常年香火旺盛，在每年的春夏之交，上山进香朝拜者更是络绎不绝。

（三）泰山楼阁

玉皇阁，在岱宗坊北，明万历八年（1580）建，系白鹤泉故道。原为嘉靖举人封尚章别墅。尚章没，其家人以巨釜塞泉，复立阁于上。⑤ 玉皇阁险峻秀美，为文人墨客常游之地。明仲言《玉皇阁》："危阁倚云霄，山河入望遥。天横关塞雁，日抱海门潮。雾露开朱旆，云霞度碧箫。自然幽赏契，不用社僧招。"⑥

壶天阁，位于泰山中路回马岭下，斗母宫北，明嘉靖年间称"升

---

① 汤贵仁、刘慧主编：《泰山文献集成》（第2卷），泰山出版社2005年版，第104页。
② 凤凰出版社：《中国地方志集成》，《山东府县志辑·乾隆泰安府志·民国重修泰安县志》，香港凤凰出版社、上海书店、巴蜀书社2004年版，第688页。
③ （清）聂鈫：《泰山道里记》，中华书局1985年版，第17—18页。
④ 赵浦根、朱亦：《山东寺庙塔窟》，齐鲁书社2002年版，第90—91页。
⑤ 汤贵仁、刘慧主编：《泰山文献集成》（第9卷），泰山出版社2005年版，第42页。
⑥ 马铭初、严澄非：《岱史校注》，青岛海洋大学出版社1992年版，第247页。

仙阁"。①

泰山万仙楼,明万历四十八年(1620)建,内原祀王母,配以列仙,后祀碧霞元君。原有匾额为"仙骨风流"四字,楼下门洞之阴镌"谢恩处"三字。楼南东侧有"隐真洞",传为明万历皇帝母亲修炼处。②

七 明代泰山道教石刻、碑刻

明代遗留于泰山地域的道教石刻、碑刻虽然不是很多,且碑文主要围绕着泰山崇拜和碧霞元君信仰,但其意义重大。这些碑文记载的内容证明了泰山神、碧霞元君信仰的形成以及在道教文化中的地位和影响力。列表如下:

表8—4　　　　　　　明代泰山道教石刻、碑刻一览表

碑刻名称	时间	碑文内容概要	碑刻现存地	撰文、篆额、书丹
重修碧霞元君灵应宫碑	明弘治十年（1497）	碑文中有"祀天仙玉女之神,封为碧霞元君者"③,"泰山大岳",以及"神以灵故"等碧霞元君崇拜之内容	泰山水帘洞	徐溥撰,尹旻书
武宗御制碧霞元君（1507）告文	正德二年	不详	勒天书观内元君殿东壁	不详
泰山碧霞元君造像	嘉靖十二年（1533）	不详	勒天书观为元君殿西壁	周府永宁王撰并书

---

① 汤贵仁、刘慧主编:《泰山文献集成》(第3卷),泰山出版社2005年版,第257页。
② 赵浦根、朱亦:《山东寺庙塔窟》,齐鲁书社2002年版,第168—170页。
③ 李传旺:《泰山景观全览》,山东画报出版社2009年版,第191页。

续表

碑刻名称	时间	碑文内容概要	碑刻现存地	撰文、篆额、书丹
修碧霞元君行宫记碑	明隆庆三年（1569）	碑文记载了碧霞元君信仰以及修建始末。碑文中有"为神最灵，能使秦晋燕赵楚宋吴越之人畏敬奉承，不惮奔驰"，"济世利民，神之功不其大哉！夫庙崇"①等内容	不详	青郡龙峪道人撰，邑庠北海居士书
表泰山之巅碑	明隆庆六年（1572）	碑文论述了泰山巅石发现之始末，表达了对于泰山之神的祭祀、崇敬之情。碑文中有"盖缁衣受之碧霞，碧霞受之太君，太君受之上清，上清受之寥冥之祖"②的内容	泰山极顶一顶石旁	南昌万恭撰并书
东岳碧霞宫碑	明万历二十一年（1593）	碑文记录了碧霞元君的由来以及万历庚寅年祭祀碧霞元君之事。碑文中"自碧霞宫兴，而世之香火东岳者咸奔走元君，近数百里，远即数千里，每岁办香岳顶，数十万众，施舍金钱币亦数十万"，"瑶宫奕奕，玉女攸居，宝户绘囧，月牖云扉，丹碧嵯峨，祥光陆离，爰奠厥位，降福无期于"③等内容	已失	王锡爵撰文，田应璧正书，徐文碧篆额
泰安州进香题名铁碑	明万历二十一年（1593）	不详	已失原立于岱顶之君殿前	方从哲撰文，汤焕正书、鲍佐篆额
重修泰山灵应宫牌	明万历三十九年（1611）	不详	立于城西灵应宫六君下庙已佚	张邦纪撰文，胡忻正书、张维贤篆额

---

① 陈垣编纂：《道家金石略》，陈智超、曾庆瑛校补，文物出版社1988年版，第1293页。
② 汤贵仁、刘慧主编：《泰山文献集成》（第3卷），泰山出版社2005年版，第176—177页。
③ 汤贵仁、刘慧主编：《泰山文献集成》（第8卷），泰山出版社2005年版，第165页。

第五节　明代崂山道教

崂山道教兴盛于明末至清初。万历二十八年（1600），明神宗降旨毁寺复宫，并颁赐《道藏》一部给太清宫。在皇帝的支持下，太清宫得以重建，并带动了上清宫、白云宫的建设。自此，崂山道教声望提高，道众日渐增多，崂山道教音乐也进入发展的黄金时期，并出现了以耿义兰为代表的许多道教名人。伴随着大批道教石刻、碑文在崂山地域产生，而以石刻、碑文为主要载体的崂山道教文学，特别是散文、诗歌的繁荣，使明代崂山成为名副其实的山东道教发展的核心区域和道教活跃的重要场所。

一　明代崂山道教发展概况

明代《崂山志》卷五《仙释》篇曰："崂山处东南隅又半在海，胜地名岩外多人迹所不至，故修炼家时有也。"[1] 明代崂山道教经历了由中前期总体衰落到后期局部繁荣的过程。

（一）明代中前期崂山道教的衰落

明代开国之初，由于朝廷采取了扬"正一"而抑"全真"的政策，使全真道派在明代处于受排挤的地位，道教发展也呈现出总体衰落状况。在全真道派中，虽然丘处机龙门派的势力较大，但因明代朝廷的压制，其历代宗师也大都遁迹山中，宗门冷落，其潜修弟子也仅剩数十人。明万历年间，由于正一道受到明室重视，全国道教中心由北方移至南方。作为随山祖庭的太清宫"倾圮甚，道士窜亡，一二香火守废基"，以至于将太清宫"举地售之"，卖给了憨山和尚，[2] 使崂山道教失去了传道和弘道场所，因而也就在崂山失去了主导地位。

（二）明末清初崂山道教的复兴

崂山道士耿义兰曾与佛家憨山发生过关于庙产土地之争。经过几次败诉后，耿义兰终于打赢了这场官司。万历二十八年（1600），明神宗降旨毁寺复宫，并颁赐《道藏》一部给太清宫，在皇帝的支持下，太清宫得

---

[1]　（明）黄宗昌：《崂山志》卷五《仙释》，民国五年（1916）铅印本。
[2]　山东省崂山县志编纂委员会：《崂山县志》，青岛出版社1990年版，第799页。

以重建。不仅太清宫的道众增加，其他庵观也是如此。如泰昌年间，即墨县的尼姑刘贞洁弃佛入道，来崂山明霞洞出家，住明霞洞以东的铁佛涧静修，是明代有名的道姑。天启二年（1622），明朝宫廷内监李真立到崂山修真庵为道。崇祯十七年（1644），明朝宫廷御马监太监蔺卿，带领养艳姬、蔺婉玉等四名宫女，也来到崂山修真庵出家。同时，崂山也增修了一些庙庵。如天启年间，在崂山西又修建了太清宫的两座脚庙真武庙和常在庵。崇祯十七年（1644），天后宫住持宿义明募捐修建戏楼、钟楼，使这座胶州湾边上最大的道教庙庵焕然一新。借助崂山太清宫佛道斗争的胜利，崂山全真教进入了一个复兴及局部繁荣的阶段。

二　明代崂山宫观

明代崂山道教宫观建设是道教物质文化、思想观念和文学艺术的综合体现，是道教思想和文化在崂山多年积淀和传承的结果。

（一）太清宫

太清宫始建于汉代，名"三官庙"。唐天祐年间修建殿宇，名"三皇庵"，后称"太清宫"。在崂山道教庙宇中，太清宫是历史最久、占地最好、规模最大、道众最多、影响最广的庙宇。明代万历十三年至二十八年（1585—1600）间，太清宫旧道院曾倾圮。万历三十一年（1603），重新确定太清宫的"四至"：东至张仙塔，西至八水河，南至大海，北至分水河。明天启二年（1622）道人赵复会重修三院三殿。在此次重修中，正式确定了三官、三清、三皇各殿为三院的格局，这三院都有围墙，各立山门，并有便门相通，共147间殿宇，加上道舍、客房共计240舍间房屋，建筑面积2500平方米，占地面积3万平方米。[①]

（二）其他道观

除太清宫以外，明代崂山还有众多道观，列表[②]如下：

---

① 青岛市史志办公室：《青岛市志·崂山志》，新华出版社1999年版，第231—232页。
② 青岛市史志办公室：《崂山志》，五洲传播出版社2003年版，第228—231页；（清）黄肇颚：《崂山续志》卷六《分志》，即墨市史志办公室点校本，山东地图出版社2008年版，第218页；周至元：《崂山志》卷三《建置志》，齐鲁书社1993年版，第105页。

表 8—5　　　　　　　　明代崂山其他道观一览表

观名	地理位置	修建历史
上清宫	青岛崂山东南部，太清宫西北	明中期倾圮败落，隆庆初年（1567）孙玄清复重修
白云宫	崂山巨峰之巅	
蔚竹庵	崂山凤凰岭下	明万历十七年（1589）道人宋冲儒创建
常在庵	张村	明代天启年间胶西张常在所建
醒睡庵	豹山下	明隆庆间道人许阳仙移建至今所在地
白榕庵	三标山西北	明代孙介庵所建，今已废圮
松阳庵	崂山区沙子口街道办事处南宅科村	创建于明末，该庵为薛姓村民建
神普庵	崂山区王哥庄街道办事处毛儿岭山前	创建于明代
太华宫	巨峰南下，金刚崮前	明代建
三清殿	仙古洞前	明时建
清真庵	三标山东，凝真观西北	明代刘常明所建
慈云庵	崂山区中韩街道办事处车家下庄村西	创建于明代末年

三　明代崂山名道

明代崂山道教呈现局部繁荣的一个重要标志是出现了许多道教名人，对崂山道教的复兴发展，特别是崂山道教文化的传承、道教文学艺术的弘扬，以及道教宫观、石刻的建设等方面做出了一定贡献，在山东道教史上留下了光彩的一页。

（一）耿义兰

耿义兰，字芝山，号飞霞，又号灵应子，高密人。"明正德四年己巳九月十八日诞生，幼而聪敏，专务儒业，登嘉靖进士第。性清廉，喜淡泊，好山水，慕玄风，适有劳山太清宫道士高礼岩者，访华山路经高邑，耿公遇之，相谈投缘，邀至家拜为师，道名义兰。留住月余，谐师同至华山，住庵十余年，得赵静虚真人传道，修行数载。辞师入都，住白云观丛林，参访道理。未几即回崂山，隐居慈光洞、黄石宫等处。于万历十三年（1585）忽来势僧，假称奉旨，将本宫道士刘真湖等逐出，打死住持张德容，碑记神像尽抛于海，改太清宫为海印寺，又白占山场数处。耿真人与本宫同志道士贾性全、刘真湖、张复仁、覃寻先等，协力抗争。至十九年，耿真人获朝觐，上控理直，于二十三年始得提审判。二十八年蒙降旨复宫,颁道藏经,敕封耿公为扶教真人。于万历末年十月十五飞升,世寿一百一十岁,葬于太清宫三皇殿前"。① 对于明朝颁《道藏经》的经过,周宗颐编《太清宫志》卷五《敕赐道藏经》有载:"明万历二十八年,本宫道人耿义兰奏闻朝廷,略谓崂山,为东海名胜,福地仙山,历代仙迹卓著,恳请颁赐藏经,用镇名山。蒙上嘉纳,钦差内宫监何堂,赍敕谕大道藏,及晓谕等,共安奉本宫。"②

(二) 徐祖

徐祖,名复阳,字光明,号太和子,又号通灵,莱州府掖县(今莱州市)人,明成化十二年(1476)丙申二月十四日诞生。"幼年失目,精巫卜,游食各方。至即墨县,遇李真人。讳来先,字灵山,号凝真子,昌邑县人,系邱祖门下,早成道果。遂引徐公至鹤山遇真庵,苦行工作数年后,求道于李真人,蒙授秘诀。……后遇张三丰师,得其真传,而道行益进。继则潜修明霞洞及本宫,后仍归鹤山仙鹤洞。道成遗留法派曰鹤山派,亦曰劳山派。明嘉靖三十五年(1556)五月二十日飞升,敕封中元永寿太和真君。"③

(三) 齐道人

齐道人,青州寿光(今潍坊寿光市)人。来崂山居南天门之先天庵。"为庵重新帝宇三楹,廊厢倍之,皆躬拮据,行人所不堪比。有取庵左林木者,众难之,道人救解焉。赠以所伐之木,使去。天启辛酉冬,有老尼,可九十,冻若就死状,来求宿。众不纳且挥之。道人曰:'老人亦有性命,此可避,谁当不避?'因呼与处,略无忌焉。后尼屡显异迹,山居者乃皆知非凡人,寻亦不知其所往。天启壬戌春正月,道人忽语众曰:'吾世缘已尽,将从此逝矣!'恍失所在羽。众觅之八仙墩,则纳履在焉。墩之下汪洋东溟也。人谓道人水解去。"④

(四) 崔道人

崔道人,"修真黄石宫,避人,与其徒结茅古迹岛,自耕食,岛在山南海中百余里,常为蟒穴。崔始居,而蟒来,以头塞户,瞪目三日,崔语

---

① 见周宗颐编《太清宫志》卷一《耿真人传》。
② 见周宗颐编《太清宫志》卷五《敕赐道藏经》。
③ 见周宗颐编《太清宫志》卷一《徐真人传》。
④ (明) 黄宗昌:《崂山志》,卷五《仙释》民国五年(1916)铅印本。

之曰：'有宿怨当食我，无则久居此何为？'旋去，隐不复见。世传其事，为道力足以胜之也。"①

（五）李阳兴

李阳兴，明成山卫（今山东荣成）人，明嘉靖间入崂山，"师事朴一向道士。是时巨峰白云庵已圮，李阳兴于其师初修之基础，续修该庵，建玉皇殿三间，房顶尽复铁瓦，称铁瓦殿，香火盛极一时。生徒从归者，不下千余，道风之畅，为崂山一时之最。"②

（六）齐本守

齐本守，字养真，号金辉，又号逍遥子，浙江省杭州府钱塘县（今杭州市）人。"性静然，厌世俗，于明万历间同师阎不夜由寿邑东来，尽览二劳之胜，及至本宫西北山名天门后，爱其两峰高峙，并有邱长春真人仙笔题刻，及邱真人所建之先天庵，留住于此，不复他往。多事劳苦，广行方便，自食糠秕，供人米粮，同居道众莫不钦感，始终如一，凡二十年，增修殿宇三间，及两廊配房，此皆真人之苦劳功行，人所不能及者。"③

（七）孙玄清

孙玄清（孙元清），号紫阳，明代寿光（今潍坊寿光市）人。生于明代弘治九年（1496）八月二十二日，幼年双目失明，出家为僧。"明嘉靖初年来崂山明霞洞，弃释修道二十余年，目疾不治而愈。孙玄清于嘉靖三十七年（1558）应诏到京，功事完毕，赴白云观坐钵堂一年，注《灵宝祕诀玉皇心印经》、《太上清净经》、《皇经始末奥》等，奉敕召见，被封为'护国天师府左赞教'，掌管真人府事。隆庆三年（1569）六月二十六日，孙玄清逝世于崂山上清宫，年73岁。"④ 刻于明霞洞左侧明代《孙真人紫阳疏》石刻，以及上清宫孙真人《海岳修真记》石刻，对其生平以及修道崂山等有详细记载。

（八）张道人

张道人，明代道士，不知何处人。自言姓张，来往崂山上清宫。"貌

---

① （明）黄宗昌：《崂山志》，卷五《仙释》民国五年（1916）铅印本，第52—53页。
② 青岛市史志办公室：《崂山志》，五洲传播出版社2003年版，第318页。
③ 见周宗颐编《太清宫志》卷一《齐真人传》。
④ 见清同治十二年（1873）《即墨县志》卷十二《杂稽志·释道》。

如少壮，而历叙所经百年以上事，人未之信。一日募修东岳庙，需石灰数千斤，急切不能办。张募之某嫠妇家，妇以贫辞。张曰：'汝家门前槐树旁有灰三千斤。'发之，果然。人问之，张曰：'渠先祖建楼所余，吾见之，其家不知也。'凡事能前知，多不肯尽言。"①

四　明代崂山太清宫与《道藏》

据《太清宫志》万历皇帝颁赐《道藏》的《敕谕》和《敕谕碑文记》记载，万历二十八年（1600），明神宗降旨毁寺复宫，并颁赐《道藏》一部给太清宫。这一方面表明明神宗对崂山道教重视，另一方面对促进崂山道教的发展具有重要意义。在太清宫三清殿正殿神像两侧安放有6个乌木大柜，《道藏》放在大柜的抽屉内，每个抽屉放三函，抽屉外面有四字目录，按经卷册数目录存放，便于查阅，共计4787卷、4486册。这部完整的《道藏》即为明万历二十六年（1598）刻本。②《太清宫志》中载有万历皇帝颁赐《道藏》的《敕谕》和《敕谕碑文记》。其中《敕谕》云：

敕谕劳山太清宫住持，及道众人等。朕发诚心，印造大道藏经，颁发在京及天下名山宫观供奉。经首护敕，已谕其由。尔主持及道众人等，务要虔诚供安，朝夕礼诵，保安朕躬康泰，宫台肃清。忏已往愆尤，祈无疆寿福，民安国泰，天下太平，俾四海八方，同归清静善教，朕成恭已无为之治道焉。今特差道经厂、侍经惜新、司左司付何堂，斋请前去彼处供安，各宜仰体知悉。钦哉故谕。③

五　明代崂山道乐

明代堪称山东道教音乐史上的一个繁荣时期。洪武皇帝登基后，降谕旨祭孔、祭岳，并把这项活动作为国礼活动，规定在祭悼时必须有道士诵经唱和。为适应皇帝的要求，外山各庙的道士根据《满江红》一词改编了道乐《满江红》和《宾鸿泪》《天边月》等祭岳专用道乐曲牌，及祭

---

① 见清同治十二年（1873）《即墨县志》卷十二《杂稽志·释道》。
② 《崂山区志》编纂委员会：《崂山区志》，方志出版社2008年版，第604—605页。
③ 见周宗颐编《太清宫志》卷五《敕谕》。

孔用的《十献》等大型外坛应风经乐曲牌，使道家应风乐得到了较大的发展。① 嘉靖癸巳年（1533），即墨文士蓝田与太和观道长毕玄云创办即墨书院，向学生传授四书五经及音律，并由毕玄云创作了《清溪鸣琴》与《秋山》。明代崂山道教的经韵曲解的发展主要是应风乐的道歌，并在崂山创编祭祀迎神的仙乐道歌。同时，积极吸收民间俚曲乐汇与弦子戏段章，创编了许多带有民间俚曲和弦子戏色彩的乐汇曲牌。其主要标志是明代初期和后期崂山道教音乐出现了两次发展高潮。② 一次是万历十三年（1585），崂山太清宫道士耿义兰在北京白云观学到不少中原和秦晋地方戏曲音乐曲牌及十方经韵，带回崂山，推动了道教音乐的繁荣；永乐年间张三丰来崂山，在明霞洞撰写有名的《劝世文》，后被谱成道歌广为传诵。另一次是天启年间（1621—1627），随着胶州湾人口的增加，崂山太清宫的下院天后宫，成为崂山外山各庙观的一个应风乐中心之一。在道乐的开展、道歌道曲的创编上均有所创新，一跃成为中国北方的一个道教音乐活动中心。③

崂山道教音乐在曲调风格上一个重要特点就是根据祭拜对象的不同，呈现出不同的韵味，祭天、祭地、祭神则体现虔诚、希望、庄重之风，祭人物则呈现悲壮委婉之韵。明朝末年宫妃蔺婉玉、养艳姬等在崂山出家为道，将宫廷韵律揉入道乐中。崂山道乐《祭岳》《祭孔》《六问青天》《宾鸿泪》《满江红》《山丹花》《离恨天》等都是祭韵中流传较广的曲牌。

明代是崂山古琴乐的盛行时期。养艳姬，山西宁武关人，擅长吟诗、琴法和秦晋地方乐曲，并读过兵书，善于舞剑，是明末晋北有名的文武双全才女。崇祯（1611—1644）即帝位后，选入宫中为妃。蔺婉玉，是崇祯帝内侍太监蔺卿之侄女，自幼善丝竹歌舞，笙、笛、箫、管无所不能，被选入宫中任乐女，因才貌超众，又中选为妃。④ 两人都对崂山古琴音乐的发展产生了重要影响。崂山在道士耿义兰与憨山和尚为争庙址到京打官

---

① 《青岛道教志》《山东省宗教志资料选编》（第 2 辑），山东省民族志宗教志编纂办公室 1989 年印，第 125 页。
② 陈振涛：《崂山道教音乐考查记》，《中国道教》1991 年第 4 期。
③ 王纯五、甘绍成：《中国道教音乐》，西南交通大学出版社 1993 年版，第 82 页。
④ 青岛市史志办公室：《青岛市志·民族宗教志》，新华出版社 1997 年版，第 73—74 页。

司获胜后，万历皇帝曾赐其珍贵乐谱和精致古琴三十余张，① 也促进了崂山古琴乐的发展。

六 明代崂山道教石刻、碑刻

崂山明代道教石刻、碑刻遗留甚多、内容丰富。以太清宫为中心的各种宫观寺庙、高山古洞、山石峡涧皆碑石林立。它们从不同方面记录了崂山道教宫观、人文历史、人物思想、文学艺术的发展演变，是研究崂山道教文化的活化石。

（一）太清宫石刻、碑刻

太清宫石刻、碑刻主要集中于太清宫附近及其周围地区，数量众多、内容丰富。主要有明万历、隆庆、嘉靖、天启年间的各种碑文，所记载内容包括宫观建设、人物传记和诗文道情等。列表②如下：

表 8—6　　　　　　　　太清宫石刻、碑刻一览表

碑刻名称	时间	碑文内容概要	碑刻现存地	撰文、篆额、书丹
陈沂诗刻	明嘉靖十二年（1533）立	诗作全文为"路出海涯山曲，怪石乱峰嘉木。深处有仙居，终向断崖幽谷。知足，知足，受此这般清福"	上清宫西墙外	陈沂书
"孙真人紫阳疏"石刻	明嘉靖三十七年（1558）立	碑文记载孙紫阳修道得道之经历。碑文中有"臣居东齐海滨，潜踪，修行五十余年，大悟千百遍，小悟不可以计数"、"功事完毕，赴京白云观，坐钵堂一年，造释门宗卷八部六册"等内容	明霞洞左侧	海岳真人刻
"持赠孙真人还元一首"诗刻	明隆庆三年（1569）立	碑文表达对孙真人的尊敬之意。有"炼已精修无上道，清音忠进至玄篇，停看不日丹成就，玉册旌书上九天"之语	不详	文渊阁太傅翟銮题

---

① 蒲亨强：《仙乐风飘处处闻，中国重要宫观道乐》，巴蜀书社 2005 年版，第 71 页。
② 青岛市史志办公室：《崂山志》，五洲传播出版社 2003 年版，第 186—193、441—442 页。

续表

碑刻名称	时间	碑文内容概要	碑刻现存地	撰文、篆额、书丹
海印寺遗址题记石刻	明万历十三年（1585）立	碑文中有"明万历十三年憨山大师建海印寺于宫前，二十八年降旨毁寺复宫"等内容	海印寺遗石上	佚失
万历十三年刻	明万历十三年（1585）	文为"万历十三年八月立，鳌山卫泥水匠姚学岩林"	不详	佚失
检藏题名碑	明万历三十年（1602）	碑文记载崂山太清宫道教历史，有"刘若拙从蜀而来，遁迹此山"、"万历二十八年颁道经，令羽士贾性全护守，于三十三年四月十五日领众检阅，朝暮焚香"等内容	崂山太清宫	佚失
明太清宫界四至刻石	明万历三十一年（1603）三月二十日立	碑文记载太清宫四至边界，"太清宫供奉敕谕藏经香火场地土四至。东至张仙塔，西至分水河，南至大海"	太清宫三官殿通往三清殿的夹道旁石上	佚失
周鲁诗刻	不详	全文为："白云留住须忘归，名利萦人两俱非。莫笑山僧茅屋小，万山环翠雾中围"	玄真洞一小洞中	佚失
新立太清宫形胜地至碑	明万历三十一年（1603）立	碑文所记是太清宫各圣地疆域。碑文有"真人张三丰、徐复阳皆修道于此"，以及"羽士遵郡公德意，恪守清规，居其山，食其土，则因其址而复建其宫"等内容	不详	胶州进士赵任撰
重建太清宫碑	明万历三十九年（1611）立	碑文记载了竹山道人赵友真等重修太清宫之始末，有"道人收之以易粟。珠积毫增，垂六年，则货财物力得以登于饶美，用是勤施大举，而口观厥成焉"之语	不详	即墨杨兆鲲撰

续表

碑刻名称	时间	碑文内容概要	碑刻现存地	撰文、篆额、书丹
重修太清宫碑	明天启二年（1622）立	碑文记载太清宫重修之始末，有"殿宇掬为荒蓁"，"赵子奋臂矢志重修"，"殿成而神灵即安妥矣"等内容	不详	昌阳进士左之宜撰文

（二）上清宫石刻及碑文

上清宫石刻及碑文主要集中于龙潭瀑、上清宫和明霞洞一带。其中以《海岳修真记》碑文为代表，主要记载崂山上清宫修道养生之意境，以及著名崂山道士如张三丰、孙紫阳等的修真过程，对于深入了解明代上清宫在崂山道教发展的地位和作用有一定参考价值。列表如下：

表8—7　　　　　　　　上清宫石刻及碑文一览表

碑刻名称	时间	碑文内容概要	碑刻现存地	撰文、篆额、书丹
陈沂诗刻	不详	描述明霞洞之风光。原诗为："明霞一峰千仞青，众山为堵前为屏。云雾挥开上绝壁，乾坤坐见浮沧溟。古来好事亦无迹，此地栖仙应有灵。岩扉夜闭洞中卧，石溜静滴声冷冷"①	位于明霞洞	陈沂题
张三丰题刻	不详	文为："重建玄□□吸将乌兔口中吞。"②	明霞洞之上的玄真洞额	佚失
孙真人《海岳修真记》石刻	不详	碑文主要记载了"敕封护国天师府赞教玄清真人"，"复将灵宝秘诀清静其一玉帝敕命"，"动感圣心"，"炼已精修天上道"，以及孙真人"弘治甲子八月二十二日生，隆庆己巳六月二十六日羽化，在凡七十三岁"③ 等内容	不详	孙紫阳撰文

① 周至元：《崂山志》齐鲁书社1993年版，第201页。
② 岛市史志办公室：《崂山志》，五洲传播出版社2003年版，第194页。
③ 周至元：《崂山志》卷六《金石志》，齐鲁书社1993年版，第202—203页。

（三）仰口石刻及碑刻

仰口石刻及碑刻主要集中于白云洞及太平宫一带，现有明代石刻及碑刻多处。列表①如下：

表8—8　　　　　　　　　　仰品石刻及碑刻一览表

碑刻名称	时间	碑文内容概要	碑刻现存地	撰文、篆额、书丹
太平宫即事二首诗刻	明正德十年（1515），1982年重新修饰	碑文记载太平宫道教风光。碑文中有"仙犬伏云白日，山猿收果渡黄昏。樵人漫言餐霞术，道士常浇种玉园"等内容	眠龙石正中	元中禽刻石
正德题名	明正德十一年（1516）	文为："正德丙子夏四月古邾刘孟延□□太原高□□。"	狮子峰之狮子口内上颚	不详
"鳌山"题刻	明嘉靖十一年（1532）	鳌山	与白龙洞三字并列	戚景通刻
"陈沂记游"题刻	明嘉靖十二年（1533）	文为："嘉靖癸巳秋九月二十五日同北泉蓝田观日出于峰上，其弟蓝因亦在，石亭陈沂。"	在狮子峰狮子口内	陈沂题
陈沂与蓝田游山时刻诗	明嘉靖十二年（1533）	文为："潮涌仙山下，楼台俯视深。赤栏横海色，碧瓦下窗阴。片石千年迹，孤云万里心。举杯清啸发，振袂欲空林。"	寅宾洞南侧	
"山河奇观"刻石	明隆庆二年（1568）十月1982年修复	山河奇观	与"明明崖"并列	邹善题
重修巨峰顶白云庵玉皇殿碑	万明历十二年（1584）	碑文有"明嘉靖间，全真朴一向重起之，其徒李阳兴继业，至孙高来德而大新之"，"中建玉皇殿三楹"等内容	不详	憨山和尚撰

---

① 青岛市史志办公室：《崂山志》，五洲传播出版社2003年版，第197—203、440页。

续表

碑刻名称	时间	碑文内容概要	碑刻现存地	撰文、篆额、书丹
"天开异境"石刻	明天启四年（1624）	原文为："明天启四年刻天开异境。"	佚失	不详
"犹龙洞"题刻	不详	"犹龙洞"字径30厘米，颇遒劲	刻于犹龙洞口	邹应善题
"明明崖"题刻	不详	"明明崖"草书，字径50厘米	不详	邹善题
"白龙洞"题刻	不详	"白龙洞"宋体字，字径80厘米	在仙人桥北上	周鲁书
"白云为家"摩崖石刻	明代末年	白云为家	白云洞山径前一巨石上	白云道士题

（四）北九水石刻及碑刻

北九水刻石主要集中于内九水、外九水、蔚竹庵一带，内容以题字和记载北九水宫观庙宇修建为主。列表①如下：

表8—9　　　　　　　　北九水石刻及碑刻一览表

碑刻名称	时间	碑文内容概要	碑刻现存地	撰文、篆额、书丹
"重修九水庙碑记"	明天顺二年（1458）	不详	嵌于大殿东壁	不详
楹联刻石	不详	左为"龙扇初开四大天兵分左右"，右为"珠帘才卷二十八宿列东西"	太和观石柱	不详
"仙古洞"题刻	不详	"仙古洞"字径80厘米	九水西山半坡洞左	周鲁曾题

---

① 青岛市史志办公室：《崂山志》，五洲传播出版社2003年版，第204页。

(五) 华楼宫石刻及碑刻

华楼宫石刻及碑刻主要集中于华楼宫一带,以题记、题刻和摩崖石刻为主,内容与"仙""灵""峰""丹""道""洞""真""宫""院"等道教思想文化相关。具有艺术精美、篆刻独特、数量众多等特点。列表①如下:

表 8—10　　　　　　　华楼宫石刻及碑刻一览表

碑刻名称	时间	碑文内容概要	碑刻现存地	撰文、篆额、书丹
重修华楼宫碑	明天顺八年(1464)立	碑文已佚	不详	朱源、孙鉴周撰
明代弘治元年石刻	明弘治元年(1488)立	佚失	华阳书院	不详
蓝田题记	明嘉靖年间	碑文有"莱州府同知南津陈栋、登州道指挥平山王住同游"等记载	金液泉石壁上方	北泉蓝田题
明嘉靖题记	明嘉靖十二年(1533)立	碑文有"前侍□陈沂,前御史蓝田同游诸峰"等内容	灵烟崮	不详
"仙岩"题刻	明代隆庆二年立	仙岩	翠屏岩西巨石之上	山东提学邹善题
"最乐处"题刻	明隆庆二年(1568)立	最乐处	南天门峰顶巨石上	山东提学邹善题
华楼宫碑刻	明隆庆五年(1571)立	碑刻有"抱真刘子卧浮丘,人道丹成几万秋"等内容	不详	相台刘孝题
"聚仙宫"题刻	不详	聚仙宫	华楼峰阴梳洗楼高一丈处	陈沂书
华阳书院诸刻石	不详	碑刻有"谈经地""枕石漱流""曲水流觞"等字	华阳书院南溪边石上	明蓝章书

---

① 青岛市史志办公室:《崂山志》,五洲传播出版社 2003 年版,第 209—215 页。

续表

碑刻名称	时间	碑文内容概要	碑刻现存地	撰文、篆额、书丹
"华表峰"石刻	不详	华表峰	华表峰北侧	不详
"聚仙台"石刻	不详	聚仙台	华表峰北侧	不详
"灵峰道院"石刻	不详	灵峰道院	华楼宫殿后石壁上	不详
"翠屏岩"石刻	不详	翠屏岩	翠屏岩玉皇洞左	蔡叔逵书
"东海胜游"石刻	不详	东海胜游	翠屏岩东	蔡叔逵题
"重阳洞"诗刻	不详	有"叠石遥连沧海色，华楼高接太清居"等诗句	在华楼宫南南天门	蓝田及弟蓝因篆书
孙镗、周鲁题刻	不详	佚失	华楼山门北侧	孙镗、周鲁题
北泉石亭题刻	不详	题刻有"与蓝北泉自高嵋步至，石亭归耶于石门峰，华阴赵示以北泉弟因至"等内容	华楼南天门	不详
"海山环秀"石刻	不详	海山环秀	灵烟崮西壁	方升题
明柱国大夫石刻	不详	有"蜀苏布明题，杨必达上石"等落款	华楼宫南	苏布明题，杨必达上石
"玉女盆"石刻	不详	玉女盆	灵烟崮东	不详
"海阔天空"石刻	不详	海阔天空	不详	不详
"迎仙岘"石刻	不详	迎仙岘	华楼山阴坡	不详
"黄石洞"石刻	不详	黄石洞	华楼山北麓	周鲁刻
"丹崖"刻石	不详	丹崖	华楼山北麓	不详

（六）神清宫石刻、碑刻

神清宫存明代石刻、碑刻。主要遗存有万历十三年（1585）《重修神清宫碑》等。①

表 8—11　　　　　　　　　神清宫石刻、碑刻一览表

碑刻名称	时间	碑文内容概要	碑刻现存地	撰文、篆额、书丹
重修神清宫碑	明万历十三年（1585）	碑文记载了明嘉靖间神清宫"住持姜全志募众重新构殿三楹，貌三清、太上、帝释之像，安居堂室，颇为周备"的修建过程	不详	如幻道人撰
"洞天"石刻	不详	"洞天"二字，字径40厘米	神清宫殿后	周鲁书题

（七）鹤山石刻、碑刻

根据《崂山志》记载，鹤山存明代刻石及碑刻2件。列表②如下：

表 8—12　　　　　　　　　鹤山石刻、碑刻一览表

碑刻名称	时间	碑文内容概要	碑刻现存地	撰文、篆额、书丹
重修鹤山遇真庵碑	明万历四十二年（1614）	碑文有"邱真人，尝栖于此，徐复阳则终身隐居"，以及"岁月既久，栋宇倾颓。庵中羽士毅然以修复为念"，"万历三十年兴建，至四十二年始告落成"等内容	不详	国子监祭酒即墨周如砥撰
"鹤山"诗刻	不详	碑文为："数数频来似有情，青山与我久要盟。战袍脱却浑无事，一曲瑶琴乐太平"	鹤山"一线天"南壁上	周鲁

---

① 青岛市史志办公室：《崂山志》，五洲传播出版社2003年版，第440页。
② 同上书，第443、217页。

（八）太平宫及其附近碑刻①

表8—13   太平宫及其附近碑刻一览表

碑刻名称	时间	碑文内容概要	碑刻现存地	撰文、篆额、书丹
明嘉靖丙寅重修太平宫碑	明嘉靖四十五年（1566）	碑文记载太平宫修建始末。碑文中有"鸠工诹日，撤旧换新，辟正殿以奉太清者三，即左右以奉□□□，内为庐者四，经始于嘉靖丙辰，落成于嘉靖丙寅"等内容	不详	鳌山卫举人王九成撰

（九）大劳观碑刻

大劳观现遗存明代碑刻2件。列表②如下：

表8—14   大劳观碑刻一览表

碑刻名称	时间	碑文内容概要	碑刻现存地	撰文、篆额、书丹
明代万历二十年重修大劳观碑	明万历二十年（1592）	碑文记载大劳观重修的原因、过程及其结果等。碑文中有"鸠众聚材，犹自捐资蓄，以率兴作。求木山中，□瓦水次，欲彻而新。其故材旧瓦，坚致可用者，亦所不弃。于是拓其旧址而筑之，重重飞檐凌云。其中凡用木以株者，新旧若干，瓦以片者，新旧若干，铁石黝垩之属，大率称是。始于万历庚寅春仲，告成于万历六卯冬初。前所未有者今有之"等内容	不详	杨盐撰

---

① 青岛市史志办公室：《崂山志》，五洲传播出版社2003年版，第439页。
② 同上书，第441—442页。

续表

碑刻名称	时间	碑文内容概要	碑刻现存地	撰文、篆额、书丹
明万历三十九年重建大劳观碑	明万历三十九年（1611）	碑文叙述重建大劳观的原因和过程，碑文中含有"第观肇创多年，时圮时葺，规制湫窄，不称灵秀气"，"具宫既成，帝像攸崇。金紫章烂，烨烨雄风"等内容	不详	即墨杨兆鲲撰

（十）巨峰石刻[①]

巨峰刻石主要集中于巨峰附近及其南麓，存明代石刻 2 件。列表如下：

表 8—15　　　　　巨峰石刻一览表

碑刻名称	时间	碑文内容概要	碑刻现存地	撰文、篆额、书丹
"金壁洞"题刻	明万历十七年（1589）	上镌"金壁洞"三字，末署"万历十七年子秋立"	烟云涧北上砖塔岭东 500 米处洞内	不详
"慈光洞"题刻	不详	上刻"慈光洞"三字，旁有万历时慈宁宫近侍题诗一首	自然碑下偏西	不详

---

① 青岛市史志办公室：《崂山志》，五洲传播出版社 2003 年版，第 216 页。

（十一）劈石口石刻①

表8—16　　　　　　　　劈石口石刻一览表

碑刻名称	时间	碑文内容概要	碑刻现存地	撰文、篆额、书丹
明代石刻	明万历间立	碑文为："莲花片片削空青，华岳分峰仗巨灵。更向崂山挥玉斧，洞天有路不常扃。"	不详	即墨县县丞周□作

七　明代崂山道教文学

明代崂山道教局部繁荣的另一重要标志是道教文学的兴盛。在崂山各种碑刻等载体上留有大量诗赋、碑记作品，通过这些作品，可以看到道教在当时人们心目中的影响，以及崂山道教文学所具有的艺术感染力。

（一）崂山游记

明代崂山游记很多，主要有蓝田的《巨峰白云洞记》、陈沂的《鳌山记》、高出的《崂山记》、汪有恒的《游崂山记》、曹臣的《崂山周游记》、张允抡的《游崂东境记》和高弘图的《劳山九游记》等。②

陈沂《鳌山记》游记全面叙述了崂山道教缘起，"遇真庵""飞仙桥""老君、华阳诸洞""南天门""清凉寺""仙迹桥""金刚崮"道教仙境，以及"太平宫""下清宫""上清宫""聚仙宫""万寿宫""老君殿"等宫观遗迹。

高宏图《劳山九游记》通过九游崂山，把崂山的自然情韵，太平神宫、下清宫、八仙墩、明霞洞、玉皇殿等道教仙境的形成因缘，"天人合一""道法自然"的道家神缘做了系统的记述，具有较高的文学和史料价值。

（二）崂山道诗

明代道教文学的发展在诗歌上也能表现出来，如蓝章和陈沂的《崂山》，蓝田的《劳山次韵》、《登华楼》、《太平宫》，左懋第的《崂山道中》、《巨峰》，高出的《游崂山道中作》，周如锦的《崂山怀古四首》。邹善和马存仁的《华楼》、杨舟的《太平宫》、许铤的《仙鹤洞》、德清

---

① 青岛市史志办公室：《崂山志》，五洲传播出版社2003年版，第216页。
② 周至元编著：《崂山志》，齐鲁书社1993年版，第313—316页。

的《张仙塔》、耿义兰的《太清宫》、周如沦的《黄石宫》、高出的《聚仙宫》、高弘图的《题黄石宫》、周鲁的《玄真洞》、范炼金的《鹤山朝阳洞》、黄宗昌的《游华楼》、王泽洽的《飞弘涧石洞》等①，是明代崂山道教局部繁荣的象征。

第六节　明代云翠山道教宫观、碑刻

云翠山位于山东省平阴县境内。《山东通志》记载："云翠山，在县东南三十里，山顶有巨石高数十丈，其形方正，谓之印峰，亦曰天柱峰。北为南天观，上为长春洞，洞中有泉，谓之天一泉。"②《兖州府志·山川志》云："明万历间，道士许道先隐于山中，大有兴筑。负山筑台为玉皇阁。环而宫之，谓之蓬莱仙院。阁下一楼北向，谓之长春阁。其北一楼南向谓之凭虚阁。其东为真武观。其西为三真观。明邑人于慎明为记。"③说明许道先对云翠山南天观的创建和发展做出了重要贡献。

一　明代云翠山宫观及碑刻

明代云翠山南天观曾有过辉煌的历史，留有大量的宫观建筑和碑文石刻。南天观院落内有明代所立石碑10余幢，多记述着云翠山的风光和南天观的修建及兴衰情况。主要建筑有玉皇阁、蓬莱仙院、凭虚阁、长春阁、真武观、三真观、戏楼、看台等，明隆庆年间重修。④

在南天观蓬莱仙院东侧立有龟驮龙首的《云翠山天柱观新建玉皇阁记》，碑高2.4米，宽1米。明万历癸巳（1593）立。该碑记载了"嘉靖丙寅，悟巷许公道先，始从濮阳来游"。吕祖天仙派第四代传人许道先的活动情况，主要包括三个方面：一是记载了许道先来云翠山的时间，二是许道先在云翠山"施药拯济"等活动，三是许道先对建造云翠山南天观"玉皇阁""凭虚阁""长春阁""回阳洞""蓬莱道院"的贡献。

---

①　周至元编著：《崂山志》，齐鲁书社1993年版，第236—262页；青岛市史志办公室：《崂山志》，五洲传播出版社2003年版，第346—351页。
②　《山东通志》卷六，康熙四十一年（1702）刻本。
③　《兖州府志》卷三，《山川志》二十九至三十，清康熙二十五年（1686）刻本。
④　鹿传铎、刘绍泉：《南天观》，载政协山东省平阴县委员会编《平阴名胜古迹》，2001年，第15页。

悟庵洞，万历壬午（1582）乙巳月吉日立，① 许道先悟道养身之处。"悟庵"为其道号。整个道观具备"三洞九院"的规模，是道教洞穴信仰和生命转化、得道成仙的象征。

三官庙，位于云翠山下西 7.5 公里处，有万历辛丑（1601）年间《重修三官庙记》碑。该碑记录了重修三官庙的缘由、概况和艺人情况，从不同的方面诠释了道教三官信仰的内容。

玄帝庙，南天观北西两面有"玄帝庙"。玄帝是道教所供奉神灵，古时人们把天上的星星分为二十八宿，玄帝主管"斗、牛、女、虚、危、室、壁"七星，以驱北方邪风。明成祖以后的历朝皇帝把玄天上帝奉为"护国家神"，云翠山玄帝庙为明代重修。

玉皇殿，位于云翠山南麓大约 2.5 公里的黄石崖。万历三十七年（1609）的《水牛山黄石崖创建玉皇殿并两配殿记》记载，天仙派住持道士郭真阳"出资聚财"，"删艾荒秽"，"起筑墙垣"，"化财鸠工"，在黄石崖修营"玉皇殿""雷神殿""玄帝殿"等道教宫观的过程。从中可以看出自明代万历年间，天仙派的传教布道活动就已经扩展到黄石崖等云翠山周边的地区。

玄帝宫，据崇祯十一年（1638）《修东原登贤乡玄帝宫记》记载，道士步诚意"捐膏田百亩，瞻养住持，世奉香火"，"妻兄加御都司陈洪岗、齐宋催办供支，张弘道、王国振均与有劳"，以修建玄帝庙，并记述了玄帝庙正殿、龙龛石台、东西配殿、仪门、神将、碑楼、钟楼、大门的位置，玄帝宫后石刻、影壁、石狮、井眼、茶棚的形状功能等。

表 8—17　　　　　　　　明代云翠山宫观碑刻一览表②

碑刻名称	时间	碑文内容概要	碑刻现存地	撰文、篆额、书丹
云翠山天柱观新建玉皇阁记	明万历二十一年（1593）	碑文记载了吕祖天仙派第四代许道先在云翠山南天观的活动情况，以及对建造云翠山南天观的主要贡献	南天观蓬莱仙院东侧	于慎行撰文，孟一脉篆额，乔学诗书

① 该石由碑濮阳兵部尚书穀原苏佑赠，长 0.93 米、宽 0.52 米。
② 赵芃：《云翠山南天观初考》，《世界宗教研究》2014 年第 1 期。

续表

碑刻名称	时间	碑文内容概要	碑刻现存地	撰文、篆额、书丹
重修三官庙记	明万历二十九年（1601）	该碑记载了重修三官庙的缘由、概况和艺人情况，诠释了道教的三官崇拜和信仰的内容	该碑位于云翠山下西7.5公里处	刘振先撰文，赵弘益道遇书丹
水牛山黄石崖创建玉皇殿併两配殿记	明万历三十七年（1609）	碑文介绍了黄石崖由来，及其修建宫观的过程等	位于黄石崖，即云翠山南麓大约2.5公里的地方	宋一清撰记，李士选书，郭真阳王常永、王天祐镌立
修东原登贤乡玄帝宫记	崇祯十一年（1638）	碑文介绍了道教玄帝主神的来源和特征，记载了道士步诚意修建玄帝庙的整个过程以及玄帝庙"道院"的基本情况。	东平城西四十里戴家镇即晋宋登贤乡	宋祖舜、淑柏甫撰文，君赋甫书丹，徐应祯镌石

二 明代云翠山道教碑刻"三教合一"思想

在中华文化史上，儒、道、释三教并存，占据主导地位的儒家思想，传统的道家、道教思想与外来的佛教思想之间不断冲突、融合，共同推动了中华民族文化的发展。这种冲突和融合使儒、道、释三家思想不断相互渗透，并在云翠山地区形成了具有"三教合一"特点的吕祖天仙派，使之成为鲁西南道教宗派形成的重要地区之一，其思想蕴含在云翠山道教碑刻之中。

明弘治八年（1495）《东阿县虎窟山奉国寺记碑》蕴含了佛道合一的思想，记载了佛教的"修寺非止，修佛亦修"等理念，以及道士"修寺"缘起：里人刘敬事"一夕梦游虎窟，观神官赤颊修髯者，指而语曰：'若能建祠于兹乎，我将释若狱'"。碑文有《论语》说"子不语怪"，意为儒家思想不信神，但"募众捐资市材陶甓，乃构佛殿三楹"，意为基于道教的神仙信仰，道士刘同真、泊里人王著焉、洞真敬之子刘克绍在修建"佛殿三楹"的过程中，给予鼎力支持，"志诚可嘉"。① 不但寓意有儒、

---

① 黄贵生、万肇平编：《扈谷摩崖碑刻珍藏集》，银河出版社2005年版，第63页。

道、释相互融合的思想,而且记载了佛堂的修建得益于道士们人力、物力上的真诚帮助,从中可以了解云翠山道教碑刻儒、道、释文化相互融合的主要思想内涵。

大明万历十八年(1590)《虎窟山观音堂记碑》,碑文集三教思想于一体,蕴含着"儒、道、释"三教融合思想:一是儒道天人合一思想,碑文有"天道远,人道迩。天以幽隐难知故曰远,以事迹可循故曰迩。然道也者,人于无声无漠之中,而未始不著于日用常行之际,在天则为天之命,在人则为人之性,分殊而道同也。尽人所以合天也"①。二是儒道人神观,依据儒家"仁义礼智爱忠孝信"思想,碑文有"夫何远之有,又闻孔夫子论智,在务民之义,敬鬼神而远之。盖务民义尽人道也远之者,语不戴也。而必曰敬以事神,岂非所以事天哉。宁独事神,即尽人道,亦以敬焉。何谓人道:为父而慈,为子而孝,兄友弟恭,夫义妇顺。此道行于家者,其事上也忠,其交友也信,其与众也仁,其待物也爱"②。三是儒道佛合一思想,碑文融合了儒、道、释"正果""善恶""慈悲""度人""修道"等内容。如"虽不知观世音河许人也,然其功兼修道,合自然与天一矣。得正果之宗为七佛之师,大法以慈悲为旨,历劫度人,以故万世仰圣非自今也。观世音为释教圣,即人之或善或恶,鉴别不爽至明也。顺天之道,降祥降殃至公也"③。碑文内容反映了明代云翠山地区道人们所具有的"儒、道、释"相互融合的思想特征。

表8—18 明代云翠山三教合一碑刻一览表④

碑刻名称	时间	碑文内容概要	碑刻现存地	撰文、篆额、书丹
东阿县虎窟山奉国寺记碑	明弘治八年(1495)立	碑文记载了殿堂修建中三教融合情缘,以及云翠山地区儒、道、释文化相互融合的思想内容	云翠山地区虎窟洞之东北奉国寺内	张冕朝议书并篆

---

① 黄贵生、万肇平编:《扈谷摩崖碑刻珍藏集》,银河出版社2005年版,第65页。
② 同上。
③ 同上。
④ 黄贵生、万肇平编:《扈谷摩崖碑刻珍藏集》,银河出版社2008年版,第63—65页。

续表

碑刻名称	时间	碑文内容概要	碑刻现存地	撰文、篆额、书丹
虎窟山观音堂记碑	明万历十八年（1590）立	碑文记载了道教之"道"，"天地人""无为"思想与儒家的"仁义礼智信孝恭顺忠爱"，以及佛教"观世音""正果""七佛之师""慈悲为旨""历劫度人"等思想内容	位于虎窟山（狮耳山）半山腰处	赵云翔撰，陈耀篆、崔崇谦书丹

第七节　明代沂山道教

明代山东道教的局部繁荣还表现在沂山东镇庙的石刻、碑刻的大量增加，东镇庙的重修也步入了一个鼎盛时期。从洪武二年（1369）至万历四年（1576）的御制碑文就达49幢之多。其中明代东镇庙御制碑文最早的应该是《敕祀东镇庙记碑》，碑文记载了明洪武二年（1369）明太祖朱元璋遣金斗辅代祀东镇沂山之事。具有代表性的碑文则是洪武三年（1370）"大明诏旨"碑，碑文为明太祖朱元璋下诏去除镇海渎封号的诏书，主要内容是改五岳、五镇、四海、四渎的前代封号、以本名称神，改为东镇"东安王"为"沂山之神"。该碑体积高大壮观，气势非凡，代表了明代碑刻碑文的最高水平，反映了明代朝廷对于沂山的重视。明代对东镇庙展开大规模的重修，有记载的达八九次之多，其中有《重修东镇庙碑记》和王居易《东镇沂山志》。明代沂山道教文学遗留较多，不少文人墨客云游东镇沂山，留下了千古传诵的不朽诗篇，给明代道教文学和道教的弘扬增添了许多色彩。

一　明代沂山诏封及庙宇

沂山受封由来已久，明代傅国撰《昌国艅艎》卷四《庙祠》专门作了记述。① 明太祖洪武三年（1370），诏封其为"东镇沂山之神"②，使沂山在道教中的地位和影响又一次得到确认。从明洪武年间至万历年间，沂山道教以东镇庙为中心得到了一定的发展，并产生了诸如"雪蓑道人"③ 等传说人物，以及众多的石刻碑文等。以东镇庙、迎仙亭④等为代表的沂山庙宇得到了多次重修，法事活动的相关道教祭器⑤在东镇庙得到了充实，从而形成了以东镇庙为代表的沂山道教宫观建筑群和石刻碑林。各种祭祀沂山的活动连年不断，沂山成为明代北方重要的道教活动中心。

明代沂山东镇庙曾经历多次重修，规模和构造也在不断变化。明代第一次对东镇庙的重修是在洪武九年（1376），朝廷派遣督工国子监生汤宗诚修筑，此次重修受到朝廷的高度重视。⑥ 成化三年（1467）《重修庙记碑》记载了重修的原因，乃"旧在沂山之麓，庙貌废置不一，皆不足以惬观瞻"。"成化二年冬，巡抚山东右副都御史、晋阳原公来镇是邦"，认为东镇庙重修之必要。于是"辇石于山，伐木于林，诹日鸠工，仆者植之，倾者正之，撤坏去腐，易之以新，工善材良，既坚既好"。关于东镇庙重修后的布置，"自正殿及东西序，凡一十五楹；神库、神厨、披兵

---

① （明）傅国：《昌国艅艎》，光绪二年（1876），李召宁、寨（傅）道兴过录本，卷四《庙祠》。

② 《明太祖诏定岳镇海渎神号碑》，该碑现在山东省临朐县沂山镇沂山东镇庙，明洪武三年（1370）立。

③ 据清光绪十年（1884）《临朐县志》卷十六《杂记》载：雪蓑道人，不知何许人，亦无姓名，因其常雪中披蓑而行，人以"雪蓑"称之。明嘉靖年间，曾徜徉沂山、冶水间。举止怪诞，好谈元理，嗜酒，饮无算。或赠以钱物、衣服，遇贫者即予之。醉辄箕踞，嘲骂贵人。或取其辱，亦不为意。诗尚豪放，善作草书，沂山仙客亭、冶泉铸剑池结存手迹，体势飞动，见者诧为仙笔。

④ 迎仙亭：据明万历十五年（1587）王居易修《东镇沂山志》卷一《庙制》载，迎仙亭为明嘉靖三十六年（1557）知县傅希孟建。雪蓑道人书"山静凝神气，泉高识道源"于其上。行祠：据明万历十五年（1587）王居易修《东镇沂山志》卷一《庙制》载，明万历七年（1579），通政司右参议邑人魏勋率众对其重修，并增筑石垣以限内外。

⑤ 明代沂山祭祀所用祭器具有特色，据明万历十五年王居易修《东镇沂山志》卷一《庙制》有记载："金香盒一个，重一十五两九钱三分；青罗祭服二副，俱洪武十二年敕赐；绿磁、笾豆各一十六，簠、簋各一十六，朱漆木牲匣三个，盘五十个，桌三十六张；铁锅一口，重三百斤以上。服、器今俱不在，见存者惟金盒与锅耳。锅在庙，金盒有司贮之县库，用则出，用讫复收。"

⑥ 张孝友主编：《沂山石刻》，山东友谊出版社2009年版，第13页。

房、宰牲房、门楼,凡二十五楹。我太祖高皇帝御制碑文楼于其上,及香亭、三门凡五楹。外至公馆便客之位,靡不毕具。饰以丹粉,缭以周垣,轮奂辉耀,特立于骈邑之间,观瞻者莫不起敬。"①

明代王居易《东镇沂山志》卷一《庙制》记载:"正殿五间,两廊各五间,神库、神厨各三间,披兵房、宰牲房各三间。山门一座,二门一座,御香亭一座,太祖碑楼一座,钟、鼓楼二座。公馆共三十余间,斋房共十间,道士居室共七十间。"②该书还对东镇庙的重修作了记载:"成化二年,巡抚都御史原杰命青州府知府李昂、临朐县知县卜钊重修。成化六年(1470)巡抚都御史翁世资命知府李昂建寝殿五间。明正德二年(1507),同知杨谏对其重修。"公馆门上"万山深处"和公馆内"一尘不到"四字匾,字大径尺,即为杨谏书。嘉靖五年(1526),知县王舜民对其重修。明嘉靖二十八年(1549),正殿倾圮,知县王家士建小殿三间,以覆神像。隆庆二年(1568),知县张体乾改寝殿为正殿,复为殿五间作寝殿。③明代对东镇庙的重修,无论是在沂山道教,还是东镇庙发展史上都是绝无仅有的,表明以东镇庙为代表的沂山道教在明代呈现局部繁荣的状况。

二 明代沂山道教碑刻

明代沂山道教的局部繁荣,在东镇庙等沂山地域留下了众多碑刻,其中有御碑、官员代祀碑、重修庙记碑、道士致祭碑、道士墓碑、诗碑等,是中国道教史上珍贵的文化遗产。此列表统计如下:

表8—19　　　　　　　　明代沂山道教碑刻统计表④

序号	碑名	建造时间	备注
1	敕祀东镇庙记碑	明洪武二年(1369)	碑现存今山东省临朐县沂山镇东镇庙
2	诏定岳镇海渎神号碑	明洪武三年(1370)	碑现存今山东省临朐县沂山镇东镇庙

---

① 《重修庙记碑》,载张孝友主编《沂山石刻》,山东友谊出版社2009年版,第74页。
② (明)王居易辑:《东镇沂山志》卷一,明万历十五年(1587)刻本。
③ 见明万历十五年(1587)王居易修《东镇沂山志》卷一《庙制》。
④ 参考赵卫东、宫德杰编《山东道教碑刻集·临朐卷》,齐鲁书社2011年版,第14—123页。

续表

序号	碑名	建造时间	备注
3	郑玉琳致祭碑	明洪武三年（1370）	现存碑文①
4	勅修东镇庙记碑	明洪武九年（1376）	碑现存今山东省临朐县沂山镇东镇庙
5	陆亨等代祀碑	明洪武十年（1377）	碑现存今山东省临朐县沂山镇东镇庙
6	诸不溪代祀碑	明洪武二十八年（1395）	碑石残块现存今山东省临朐县沂山镇东镇庙内
7	杨崇翊代祀碑	明洪武三十五年（1402）	碑石残块现存今山东省临朐县沂山镇东镇庙内
8	吴宗显等祭告碑	明永乐四年（1406）	碑石现存今山东省临朐县沂山镇东镇庙
9	杨寿山祭告碑	明永乐五年（1407）	现存碑文②
10	许廓代祀碑	明洪熙元年（1425）	碑石残块现存今山东省临朐县沂山镇东镇庙内
11	黄福致祭碑	明宣德元年（1426）	碑石现存今山东省临朐县沂山镇东镇庙
12	任荣代祀碑	明宣德十年（1435）	现存碑文③
13	车逊致祭残碑	明正统元年（1436）	大部分碑石现存今山东省临朐县沂山镇东镇庙
14	任荣祭告残碑	明正统二年（1437）	大部分碑石现存今山东省临朐县沂山镇东镇庙
15	杨鼎代祀东镇沂山碑	明正统九年（1444）	碑石现存今山东省临朐县沂山镇东镇庙

---

① 见明万历十五年（1587）王居易修《东镇沂山志》之卷二。
② 同上。
③ 同上。

续表

序号	碑名	建造时间	备注
16	仪铭代祀碑	明景泰元年（1450）	碑石残块现存于今山东省临朐县沂山镇东镇庙内
17	仪铭诗碑	明景泰元年（1450）	碑石现存今山东省临朐县沂山镇东镇庙
18	薛希琏代祀碑	明景泰四年（1453）	现存碑文①
19	戚澜代祭碑	明景泰四年（1453）	碑石现存今山东省临朐县沂山镇东镇庙
20	李宗周致祭残碑	明景泰五年（1454）	大部碑石现存今山东省临朐县沂山镇东镇庙
21	薛希琏代祀碑	明景泰六年（1455）	现存碑文②
22	张瑾代祭碑	明天顺元年（1457）	碑石残块现存于今山东省临朐县沂山镇东镇庙
23	李木代祀碑	明成化元年（1465）	碑石现存今山东省临朐县沂山镇东镇庙
24	重修东镇庙记碑	明成化三年（1467）	碑石现存于今山东省临朐县沂山镇东镇庙
25	原杰代祀碑	明成化四年（1468）	碑石现存于今山东省临朐县沂山镇东镇庙
26	祷祀东镇感应记碑	明成化四年（1468）	现存碑文③
27	李希安代祀碑	明成化六年（1470）	碑石现存于今山东省临朐县沂山镇东镇庙
28	翁世资诗碑	明成化六年（1470）	现存碑文④

① 见明万历十五年（1587）王居易修《东镇沂山志》之卷二。
② 同上。
③ 同上。
④ 同上。

续表

序号	碑名	建造时间	备注
29	东镇沂山寝庙成记碑	明成化八年（1472）	碑石现存于今山东省临朐县沂山镇东镇庙
30	翁世资等祷雨碑	明成化八年（1472）	碑石现存于今山东省临朐县沂山镇东镇庙
31	刘时敷谒东镇沂山诗碑	明成化八年（1472）	碑石现存于今山东省临朐县沂山镇东镇庙
32	刘吉致祭残碑	明成化九年（1473）	部分碑石现存于今山东省临朐县沂山镇东镇庙
33	张珩诗碑	明成化十一年（1475）	碑石残块现存于今山东省临朐县沂山镇东镇庙内
34	陈俨代祀碑	明成化十三年（1477）	碑石现存于今山东省临朐县沂山镇东镇庙
35	戴珙代祀碑	明成化二十年（1484）	现存碑文①
36	张珤诗碑	明成化二十一年（1485）	碑石现存于今山东省临朐县沂山镇东镇庙
37	刘昺诗碑	明成化二十一年（1485）	碑现存于今山东省临朐县沂山镇东镇庙
38	黄景代祀碑	明成化二十三年（1487）	碑现存于今山东省临朐县沂山镇东镇庙
39	黄景诗碑	明成化二十三年（1487）	碑现存于今山东省临朐县沂山镇东镇庙
40	东藩代祀碑	明弘治元年（1488）	碑现存于今山东省临朐县沂山镇东镇庙
41	沂山蟒记碑	明朝（确切年月待考）	现存碑文②

---

① 见明万历十五年（1587）王居易修《东镇沂山志》之卷二。
② 见明万历十五年（1587）王居易修《东镇沂山志》之卷四。

续表

序号	碑名	建造时间	备注
42	元守直代祀碑	明弘治四年（1491）	现存碑文①
43	天子遣官祈雨有应诗碑	明弘治五年（1492）	碑现存于今山东省临朐县沂山镇东镇庙
44	王霁致祭碑	明弘治六年（1493）	碑现存于今山东省临朐县沂山镇东镇庙
45	王霁诗碑	明弘治六年（1493）	碑现存于今山东省临朐县沂山镇东镇庙
46	刘大夏等致祭碑	明弘治七年（1494）	碑现存于今山东省临朐县沂山镇东镇庙
47	熊翀致祭碑	明弘治十年（1497）	碑现存于今山东省临朐县沂山镇东镇庙
48	周纮陪祀诗碑	明弘治十年（1497）	碑现存于今山东省临朐县沂山镇东镇庙
49	徐源代祀碑	明弘治十七年（1504）	碑石残块现存于今山东省临朐县沂山镇东镇庙内
50	方矩诗碑	明弘治十七年（1504）	碑现存于今山东省临朐县沂山镇东镇庙
51	沂山虎记碑	明朝（确切年月待考）	现存碑文②
52	彭桓陪祀诗碑	明正德元年（1506）	碑现存于今山东省临朐县沂山镇东镇庙
53	杨潭代祀碑	明正德元年（1506）	现存碑文③
54	乔宇代祀碑	明正德五年（1510）	碑现存于今山东省临朐县沂山镇东镇庙

---

① 见明万历十五年（1587）王居易修《东镇沂山志》之卷二。
② 见明万历十五年（1587）王居易修《东镇沂山志》之卷四。
③ 见明万历十五年（1587）王居易修《东镇沂山志》之卷二。

第八章　明代山东道教

续表

序号	碑名	建造时间	备注
55	乔宇沂山瀑布泉诗碑	明正德五年（1510）	碑现存于今山东省临朐县沂山镇东镇庙
56	吴江代祀碑	明正德六年（1511）	碑石残块现存于今山东省临朐县沂山镇东镇庙内
57	黄绣代祀碑	明正德七年（1512）	碑石残块现存于今山东省临朐县沂山镇东镇庙内
58	重修东镇庙记碑	明正德十年（1515）	现存碑文①
59	乔宇谒东镇庙诗碑	明正德十年（1515）	碑现存于今山东省临朐县沂山镇东镇庙
60	朱鉴致祭碑	明正德十一年（1516）	现存碑文②
61	张继孟诗碑	明正德十六年（1521）	现存碑文③
62	瀑布泉三篆字记碑	明朝（确切年月待考）	现存碑文④
63	刘锐代祀碑	明嘉靖元年（1522）	现存碑文⑤
64	刘铳诗碑	明嘉靖元年（1522）	碑石残块现存于今山东省临朐县沂山镇东镇庙
65	陈凤梧诗碑	明嘉靖元年（1522）	碑现存于今山东省临朐县沂山镇东镇庙
66	谢芝沂山歌碑	明嘉靖二年（1523）	碑现存于今山东省临朐县沂山镇东镇庙
67	陈凤梧谒东镇庙诗碑	明嘉靖二年（1523）	碑现存于今山东省临朐县沂山镇东镇庙
68	江珊祭告碑	明嘉靖六年（1527）	碑现存于今山东省临朐县沂山镇东镇庙

① 见明万历十五年（1587）王居易修《东镇沂山志》之卷四。
② 见明万历十五年（1587）王居易修《东镇沂山志》之卷三。
③ 见明万历十五年（1587）王居易修《东镇沂山志》之卷五。
④ 见明万历十五年（1587）王居易修《东镇沂山志》之卷四。
⑤ 见明万历十五年（1587）王居易修《东镇沂山志》之卷二。

续表

序号	碑名	建造时间	备注
69	宋景祷雨碑	明嘉靖十年（1531）	碑现存于今山东省临朐县沂山镇东镇庙
70	褚宝代祀碑	明嘉靖十一年（1532）	现存碑文①
71	胡湘祭告碑	明嘉靖十二年（1533）	现存碑文②
72	褚宝祭告碑	明嘉靖十二年（1533）五月	现存碑文③
73	褚宝祭告碑	明嘉靖十二年（1533）六月	现存碑文④
74	胡老先生诗碑	明嘉靖十三年（1534）	碑现存于今山东省临朐县沂山镇东镇庙
75	张元孝谒东镇庙诗碑	明嘉靖十五年（1536）	碑现存于今山东省临朐县沂山镇东镇庙
76	陆昌代祀碑	明嘉靖十七年（1538）	现存碑文⑤
77	东镇灭寇记碑	明朝（确切年月待考）	现存碑文⑥
78	王家士诗碑	明嘉靖三十一年（1552）	碑现存于今山东省临朐县沂山镇东镇庙
79	沈应龙致祭碑	明嘉靖三十二年（1553）	碑现存于今山东省临朐县沂山镇东镇庙
80	牟朝宗祭告碑	明嘉靖三十二年（1553）	现存碑文⑦
81	沈应龙代祀碑	明嘉靖三十三年（1554）	现存碑文⑧
82	程裔祭告碑	明嘉靖三十五年（1556）	现存碑文⑨

① 见明万历十五年（1587）王居易修《东镇沂山志》之卷二。
② 见明万历十五年（1587）王居易修《东镇沂山志》之卷三。
③ 同上。
④ 同上。
⑤ 见明万历十五年（1587）王居易修《东镇沂山志》之卷二。
⑥ 见明万历十五年（1587）王居易修《东镇沂山志》之卷四。
⑦ 见明万历十五年（1587）王居易修《东镇沂山志》之卷三。
⑧ 见明万历十五年（1587）王居易修《东镇沂山志》之卷二。
⑨ 见明万历十五年（1587）王居易修《东镇沂山志》之卷三。

续表

序号	碑名	建造时间	备注
83	张晓祭告碑	明嘉靖三十六年（1557）	现存碑文①
84	郭镇诗碑	明嘉靖四十年（1561）	碑现存于今山东省临朐县沂山镇东镇庙
85	重修东镇庙记碑	明嘉靖四十年（1561）	碑现存于今山东省临朐县沂山镇东镇庙
86	朱衡等致祭碑	明嘉靖四十年（1561）	现存碑文②
87	游沂山记碑	明嘉靖四十一年（1562）	现存碑文③
89	刘仕学诗碑	明嘉靖四十一年（1562）	碑现存于今山东省临朐县沂山镇东镇庙
90	刘建祭告碑	明嘉靖四十二年（1563）	现存碑文④
91	鲍象贤致祭碑	明嘉靖四十三年（1564）	碑现存于今山东省临朐县沂山镇东镇庙
92	陈庆诗碑	明嘉靖四十四年（1565）	碑现存于今山东省临朐县沂山镇东镇庙
93	朱衡代祀碑	明嘉靖四十四年（1565）	碑石残块现存于今山东省临朐沂山镇东镇庙内
94	王文瀚诗碑	明嘉靖四十四年（1565）	碑现存于今山东省临朐县沂山镇东镇庙
95	朱衡代祀碑	明嘉靖四十五年（1566）	现存碑文⑤
96	顾从义代祀碑	明隆庆元年（1567）	现存碑文⑥

---

① 见明万历十五年（1587）王居易修《东镇沂山志》之卷三。
② 见明万历十五年（1587）王居易修《东镇沂山志》之卷二。
③ 见明万历十五年（1587）王居易修《东镇沂山志》之卷四。
④ 见明万历十五年（1587）王居易修《东镇沂山志》之卷三。
⑤ 见明万历十五年（1587）王居易修《东镇沂山志》之卷二。
⑥ 同上。

续表

序号	碑名	建造时间	备注
97	姜廷颐代祀碑	明隆庆三年（1569）	大部碑石现存于今山东省临朐县沂山镇东镇庙内
98	张体乾等祭告碑	明隆庆三年（1569）	现存碑文①
99	重修东镇庙记	明隆庆三年（1569）	现存碑文②
100	张体乾颂东镇诗碑	明隆庆三年（1569）	碑现存于今山东省临朐县沂山镇东镇庙
111	李琪祭告碑	明隆庆五年（1571）	现存碑文③
112	傅希挚代祀碑	明隆庆六年（1572）	现存碑文④
113	张鋐代祀碑	明万历元年（1573）	现存碑文⑤
114	重修委粟山东镇行宫记碑	明万历八年（1580）	现存碑文⑥
115	唐教玉墓碑	明万历十四年（1586）	碑现存于今山东省临朐县沂山镇东镇庙
116	赵秉忠诗碑	明万历四十二年（1614）	碑现存于今山东省临朐县沂山镇东镇庙
117	重修东镇沂山庙记碑	明万历四十二年（1614）	部分碑现存于今山东省临朐县沂山镇东镇庙

从上表可以看出，明代沂山祭告活动比较频繁。除以上表格中所列作为致祭沂山的使者之外，根据清光绪十年（1884）《临朐县志》卷十六《杂记》记载，明代赴沂山致祭的使者还有：明建文四年（1402），道士杨崇栩、熊启南；明嘉靖二十二年（1543），青州等处兵备道牟朝宗，这都表明了明代沂山道教的局部繁荣。

---

① 见明万历十五年（1587）王居易修《东镇沂山志》之卷三。
② 见明万历十五年（1587）王居易修《东镇沂山志》之卷四。
③ 见明万历十五年（1587）王居易修《东镇沂山志》之卷三。
④ 见明万历十五年（1587）王居易修《东镇沂山志》之卷二。
⑤ 同上。
⑥ 见明万历十五年（1587）王居易修《东镇沂山志》之卷四。

三 明代沂山道教诗词

沂山作为道教圣地，历来有文人墨客称颂。明代沂山道教的局部兴盛，吸引了众多的文人墨客前往游览观光并留下了大量诗篇，蕴含着浓郁的道家意蕴和道教情怀。代表性的人士和作品包括：翁世资的《东镇祷雨有应》和《再祷东镇祠》，张珩的《过东镇祠》，周纮的《陪祀沂山》，赵鹤龄的《谒庙》，刘昺的《游东镇偶作》，彭桓的《正德改元陪祀东镇庙有作》，乔宇的《沂山瀑布泉》，张继孟的《沂山瀑布泉次前韵》，傅国的《百丈崖瀑布三首》，公鼐的《游沂山百丈崖歌》等。摘其要者：

翁世资《东镇祷雨有应》云："奉敕巡齐鲁，祈灵谒镇山。峰峦浓又淡，溪涧直还弯。国赖神明护，民希雨泽颁。太平真有象，云布密漫漫。"①

张珩《过东镇祠》云："不到名山岁三更，两谒神祠竭寸诚。二麦尽枯无复赖，三农告匮不聊生。感天普惠滂沱雨，慰我颠连贫困氓。五谷早登秋有望，讴歌无处不升平。"②

周纮《陪祀沂山》云："天下名山岳镇高，俯临培塿若儿曹。四时岚气飞晴雨，万壑松风卷怒涛。望入沧溟增眼阔，思冲牛斗觉诗豪。圣皇崇祀忧民初，千载愚臣幸会遭。"③

赵鹤龄《谒庙》云："东沂登眺眼何醒，水照山光雨共青。异派同源川布泽，三株一本柏通灵。功侔泰岳群生赖，位尊青齐万国宁。但愿年年锡丰稔，更钟人杰瑞尧廷。"④

第八节　明代蒙山道教

明代蒙山道教的局部繁荣主要体现于道教宫观和道士人数的增加，以及道教文学的繁荣几个方面。

---

① 见明万历十五年（1587）王居易修《东镇沂山志》之卷五。
② 同上。
③ 同上。
④ 同上。

一 道观和道士

具有代表性的道观有万寿宫、白云岩清虚观、泰山行宫、朝天宫、云溪观、凌云宫等。最盛时蒙山有道士180余人，庙田500余亩，著名者有张演浩、杨真人等。

万寿宫，又名玉虚观，处蒙山南麓，距平邑县城15公里。最早为颛臾王祭祀蒙山处，名谒蒙祠，《水经注》称蒙祠，明朝改今名。

白云岩清虚观，白云岩的开山鼻祖是张演浩，他是华山派第八代道人，中年游蒙山，栖身玉虚观，于明天启三年（1663）结庐兹岩，创建白云岩清虚古观。

泰山行宫，距承天宫向西北1.5公里。清光绪二十二年（1896）《费邑古迹考》卷四《祠庙部》云："泰山行宫于明万历年间由女冠王道元创建。"

朝天宫，位于龟蒙顶南天门，始建于明代。全石结构，又称九龙宫观音殿。宫殿自下而上依次为朝天宫、慈宁宫、玉皇殿，三殿都在一条中轴线上，侧旁为廊庑和斋舍。朝天宫是演习朝神礼仪的地方。[1]

云溪观，始建年代不详，自明朝隆庆后屡修，有碑记。清光绪二十二年（1896）《费邑古迹考》卷四《祠庙部》载，崇祯八年（1635）所立石碑，额题"乐陵府香火院"。

凌云宫，始建年代无考，据残存重修庙碑记载，明崇祯年间曾由五代祖门道人捐款复修。[2]

张演浩，号清真子，山东新泰人，寿高113岁。明天启三年（1623）创建白云岩清虚观，期间饥馑之年，徒众散亡，而其独守空山，累日不粒，不改厥修近五十年，使白云岩清虚观得以发展，后人在蒙山白云岩为其颂德立碑，称其为开山始祖。[3]

杨真人，明代道士，得道成仙于白云岩。[4]

---

[1] 临沂市地方史志办公室：《蒙山志》，齐鲁书社1999年版，第107—109页。
[2] 山东省平邑县志编纂委员会：《平邑县志》，齐鲁书社1997年版，第652页。
[3] 赵玉春：《蒙山白云岩清虚观初考》，《蒙山文化研究》2008年第1期。
[4] 同上。

二 明代蒙山仙道诗歌

明代是蒙山诗歌较为丰富的时期,有近 50 首。其中涉及仙道思想的占了绝大部分。摘其要者:

王凤竹①《寄蒙阴周使君》:"当年览胜属蒙山,芒屩登临数往还。梵帝楼台临向外,仙家鸡犬出云间。风流雅称神明宰,留滞虚惭供奉班。千里鱼书何处达,早拚春雪醉燕关。"②

董仲言《竹下独酌望蒙山有怀》:"独酌萧萧对此君,幽居荒僻断知闻。窗含细雨当空织,水入微风起乱纹。仙去不来徒极目,梦回犹自带余醺。羡门鬼谷今何在,唯有青山共白云。"③

李炯然④《蒙山仙洞》:"仙人飞去向蓬山,洞府无人敞不关。丹灶尚余松焰黑,石床惟有藓苔斑。月明绿树猿空啸,日暝青山鹤自还。何日得捐冠冕系,此身来伴白云闲。"⑤

三 明代蒙山仙道游记

明代蒙山仙道游记主要作品有李炯然《游仙人洞记》、公鼐《东盟山赋》等。前者描绘了蒙山"惠风和畅,人体轻适,攀藤萝,一跃而上。或鼓琴,声调清越;或围棋,子声丁丁然"之文人雅士隐居的佳境。后者则刻画了"鲁颛臾之蒙山"所具有的"仙人列杖、玉女当途"之仙境,蕴含着对"登仙巅而振衣,跻龟峰而飞舄"之仙道长寿的企盼。明代李炯然《游仙人洞记》对蒙山之地理风貌、仙道交游等做了详细记述,赞叹道:

> 呜呼!人得地而乐,地待人以传。兰亭之清致,必待王逸少之表暴,而天下知有兰亭。琅邪之胜概,必遇欧阳永叔之播扬,而天下知有琅邪。不然,古来名胜,湮没于荒烟蔓草中者,何可胜数,而岂独

---

① 王凤竹,字允在,唐山(今隆尧西部)人,明万历甲戌(1574)科进士,初任长清知县,后调任沂水知县。
② 见清康熙二十四年(1685)《蒙阴县志》卷八《艺文志》。
③ 同上。
④ 李炯然,生卒年不详,蒙阴人。天顺元年(1457)中进士,初授户部主事,后升郎中。
⑤ 见清康熙二十四年(1685)《蒙阴县志》卷八《艺文志》。

此洞也哉！然洞在齐鲁之交，近圣人居，骚人墨客之往来，亦多矣。千载之下，有览于斯文者，安知不以此洞为琅邪、兰亭之传播于无穷也，更可为是洞贺矣。①

第九节　明代昆嵛山道教宫观、洞穴、碑刻

明代，昆嵛山道教总体呈衰落局势，但作为全真教发祥地，道教宫观、碑文石刻等仍有所增加，且分布广泛。明代全真道士还利用昆嵛山的奇峰异石，仿照佛教大兴摩崖石刻，在文登圣经山顶月牙石上刻《道德经》五千言，使之成为中国道教刻石中的一块瑰宝。

一　明代昆嵛山道教宫观、洞穴

明代昆嵛山道教宫观、洞穴有九龙池、烟霞洞、神清观、东华宫等。同时，明代仍然流传着全真仙人众多的传说，保存有大量石刻墨宝等。其中，神清观、东华宫不但得到多次重修，而且道教活动较为频繁，是明代昆嵛山地域道教文化传承的重要场所。

（一）九龙池

九龙池位于昆嵛山西北的苍山间。与山西麓崩崖对峙，有石壁约百米，上梯列九个天然石池，池径大者三四米，小者一米余，水深近两米。九龙池久负盛名。明焦希程《九龙池》曰："谁将一片石，第凿九龙池。淑气千峰合，灵源万木滋。境幽人不到，迹隐事难知。料得池中物，风云会有时。"② 明高出亦作《九龙池》云："山巅俯山腰，贯珠垂璇源。却从山足绕，茑萝及攀援。五池悬削壁，其四手可扪。云是混沌时，仙女洗头盆。盈涸无人见，淙响风雷奔。始从灏气喷，旋接玉乳翻。尘襟稍一濯，洒然灌顶门。居独远烟火，四顾绝荒村。"③ 两者皆是对九龙池道家养生修炼意境的描述和赞叹，它是明代昆嵛山道教修炼养生场地之一。

（二）烟霞洞

昆嵛山烟霞洞，风景秀丽，自古就是道士修仙圣地，历来为文人学者

---

① 《蒙阴县志（1912—1949）》卷六《艺文志·碑记》。
② 宋宪章：《牟平县志》，成文出版社1968年版，第1410页。
③ 同上书，第1412页。

称颂。明常康《游烟霞七真迷处》云："遍寻蹊径叩玄关，万木阴浓处处出。半信半疑非是路，一声犬吠白云间。"① 明代，烟霞洞为道教传承之地。万历三十九年（1611）四月《明敕颁藏经玺诏》："敕谕昆嵛山道众人等！朕发诚心，印造道大藏经，颁施在京及名山宫观供奉。经首护敕，朕已谕其由尔住持及道众人等，务要虔奉，朝夕礼诵；保安藐躬康泰，宫壶肃清，忏以往愆尤，无疆福寿，民安国泰，天下太平，俾四海八方，同归清静，朕成恭已无为之治道焉。今特遣御马监张简斋请前去，彼处供安，各宜仰体知悉！钦哉！"（《广通之宝玺诏》）② 说明明代昆嵛山及烟霞洞道教活动并未销声匿迹。

（三）神清观

神清观在明朝时曾重修。清同治三年（1864）《宁海州志》卷九《寺观》云："神清观在姑余之西岩，烟霞洞侧即丘处机所云彭城先生首创也，重建于金泰和间。观中多古碑石刻。洪武六年重修，兵部郎中刘崧撰文其略曰：'昔金大定中，重阳祖师由西秦东来，讲道阐元。'后长春真人丘处机即其地请额为神清观。"③

（四）东华宫

明代曾对其重修。清光绪二十三年（1897）《文登县志》记载："明者有景泰四年《重修东华宫记》云：'文登县信官蒋理，原籍苏州府嘉定县，发心施财，壮塑东华洞圣像，祈保平安，如意吉祥。自是以后，无重修者。相传殿毁于火。其在明中叶以后与今栋宇已颓。历代碑碣林立，山水雄丽，规模森然。郭张诸碑功深字，学金石中璆琳也。'"④

二 明代昆嵛山道教碑刻、石刻

明代昆嵛山道教碑刻、石刻在数量、内容以及对山东道教发展的影响程度上虽不及金元时期，但碑刻、石刻记载的内容是地域民间信仰与道教思想文化相结合的产物，具有一定地域和道教文化特色。

---

① 宋宪章：《牟平县志》，（台湾）成文出版社1968年版，第1411页。
② 同上书，第1493页。
③ 《宁海州志》，同治三年（1864）刻本·卷九。
④ 黄成助：《文登县志》，成文出版社1976年版，第312—314页。

表 8—20　　　　　　　明代昆嵛山道教碑刻、石刻一览表

碑刻名称	时间	碑文内容概要	碑刻现存地	撰文、篆额、书丹
明敕颁藏经玺诏	明万历三十九年（1611）	碑元记载了玺诏内容："敕谕昆嵛山道众人等印造道大藏经，颁施在京及名山宫观供奉"①	昆嵛山神清宫	不详
重建岳姑山茶房记碑	明万历四十六年（1618）	碑文记载了"岳姑山"乃为"碧霞元君圣母驻节地"。"住持道士拓山门而大之"的事实，以及为"诸善人"即"募缘建摄者"② 立碑的缘由等	不详	佚失
宁海州水道集进香碑	明万历四十七年（1619）	碑文赞颂了昆嵛山"福地洞天"的道教意境，"真太岳之支脉，实我圣母驻跸之乡"的宗教地位，以及"每当孟夏，御炉香烟奕奤云盖结哉"的道教因缘和"神之摄服人心"③ 的祀奉善果	不详	佚失
宁海州水道集进香记碑	明天启七年（1627）	碑文认为昆嵛山犹如"碧霞元君驻驿之祠，赫赫然威命灵爽木土咸借福庇"，是道教之圣地，具有"异报应神"之神效，乃为很好的修炼场所，可以使人"菩提心愈坚"④ 之效果	不详	郡人廪生初仕沐撰
宁海州莱山集香会事竣碑	明崇祯八年（1635）	碑文记载岳姑殿信仰以及孙伯□集香会事。碑文中有"神灵享应，香火云集"、"天仙驻节，斯顶香会非一日领袖非一人"、"数十年间，香火愈盛"⑤ 等内容	不详	佚失

---

① 宋宪章：《牟平县志》，（台湾）成文出版社1968年版，第1493页。
② 山东省文登市政协：《中国道教名山昆嵛山》，宗教文化出版社2005年版，第155页。
③ 同上书，第154页。
④ 同上书，第155—156页。
⑤ 同上书，第157页。

续表

碑刻名称	时间	碑文内容概要	碑刻现存地	撰文、篆额、书丹
宁海州无篓村香会事义碑	明崇祯十年（1637）	碑文虽然损毁严重，但大致可以看出"山名岳姑，顶乃泰山分脉"。"昆嵛毓秀"，"天仙圣母"，"宫殿""圣像"千年，"领袖王君名继思者，时尔善行人也"① 等内容	不详	佚失
重修烟霞洞七真殿记碑	明正统、正德年间	碑文记载了昆嵛山烟霞洞、升仙台、九龙池、岳姑殿、显应观之仙道意境，以及"七真殿宇倾颓，真容毁坏，遂舍资财，命工重修"② 等情况	不详	佚失
明提督学政邵贤玉虚观题壁石刻	不详	碑文主要赞誉玉虚观所具有的"灵泉有感因名圣，古洞无人独有仙"③ 的道家仙境	乳山东北之圣水岩	邵贤撰文
明提督学政邵贤游烟霞洞题壁石刻	不详	碑文不但叙述了"殿拱七真灵赫赫，泉分九沼玉溶溶"的修真意境，而且还留有"仙客已乘黄鹤去，独留明月照孤峰"④ 等对全真道往日辉煌的惋惜留恋之情	昆嵛山西北之烟霞洞	邵贤撰文
明黄岩彭汝贤烟霞纪游石刻	不详	碑文不但全面叙述了烟霞洞"烟霞之胜，甲于东海"的仙境优势，而且还表达了烟霞洞所具有的"洞中仙迹依稀见""七真迷处更迷茫""满林嫩绿是仙家"⑤ 的仙道神韵	昆嵛山西北烟霞洞	彭汝贤撰文

---

① 山东省文登市政协：《中国道教名山昆嵛山》，宗教文化出版社2005年版，第157页。
② 刘学雷：《宗教历史考（上）》，齐鲁书社2010年版，第20—21页。
③ 宋宪章：《牟平县志》，（台湾）成文出版社1968年版，第1488页。
④ 同上。
⑤ 同上书，第1493—1494页。

第十节　明代山东其他名山道教

明代山东还有许多道教名山，如青岛即墨马山、济南大峰山和五峰山、邹城峄山、莱州大基山、淄博博山以及龙口莱山与卢山等。这些地域有着丰富的道教文化传统，其在道教宫观、碑刻的修建，道士传道、修炼等方面表现突出，是明代道教在该地域的局部繁荣的又一证明。

一　明代马山道教

明代，马山①道教也有了一定的发展，修建了诸多道教宫观，如明永乐二年（1404）修建了马鞍山玉皇庙，嘉靖十五年（1536）建三官庙。这一时期马山还涌现出了刘仙姑等名道。

（一）道教宫观

玉皇庙，亦称聚仙宫，位于马山之阳半山腰中，建于明永乐二年（1404）。②

真武庙，位于马山西北麓，祀玄帝，由于年代久远，其间重修多次。明万历二十七年（1599），山右贞妇于氏倾捐家资，督工重修，邑人蓝思继为之撰写《重修真武庙碑记》，后来该庙再次荒圮，现已不复存在。③

（二）道教名人

刘贞洁，字恒清，俗称刘仙姑，世居马山之东麓，生九岁始言，年十五目未知书。④《马山志》对其事迹有记载：刘仙姑年十五"结跌面壁，入定断息"，能"吟咏倡诵，深中道要"。明神宗颁派《道藏》于崂山时，曾派何公下访过仙姑，因仙姑有神之术而得到朝廷的资助，"镂其书为八帙，布诸四方。"先后觐见过明神宗、光宗，并被明熹宗孝和王太后选为侍为、替行人。"仙姑学兼玄释，巾袍道装，虽赐号禅师，人间仍称为仙

---

① 唐朝称"牛脾山"，明清时称"马鞍山"，位于今山东即墨市区西隅4公里处，横亘于马山镇、大信镇、营上镇边界交会处。
② 即墨市政协文史资料委员会：《马山志》，青岛市新闻出版局（1999）1011号，1999年，第87—88页。
③ 同上书，第87页。
④ 见清同治十二年（1873）《即墨县志》卷十二《杂稽志·释道》。

(三) 道教碑刻

即墨马山为道教圣地之一，所存道教碑刻甚多，明代碑刻主要有《重修真武庙碑记》。万历二十八年（1600），由邑人蓝思继撰写，摘其要者："县治西十五里，山名马鞍，峰峦秀挺，起伏连络，宛然天马贵人。面沧海，接崂峰，为里邑虎镇。上有丹井，春夏之交，时吐云气，烟雾变化，朝夕万状……真天马贵人峰也。且诸山之创始更新，固有时数，咸付诸缁黄者流，而此殿之重修，则独成于坤贞之一方。"②

二 明代大峰山道教宫观、碑刻

大峰山③位于山东省济南市长清区，山势围合，三面峭立，曲如列屏，形若箕掌，因其顶峰高而大故得名。儒、道、释均有遗迹，是儒、道、释三教合一的地方。明嘉靖二十六年（1547）《玄天神字碑》载："深者有成则异，有德则临，非武当而不居，非大峰而不至。"④ 峰云观坐落于大峰山中部，由明朝万历末年道士范真峰创建。坐北向南，坐落在北山腰云绕之处。红墙碧瓦，气势巍峨，周围山峦叠翠，泉水潺潺，是具有地域文化特色的道教名观。

（一）峰云观

元末明初大峰山第一任道长、龙门派第六代传人范真峰云游至此，发现山中有祥瑞之光，认为乃修道吉祥之地，于是广招弟子，募缘四方，修建"峰云观"并使之逐渐成为修道圣地。玉皇殿是峰云观内建筑群中的主要建筑物，分为前厅和凌霄宝殿两大部分。前厅又称三官殿，是供奉天官、地官和水官的地方，内塑三官神像。在凌霄宝殿内正面是玉皇大帝神像，东西两侧塑有八位天兵天将，有雷、电、风、雨等神像。东西墙壁上

---

① 即墨市政协文史资料委员会：《马山志》，青岛市新闻出版局（1999）1011号，1999年，第190—192页。

② （清）李寅宾：《马山志》，即墨市文化局马山管理处点校本，青岛市新闻出版局，1996年，第73页。

③ 距今2500年的齐长城横卧于山巅之上。《管子·轻重篇》曰："长城之阳鲁也，长城之阴齐也。"齐长城建于公元前685年，为齐王桓公所建，司马迁《史记·楚世家》注引《齐记》载："齐宣王乘山岭之上筑长城，东至海，西至济洲千余里，以备楚。"

④ 该碑位于大峰山南麓玄机洞上方离入洞口处大约3米左右，碑高0.83米、宽0.46米。

有彩绘壁画。①

泰山行宫又称三青楼，是峰云观的又一重要建筑，创建于大明天启四年（1624），殿内塑有碧霞元君、王母娘娘、马山奶奶、送子娘娘、眼光奶奶五位神像，在泰山行宫的后面有一密室，原名叫黑屋子。②

无极殿为依崖石砌成的全石结构、拱券、柱式平房，上看为平台，下为洞室，砌有石阶，③可穿堂而过。峰云观现保存有朱元璋四龙盘顶大明碑首仅碑帽部分。④

（二）道教碑刻

明代大峰山道教碑刻由于多年风雨侵蚀，留存数量较少。仅存明天启四年（1624）《创建泰山行宫记》碑。此碑为道教龙门派第八代弟子苏守智、第九代弟子方太和撰文并立石。碑文记载了"大峰山山势险峻，峰峦突兀，洞壑深幽，松柏叠翠，清泉绢流"⑤，以及大峰山泰山行宫修建始末。有"筑碟以广其地，高若干广张各有差。广材鸿工，三越岁而元君殿、关圣帝殿同告竣，为庙貌一新，景色焕然"⑥的记载。

三 明代五峰山道教

五峰山在济南长清区东南四十里，岗峦绵亘，上有五峰错列，中曰会仙峰、东曰志仙峰、又东曰群仙峰、西曰望仙峰、又西曰聚仙峰，聚仙峰亦曰迎仙峰。相传玉皇大帝的五个女儿路经此处，见其风景秀丽，不愿离去，于是分别化五峰，五峰山由此而得名。山有八景曰仙人台、无影庙、青龙峪、白虎峪、清泠泉、七星泉、迎仙桥、更鸡桥，言山内之景。又别有八景：青崖积翠、名泉早照、凤山烟雨、滚粟朝霞、鱼台钓月、杏堤春晓、薛岭牧樵、润玉七峰，言山外之景也。明万历年间，五峰山与泰岱、灵岩并称"三山。"⑦

---

① 张志：《长清峰云观》，山东友谊出版社2002年版，第451—452页。
② 同上书。
③ 同上书。
④ 该碑只保存碑帽，高0.63米、长0.71米、厚0.215米。
⑤ 碑高1.67米、宽0.67米、厚0.30米，底座长0.97米、宽0.76米、高0.10米，碑帽长1.05米、宽0.60米、高0.30米。
⑥ 清光绪二十一年（1895）《五峰山志》上卷《金石第九》。
⑦ 清光绪二十一年（1895）《五峰山志》上卷《总志第一》。

（一）五峰山道观

明代，五峰山道观规模十分宏大，分南、北两观。南观又名元都观，是明德王的香火院。北观即洞真观，观内建有玉皇殿、真武殿、三元殿等殿宇数百间，是山东著名的全真教道观。虽然全真教在明朝受压制而开始衰落，但洞真观却迎来了鼎盛时期。据清光绪二十一年（1895）《五峰山志》上卷《祠观第六》载：明代万历间，赐名洞真观为隆寿宫，宫前有万历间敕建护国隆寿宫坊。三元殿，在隆寿宫北，为隆寿宫之后殿，青石为阶几百级，其高峻异常，上有月台，立有明万历年间醮碑十余通。明神宗朱翊钧为供奉其母李太后，曾修建九莲殿。万历二十七年（1599），明神宗曾颁发给洞真观《藏经》一部，全经480函，供道士诵读，为大明祈祷国泰民安、天下太平。

（二）五峰山道士

明代五峰山道教活动频繁，出现了赵天雷、周云清等著名道士，对五峰山道教的弘扬与宫观建设做出了一定贡献。

赵天雷，明弘治年间修真于长清之洞真观，得正乙法。"勘摄符咒，试之皆验。会岁旱，祷于南山，日久不雨，邑令憾之。天雷呼童子至前，掌中书一雷字……大雨如注。邑人异之，因各其山曰雷山，遗有风雷雨三碑，祷雨辄应。洞真观一名神虚宫，观之东曰仙人台，即天雷羽化处也。"①

周元（玄）贞（1555—1627），号云清，五峰山洞真观全真道士。周玄贞活跃于明万历（1573—1620）前后，他不仅大规模扩建了洞真观，而且还奏请明神宗改洞真观为"保国隆寿宫"，中建有九莲殿，祀慈圣太后。《五峰山创建一天门迎恩阁碑记》云："明万历间，羽师周子云清，大为辟凿，创构宫宇楼殿，峛崇金碧荧煌，号称极盛。"②《重修五峰山碑记》云："逮我明，有淡然子周法师，奏请神宗封为保国隆寿宫，创建三元殿，历来增新，骚人题咏称胜地也。"③ 另外，周玄贞纂《皇经集注刊传疏文》有"大明讲道经修玄箓嗣全真弟子山东小兆臣周玄贞"④，明万历十三年（1585）冬前状元方隐臣罗洪先《皇经集注初纂前序》有"山

---

① 清道光二十年（1840）《济南府志》卷六十《仙释》。
② 同上。
③ 清光绪二十一年（1895）《五峰山志》卷下，九至十。
④ 《道藏》第34册，文物出版社、上海书店、天津古籍出版社1988年版。第634页。

东济南隐客,周云清氏,讲玄经,修道藏"①,《皇经集注纂序》"明万历十五年讲修道经臣山东周玄贞百拜"②,万历四十二年(1614)泰山灵应宫铜钟铭文有"全真道士周玄贞仝奉旨造"③ 等。学界认为,④ 周玄贞乃为周云清虽有待进一步考证,但不免有其合理之处。

(三) 五峰山道诗

五峰山吸引了众多的文人墨客前来,留下了宝贵的诗作。通过这些诗文可以看到当时此山的道教之盛。摘其要者:

宋安《题五峰山》云:"神虚宫观郁崔嵬,月户云窗绝点埃。一派泉声归道院,五峰山色拥仙台。祠前古木凌云秀,岭畔仙桃带露开。今日我来登览处,不知人世有蓬莱。"⑤

张鹤鸣《题五峰山》云:"五峰山色好,积翠人烟萝。绀殿藏珠笈,香泉音玉珂。文禽寂落木,丹柿缀霜柯。回首仙凡隔,何缘此再过。仙人不可见,空翠有仙台。遗像留碑在,何年化鹤回。翔鸾巢古木,羽客埽香台。汲漱灵源上,松花落酒杯。登绝五峰顶,心胸一洞开。山奇雄壮志,水冷静灵台。览胜思先创,留灯传后来。西行何日转,复此在徘徊。"⑥

董则喻《题五峰山》云:"万山深处列层峰,争道危峦第几重。入夜月明惟犬吠,诘朝泉窦数龙踪。到来羽士笙全歇,归去郎官兴未慵。何事题诗虚左半,分明留赋大夫松。"⑦

四 明代峄山道教

明洪武年间,峄山香火由华山派道士"南无寂真人"住持。明永乐初年,因怀疑有华山派道士参与惠帝复位事,明成祖曾加兵峄山,尽毁峄山宫观,道教活动一度沉寂。

---

① 《道藏》第34册,文物出版社、上海书店、天津古籍出版社1988年版。第630页。
② 同上书,第631页。
③ 参见万历四十二年(1614)泰山灵应宫铜钟铭文和万历四十三年(1615)碧霞祠铜碑《敕建泰山天仙金阙碑记》。
④ 参见周郢《陶山护国永宁宫与万历宫闱——兼述新发现的周玄贞史料》,《中国道教》2013年第2期;张琰《明代高道周玄贞生平事迹考》,《中国道教》2015年第2期。
⑤ 清光绪二十一年(1895)《五峰山志》下卷《艺文第十一》。
⑥ 同上。
⑦ 同上。

(一) 峄山道派

明代，郝大通华山派在峄山活跃，至明宣德四年（1429），华山派第七代道士李教秀由华山东游峄山，重开创峄山道观。李教秀之后，有白云宫住持张演祥与仙人宫住持李演富，属于华山派第八代。华山派第七至第十二代在白云宫的传承如下：

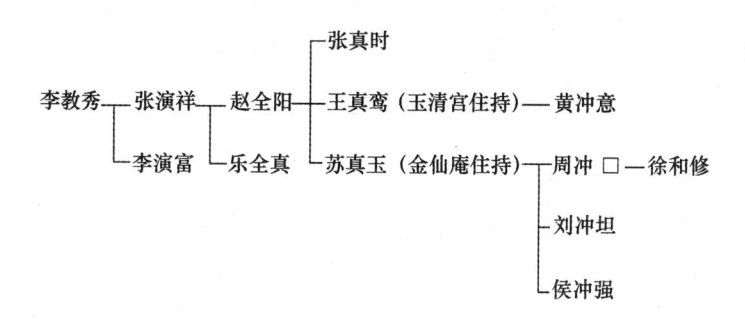

```
                          ┌─张真时
李教秀─┬─张演祥─┬─赵全阳─┼─王真鸾（玉清宫住持）──黄冲意
       └─李演富 └─乐全真 └─苏真玉（金仙庵住持）─┬─周冲□──徐和修
                                               ├─刘冲坦
                                               └─侯冲强
```

另外，明万历四十年（1612）华山派第十二代传人任和德，从陕州（今三门峡市）云游至峄山，重修西华宫。

至明嘉靖年间，道众有1300多人，宫观570多楹，土地3700亩。在张演祥住持白云宫期间，明万历三十一年（1603），明神宗颁道大藏经，并赐银60两。佛道两家共建道藏阁一座，存放《续道藏》一书。明末清初，另一华山派道士郭上德来峄山修炼，著有《修隐》十二卷、《山野生息》四卷，峄山道教发展呈现出局部繁荣景象。①

(二) 峄山碑记

峄山明代道教石刻、碑记主要有两处。一是明景泰四年（1453）《薛希琏衲云庵立石记》，碑文记载刑部尚书薛希琏立石衲云庵之事。碑文中有"火速放赈，邹民感激万分，冒雨道哭，裂天一炸雷响，天放晴朗"，遣刑部尚书薛祭峄山神，并立碑百步石上。② 二是明万历十八年（1590）于慎行的《峄山碑记》，碑文主要记载了峄山"以峄为华表"，"诸峰奇绝万状"，以及"东华宫""仙人洞""白云宫"的位置、仙境等，③ 展示了

---

① 山东省邹城市地方史志编纂委员会：《邹城市志》，中国经济出版社1995年版，第727—728页。
② 清康熙五十五年（1716）《邹县志》卷一《山川志》。
③ 同上。

当时峄山之奇绝、道教之兴盛。

（三）峄山道观

峄山明代有记载的道观有两处：

峄山神祠，即秦始皇刻石颂功处，宋封灵岩侯，明改封峄山之神，以十月十五日始封日，命守土官祭之。①

衲云庵，在弥陀庵上，知县黄应祥曾对其重修。刑部尚书薛希琏曾立石衲云庵。清《邹县志》载：明代宗遣薛希琏致祭峄山神，后"立祠位，年节供香数载"②。

五 明代大基山道教

大基山，坐落于山东莱州，东接崮山，南连寒同山。大基山山势奇特，由10座山峰连绵不断地围成一个圆形，自然形成"阴阳鱼"，使整个山势酷似一幅"太极图"，又称太极山。大基山明代记载有许多的道教建筑。如泰山圣母庙、白云庵、仙（先）天观、太清宫等。这些建筑大多在明代经过维修。据《重修泰山圣母庙碑》载，明正统年间，莱州府衙曾出资对泰山圣母庙重修。③ 明代《重修太清宫碑记》载，太清宫曾于明景泰年间维修过。清乾隆五年（1740）《莱州府志》卷八《寺观》载，明正统中曾重修仙天观。

（一）大基山道教碑刻

明代刻大基山留下众多道教碑刻，列表④如下：

表8—21　　　　　　明代大基山道教碑刻一览表

碑刻名称	时间	碑文内容概要	碑刻现存地	撰文、篆额、书丹
重修大基山先天观记	不详	碑文记载大基山先天观的由来以及修建始末。碑文中有"至元间，长春子大建琳宇，始赐额曰先天"、"架石凿岩，峻宇雕栏，飞甍绚彩，杰栋流丹"⑤ 等内容	莱州东北隅村	胡溁撰文

① 清康熙五十五年（1716）《邹县志》卷一《祠庙志》。
② 同上。
③ 尹洪林：《仙峰道谷大基山》，中国大地出版社2007年版，第70页。
④ 同上书，第65—84页。
⑤ 清乾隆五年（1740）《莱州府志》卷十三《艺文》（上）。

续表

碑刻名称	时间	碑文内容概要	碑刻现存地	撰文、篆额、书丹
重修太清宫记	明景泰三年（1452）十月五日立	碑文记载孙守常、张信等重修太清宫之事，乃明代莱州知府崔恭为纪念道士孙守常而立。碑文中有"正统五年（1440）八月，大火焚毁道谷宫观"、"孙守常舍身兴道，神泣鬼惊；张信代常从道，情动天地"之言	莱州东北隅村	不详
三辇入山记碑	明嘉庆十四年春（1809）立	碑文记载了三妃修道得道之事以及"天下第一庵"得名缘由。碑文中有"北海王妃悟玄理，乞人道修。广平王妃悲夫早薨，太妃深宫孀居，皆动绝俗之念"之言	大基山白云庵右侧	胡仲谋撰文
观音出道记碑	明嘉庆十四年春（1809）立	碑文记载观音沈婺华出道得道之事迹。碑文中有"隋亡陈，华入毗陵天静寺修，法号观音"，"六月十九日千人出逃，音同观音出道，此为六月十九日观音出道之说源也"	大基山白云庵旁	滕谧撰文
皇姑入道记	不详	碑文记载麻达皇姑得遇刘长生遂而出道得道之事迹。碑文中有"先天观道庵御碑二通，实为皇姑修道地"、"姑法名'月惠'，温静好学，悦处众徒，望重德馨"等内容	大基山白云庵右侧	毛纪撰文

(二）大基山道诗

大基山吸引了明代众多文人墨客观光游览，并留下了大量诗词，如《登道士谷》《道士谷西山眺望》《白云庵》《祭圣泉遵道长嘱画壁》《答仙长述赴考事》等，咏唱此山仙道之意蕴。其中：

毕拱辰《登道士谷》云："巉径草芊绵，谁能屐不前。谷寒如道士，观古似先天。丛棘迷残碣，杂花护独泉。双鸿真解意，先客到危巅。"宿风起《道士谷西山眺望》中云："出谷登西山，悠然恣遐瞩。野旷远阡合，天高万木肃。出没烟际峰，迢递自相属。匹练曳高楼，飞甍相鳞续。惊风自远来，白云忽驰逐。还顾沧海波，澹澹遥空绿。归时日已艳，放歌合樵牧。"①

六 明代博山道教

明代博山道教出现了局部兴盛，新建了道教宫观三教祠、泰山行宫、凤凰阿泰山行宫、五阳山子孙庙、炉神庙，重修了岳阳山玉皇庙、云行山玉皇行祠、玉帝宝殿、凤凰山玉皇宫、青龙山三官庙、志公庙等，并产生了一批在当地具有重要影响的住持道人，包括五阳山道人神演成、尹堂、蔡亮、孙大宽，以及冯全见、林如忠、胡全会。凤凰山住持郭教聪、张教明、李演禄、赵演忠等。青龙山道人邹性常，云行山道人李太住、马乙仲、刘阳信、赵阳可、邵阳密、孟阳儒、王来坐、王来朋等。②

凤凰山顶的泰山行宫，俗称"小顶庙"，始建于明朝万历三十年（1602），有牌坊、云龙石柱、碑碣和浮雕石画。行宫为三进院落，后院玉皇殿有明廊，东西各两山墙，各有细雕石屏画一幅。西者题刻"晨钟暮鼓"，东者题刻"象外寰中"。泰山行宫明代石刻较多，如崇祯二年（1629）《重修泰山行宫记》、崇祯五年（1632）《进香圆满回宫修醮记》，以及崇祯十七年（1644）《修醮碑》③等。明代博山道教碑刻统

---

① 尹洪林：《仙峰道谷大基山》，中国大地出版社2007年版，第150页。
② 参见赵卫东主编《山东道教碑刻集：博山卷》（上、下），齐鲁书社2013年版，明代碑刻部分。
③ 博山区政协文史委员会编：《淄博石刻》，淄博市新闻出版局准印证，鲁淄新出准字（1998）8—065号，第34—35页。

计①如下：

表 8—22　　　　　　　　　明代博山道教碑刻一览表

碑刻名称	时间	碑文内容概要	碑刻现存地	撰文、篆额、书丹
重修玉皇庙记碑	明成化十九年（1483）	碑题"重修碑记"，碑文记载了李秀等重修岳阳山庙宇之事	博山崮山镇岳阳山玉皇庙	不详
《重修玉皇行祠之记碑文》	明嘉靖三年（1524）	碑文记载了博山下庄村玉皇庙之由来及任子政等重修庙宇的事迹。碑文中有"市民任子政等，每觑干浃，觑庙倾矣，年久零□，诚心重修玉皇殿宇三楹，绘事后素，彩绚神祠，烜然聿新"之语	博山南博山镇下庄村云行山玉皇庙	殷阳庚午进士王纳言撰文，刘玉书丹
《重修玉帝宝殿记碑》	明嘉靖三年（1524）	碑文记载了博山社夏庄店任子政等重修玉帝宝殿的事迹。碑文中有"修整云行山玉帝宝殿一所，重修妆塑圣像，玉容整矣"之言	博山南博山镇下庄村云行山玉皇庙	常隆书记
重修玉皇宫记碑	明嘉靖二十二年（1543）	该碑记载颜神镇居民王兴等捐资修宫之事。据碑文所载，该宫主持为郭教总、张教明	博山凤凰山玉皇庙	狄景祥撰文，于礼富书丹，房厚刻石
《重修玉皇庙记》	明嘉靖二十六年（1547）	碑文述下庄玉帝庙之始末及善信任厚等修建玉帝庙的事迹。碑文中有"本境民任厚等，每觑干浃，视庙倾颓，风雨飘零，栋梁腐朽，金容剥落"、"诚心重修玉皇殿宇三楹，殿东创建老君殿一楹，塑绘圣像，彩书神祠，烜然聿新"之言	博山南博山镇下庄村云行山玉皇庙	张继仁书

---

① 赵卫东主编：《山东道教碑刻集：博山卷》（上、下），齐鲁书社2013年版，第1、367、369、141、143、145、378、382页。

续表

碑刻名称	时间	碑文内容概要	碑刻现存地	撰文、篆额、书丹
重修玉皇宫记碑	明万历二十六年（1598）	碑文记载了李先开、刘善继等重修玉皇宫的事迹	博山凤凰山玉皇庙	赵祐撰文，李洪谟书丹
新建凤皇阿泰山行宫记碑	明万历三十年（1602）	碑文记载明万历二十九年（1601）重修凤凰山泰山行宫之事	博山凤凰山泰山行宫	赵存诚撰文乐行言撰额，张晓书丹
《创建三清庙记碑》	明天启五年（1625）	碑文记载三清庙修建所购地契及施才善信题名。碑文中有"西庵地南北峪一条：东至分水岭，南至任敦素，西至分水岭，北至崕。上带杂生诸树，并无除留，出卖与三清庙看庙人永远为业"	博山南博山镇下庄村云行山吕祖庙	不详
重修玉皇庙题名碑	明崇祯二年（1629）	该碑为题名碑著录了明崇祯元年重修玉皇庙会首，领袖、施财善信以及道士题名	博山云行山玉皇庙	不详

七 明代莱山与卢山道教

莱山与卢山位于山东龙口东南10公里处，海拔619米，虽不算雄伟，但仙道文化渊源甚深。① 秦始皇祭祠八主，给其极高的神明地位，莱山以"月主祠"名号而显耀于世。同治十年（1871）《黄县志》卷一《疆域》记载："其山曰莱山，县之镇山也，在县东南二十里，一名之莱山，绵亘十余里，四望如一，始皇武帝俱尝祀之。"《太平寰宇记》卷二十说："莱山一曰莱阴山，多仙圣所居。"

（一）莱山月主祠

莱山月主祠，元称为延光庙，明称莱山祠，俗称莱山庙，全称"延光月主真君祠"。明代，莱山祠香火兴盛，道众醮坛，香客众多呈现出局部繁荣的景象。明朝人王时中的《谒莱山祠》对古祠道风描述说："山围

---

① 王赛时：《山东海疆文化研究》，齐鲁书社2006年版，第510页。

一庙镇莱东，正际登临瑞霭中。古柏凌云含晚翠，野花流水带残红。碑传封号嬴秦世，村走香烟伏腊翁。指顾海天晴日近，太平万国乐薰风。"①嘉靖黄县知县贾璋《谒莱山祠》诗云："庙建依青嶂，山灵已惯闻。记传莱月主，封肇祖龙君。"②但是，明代末年，莱山东侧崛起一座佛门寺院，人称真定寺，又名莱山院，吸引了附近的信众，明人胡櫆《莱山院》诗赞释刹曰："远上莱山一径斜，梵宫高耸白云遮；阴庙苔杂多风雨，断碣鲜生老岁华。潇洒似非尘世界，清幽绝胜俗人家；推悬试看僧何事，石枕藤床卧碧露。"③从一个侧面反映了明代道教逐渐衰落而佛教的兴旺。

（二）卢山仙道韵

明代卢山道人传道弘法，信众访仙问道，使古老的卢山蕴含着更多的仙道风韵。贾璋曾写下《游卢山》一诗，对卢山描述如下："卢山胜概冠东黄，几次登临兴未忘。雨过云岩芝草绿，风生石洞药苗香。高峰塔耸仙踪古，深井龙潜水气凉。我欲凌云飞羽翮，穷巅一笑海天长。"④明朝人王廷谏《登卢山》诗云："春风花草发幽香，图记曾闻此道场。仙迹拟从灵井出，鹤巢偏占古松长。岚光远近浮青黛，树影高低拥翠苍。破篆藓苔文细认，卢童飞骑谅非荒。"⑤对于卢山道观和卢童子遗迹，明代文人也有诗吟颂，如明朝阁老范复粹归隐卢山，写有《卢山观》诗："观古峰峰秀，若环匝四围。林疏烟作盖，径转树为扉。席地狎芳远，壶天醉碧微。寻游兴未足，日落亦忘归。"⑥

明代山东道教与金元时期相比是总体衰落而局部仍然有所发展，特别是受明代朝廷祭祀、敕封等因素的影响，以泰山、沂山、崂山、昆嵛山、蒙山、沂山、博山以及大基山等为代表的区域仍然出现局部繁荣的局面。明代不但重视道教宫观建设、重修，而且还为道教思想文化的传播提供了便利条件。其中道教音乐的发展，道教诗文作品大量出现，石刻碑文的增加，特别是石刻、碑刻文字中所蕴含的道家情怀和仙道意境，具有较高的文学和艺术价值，也为山东道教在清代的延续奠定了基础。

---

① 康熙十二年（1673）《黄县志》卷八《艺文志》，刻本。
② 同上。
③ 同上。
④ 同上。
⑤ 同上。
⑥ 同上。

第九章

清代山东道教

从崇祯十七年（1644）三月起，明朝政权先后被李自成农民军和清军摧毁后，中国开始了清王朝的统治。经过百余年的发展，清王朝康熙、雍正、乾隆时期政权得到了巩固，经济文化获得了恢复与繁荣，出现了历史上的"康乾盛世"。山东泰山、崂山、昆嵛山、蒙山、五峰山道教等也随之恢复和活跃起来。

第一节 清代山东道教的发展

清代是山东道教演变的重要时期，尽管总体上呈现出式微的趋势，但在局部地域仍然活跃并得到了一定发展。如新增或重修道教宫观，官府设有管理道教的衙门——道会司，出现了一批道教名人，道教活动频繁，道教石刻增多，道教派别有所复兴等。山东道教的衰落主要表现为道士、道姑多栖身于小道院和村庙，道庙建筑被占用现象严重（如戊戌变法后，泰安知县毛澂倡办新学，以各地庙观作学校）等。

一 清代山东道教的主要特点

清代山东道教呈现活跃特点，主要是道事活动多，内容丰富，许多地方定期或不定期焚香祭祀，在规定节日举行各种活动，为富家丧事做道场，诵经超度亡灵。同时，崂山、泰山、云翠山道乐得到了局部传承。在道教管理上，清代基本延续了明代的道教管理方式，设置了从中央到地方的道教专门管理机构。

（一）祭祀频繁，内容丰富

明末清初，山东境内一些较大的山头或村头上都筑有玉皇庙，每逢庙会，人们到玉皇庙进香、许愿。个别富有者，为祈求儿子长命还拜道士为师，称"寄名道"。文登市境内有崇信秃尾巴李龙王之风，在柘杨山、回龙山等处修建了李龙庙、龙母庙和龙母坟。遇有天旱，乡村会首必组织村民到柘杨山、回龙山、泰礴顶等山的庙观焚香烧纸，并请道士或和尚祈雨。富裕人家逢丧事时，请道士或和尚为死者超度亡灵。逢节日时，来庙观烧香许愿的人更多。每逢春节，家家户户都供奉有"天地三界十方万灵真宰之神位"的牌位。① 另据清康熙十三年（1674）《沂州志》卷一《祀典志》载："社稷坛，春秋二仲上戊日祭；风云雷雨山川坛，春秋二仲上戊日祭；城隍庙，春秋二仲附祭于社稷坛；土地祠，春秋二仲上戊日祭；文昌祠，春秋二仲上戊日祭；马神庙，春秋二仲上戊日祭；八腊庙，春秋二仲上戊日祭，季冬初八日祭；忠孝祠，春秋二仲上戊日祭；孝友祠，季春三日、季秋九日祭；右军祠，春秋二仲上戊日祭。"② 这些为神灵歌功颂德、求其保佑的活动，使清代山东道教在局部地区呈现出一定的繁荣景象。

（二）节日活动约定成俗

清代道教节日活动大多约定成俗，每逢节日活动，各地善男信女焚香烧纸、施舍香钱，祈求保佑，同时道士为这些善男信女念"救苦经"，消灾解难。如正月初九的玉皇圣诞、二月初二的土地诞辰、二月十五的太上老君圣诞、三月初三的西王母诞辰、三月十一的碧霞元君诞辰、四月十四的吕祖诞辰、五月十三日的关帝诞辰、清明节的城隍出巡等。

（三）道事活动影响广泛

清代山东一些地方为富家丧事做道场，诵经超度亡灵，个别地方道教活动如庙会、娱乐、慈善等对当时社会产生了重要影响。一些民间秘密宗教，如清初的八卦教③、清末的义和拳等都和道教有一定的关联。

（四）道乐发展各具特色

崂山古琴乐与应风乐、泰山民间道乐、云翠山天仙派道乐有所传承，

---

① 山东省文登市地方志编纂委员会：《文登市志》，中国城市出版社1996年版，第896页。
② 康熙十三年（1674）《沂州志》卷一《祀典志》，刻本。
③ 由山东单县人刘佐臣创立。康熙初年，刘佐臣受流传于鲁西南的闻香教、一炷香教、白莲教和黄天教等影响，自创教派，因以"九宫八卦"形式创建组织，故名八卦教。八卦教支派非常多，九宫教、收元教、清水教、离卦教、五荤道、天理教、震卦教等都是其支派。刘佐臣去世前，八卦教在山东门徒众多。刘佐臣去世后，其长子继承教权。乾隆年间，王伦曾以清水教为旗帜在山东率众起义。八卦教吸收了道教内丹思想，把修炼内丹作为修持的根本追求。同时，信仰无生老母和三劫应变。

不但内容丰富，影响广泛，深受群众欢迎，而且还表现出特有的地域文化特征，是地方民俗音乐艺术和道教文化相结合的产物。

（五）管理机构设置系统严密

清代基本延续了明代的道教管理方式，设置了从中央到地方的道教专门管理机构。如光绪年间，峄县设有管理道教的衙门——道会司；清咸丰四年（1854），曹县设有掌道教的道会司；清康熙年间，曾在寿光县设道会司于城隍庙，专司道教事务；咸丰年间，在昆山县（今山东梁山县）境内设"道纪司"，由道正管理道教事务；清代文登市境内设道会司管理道教行政事务；无棣县道教活动以城内城隍庙为中心，由道会司统辖全县道教各庵观。

（六）儒、道、释三教融合

清代，儒、道、释在山东各地的融合继续加强。如泰山、崂山等"三教合流"的发展，山东邹城三教融合进一步加强，山东单县八卦教的产生和活跃等。清乾隆五年（1740），山东邹城天竺观观主为龙门派道士闻一桂，观内塑像不仅有观音、文殊、普贤等佛像，也有眼光娘娘、送生娘娘居其右，痘疹娘娘①居其左。② 这说明清代山东邹城佛、道以及民间信仰之间的融合很深。山东儒、道、释以及民间信仰在清代继续融合的同时，产生了一些民间宗教，如八卦教等。八卦教由刘佐臣于清康熙年间在山东单县创立，创立过程中深受三教的影响，特别受到宋明理学与道教的影响。儒家思想为其宗教道德伦理的根基，道教内丹思想为其教理的核心。③ 八卦教既体现了儒、道、释在清代的世俗化，也体现出了三教间的融合。

二 清代山东道教宫观

清代山东各地重修或扩建了一批造型各异、规模不等的具有代表性的道教宫观，是山东道教局部活跃的重要标志之一。其特有的建筑造型、美术工艺、结构布局，不但蕴含着丰富的文化思想和宗教观念，而且还是道教与民间信仰及地域文化相互融合、道教思想文化传播与弘扬以及山东道

---

① 痘疹娘娘，又称"天花娘娘"，是民间信仰中司痘疹的女神，流行于全国各地。在科学下发达、医药条件落后的情况下痘疹死亡率极高，曾被视为儿童成长过程中的一个重要关口。当时人们面对痘疹，除了竭力去医治外，就是到娘娘宫求痘疹娘娘保佑。

② 山东省邹城市地方史志编纂委员会：《邹城市志》，中国经济出版社1995年版，第728页。

③ 马西沙：《中国民间宗教史》（上），中国社会科学出版社2004年版，第356页。

教在山东各地发展演变的历史见证。

（一）烟台蓬莱阁

蓬莱阁坐落于蓬莱市城北丹崖山顶，主要由弥陀寺、龙王宫、天后宫、三清殿、吕祖殿、蓬莱阁六个建筑单体构成。

清康熙二十三年（1684），加封天后宫为"天后"，亦称"妈祖"。道光十六年（1836），天后宫毁于火，翌年重修，改额"显灵"。天后宫内有分布于戏楼南北两侧的六块赭红色巨石，平面布局形似三台星座，故清代山东学政阮元命之曰"三台石"，并刻石镶嵌于后宫前殿东短墙南壁上。道光年间，因六石排列形制一如坤卦之象，又位于祀奉女性海神的庙观院内，知府张辀改名"坤爻石"。

光绪二年（1876），知府贾瑚、总镇王正起增修并建望海亭于东南隅。其东城堞外有海镜亭，在海潮庵北。阁南旧有多寿亭。

吕祖殿于清光绪三年（1877）由知府贾瑚、总兵王正起建，正殿三间，附设东西两庑。

卧碑亭内有清代龚葆琛"海市蜃楼皆幻影，忠臣孝子即神仙"的碑刻。

普照楼于清同治七年（1868）由登州府同知雷树枚修建，时为夜间行船导航。蓬莱阁上还悬有清代书法家铁保手迹"蓬莱阁"巨匾。清光绪二十一年（1895）一月，日舰炮击蓬莱，击中阁之北壁"海不扬波"刻石，"不"字受损，伤痕至今可见。①

历史上蓬莱阁曾经过多次维修。从清代的碑刻碑文中，可以了解清代蓬莱阁的修缮事宜。列表如下：

表9—1　　　　　　　　清代蓬莱阁道教碑刻一览表

碑刻名称	时间	碑文内容概要	碑刻现存地	撰文、篆额、书丹
重修蓬莱阁记	嘉庆二十三年（1818）立	碑文记载登州知府杨本昌等重修蓬莱阁之事。碑文中有"阁外加以回廊，阁之东西宾日楼、海市亭，皆久废而更新；避风亭亦蘑易檐以为新"②等内容	蓬莱阁东侧	杨本昌撰文

---

① 蓬莱市地方史志编纂委员会办公室：《蓬莱阁志》，烟台市新闻出版局L·Y·Z（92）-08，1992年，第3页。

② 见清道光十九年（1839）《重修蓬莱县志》卷十二《艺文志（上）》。

续表

碑刻名称	时间	碑文内容概要	碑刻现存地	撰文、篆额、书丹
重修蓬莱阁记	同治六年（1867）立	碑文记载蓬莱阁的修建历史。碑文中有"阁建于宋嘉祐中，太守朱处约就海神祠旧基构之"，"有明三百年间，一修于大都督卫公青，再修于永康侯徐公安，三修于大中丞宋公应昌"① 等内容	蓬莱阁内	豫山撰并书
重修天后宫记	不详	碑文记载蓬莱阁天后宫修建历史。碑文中有"宋徽宗朝敕立天后圣母庙，乃于阁之西营建焉"，"正殿寝宫不戒于火，都人士咸请更新之"② 的记载	蓬莱阁内	英文撰文

（二）清代栖霞太虚宫

栖霞太虚宫位于栖霞市平山脚下，东临庵里水库，前面环绕着滨水河与白洋河，北依公山，西对艾山，道教选此为修行胜地，正依了"左青龙、右白虎、前朱雀、后玄武"③ 的道家学说。栖霞太虚宫有包含仙源泉、邱长庵、长春仙井等在内的一大批道教建筑群。

清康熙四十六年（1707）《栖霞县志》记载："长春仙井，栖霞城北十五里，丘长春修炼时所凿。"光绪五年（1879）《长春仙井遗址碑记》对长春井有记载：

> 井为栖霞八景之一，按《神仙传》，邱真人建立宫殿，募木江南，得即投水，悉从井涌出，谓之木井。相传在殿之东北隅，环井植柏四株。因续修邑志，考证古迹，拟为淘濬，遍搜无踪，盖淹没非一

---

① 蓬莱市地方史志编纂委员会办公室：《蓬莱阁志》，烟台市新闻出版局，1992年，第45—46页。

② 见清道光十九年（1839）《重修蓬莱县志》卷十二《艺文志（上）》。

③ 何宁：《淮南子集释》（全3册），中华书局1998年版，第1084页。

日矣。意者仙迹不世出，显晦亦有时，与爰就其地立石，以志庶松风草露间，犹可想当年神异云。

大清光绪五年八月，如皋黄丽中识①

清代太虚宫远近闻名，吸引了众多文人墨客前来观谒，并留有诗文作品，如郝晋的《长春仙井》②、李任的《游邱真人庵》③、郝懿行的《太虚宫怀邱长春先生遗迹》④等。这些诗文的大部分内容是赞颂丘处机以及全真弟子弘道传教、仙道贵生之功德，以及太虚宫所具有的仙境圣迹。

（三）烟台毓璜顶

清代，烟台毓璜顶曾新建或重修多处道教建筑，并有大量道教石刻。通过这些碑记等，可以深入地了解清代烟台毓璜顶道教的活跃概况。列表⑤如下：

表9—2　　　　　　　清代烟台毓璜顶道教碑刻一览表

碑刻名称	时间	碑文内容概要	碑刻现存地	撰文、篆额、书丹
小蓬莱阁铭	清光绪二年（1876）立	碑文记载了在玉顶山祈雨，以及修建小蓬莱阁之事	该碑为四面碑在毓璜顶公园山东坡	龚易图撰并书
重修毓璜顶记	清光绪十九年（1893）立	碑文记载玉皇庙的历史以及重修始末。碑文中有"丁巳初旬，住持李义春知会诸檀越，虔心改造。欲踵罗道士鸠工于前立志振兴，德幕龚观察建阁于后"之言	烟台毓璜顶公园钟楼下山门旁	中书刘怀奎书与篆额

---

① 见清光绪五年（1879）《栖霞县志》卷一《疆舆志·古迹》。
② 见清光绪五年（1879）《栖霞县志》卷十《诗》。
③ 同上。
④ 同上。
⑤ 烟台市园林管理处毓璜顶公园：《毓璜顶文化》（第1、1、2、4辑），烟台市内部资料性出版物准印证YTZ2009－003/T，2010年，第30、36、34、45页。

续表

碑刻名称	时间	碑文内容概要	碑刻现存地	撰文、篆额、书丹
毓璜顶记	清光绪十九年（1893）立	碑文记载玉皇顶玉皇殿的由来以及自然风光。碑文中有"以玉皇之名更其文曰毓璜"，"且一邑八景最著者芝罘日出、燕台海市。毓璜顶乃兼二景而得之"等内容	烟台毓璜顶公园钟楼下山门旁	鸿胪序班张佑海瀛东氏撰，廪膳生隋柏南丹珊书丹
重修玉皇庙铭	清光绪十九年（1893）立	碑文记载李道士倡捐重修玉皇庙之事。碑文中有"以龚道宪增修凌虚诸室，官商幽人多来玩赏，而□□□□□□举者则尽纳交焉。蓄之庚寅（1890）春闱土木将兴，慷慨倡捐四伯仟"之记录	烟台毓璜顶公园玉皇庙旁	孙景傅撰
正堂示	清光绪二十一年（1895）立	碑文有"倘有无知之徒不遵示禁，任意凿取则是有心违犯，法无可宽一。经查出或被告发定即立传到案，从严究办不贷"的记载	烟台毓璜顶公园碑廊	不详

（四）济南华阳宫

济南华阳宫，包括二宫门、四季殿等。清代，济南华阳宫香火旺盛，为道教圣地。《进香建醮圆满碑记》记载了当时"华阳宫碧霞元君前，虔诚焚礼，以祀神祇"等道教活动盛况。

二宫门，创建年代不详，清光绪三十一年（1905）重修。面阔三间，进深一间，单檐硬山顶，前出廊厦，前后两坡布菱形琉璃瓦仿心。四季殿，为华阳宫主殿，据《重修华阳宫四季殿碑记》载，清光绪三十一年（1905），"僧人募化四方，善人君子多捐囊资，共成盛事"，对四季殿有一次维修。

泰山行宫，在济南华阳宫的西侧，有门楼、东西十王殿、元君殿等组成，是济南华阳宫古建筑群的一部分，康熙年间曾经过维修。《重修泰山行宫碑记》记载:"居人王泮等,目睹心伤,思为修葺,纠诸善信,爰结义社,重修宫殿,圣像庄严,焕然一新,殊为改观焉。"

元君殿,创建于明代,《重修泰山行宫十王殿碑记》记载:清康熙二十六年(1687)、光绪二十三年(1897)元君殿东、西十王殿均有修葺。包括面阔三间,进深一间,前出廊厦,单檐硬山顶。殿两侧配东、西耳房各三间等,颇显规模。

关帝庙,属于济南华阳宫古建筑群的一部分,在古建筑群西侧,原为观音堂,由前关圣殿和后春秋殿组成。二殿结构相同,创建于康熙十八年(1679)。该庙依山就势,二殿均辟后门连接甬路,与台阶相通。

玉皇殿,也属于济南华阳宫古建筑群的一部分,曾于清嘉庆二十三年(1818)重修。华阳宫清代碑刻碑文保留不多,列表①如下:

表9—3　　　　　　　　清代华阳宫道教碑刻一览表

碑刻名称	时间	碑文内容概要	碑刻现存地	撰文、篆额、书丹
重修泰山行宫碑记	清康熙二十六年(1687)立	碑文记载王泮等重修华山泰山行宫之事。碑文中有"纠诸善信,爰结义社,重修宫殿,圣像庄严,焕然一新,殊为改观焉"之言	泰山行宫院内	赵履恭撰文,李德秀书丹
进香建醮圆满碑记	清康熙三十九年(1700)立	碑文记载济南华阳宫香火旺盛之景象	不详	佚失
建修西陪房碑文	清嘉庆二十三年(1818)立	碑文记载玉皇殿西陪房修建之事。碑文中有"即竣之后,众以庙貌孤特,不甚慊意,复思作西房,以为陪衬"②之言	玉皇殿前西侧	不详
重修华阳宫四季殿碑记	清光绪三十一年(1905)立	碑文记载华阳宫四季殿重修之经历。碑文中有"约同僧人募化四方,善人君子多捐囊资,共成盛事"之言。	华阳宫四季殿前	刘鹤岭撰文书丹

---

① 济南市历城区政协文史委:《历城文苑采撷》,大众文艺出版社2007年版,第274—279页。

② 王晶、张幼辉:《济南巨观·华阳宫》,济南出版社2008年版,第114页。

续表

碑刻名称	时间	碑文内容概要	碑刻现存地	撰文、篆额、书丹
重修泰山行宫十王殿碑记	清光绪三十一年（1905）立	碑文记载王门李氏协助重修泰山行宫之十王殿之事。碑文中有"光绪二十二年揭修正殿，筑起院墙，大门别开，角门更于殿西偏，创建精舍三间。是年春又揭修两廊，补塑神像，彩画山墙，油漆门窗，修井一面，焕然改观矣"之记录	泰山行宫院内	李远甫撰并篆额书丹

（五）济南长春观

济南长春观，始建于北宋政和元年（1111），清代曾重修。现存长春观为清代建筑。南北长96米，东西宽33.5米，占地面积3216平方米。① 有一处山门，南向圆拱形。长春观有四处厢房、四处殿堂、一处阁楼组成。现存山门，上有雪蓑书丹的"长春观"行书石匾，气势万千。大殿墙后有丘子洞，又称长春洞，传为丘处机修炼处。清乾隆三十八年（1773）《历城县志》记载："长春观：西门外丘处机修正处，殿后平地一洞，蜿蜒数十里，名为长春洞，今没入民家。一名大庵（旧志）。"长春观为三进院落的阁楼，大殿面阔三间，长12.76米，进深四间，长14.85米，硬山顶，前抱厦卷棚顶，屋面组合为勾连搭。顶覆黑瓦，正脊置宝刹，两端置螭吻，殿前有月台、台阶及石狮，月台上置一卧碑，字面朝下，内容不详。大殿两侧的配殿为硬山顶，覆黑瓦。阁楼二层，面阔四间，长12.30米，进深二间，长6.73米，硬山顶，前出厦，覆黑瓦，屋面营造为用琉璃瓦嵌边成抱袱心。②

（六）济南北极阁

济南北极阁，清代曾重修。《北极庙常住产碑文》《重修北极台钟鼓楼并置庙田记》等都记载了其维修、重修的情况。清代谢阡的诗歌《喜雪登北极台》《北极庙香火地碑记》等反映了北极阁的道教活跃概况。列

---

① 济南市史志编纂委员会：《济南市志》（第6册），中华书局1997年版，第431页。
② 同上。

表①如下：

表9—4　　　　　　　清代北极阁道教碑刻一览表

碑刻名称	时间	碑文内容概要	碑刻现存地	撰文、篆额、书丹
北极庙常住产碑文	清康熙十六年（1677）立	碑文记载济南北极庙重修之记录。碑文中有"自元初肇造以来，迄乎明季，代有营修，时为增葺"之记录	北极庙启圣殿厦檐内东壁上	贾文骥撰，常守因记
北极庙香火地碑记	清康熙五十年（1711）立	碑文对北极阁开展的各种弘道善举有详细记载	北极庙门厅西壁上	知县刘元漪立石
重修北极台钟鼓楼并置庙田记	清康熙五十七年（1718）立	碑文记载臬宪黄公捐资命匠重修北极台钟鼓楼之事。碑文中有"急捐资命匠，凡瓴缸木石不日云集。而危筑插天，翼然于层台之上，益增巨丽之新"等维修、重修概况	北极庙大门厅内东壁上	刘元琦撰

（七）沂源织女洞

沂源织女洞为著名的道教活动圣地，建筑有迎仙观、观音堂、玉帝庙、玉皇阁、奶奶庙、岳王庙、牛郎庙以及三王庙等。"迎仙观"原建有老子庙堂，正殿为老君阁、三清阁，东西配有厢房，东厢为沂蓝书院，西厢为橱社。关王庙、药王庙、僧王庙位于送子观音堂西边"天孙泉"旁。玉帝行祠始建于明正德六年（1511），有5间瓦房建筑，正殿3间，两边各有厢房1间。牛郎庙建于明万历年间，位于织女洞下沂河对岸，与织女洞隔河相望，建有正殿3间，青砖绿瓦，彩绘斗拱，建筑宏伟。后经多次重修，始具规模。院内古柏参天，清幽别致。殿内为牛郎及其子女塑像，旁塑卧牛一尊。②织女洞外有清嘉庆二十年（1815）立、邑人王松亭题

---

① 孔宪雷、于文玲：《大明湖楹联碑刻》，济南出版社2009年版，第96—98页。
② 临沂地区民族宗教事务局：《临沂地区民族宗教志》，临沂地区出版办公室出版，山东新华印刷厂临沂厂印刷，鲁临出准印证号：94·1·001，第127—128页。

《登织女台》①及"与山并永"碑刻。其后天然峭壁上,刻有"钟灵毓秀"四个高约 4 米、宽约 1.5 米的隶书大字,为光绪二十一年(1895)沂水知县白锡元手书,字体遒劲有力。

(八)沂源神清宫

沂源神清宫,在山东沂源县。初称青牛观,元代改名为神清万寿宫,沿用至今。清代曾多次对其修建。全宫东西长 80 米,南北宽 50 米,占地面积 6 亩。建有正门、双屏风、七楼八阁十三碹、三十六院、七十二门。双屏风,主要建筑有老君阁、天师阁、龙虎殿、玉皇阁、文昌阁及真武、三官、百子、七圣、眼光、雷神、闪电、奶奶、观音、关帝、药王等庙堂。②另有道人的墓室、楼、台、亭、阁、穿廊、甬道、粉墙、月门、花坛、水池、石桥和供生活之用的香积厨、静室等。据清乾隆五年(1740)《修沂水县神清万寿宫》碑载:"神清宫者,沂水之仙区宅,元、明圣地也。宫在鲁山之阳,沂城西北百四十里,山叠水曲,人迹罕至,殿宇巍峨。"嘉庆十二年(1807)为二次重修,光绪二十四年(1898)重修扩建,光绪二十八年(1902)为最后一次整修。③

(九)威海太平观

威海文登太平观,清同治六年(1867)道士王从政主持对其重修。王从政从北京带回御赐"道惟吾友,德即我邻"的对联和"三茅第及"、"九转丹成"两支金字匾,被任命为牟平县署道会司主事。此为太平观鼎盛时期,时有耕田 400 多亩,山岚近 1000 亩。此时太平观与北京白云观、青岛天后宫、崂山上清宫、烟台毓璜顶、昆嵛山的麻姑殿、九龙池、神清宫、东华宫、圣水宫等处道教宫观都有密切往来。观内道士属全真嵛山派,诵读《道德经》。每月初一、十五,每年腊月十五至正月十五日,是做道功的日子。天平观中殿为三清老祖:元始天尊、灵宝天尊、太上老君,统称"三宝天尊";西边配间为"上八仙";后殿中为玉皇、东有三官(天官、地官、水官),西有先天圣母;前殿山门有"青龙白虎",南山太平顶上建有龙母庙。④

---

① 政协沂源县文史资料委员会:《钟灵毓秀沂河源》(沂源文史资料第 5 辑),沂源印刷总厂印刷,1991 年,鲁淄出准字(1991)032 号,第 134—135 页。
② 赵浦根、朱亦:《山东寺庙塔窟》,齐鲁书社 2002 年版,第 113—114 页。
③ 山东省临沂地区文联编:《临沂大全》,山东人民出版社 1990 年版,第 127 页。
④ 文登市地方史志编纂委员会:《文登志》,中国城市出版社 1999 年版,第 896—897 页。

（十）济宁道教宫观①

据清康熙十二年（1673）《济宁州志》记载，有龙神庙、女娲庙、禹王庙、东岳庙、玉皇庙、来鹤观、三官庙、武真庙、张仙庙、葛仙翁祠②、长清观、青华洞、王母阁、五圣堂、吕公堂、财神阁、玉皇庙、泰山行宫等一百多所。

城隍庙始建于明洪武二年（1370），从清道光年间始，城隍庙住持道长，按龙门派传承谱系其第十七代至二十三代传承如下：第十七代王教修；第十八代陈永存；第十九代朱元聚、何元超、朱明杰；第二十代李明恒、魏明宗；第二十一代韩至香；第二十二代张理宽、崔理琴、秦理新、秦理民；第二十三代李宗猶等，即按"合教永元明至理宗诚信"等传承排列。庙的总面积达七万平方米。有财神庙土地祠各五楹（供奉财神、土地）、大殿五楹（供奉城隍），匾额写"威灵显赫"，有钟鼓二楼两大间，后楼五大间，戏台、光绪年间钟志贵建坊一座，大门亦并三口。大闸门墙一道，旗杆一对、石狮子一对，高约2米，二门两道，中间走廊，有东道院为四合房，内设朱公祠，西道院为主持所居，后有竹子园二亩，有大厅五楹，客堂三楹。东廊房（即二十室）供奉十殿阎君，西廊坊（即二十室）供奉典狱司发。庙有慈禧太后赐"紫罗真人"匾，孔令贻赐"紫罗真人"匾等。庙内还有侍奉城隍爷的二十四班，分别是：旗牌、门帘、听用、传宣、马快、步快、朴快、引着、焚香、普、礼房、总房、库房、刑房、财官、掌印、营勾、皂房、更衣、家丁、白役、夜役、更佚、红衣。

圆通观属于城隍庙里下院，始建于清光绪年间，又名吕祖阁，城隍庙的道士负责圆通观，属全真道龙门派。庙址在济宁西门里，坐南向北，有二门，东配房三间，西道院里有十间住房。有吕祖阁明三暗五间，阁上供奉吕祖和吕祖的四大弟子。阁下为正殿，供奉观音大士。

常清观③即三发庙，位置济宁北关。据乾隆五十年（1785）《济宁直隶州志》记载："常清观在北门外里许。观前为三元宫，明季兵科、李用

---

① 部分引用资料由济宁道教协会现二十里铺青华洞住持扈高枫提供。
② 清康熙十二年（1673）《济宁州志·疆域志下·祠庙》卷二，一至五。
③ 据民国十六年（1927）《济宁县志》卷二《宗教篇》七十六记载："常清观在北门外里许，介常清顺两圩门之间，建于前明，为北京白云观下院。境宇清幽，藤花颇盛。中有玉皇阁和钟吕两仙祠，雷祖三清两殿，其余斋堂甚多。民国十三年放戒一次。"

质建。康熙十七年（1678）城守营守备、李时泰、吴凌霄等修。康熙己卯建玉皇阁，西为钟吕二仙祠，乾隆壬戌（乾隆七年，1742 年）又建雷祖三清二殿。"① 其庙自从乾隆年间赐名之后，方丈张明慧对道士们控制十分严格，待遇也极其苛刻。张明慧为该观第一代方丈，第二代至第七代方丈依次为：高次辱、颜超尘、张□、颜义德、王传印、孟祥林。②

青华洞，又名吕祖堂（长清观下院），是济宁一处道教隐宗妙真派的道观，始建于元朝。康熙十二年（1673）《济宁州志》记载："青华洞，在浣笔泉，东里人胡若琦筑为堂，祀纯阳真人，乔木森郁，亭台池馆，位置得宜，后累土辇石，岭岈幽邃入其中，若无异穿岩谷也。"③ 青华洞大门左边有钟楼，后院有亭子，东西堂六间、大殿三间，洞后有太乙救苦天尊殿一大间，斗母阁三间（供斗母、南北斗神像），东院有竹林，十方堂三间，常年香火讨忏求药不断，每年农历四月十四有吕祖盛会。常年专职道士二人每天上街收拾字纸，集中焚化，把灰送到河里冲去，谓之敬惜字纸，为主要法事活动。

南海观位置西南隅，坐北向南，大门三间，大殿三间（供奉观音菩萨、花奶奶），配房两间，面积一千平方米。南海观为常青观的下院，方丈即称道人（道姑）。庙内住持：杨理民、陈理新、杨永贵、陈智瑞、周智君等。

来鹤观位置南关小南门外，坐南向北。康熙十二年（1673）《济宁州志》记载："来鹤观在城南中，有八卦亭。"④ 总面积四千平方米，庙内建筑年代无从考证。有前后院，东道院有客房三间，厨房两间，西道院，四合房，北屋三间，南屋三间，西屋三间，东屋三间，前院正殿三间（供奉吕祖），东西配房六间（供奉文昌、华佗），后院有暗阁一大间。

王母阁原名为天雀观，坐北向南，位于南关小南门外，始建于唐朝。王母阁有五处院，分为前院、中院、后院、东院、西院、前院大殿三间

---

① 清乾隆五十年（1785）《济宁直隶州志》卷十四《古迹》，二十九。
② 济宁常清观清光绪二十九年（1903），戒子计有龙门派 39 人，华山派 20 人，随山派 1 人，金山派 5 人，天仙派 4 人，三丰派 1 人，共计 70 人。（吉冈义丰：《道教の研究》，东京都：五月书房 1989 年版，第 230—233 页）。
③ 清康熙十二年（1673）《济宁州志》卷二《疆域志下·祠庙》，四。
④ 同上书，三。

（供奉玉皇大帝）（千手千眼佛），东西配房六间。中院正殿三间（供奉麻古大仙），东西配房六间。后院为王母阁上下六间（供奉王母），东西配房六间。禅房六间。王母阁还有八角亭，附近有梨树、枣树等果树。有南坛（土堌堆），其坛有大树十余棵。

（十一）其他道观

清代，山东各地新增、重修的道教庙宇较多，如梁山境内庙宇甚多，尤其是土地庙，几乎遍及每个村庄；章丘埠村镇的三清观颇具规模，整个道院坐北朝南，占地13亩。殿内有元始天尊、太上老君、灵宝道君、真武大帝塑像，另有天神36尊。① 惠民县城内修建了泰山庙、关帝庙，城南有些村也修庙建寺，如三皇庙村的三皇庙。无棣县重修紫霞观、大山东峰文昌阁、西峰吕祖阁、白衣庵、西峰庵，续修文昌阁、王母阁、斗姥庙、天妃庙，到光绪年间，道教宫观多达80余处。荣成市保存有道宫观35处，每处道观有道士20—30人。康熙年间，沂南境内道观庙39座，有道士283人。乾隆年间，莒南东仓庙（三官庙）和西仓庙（玄武庙）香火极盛。顺治八年（1651），崂山道士马元禄来山东昌乐县金山集资建观，收徒传道，至光绪十二年（1886），传道10代，有道士42人。道光年间为昌乐境内道教发展的鼎盛期，周围村庄信教者达数百户。

清末，滕县几乎平均每5个自然村便有一处道观；薛城已有30余处道观，较大有奚公山玉皇阁、东曲柏村前的白云观、金和柏山上的玉皇殿。泗水县大小庙观有300余座，道士300余人。威海道士曾自称"蔡李"派，即"绝对戒酒"派，在英国强租威海时有大量会员。乐陵县境内有全真派道士16人，正一派道士21人。滨州滨城之城隍庙、牡丹台之泰山行宫、里则镇之关家庙、北镇之天王堂、杜店相公庙等道观仍有教徒活动。咸丰四年（1854），曹县有庙观60余处。光绪年间，峄县有20余处道观。其他道观统计②如下：

---

① 章丘县志编纂委员会：《章丘县志》，济南出版社1992年版，第623页。
② 参见山东省郯城县地方史志编纂委员会编《郯城县志》，深圳特区出版社2001年版，第904—906页；临沂地区民族宗教事务局编《临沂地区民族宗教志》，临沂地区出版办公室出版，山东新华印刷厂临沂厂印刷，鲁临出准印证号：94·1·001，第113—122页。

表 9—5　　　　　　　　清代部分道观一览表

序号	观庙名称	坐落地点	创建或重修年代	备注
1	岱庙	今泰安城西北隅泰山脚下	清代重修	岱庙院西有清乾隆御制《汉柏图碑》的书画碑。清康熙四十九年（1710），张鹏翮题《唐槐》诗一首①
2	泰山行宫	莒南县陈家临沭村	清乾隆年间重修	
3	真武庙	东营市西范乡辛集村	清乾隆年间重修	
4	城隍庙	郯城县县城东北隅	乾隆十八年（1753）重修	占地 5 亩
5	关帝庙	郯城县马头东门里	康熙五十九年（1720）创建	占地 22 亩
6		郯城县子房村	清代创建	
7		郯城县东风岭西村	清代创建	
8	天后宫	郯城县马头镇	清乾隆二十八年（1763）创建	房屋 20 间
9	玉皇庙	郯城县县城东南 1 里	康熙十一年（1672）道人罗真延创建	
10	火星庙	郯城县马头集南门	清乾隆十八年（1753）道人孙本瑞重修	
11	三官庙	郯城县马头集	清乾隆二十三年（1758）重修	增建钟鼓楼
12	火神庙	郯城县马头镇	乾隆十八年（1753）创建	
13	敬龙观	在今山东莒南县	清代重修改名为海龙庵。清咸丰年间道人本钦重修改为敬龙观，供奉东海龙王敖广像，殿名龙广殿	明代曾名甘露寺，曾有道士 180 余人，庙田 500 余亩②

---

① 赵浦根、朱亦：《山东寺庙塔窟》，齐鲁书社 2002 年版，第 8—11 页。
② 见山东省莒南县地方史志编纂委员会编《莒南县志》，齐鲁书社 1998 年版，第 758 页。

第九章　清代山东道教　303

续表

序号	观庙名称	坐落地点	创建或重修年代	备注
14	三清三官庙	莒县①县城北箕屋山	清初	清中叶为全真派道姑所居，属全真派
15	三元庙	莒县县城南瓮城	清初	清中叶为全真道士。咸丰后为全真道姑所居，属全真派
16	霞客院	莒县县城东北观山	清初	清初为全真道姑所居，清中叶道姑绝，为正一道士居
17	玄都观	莒县县城西北玉皇山	明代	明朝时居住全真道士，清嘉庆时为华山派道士居
18	舜皇庙	蒙阴县历山	清康熙九年（1670）善人王三时重修	
19	东岳庙	蒙阴县东坦埠集	清康熙十年（1671）善人公子骅重修	
20	三元阁	蒙阴县东关	清康熙八年（1669）乡绅冯义煜、道观童太鸾重修	
21	东岳庙	蒙阴县县城东北观山	清初为全真道姑所居，清中叶道姑绝，为正一道士居	
22	天齐庙	在蒙阴县北鲁村	清顺治十八年（1661）僧守忻重修	
23	三教堂	蒙阴县重山之麓	清康熙八年（1669）庠生王运昺、善人刘进科重建	
24	延寿庵	蒙阴县柴崮西	清顺治元年（1644）道人李常静建	
25	玄都观	蒙阴县刘十八郎庙	清康熙九年（1670）武举王云雷重修	
26	武庙	沂水县城西北隅雉堞上	清道光七年（1827）修葺	

---

① 包括今五莲县西部、诸城市西南部、安丘市南部、莒县全部、莒南县大部等。

续表

序号	观庙名称	坐落地点	创建或重修年代	备注
27	绿溪观	沂水县西北45里	清乾隆四十年（1775）建	
28	神清宫	在沂水县西北160里	清乾隆初年，道人王阳明、王阳仁建修10阁，玉皇老君2阁，尤极壮丽，间以学舍，通以复道，楼台圆池，竹木花卉，参错期间，老君阁西南100余步，有古柏大10围，高与阁准	
29	文昌宫	临沂县北40里茶山顶	清代道人张纯一建	
30	大王庙	山东齐河县南坦河堤	清光绪二十二年（1896）建	
31	文昌阁	淄博高青县青城镇	建于清乾隆元年（1736），道光二十一年（1841）重修	见中国道教协会、苏州道教协会《道教大辞典》，华夏出版社1994年版，第826页
32	玉皇庙	高密宋家泊子	建于清道光八年（1828）	
33	仙姑山庙	莒南县大店镇沙埠子村西	清代重修	占地5亩，有正殿和东、西廊房，清末有道士20余人，庙田20余亩，每年正月十六逢庙会①
34	青龙观	莒南县	清代曾重修	清末时道观占地10余亩，分东、西两院，各有一正殿，分别称为东大殿和西大殿。两边有厢房、配房②
35	玉皇庙	山东鄄城县谷庄	清光绪三年（1877）建	有道士12人，庙地18亩

① 山东省莒南县地方史志编纂委员会：《莒南县志》，齐鲁书社1998年版，第758页。
② 同上。

续表

序号	观庙名称	坐落地点	创建或重修年代	备注
36	庄子庙、南华观	鄄城县临濮乡庄子庙村	清末建	
37	元君庙	山东省东平县西部腊山	清康熙四十五年（1706）创建	殿阔三间，背靠危岩，南邻绝壁①
38	玉皇庙	莒南县陡山乡玉皇沟村北玉皇顶	清代建	山东省莒南县地方史志编纂委员会：《莒南县志》，齐鲁书社1998年版，第758页
39	玉皇庙	莒南县大店东九峰山	庄应宸于清咸丰十年（1860）建	庙内正殿3间，并建有凉亭、假山、鱼池、花坛，植有花卉松竹，有庙田20多亩②
40	玉皇阁	邹平县黄山东岭	道人柴元贞康熙三十年（1691）建	时香火颇盛。绕黄山有庙地数十亩，道徒靠种地和进香者的布施生活
41	碧霞元君祠	邹平县黄山	清代重修	
42	阳主庙	烟台芝罘山	清代重修	
43	玉清宫	潍坊	清代重修	

三 清代山东道士及高仁峒

清代统治者虽然对道教采取了抑制政策，但是由于道教在民间的影响力、信仰力较强，故在临沂、莱州、即墨、掖县、济南等地产生了一批有影响的道士，特别是晚清北京白云观第二十代方丈高仁峒，是清代有重要影响的山东道教人士，对清代山东及中国道教发展起到了一定促进作用。

（一）清代山东主要道士

道和，清代道士，姓李，蒙阴（今蒙阴县）人。"曾住仙洞山阴，有

---

① 赵浦根、朱亦：《山东寺庙塔窟》，齐鲁书社2002年版，第156—157页。
② 山东省莒南县地方史志编纂委员会：《莒南县志》，齐鲁书社1998年版，第758页。

山妖幻作美人来诱之，不少动，至数夜，忽普安咒卷自动，和取念之，妖乃去。年60无疾而终。"①

曲居士，清代道士，掖县（今莱州市）人。"居城西草庵，貌甚古，好行善事，其言多颠狂，人为之识也。雍正十二年春，一夕草庵火，其光烛天，比熄，居士端坐如生，唯顶中露一孔，身如古铜，击之铿然有声，里人异之，制一小龛以葬。"②

王生，清代道士，即墨本邑（今即墨市）人，号得一子。"清康熙时曾据白云洞，工医术及堪舆，食五谷不去皮，113岁时须发皆反黑。一日聚其徒众曰：'今日立春，吾将去矣。'言毕端坐而逝。"③

杨法九，清代道士，掖县（今莱州市）人。"精炼形术，识风云事，多前知，指掖西福山侧曰：'福地也。'创八卦殿，工半，属道人韩发望曰：'吾□有他事去，子其合尖。'俄而趺化，玉柱垂鼻下。殿成，有以神像至自江南者，曰法九所募也。后二十年迁窆，面如生，弟子钱阴升，习师教，能谒雨，咄嗟立至，累救亢旱，不受金，人皆礼重。"④

王风子，清代道士，济南府（今济南市）人。据清道光二十年（1840）《济南府志》卷六十《仙释》引《历城志》云："王风子，济南人，蓬头裸体，能治疾。疾者至，或喷以气，或击之辄愈。观察某公病痢，召风子，风子曰：'是病将死，须得人代死乃可。'问其左右侍从谁恳代，皆无语。'然则代莫如我宜。'风子遂病。观察愈见其病且危，恐其死，官舍中不详，命舁诸城外古寺。既出门，风子跃起飘然去，急追之则无及矣。"

南风子，清代道士，浙杭（今杭州市）人。据清道光二十年（1840）《济南府志》卷六十《仙释》引《历城志》云："南风子，亦姓王，浙人，乞食于杭市，朱宏祚总制浙闽，登吴山，见其卧冰雪中，异之，因携归。济南有显者卜公子，见之拜曰仙人也。遂携手与之语，后去不知所终。"

卜公子，清代道士，济南府（今济南市）人。据清道光二十年

---

① 临沂地区民族宗教事务局：《临沂地区民族宗教志》，临沂地区出版办公室出版，鲁临出准印证号：94·1·001，第160页。
② 见清乾隆五年（1740）《莱州府志》卷十二《仙释》。
③ 见清同治十二年（1873）《即墨县志》卷十二《杂稽志·释道》。
④ 见清乾隆二十三年（1758）《掖县志》卷五《仙释》。

(1840)《济南府志》卷六十《仙释》引《历城志》云:"卜公子,名得熊,字时菴,号老阳子,高邮人,少从父官济南,博极群书,下笔数千言立就,咸呼为卜才子。登甲科后,复游历下,乃拜南风子为师,裸衣行歌,故交皆避去。康熙间,行过太清观,适道士设醮,多黄白纸,公子尽题写之。道士怒曰:'尔何不死?'公子曰:'死易耳,吾所书字他年可易金钱也。'是夕死,葬历山下。越三年,贾人过夏津,见之,方悟其为尸解云。"

刘养正,清代道士,济南府(今济南市)人。据清道光二十年(1840)《济南府志》卷六十《仙释》引《历城志》云:"刘养正,县吏也,得疾将死,有道士教之食淡,一年而瘳,遂弃家为道。梦人谓之曰:日用经入道,阶梯也。因依其法行之,数载焕然,其弟子王澍远出,或问其归期,曰某日将贩鱼至矣,既而果然。"

李崇华,清代道士,济南府(今济南市)人。据清道光二十年(1840)《济南府志》卷六十《仙释》引《历城志》云:"李崇华,字美然,幼于城隍庙出家为道士。南门内舜庙颓圮日久,竭力募修之,复修八里洼石桥以利行人。道遇癃老饥饿者,必周以钱物。见龙鸟纲鱼必买而放之。善疡科,每施药活人。年八十七卒,卒之夕有红光移时不散。"

韩云朋,清代道士,章丘(今章丘市)人。据清道光二十年(1840)《济南府志》卷六十《仙释》引《章丘志》载:"韩云朋,栖盘鹤峪,为道士,其家人至,以小甑进糕,终十数人饱,而糕不加损。又尝瞑目移时而往,借会仙山人茶以款客,及殁,或遇于江南,道士或遇于崂山中。"

王澍,清代道士,济南府(今济南市)人。据清道光二十年(1840)《济南府志》卷六十《仙释》引《历城志》云:"王澍,字际清,八九岁入乡塾,受书三行,终日读,不能成诵。闻讲定静之义,数日后忆向所诵书,一字不遗,其通其义矣。后闻刘养正有道行,从之游。一日夜坐,黑室尽白,视手纹朗朗可数,久之墙垣亦无隔碍。问其故于刘,刘曰:'人心之本体固如是,扰扰者自汩之耳。'尝为童子师,有客将至,每令启扃以待。闲为诗辄工,有句云:'秋潭百丈明珠耀,夜气千寻宝剑寒。'盖自道其所得也。善草书,有逸致。乾隆二十五年除夕,为人书门帖,掷笔而逝。"

宣风洞野人,清代道士,邹平人。据清道光二十年(1840)《济南府志》卷六十《仙释》引《邹平志》云:"宣风洞野人,莫知所自,敝衣垢面往来诸山谷，不见其饮食。言人休咎，辄验。一日死于洞中，或欲瘗之，忽失所在。"

(二) 晚清山东道教人士——高仁峒

高仁峒（1840—1907），法名明峒，字云溪，号寿山子，山东任城（今济宁）人，龙门派二十代传戒律师。年十六，父母弃世。出家云蒙山，皈依李真人门下。居五载，辞师云游访道，曾三上崂山。同治庚午（1870），来京受戒于张园璇门下。后从传戒于关东、陕西等省。光绪二年（1876），还京居于西山圣米石塘山。光绪三年（1877）移居白云观。同年推任白云观监院。时年37岁。后继任方丈，维持观务，经营有方，百废俱兴。又轻财乐施，性喜交游。大夫卿相，车马相访，一时名盛。光绪八年（1882），开坛演戒百日，求戒者四百余人，著有《云水集》。高仁峒于光绪三十三年（1907）羽化。①高仁峒死后葬于平邑蒙山白云岩玉虚观遗址东临。在蒙山，立有高仁峒的墓碑，碑高1.7米，宽1.06米。碑文正面刻有"大清华山第十六代上仁下峒云溪高先师之位"，碑阴为"敕赐金冠紫衣寿山真人白云堂上第十六代上仁下峒高先师之洞"。②碑文概述了高仁峒一生。

1. 高仁峒对道教的重要贡献

高仁峒对中国道教的贡献表现在多个方面。一是刊布著作。光绪十一年（1885）高仁峒刊印了辑录自己集修道心得、偈语、诗歌等于一体的《云水集》和《龙门秘旨》。郑观应序本《龙门秘旨》是高仁峒在吸纳前人内丹修炼经验的基础上，结合个人内炼感受编撰的内丹学重要著述，包括：《丘祖秘传大道歌》《小周天火候口诀歌》《采大药赋》《得大药赋》《大周天炼气化神赋》《炼神还虚赋》《炼虚合道赋》等。二是修建道教宫观。光绪十三年（1887）高仁峒重修吕祖殿。光绪十六年（1890）修建云集山房。三是主持道观，开坛传戒。光绪八年（1882），高仁峒开坛传戒，受戒弟子404人。光绪十年（1884）再次传戒，受戒者500余人。四是创办粥厂，赈济饥民。高仁峒住持白云观后，曾募缘创设粥厂，在每年青黄不接的冬春之际，赈济饥民，此事坚持了二十余年。③五是兴办教

---

① 郑全忠：《铁刹山志校释》，辽宁人民出版社1992年版，第253页。
② 赵芃：《蒙山道教初探》，《中国道教》2010年第3期。
③ 李养正：《新编北京白云观志》，宗教文化出版社2003年版，第724页。

育。光绪三十二年（1906）闰四月二十九高仁峒请办初级小学堂，特向学部禀请恳准立案。六是推崇三教融通。高仁峒于白云观设千僧斋，并请印光法师升堂讲法。①

2. 高仁峒的负面影响

高仁峒由于受清朝政府对内对外政策以及其人格素养等方面的影响和制约，在主持白云观等期间的行为活动，具有这样或那样的消极、颓废甚至叛逆背道的行为。一是勾结太监，卖官鬻爵。高仁峒与清宫太监有着密切关系，这为高仁峒与慈禧的接触创造了条件。《清稗类钞》云：高仁峒"与总管太监李莲英结异姓兄弟，进神仙之术于孝钦后。孝钦信之，命为总道教司"②。《北平旅行指南》："阉宦如李莲英、小德张辈，皆其朋党。"③ 二是外通洋人，危害国家。高仁峒不但与慈禧、宫廷人员、都中达官贵人关系密切，而且与俄国间谍璞科第来往频繁。④ 据清朝罗惇曧《庚子国变记》载："内监李莲英最用事，与白云观高道士拜盟。而华俄银行理事璞科第交高道士厚，因缘结于莲英，多所密议，外交尤有力焉。"⑤ 三是沉迷女色，情乱破戒。有史料记载高仁峒喜到城内某酒家聚会，耽于女色，为人所诟病，对清代道教带来了许多不良影响。

总之，高仁峒在著书立说、扩大道教组织等方面展现出了较强的能力，对后世产生了一定积极影响。但又因其德行较差，给后世带来较大的负面影响。高仁峒所犯错误多在其晚年，且与清政府内政外交陷入绝境有关。高仁峒对道教的功绩是第一位的，其所犯错误带来的负面影响是第二位的，应当实事求是地分析其功过是非。

第二节　清代泰山道教

清代泰山以碧霞元君信仰为代表的民间神祇信仰空前高涨，以东岳庙为代表的泰山庙宇的各种祭祀活动频繁。清代统治者对泰山祭拜活动促进

---

① 印光：《印光法师文钞集后编》（上堂法语67则），清凉书屋点校，《京都白云观方丈道士高仁峒设千僧斋上堂法语》（第63则），福建莆田广化寺印行本。
② 徐珂：《清稗类钞》（第10册），中华书局1986年版，第4874页。
③ 马芷痒：《北平旅行指南》，张恨水审定，经济新闻出版社1937年版，第197页。
④ 蔡鸿生：《璞科第与白云观高道士》，《近代史研究》1991年第1期。
⑤ 罗惇曧：《庚子国变记》，上海书店1982年版，第19页。

了民间对泰山碧霞元君的崇奉。碧霞元君信仰逐渐取代东岳大帝而成为泰山的神祇信仰。泰山道教庙宇增多，道士增加，道教宫观得以修建或重修。道教碑刻，特别是特大碑体碑刻数量居多。泰山道教音乐繁荣，韵味独特而富有魅力，特别是岱庙藏谱众多，曲谱珍贵而典型，音韵厚重而富有地域特色。这都使清代泰山道教呈现出局部活跃的局面。

一 清代泰山道教发展概况

清代泰山道教庙宇众多。乾隆《泰安府志》卷三《山水志》对它们的位置做了记述："泰山在府城北五里，亦曰岱宗，亦曰东岳。其前一坊曰岱宗，凡登岱者自此始。坊之东为酆都庙，西为升元观，又西为青帝观。坊之北为三皇庙，其北为玉皇阁，又北为金龙四大王庙。庙之东为后土殿，又东为老君堂，又东为瑶池，其旁有古洞，又东有眼光殿。庙之北为关帝庙，洞北为三阳庵。红门北为万仙楼，其北一山曰龙泉，旁有斗母观……又北为回马岭，其下有玉皇庙，又北为云阳洞，迤东为凤凰山，其阳有白云洞，洞之北为今上驻跸行宫。又迤东为碧霞元君庙。其旁有玉女池，一名圣水池。又迤东折而上为东岳庙，其后有摩崖碑，顶之西为青帝宫，又迤西为后寝宫，其半有四阳庵，在岳顶之阳则有登仙台，在岳之南则有遥观洞。"①

清代泰山东岳庙出现了比较活跃的局面。据清唐仲冕《岱览》卷六《岱庙（上）》载，逢庙会时，"庙城宏敞，每年祈赛云集，布幕连肆，百剧杂陈，肩摩趾错者数月。旧传三月廿八日为岳神诞辰，是日尤盛"。以碧霞元君为代表的神仙道派取代了以东岳大帝为偶像的道派，东岳庙会以民间信仰的雄厚基础进入鼎盛时期。②

清代以碧霞元君为代表的民间神祇信仰空前发展，泰山道教向世俗化方向转化。清代统治者针对民间对泰山碧霞元君的崇奉采取了不同政策。雍正十三年（1735）十二月下令禁止征收香税，且立裁革香税碑。③乾隆帝时，对碧霞元君更是优礼有加。乾隆在位六十年，十一次来泰山，六次

---

① 清乾隆二十五年（1760）《泰安府志》卷三《山水志》。
② 袁爱国：《泰山东岳庙会考识》，《民俗研究》1988年第4期。
③ 泰山文物风景管理局、泰山志编纂办公室：《泰山志资料选编》（第2辑），1984年，第71页。

登岱顶祀元君，题诗十余首。乾隆十三年（1748）登泰山诗二首刻东亭碑阴；十六年（1751）、三十年（1765）南巡过泰山，题诗四首；三十六年（1771）登泰山，题诗二首并勒祠门外以东碑阴碑侧；四十二年（1777）过泰山诗二首勒祠门外西碑阴。① 从乾隆二十四五年起，每遇元君诞辰，四月盛会之期，御赐彝器鼎、炉、瓿、罇、瑷，多磁、晶、金玉之属。

清代泰山道教在许多方面独树一帜，出现局部活跃和兴旺的势头，但其整体的发展与全国道教的发展一样呈现出继续衰落趋势。由于统治者的抑道政策，再加上以碧霞元君为代表的民间神祇信仰空前发展，泰山全真教进一步衰落。"礼岱者皆祷于泰山娘娘祠庙，而弗旅于岳神久矣。"② 人谓泰山道教"吃泰山娘娘"，是"娘娘派道教"。泰山道教的衰落还表现在当时曾有岱庙道众数十人生活无着，靠典质赡田度日，后经泰安府道纪司管泰山上下庙守监禹贞文诉诸郡伯始将赡田收回等。③

二 清代统治者的泰山祭拜活动

清代道教局部活跃的重要表现是清代统治者的泰山祭拜活动增多，且祭祀内容变化。古帝王多于即位之初或太平之岁到泰山封禅，祭告天地，以祈福禳灾。到了清代，帝王虽没有泰山封禅，但祭祀泰山神的活动却比较频繁。

康熙二十三年（1684）十月十一日，玄烨登岱，至岱顶东岳庙行礼，又至极顶玉皇宫行礼。次日，于天仙殿行礼，并书"坤元叶德"悬额殿中。辰时，"自岱峰步行而下。日近午，设卤簿于泰安城北，上御辇诣东岳庙，躬祀泰山之神于峻极殿"。下诏"本年泰山香税免解该部，用以鸠工庀材，虔修山顶各庙"④。康熙二十八年（1689）正月十七日，玄烨又至泰山之麓，望祀泰山，从泰安州城北门入，诣东岳庙峻极殿，率诸臣行礼。此次来岱，康熙帝已深感泰山香火之萧条："朕巡历所至，再经岱麓，重瞻祠宇，询其庙祝，知香火荒凉，日用难给。岱顶诸庙亦复如

---

① 泰山文物风景管理局、泰山志编纂办公室：《泰山志资料选编》（第2辑），1984年，第70页。
② （清）福格：《听雨丛谈》，汪北平点校，中华书局1984年版，第153页。
③ 泰安市泰山区、郊区地方史志编纂委员会：《泰安市志》，齐鲁书社1996年版，第601页。
④ 中国第一历史档案馆整理：《康熙起居注》，中华书局1984年版，第1239页。

之。"① 他"念泰山是五岳之长，载在祀典，有功社稷，不宜使之渐就寥落"，于是"将每岁香税钱粮内量给数百金，使上下岳庙与元君诸祠守祀者得以资赖，晓夜尽心，兼可时加修葺，以壮往来观瞻"②。康熙四十二年（1703）玄烨又登泰山。在清朝皇帝中，来泰山次数最多的要数乾隆。自乾隆十二年（1747）至乾隆五十五年（1790），共十一次来泰山，六次登临岱顶。除帝王较为频繁的祭祀外，还不断遣使告祭泰山。据不完全统计，自顺治八年（1651）至宣统元年（1909），遣使致祭达46次之多。③

三 清代泰山道士

由于泰山道教久负盛名，清朝时期的泰山也产生了许多新的道士，清乾隆初年，山东省道教徒（主要以全真道士为主）的实际数量在两万人左右，但约有半数的道士并未统计在册，而是散居在民间。④ 他们都对清代泰山道教的活跃与发展做出了一定贡献。

孙真清，直隶河间府阜城县（今河北东南部）人。游泰山，留居玉皇阁，修行六十余年。康熙四十年（1701）冬，一日忽然呼唤其徒弟曰："我死后，停于阁内，三年后开视，可埋则埋。"语毕而终。十二年后，其徒开缸，尸体完好。设坐龛于阁下，凡朝谒岱岳者，无不瞻礼焉。⑤

薛心佑，青州人。"乾隆末，偕兄来泰，愿出家，因入万寿宫为道士。是时，庙中贫瘠，师又嗜酒，岁饥。道人亲樵苏供其师，无缺后自理生产，渐饶裕。以庙事付其徒不过问。然好行方便，如配合药膏以疗疾，庙中设塾以教附近子弟，小费皆有庙出。收弃儿出资令他人抚养，庙近漯水，涨则浸没义塚，岁修北岸障，护不使暴露骨骸。此皆慈善事，惟仗义疏财，尤为人所难能。方传家于其徒也。本地神耆拟修漯河桥而资无所出，道人愿捐钱400缗以为首倡，后其徒吝惜有烦言，道人故意恐呵，责以棒，立出四百钱以付董事。卢君星舫作桥记，津津道之，而叹士大夫反出其下，有以哉。其人相貌魁梧，言行质实，不识字，论说颇得大体，未

---

① 中国第一历史档案馆整理：《康熙起居注》，中华书局1984年版，第1826页。
② 同上书，第1826—1827页。
③ 刘慧：《泰山宗教研究》，文物出版社1994年版，第183页。
④ 秦国帅：《山东全真教的教团规模、分枝岔派与地域分布》，《全真道研究》（第3辑），齐鲁书社2014年版，第196页。
⑤ 汤贵仁、刘慧主编：《泰山文献集成》（第8卷），泰山出版社2005年版，第247页。

习相术而知人善任,品评人物往往不爽,年八十七,遘微疾,命徒众备后事,未具而卒,时咸丰八年戊午也。"①

尚士廉,清末道士。泰安尚家寨人。11岁拜岱庙住持宋纪昌为师。习道经、儒书。②

吴云,号舫翁,别号三堂居士,吉安人,以黄冠读书岳麓,与人在岱顶建圣庙,又置肖像于其中。著有《学舫》。③

梁广美,楼德南泉人,何时出家不详,曾受戒于北京白云观。间一岁归省其父母,二十余岁,已留须,丰神疏朗,有道家风,因询道官道司,彼皆不许可。细诘之曰趋向不同,然则子之企向若何?曰:"道人者修真养性以服膺老子而已。"后不复归。……后为西安方丈,卒于西安。④

另外,北京白云观清同治十二年(1873)《登真箓》山东传戒得全真戒子33人,涉及龙门、金山、华山、随山、崳山、鹤山、蓬莱、天仙8枝全真岔派;光绪八年(1882)《登真箓》记载了山东传戒得全真戒子118人,涉及龙门、随山、铁冠、崳山、华山、金山、蓬莱、龙门华山、天仙、尹喜、金辉11枝全真岔派。⑤

四 清代泰山道教宫观

清代泰山道教宫观建设和重修是泰山道教活跃的重要体现,是清代道教在泰山演变与发展的历史见证。

碧霞祠,位于泰山顶天街东端。创建于宋大中祥符元年(1008),元祐年间建玉女祠,金称昭真观,明称灵应宫、碧霞灵佑宫,是祀泰山女神碧霞元君的上庙。至于清代改称"碧霞祠",最早见于康熙四十二年(1703)胤禛《碧霞祠题宝幡步虚词》⑥诗题,因后世多宫、祠混用,未见明确改名时间。碧霞祠在顺治十八年(1661)、康熙十五年(1717)、率领正七年(1729)、乾隆五年(1740)多次重修。乾隆三十五年

---

① 民国十八年(1929)《重修泰安县志》卷十《人物志·方外四》。
② 山东省泰安市地方史志编纂委员会:《泰安地区志》,齐鲁书社1997年版,第662页。
③ 汤贵仁、刘慧主编:《泰山文献集成》(第7卷),泰山出版社2005年版,第357页。
④ 见民国十八年(1930)《重修泰安县志》卷十《人物志·方外四》。
⑤ 秦国帅:《山东全真教的教团规模、分枝岔派与地域分布》,《全真道研究》(第3辑),齐鲁书社2014年版,第212—213页。
⑥ 泰安市档案局编:《泰山历史纪年》,1989年,第118页。

（1770）庚室内十月，高宗为贺其六十寿诞，遣内务府大臣刘浩重修岱庙，历时年余，至是旨成，凡神像、大殿以及各殿宇、廊庑、门雨量皆誓拆改重修，并增建遥参亭坊。岱顶碧霞祠同时重修，"是庙自辛酉鼎盛新，距今垂三十载，因敕工官，往全所司，支内帑金，庀材增茸，闳垲完致，所以答神贶，所以祈神禧，胥于是焉。"① 乾隆六年（1741）《重修泰山神庙碑》、乾隆三十五年（1770）《重修岱庙碑》和《重修碧霞元君庙记》、道光五年（1825）《重修岱顶碧霞祠记》、道光十五年（1835）《重修泰山碧霞祠记碑》都记载了几次重修岱顶碧霞祠过程。

碧霞祠二进院落，以照壁、火池、南神门、大门、香亭、大殿为中轴线，左右分列东西神门、钟鼓楼、御碑亭、东西配殿等建筑。南北长76.4米，东西宽39米，总面积近3000平方米。②

壶天阁位于斗母宫北，始建于明代，原名升仙阁，清乾隆十二年（1747）拓建后改为今名，因道家称仙境为"壶天"而得名。门洞上镶石匾额"壶天阁"，是乾隆皇帝登泰山时所题。③

万仙楼是清朝道教重要的活动场所。清代赵国麟的诗《万仙楼诗二首》描绘了当时的道教活动活跃的情景："樱桃正熟时，箫鼓喧清画。游人集万仙，山灵若驰骤。仙人厌繁嚣，隐约栖岩窦。泠泠石上淙，终古弹清奏。丹楼倚山椒，云是仙居处。洞水通瑶池，青鸟自来去。"④

王母池古建筑群，多建于清代，为三进式庙堂院落，主要有山门、王母池、王母殿、药王殿、客殿、斗姆殿、悦仙亭、七真殿、蓬莱阁、禅房等。王母池山门嵌有清道光年间徐宗干的题匾。药王殿西临北斗殿，门匾上书"神威浩荡"，殿内主祀斗姆元君，左边陪祀即为碧霞元君。清代曾多次对其重修。

红门宫，位于岱宗坊北，分为东西两院，东面为佛教寺院，西院为道教庙宇，由飞云阁相连。红门宫西院，为元君中庙，曾祀奉碧霞元君，由山门、元君殿、且止亭、茶亭等，明代天启六年（1626）重建。红门宫坊位于红门宫东院中门前，清康熙五十二年（1713）建，为双柱单门式

---

① 孟昭水校点集注：《岱览校点集注》（下），泰山出版社2007年版，第899页。
② 泰安市泰山区地方史志编纂委员会编：《泰山区志》，中华书局2004年版，第531页。
③ 汤贵仁、刘慧主编：《泰山文献集成》（第3卷），泰山出版社2005年版，第257页。
④ 同上书，第267页。

石坊,额书"瞻岩初步",意即此为登泰山的开始之处。①

玉皇阁,在岱宗坊北,清乾隆十八年(1753),知县冯光宿建"白鹤"石坊于阁前。西偏别构一亭。乾隆二十七年(1762),知县程志隆拓建。② 玉皇阁曾在清道光年间加以维修。

后石坞庙,清顺治、康熙、乾隆、同治年间曾重修,改称石坞青云庵。光绪年间重修,称后石坞庙。清初庙产几次被豪家侵夺,后经官府宣判而立告示碑和执照碑。后石坞庙分东西两院,西院有正殿和东西配殿,殿后是黄花洞。殿东是吕祖洞。东院由透天门、正殿、东配殿、圣母寝宫楼等组成。透天门为拱形门洞,上镶"透天门"石匾。圣母寝宫楼院内有"独立石"一块,院东有石砌碧霞元君墓,雍正十三年(1735)重修时将旧塑像埋此。③

五 清代泰山道教碑刻

清代泰山道教碑刻是见证泰山道教在清代局部活跃的重要金石史料,不但内容丰富、造型独特,而且许多碑身还体积巨大,如《乾隆重修岱庙碑》碑高竟达5.2米、《重建泰山神庙碑》碑高3.2米。根据其内容可以分为两类:一类是重修泰山宫观庙宇碑刻;一类是弘道祈雨祭祀碑。清朝重修泰山宫观庙宇,祭祀泰山神,弘道安民,说明在清代以碧霞元君信仰为代表的道教神仙受到统治者的信奉和追捧,客观上促进了道教在以泰山为核心的山东地域的活跃。

表9—6　　　　　　　　清代泰山道教碑刻一览表④

碑刻名称	时间	碑文内容概要	碑刻现存地	撰文、篆额、书丹
乾隆重修岱庙碑	清乾隆三十五年(1770)立	碑文对岱庙的兴废及帝王封禅的源流记述颇详	岱庙天贶殿院偏东	御笔

---

① 刘秀池:《泰山大全》,山东友谊出版社1995年版,第2104—2105页。
② 汤贵仁、刘慧主编:《泰山文献集成》(第9卷),泰山出版社2005年版,第42页。
③ 山东省地方史志编纂委员会:《山东省志·泰山志》,中华书局1993年版,第284—285页。
④ 刘秀池:《泰山大全》,山东友谊出版社1995年版,第929—962页。

续表

碑刻名称	时间	碑文内容概要	碑刻现存地	撰文、篆额、书丹
乾隆重修碧霞祠记碑	清乾隆三十五年(1770)立	碑文对碧霞元君的来历，即"以为黄帝所遣玉女，或以谓是即泰山神女"，重修碧霞元君庙的缘由"庙自辛酉鼎新，距今垂三十载"，以及"庀材增葺，闳塏完致"等修建情况做了详细的记述	不详	乾隆帝御制
重修泰安州神庙谕旨碑	清雍正九年(1731)立	碑文记述了"庙宇重修于康熙十六年，距今五十余年"以及"倾圮颓"、"敬谨修理。务使庙貌辉煌，工程坚固"等情况	岱宗坊前东侧	不详
重建泰山神庙碑	清乾隆六年(1741)立	碑文对泰山神祇信仰，以及"国家秩祀之典"历史演变、缘由、重要性等作了全面的阐释①	岱顶碧霞祠东碑亭内	不详
重修元君行宫碑	清乾隆四十八年(1783)立	碑文记载元君庙之风光以及元君庙修建始末。碑文中有"庙距今二百余年，创始者不能保其继，后完者必能善其终，事固相待"，"修建之事为不可少"等内容	原在元君行宫院（泰安城校场街西），今存岱庙天贶殿院东侧	唐仲冕陶山氏撰，郑鸿渐尚涘书
重修岱顶碧霞祠记碑	清道光五年(1825)立	碑文记载了修缮碧霞祠的过程。碑文中有"命有司即时营缮，谨计庸庀材，群力交赞"的记录	岱顶碧霞祠东神门内北侧	讷尔经额撰，何天衢篆额，泰安府知府杨惠元书丹，泰安县知县徐宗干刻

---

① 汤贵仁、刘慧主编：《泰山文献集成》（第 4 卷），泰山出版社 2005 年版，第 754 页。

续表

碑刻名称	时间	碑文内容概要	碑刻现存地	撰文、篆额、书丹
岱庙祷雨记碑	清道光十二年（1832）立	碑文记载道光帝奉香供岁祀于岱宗求雨之经过。碑文中有"命有司，视牲牷，肃豆登，设祭品，肄习典仪，胪列钦颁供器"等祭祀祈雨的描述	岱庙汉柏院东碑墙上	山东巡抚讷尔经额恭记
重修泰山碧霞祠记碑	清道光十五年（1835）立	碑文记载了重修碧霞祠"甲午七月廿有二日大兴工作……乙未七月廿有二日工竣故迹旧新，堕败悉整"的整个过程	岱顶碧霞祠山门前西侧	张莶棽篆额。
道光重修玉皇碑	清道光三十年（1850）立	碑文记载了重修三皇楼之经过。碑文中有"使敝者以新，栋宇彩绘，墙壁丹涂，神像浑金"①之言	原立岱宗坊北白鹤泉院内，今存岱庙天贶殿西侧	张福林书丹，王树风撰，住持道人宋仁宏立石
重修泰山顶东岳庙碑	清咸丰七年（1858）立	碑文记载岱顶东岳庙重修之始末。碑文中有"泰安令童君埏实司其事，阅十三月而工成"之语	岱顶东岳庙山门外东侧	不详
万善同归石碑	清光绪十一年（1885）立	内容为"东岳祀事之盛首碧霞元君。……夫乾天称父，坤地称母。凡男妇欲祈年免病求嗣保寿、竭诚于元君前者，元君即如其意，佑之。"表达了对元君的敬仰②	红门宫北盘道旁	不详
重修玉皇殿记碑	清光绪十三年（1887）立	碑文记载"玉皇殿年久失修，神像暴露，不惟住持朝夕惨恻，即来往善信亦目睹神伤。是以叩募众性，乐捐资助，草草修补，以慰神庥耶"等重修玉皇殿事宜	壶天阁元君殿西侧墙壁上	孙学正书丹

---

① 刘秀池：《泰山大全》，山东友谊出版社1995年版，第947—948页。
② 刘秀池主编：《泰山大全》，山东友谊出版社1995年版，第2011页。

续表

碑刻名称	时间	碑文内容概要	碑刻现存地	撰文、篆额、书丹
关帝庙碑	清光绪二十一年（1895）立	碑文记载泰山圣帝君庙修建始末，有"鸠工庀材，残者修之，缺者补之，不数月而蒇事"之语	泰山南麓关帝庙院内	不详
重修吕祖祠记碑	清光绪二十九年（1903）立	碑文记载吕祖洞之重修事宜，有"金碧辉煌，焕然聿新"之感	吕祖洞洞口北侧墙壁上	钱寅宾撰，赵春芳书

六 清代泰山道乐

泰山道乐藏谱中保存有清代手抄本《玉音仙范》谱集一部。清代岱庙藏谱目录有光绪十三年（1887）《玉音仙范》二卷、《玉音仙范》小管子二卷、《玉音仙范》小管子四卷，以及《关西曲本》五卷；同治六年（1867）《玉音仙范》三卷、同治九年（1870）《云锣清吹后代七调迎仙客》等。[①]

光绪十三年（1887）《玉音仙范》二卷，曲谱主要包括：《凡四调清吹战板》《贾平章游湖吹船引》《四季春》《美坛交》《西湖景》《沽酒村》《接楼台》《千里乐》《清江引》《代柳戏》《清江引》。光绪十三年《上字调清吹后代鱼郎追舟》四卷，曲谱主要包括：《上字调清吹》、《鱼郎追舟吹风雨送战板》《武三思斩妖》《步步娇》《折桂令》《雁儿乐》《江儿水》《下江南》《园林好》《侥侥令》《沽美酒》《前腔》《过战赶船》《战板》《清江引》。

光绪十三年（1887）《关西曲本》五卷，曲谱主要包括：《雅一靠凡清吹》《关西》《西楼托梦》《朝天子》《三义节》《醉酒》《葵花园》《柴弟兄》《归本元》《哭腔思》《离别》《清江引》，以及《迎风辇》《叁献香》《拾供养》《迎仙客》《五供养》《浪淘沙》《青三宝》《送三宝》《粉红莲》《水蓬花》《吉生草》《罗江院》《月儿高》《大香柳娘》《太平歌

---

① 马吉玉：《碧霞祠钟声——泰山道教音乐研究》，泰安市新闻出版局，1993年，第73—78页。

战板》《朝阳歌》《五圣佛》《游仙台》《金落锁》《贰板泰山景》《青歌令》《小杨州》《大杨州》《过桥引》《五供养》《双悲调》《大月儿高》《朝天子》《泰山景》《采茶歌》《大吉生草》《趴山虎》《迎风辇》《刮地风》《闹五更》《豆芽黄》《小青羊》《迎仙客》等。

光绪十三年（1887）《玉音仙范》小管子二卷：《点将》《大闪门》《黄莺》《山坡羊》《壹江风》《代小拜门》《叠落金钱》《捌板》《捕灯蛾》《香腮娘》《步步娇》《归洞》《尾声》；《玉音仙范》小管子卷四：《镇南枝》《桂枝香》《罗罗》《爆调》《尾声》《壹封书》《山坡羊》《黄莺》《大青羊》《园林好》《尾声》。

同治六年（1867）《玉音仙范》三卷。曲谱主要包括：《靠凡清吹》《刁婵拜月》《大闪门》《报子令吹南蝶落》《镇南皮》《急三枪》《尾声》《靠凡柳戏》《清江引》。

同治九年（1870）《云锣清吹后代七调迎仙客》《战板》《七调迎仙客》《云锣清吹后节》。

第三节　清代崂山道教

清代崂山道教非常活跃，进入道教发展的兴盛时期。主要表现为五个方面：一是道派众多，清代崂山全真教总共有10个派别，著名的全真七大派别，即遇仙派、南无派、随山派、龙门派、嵛山派、华山派、清静派，以及从龙门派中分出鹤山、金山和金辉三派。二是宫观齐全，崂山全真教道派林立，道观遍布，全真教10个派别各有自己的宫观，对外号称"九宫八观七十二庵"，是崂山全真教历史上的一个高峰。三是出现了于一泰、边永清、杨绍慎、蒋清山、刘信常等名道士。四是清代崂山道乐发展迅速，富有特色。崂山道乐经过康熙年间的发展，成为山东乃至全国古琴乐的中心，并形成著名琴派——诸城琴派。清代金山派崂山韵被广泛传播，并流传于胶东、辽东等地。四是碑文碑刻丰富，在崂山各大小宫观都留有大量碑文、碑刻。五是崂山道教文学丰富，特别是崂山游记、道诗等，代表了山东道教文学发展的一个新的阶段。

一　清代崂山道教发展概况

清朝初年，崂山全真教非常活跃。这与当时王常月所掀起的"龙门

"中兴"有密切关系。虽然王常月及其弟子并没有在崂山活动,但崂山全真教还是受其影响,表现出兴旺的发展势头,出现了一些名道。如蒋清山、于一泰等。但顺治年间,崂山道教受道教总体衰落的影响,鹤山遇真庵已残破不堪,道众也均散去,鹤山派的道业也移到南九水的玉清宫(即旱河庵)。

康熙五十六年(1717),太清宫道长褚守持出资重修鹤山遇真庵,使之成为太清宫的下院,并派住持叶泰恩任道长。经过苦心经营,遇真庵成为清初崂山著名的道场。清康熙以后,由于朝廷对道教不重视,崂山道教趋于衰落。如对于张天师,只许称正一真人,由二品降为五品,后又不许朝觐,令礼部带领引见。乾隆四年(1739),又禁止正一真人传度,道教更加衰落。① 《清史稿》卷一一五说:"(乾隆)十七年,改正一真人为正五品,不许援例请封。"② 《补天师世家》说:"(乾隆)十七年,以梅御史劾,部议改为正五品。"③ 自康熙后,崂山宫观再未扩建,道众也再未增加,衰落之势再也无法挽回。崂山道教全盛期曾有"九宫八观七十二庵",道众数千人。到清末,便只余下十七处道宫,二百余名道士。④ 此期,道众们以太清宫为中心,多以抚琴习武和朝拜星斗为主。但这一时期仍不乏有名高道。如太清宫的王良辉⑤道士,是继张三丰之后又一武当名师。他拳术剑法超众,来拜师习武者甚多。又如咸丰初年(1851)的太清宫道长王裕恒,在拜斗台上朝拜星斗40年不懈,仙风道骨,鹤发童颜,享年136岁,是崂山道教的忠实道徒。⑥

二 清代崂山宫观

清代崂山道教宫观是山东道教发展史上具有代表性的道教宫观之一。康熙年间,遇仙派的宫观有峡口庵、醒睡安等;南无派的宫观有荒草庵、

---

① 朱越利:《道经总论》,辽宁教育出版社1991年版,第110页。
② 《清史稿》(第12册),中华书局1977年版,第3332页。
③ 《白云观志》卷七《补天师世家》,《藏外道书》第20册,巴蜀书社1994年版,第641页。
④ 刘怀荣:《崂山道教及其在中国道教史上的地位》,《东方论坛》1995年第3期。
⑤ 王良辉:清嘉庆年间(1796—1820)崂山太清宫监院。其赋性果断,好心武术,每日登山开地,修路载竹植树,治宫井井有条,任监院多年,深得道众称赞。
⑥ 崂山县政协文史资料研究委员会:《崂山餐霞录》(第一辑),1986年4月1日,第218页。

朝阳庵、大士庵等；随山派的宫观有太清宫、白云庵、窑石庵、天后宫、常在庵、真武庙等；龙门派的宫观有修真庵、塘子观、太和观、百福庵、马山、大通宫、九水庵、现化庵等；嵛山派的宫观有熟阳庵、卧云庵、清华庵、通明宫、慈云庵等；华山派的宫观有上清宫、太平宫、关帝庙、蔚竹庵、神清宫、大崂观、华楼宫、聚仙庵等；清静派的宫观有明道观、竹子庙等；鹤山派的宫观有铁瓦殿、玉清宫、茶涧庙等；金山派的宫观有白云洞、明霞洞①的斗母宫、凝真观、大妙山、奉阳庵、犹芳庵等；金辉派的宫观有先天庵（后归随山派）。呈现出道派林立，道观遍布的活跃景象，是崂山全真教历史上的一座高峰。②

　　太清宫。清代许多有名望的道长如褚守持、王良辉、韩谦让等也都先后任太清宫住持，使太清宫成为崂山最著名的道观之一。③ 太清宫是道教随山派的祖庭，为中国第二大全真道丛林。清代太清宫的道乐非常出色。康熙年间，蒲松龄两次来崂山访友旅居，除创作了《聊斋志异》中的一些篇章外，还和道士共同研究琴法经曲。蒲松龄精通"俚曲"和鲁南弦子戏，他把其中一些精华片断传给了太清宫道士。此后，崂山经曲有很多曲子中有明显的俚曲乐汇和弦子戏的段章，如叶泰恩④创编了大型古琴曲《东海吟》。

　　上清宫。清代末年，因遭暴雨上清宫殿宇为山洪冲毁，崂山华楼宫道士刘本荣又主持重修，恢复原貌。宫有前后两处殿堂和偏院，呈长方形，殿宇和房舍共28间，建筑面积500平方米，占地面积1500平方米。前殿祀三清，后殿祀玉皇，左偏殿祀三官，右偏殿祀七真，殿宇皆为无斗拱硬山式建筑。上清宫奉道教全真道华山派，为崂山道观中唯一的丛林庙。⑤上清宫有康熙九年（1670）所刻金山派在该宫的传承谱系：

---

　　① 明霞洞还保存有顺治十年（1653）所刻金山派在该洞的传承谱系：孙玄清→孙至鸾、胡至廉→于一泰、刘一品→王无相、朱无凡、梁无涓、刘无□、刘无尘、□无□→侯上德、孙上士、王上乘、□上信、王上来、高上□→□天□、陈天顺、周天□。可见，顺治十年（1653），金山派在崂山明霞洞已传至第6代（该石刻的照片系崂山郭清礼道长惠赠）。

　　② 牟钟鉴：《全真七子与齐鲁文化》，齐鲁书社2005年版，第311—312页。

　　③ 青岛市史志办公室：《青岛市志·崂山志》，新华出版社1999年版，第232—233页。

　　④ 叶泰恩（生卒年不详）清初道士褚守持的高徒，太清宫住持精医卜，善古琴。康熙五十六年（1717），任遇真庵道长，先后创作了《观海》、《月下修竹》、《离恨天》、《三涂五苦颂》、《紫微送仙曲》等。

　　⑤ 青岛市史志办公室：《青岛市志·崂山志》，新华出版社1999年版，第235页。

于一泰→刘无尘、张无决、刘无念、朱无凡、刘无境→王上乘→乔天福、胡天进、许天爱、张天护、万天显、孟天意、黄天慧、程天理、吕天行、宋天智、杨天存、刘天报、隋天胜、肖天明、李天□、崔天□、隋天□→史元根、宠元海、徐元□、隋元□、王元山、隋元喜、李元见、成元快、高元性。①

白云观。由清乾隆年间道人田白云在白云洞下创建。道舍倚山而筑，分东西两院，外院南为贮云轩。周至元《崂山志》卷三《建置志》载白云观："悬崖结屋，下临深壑，依瞰沧海，若可挹取"，"秋冬之交，不出户，可得宾日之胜"②。清代的白永修有诗曰："到门无冗杂，静气散空林。白日松坛静，青山鹤芜深。壁间泉倒泻，几上海平临。揽取幽岩胜，坚余学道心。"③

石障庵。周至元《崂山志》卷三《建置志》载石障庵建于清乾隆年间，在白云洞西南五里处，绝壁下。④ 但青岛市史志办编《崂山志》则载其创于明代，该庵原为尼姑庵，清乾隆间改由道家栖住。⑤ 石障庵因其前有巨石崛立如屏障而得名，自下望之，庵为所掩不可见。周至元有诗："岿然石矗俨如屏，冷落茅庵苔藓青。仙鹤不来人迹少，洞天深奥不须扃。"⑥

蔚竹庵。清道光年间道人李扎秀重修。蔚竹庵原为尼姑庙，清咸丰年间尼姑无继，由全真道华山派道士主持。⑦ 该庵西北峭壁紧抱，东南峰峦环耸，修竹深邃，苍松巨石，层层压殿宇，空庭藓封，寒生白日，幽寂之景为山外诸庵所不及。⑧ 清黄肇颚《崂山续志》卷八《补遗》载：

---

① 该石刻的照片系崂山郭清礼道长惠赠。
② 周至元：《崂山志》，齐鲁书社1993年版，第96页。
③ 同上。
④ 同上。
⑤ 青岛市史志办公室：《崂山志》，五洲传播出版社2003年版，第228页。
⑥ 周至元：《崂山志》，齐鲁书社1993年版，第102页。
⑦ 青岛市史志办公室：《崂山志》，五洲传播出版社2003年版，第228页。
⑧ 周至元：《崂山志》，齐鲁书社1993年版，第103页。

地名蔚儿铺，亦曰蔚儿泊，庵祀真武。初祀三官，庵门向东，于□□间，改其殿南向而祀真武。磨崖字及碑俱纪其事。盖自万历十七年宋道人购于马万，茅层三间，祀三官。乾隆间松栗参天，江道人住持四十余年，松栗荡然。李道人嘉靖二十三年纪其巅末迁改之由，而刻石焉。四围松竹弥漫，池鱼游泳。有异树，春时繁花，香气袭人，无知其名者。庵居山中心，地甚高，四五里达太和观。东南望玉鳞口，东十里达棋盘石，则入东山路矣。①

常在庵。清康熙年间重修。该庵祀碧霞玄君，原为太清宫之脚庙，后只剩三间侧房。②

海庙。在小崂山前海滨，祀龙神及三官，清光绪中复增筑天后圣母殿于庙后，相传大鱼过此必来潮。③

岔河庙。内有康熙二十八年铸巨型铁钟一口。④《岔涧》云："涧在巨峰迤西，黄华顶南。内有三官庙，胶西王氏所建也。"⑤

明道观。又名棋盘石，在白云洞西南，蔚竹庵之正东，是崂山处境最高的庙宇，为孙昙采药山房遗址。该观于清康熙五十三年（1714）由道人宋天成修建，分东西两院，东院祀玉帝，西院祀三清。该观在鼎盛时期有道士18人，土地160亩。⑥ 观之西南有涧，涧东巨石上刻有高约丈许的观音像及孙昙像。石刻旁镌有"天宝二年敕采药孙昙"，"敕孙昙采药山房"和"祭海求仙"等字。道观自康熙以后屡加修治。⑦

玄阳观，又名铃铛石屋，位于李沧区李村东北6.5公里，在戴家村北山，创建于清代光绪初年。⑧

熟阳庵，又名朝阳洞、熟阳洞、俶阳洞，清代康熙年间道士刘信常创

---

① （清）黄肇颚：《崂山续志》，即墨市史志办公室点校本，山东地图出版社2008年版，第299页。

② 青岛市史志办公室：《崂山志》，五洲传播出版社2003年版，第230页。

③ 周至元：《崂山志》，齐鲁书社1993年版，第104页。

④ 青岛市史志办公室：《崂山志》，五洲传播出版社2003年版，第227页。

⑤ （清）黄肇颚：《崂山续志》卷八《补遗》，即墨市史志办公室点校本，山东地图出版社2008年版，第300页。

⑥ 青岛市史志办公室：《崂山志》，五洲传播出版社2003年版，第231页。

⑦ 周至元：《崂山志》，齐鲁书社1993年版，第97页。

⑧ 青岛市史志办公室：《崂山志》，五洲传播出版社2003年版，第231页。

建，位于今崂山区王哥庄街道办事处唐家庄西山。熟阳庵存有《清康熙四十五年熟阳刘道人自叙碑》，碑文由崂山百福庵道士蒋清山撰写。①

玉皇庙，又称玉皇殿，创建于清初，旧在玉皇洞前，内供诸天神石像五，前列至大间，达鲁花赤造像题名石牌。道光年间，移老君殿东。②

康公祠，创建于清代康熙二十六年（1687），该庙祀清康熙间即墨县令康霖生，清即墨举人黄坦撰有碑文。③ 清人黄肇颚《崂山续志》卷八《补遗》载："康公祠居华阴集东，松厅三楹，缭以垣墙。今祠后复创文昌阁。由此而东过乌衣巷，为入九水路。该祠背负峭壁，而对华楼诸峰，极旷如奥如之观。间有修葺，皆不日而成。"④ 又载祠所祀县令康霖生任县令后教民植椒、杖胥吏、轻民赋、丈地亩等情况。⑤

普庆庵，在白云洞西三里，地名摩日岭，清乾隆时建。⑥

天后宫，位于今崂山区沙子口村东，创建于清代光绪年间。该宫原有大殿1座，配房2栋，厢房2栋。⑦

聚仙庵，又名河崖庙，千手佛。位于城阳区彭家台村，该庵于清朝初年创建。⑧

大悲庵，创建于清代乾隆十九年（1754），位于城阳区赵哥庄。⑨

三 清代崂山名道

崂山成为清代很多人士向往和修道养生的圣地，并产生了一批崂山道教名家。他们在崂山或弃家入道，或聚徒讲学，或弘道修真，或琴床眠吟，或募化修庙等，为崂山道教的发展做出了重要贡献。

于一泰，据清同治十二年（1873）《即墨县志》卷十二《杂稽志·释

---

① 青岛市史志办公室：《崂山志》，五洲传播出版社2003年版，第445页。
② （清）黄肇颚：《崂山续志》卷八《补遗》卷四《分志》，即墨市史志办公室点校本，山东地图出版社2008年版，第152页。
③ 青岛市史志办公室：《崂山志》，五洲传播出版社2003年版，第231页。
④ （清）黄肇颚：《崂山续志》，即墨市史志办公室点校本，山东地图出版社2008年版，第291页。
⑤ 同上。
⑥ 周至元：《崂山志》，齐鲁书社1993年版，第105页。
⑦ 青岛市史志办公室：《崂山志》，五洲传播出版社2003年版，第232页。
⑧ 同上书，第231页。
⑨ 同上。

道》载：于一泰，东昌（今山东省聊城市）人，号守元子。顺治年间居崂山明霞洞，精通经义。后迁大庙，聚徒讲学，远近多从之者，年八十四，犹如童颜。① 崇祯十四年（1641），儒生乔已百亦有诗赠于一泰，诗曰："牢山道士人不识，学透先天耀红日。厌薄神仙不肯为，咳唾一声天地裂。夜来传道怕高声，语落人间神鬼泣。"牢山道士歌为于中玄先生赋。② 乔已百注明：于中玄即于一泰。

边永清，号玄隐道人，保定府满城（今河北满城县）人。明亡后，到崂山弃家入道，改称边静宁，为修真庵住持。边永清曾携四宫娥一起到崂山，后皆为道姑。据崂山碑记载，边永清约在清康熙十年（1671）前去世。清代海阳县进士赵似祖写有《边道人歌》古诗，述边永清一生，其中有诗句为"我闻边道人，明季之内使。龙髯飞上天，侧身莽无地。爱偕四宫女，黄尘苦巅踬"③。

杨绍慎，字我修，号玄默道人。明亡后，与太监边永清一同到崂山修真庵出家为道士，改称杨静悟，边永清去世后，他继任修真庵住持。崂山王哥庄村东有土山，名双台，边永清与杨绍慎两人之墓皆在其下。④

蒋清山，系李常明的三传弟子。⑤ 据清同治十二年（1873）《即墨县志》卷十二《杂稽志》载：蒋清山，字云石，江南人。自幼出家住崂山百福庵，号烟霞散人。好读书，工书能文。修真养性。行谊高洁，胡峄阳引为友。及老无病，沐浴更衣而化。⑥ 清康熙五十六年（1717），即墨进士黄鸿中撰《重修百福庵记》说："曩者吾师赵世五先生，寻胜崂山，留馆吾家，常称百福庵蒋云石志远大，年尚壮，寻日成就，庶能振道绪者。吾师登进士，喜与方外人游，尤慎许可，固知其言不妄。越今三十余年，而云石居然古德耆宿，东方士大夫雅重之，而吾师之言大验。"⑦

---

① 《即墨县志》卷十二，清同治十二年（1873）刻本。
② （清）黄肇颚：《崂山续志》卷七《分志》，即墨市史志办公室点校本，山东地图出版社2008年版，第268页。
③ 青岛市史志办公室：《崂山志》，五洲传播出版社2003年版，第319页。
④ 同上。
⑤ 《马鞍山宗谱》，载即墨市政协文史资料委员会编《马山志》，青岛市新闻出版局（99）1011号，1999年，第93页。
⑥ 清同治十二年（1873）《即墨县志》卷十二《杂稽志》。
⑦ （清）黄肇颚：《崂山续志》卷八《补遗》，即墨市史志办公室点校本，山东地图出版社2008年版，第305页。

刘信常，俗名显常，字调元，号熟阳，全真随山派第十七代，山东高密县武兰庄人。"业学孔孟，志好老庄。幼时晨起赴学，弃儒学，隐东海，入崂山，访明人，拜师刘长眉，交友宋水一（即宋天成①），松间求道，月下参玄，同居四月，师驾归天。葬师毕，迁居消息石室，改洞名曰熟阳。结草庵而诵经，开石室而坐静，《皇经》祝国，施药救民。从康熙元年（1662）开始凿山建庙，历数十年之辛苦，终于在康熙三十九年（1700）建成大殿，奉祀玉帝。"②

褚守持，字振远，清康熙四十五年（1706）在崂山太清宫出家，素勤俭，善理财，日用节约，历40余载，添买庙产香火地并山场多处，年98岁终。③

刘精一，字知微，长洲（江苏省吴县）人，神凝结而貌清。乾隆年间住崂山太平宫静修苦禅，玄道悟解，年七十不火食。忽一日端坐而逝，面目如生。④

张然江，高密（今山东高密市）人，清嘉庆年间弃家到崂山明霞洞，喜曰："山青海碧，是足以栖吾矣。"因以著黄冠入道。其兄寻踪至，劝其返故里终不肯，兄叹息而去，其所画之山水，清淡中有深远之意境，见者叹为逸品。⑤

陈合清，清代胶州（今青岛胶州市）人，七岁出家于崂山修真庵，后入京白云观受戒，继复访道辽东千山，晚年始归崂山。陈合清鹤貌松姿，矫然绝尘，年88岁，犹强健如少壮。一日谓其弟子曰："尔等好自修，莫蹉跎自误，道在至诚，无他属也。"言毕更衣危坐，溘然而逝。⑥

王裕恒，清咸丰元年（1851）为崂山太清宫道长，性情谦和，品学兼优，参考各种道教经典要旨，用以谈道说法，在崂山太清宫之拜斗石

---

① （清）黄肇颚《崂山续志》卷八《补遗》载：宋天成，号水一，山东安丘人。幼习儒，中年入道，为全真道金山派第六代。年六十余，云游天下，复归崂山。康熙四十七年（1708），端坐化去。
② 康熙四十七年（1708）《刘道人自叙碑》，见（清）黄肇颚《崂山续志》卷八《补遗》，即墨市史志办公室点校本，山东地图出版社2008年版，第308—309页。
③ 青岛市史志办公室：《青岛市志·崂山志》，新华出版社1999年版，第482页。
④ 同上。
⑤ 同上书，第482—483页。
⑥ 同上书，第483页。

上，朝拜星斗40载不懈，仙风道骨，童颜鹤发，寿136。①

韩谦让，字太初，清同治年间（1862—1874）来崂山太清宫。韩谦让性淑和，尚俭朴，薄己厚人，视险如夷，深悟琴理，静参道玄，四方人士闻名跋涉相访，日不暇计。曾任太清宫长老兼监院，友人题其堂曰："道洽琴心。"光绪三十三年（1907），时任山东巡抚的翰林杨士骧来崂山，聆听了韩谦让弹奏的古琴后，留下了"我揖太清宫，道士善弹琴。访得韩道长，琴床眠龙吟"的诗句。光绪三十四年（1908），衍圣公孔令贻带随从100余人来崂山，与韩谦让谈玄论道，甚为投契。韩谦让93岁去世。②

周旅学，字觉悟，清同治年间（1862—1874）携带巨资来崂山太清宫出家。周旅学自奉俭，热心公益，为太清宫添买地亩庙产，又常周济附近贫民，修筑桥梁道路，捐劝义学公费，地方村民为之立碑颂其德，年98岁而终。③

刘永福，胶州人，儒生，善医精卜筮，生于清道光十六年（1836），光绪初年到崂山，在修真庵出家为道。他独辟一室，塞其户，坐其中，人有乞其医者，辄慨然无难色。年92岁坐而逝。④

李旅震，清光绪元年（1875）到崂山太清宫出家为道，性情圆通，忠诚纯厚，因喜栽菊，别号菊农。李旅震常与道众讲解《道德》《南华》《清静》《阴符》《黄庭》诸经，后居南阳玄妙观，任督讲二十余年，回崂山太清宫后又任监院数年，83岁终。⑤

赵善初，道名泰昌，清光绪年间十五年（1898）到崂山太清宫出家。赵善初参悟道学，志坚修真，常与人诵经拜忏，将积蓄30余年之资全部施与太清宫，添置亩产。1939年太清宫道众为之立碑，以志功行。赵善初任太清宫监院兼长老多年，后被推举为青岛天后宫住持。⑥

邹全阳，清末荣成（今山东省荣成市）人。邹全阳募化重建即墨县武庙而居之，并于殿前建吕祖阁，功既成，命其徒王真朴守之，复入崂山

---

① 青岛市史志办公室：《青岛市志·崂山志》，新华出版社1999年版，第483页。
② 同上。
③ 同上书，第484页。
④ 同上。
⑤ 同上。
⑥ 《崂山区志》编纂委员会：《崂山区志》，方志出版社2008年版，第603—604页。

白云洞修真。①

匡常修，字和阳，别号"一炁道人"，山东省胶县（今山东胶州市）人。生于清代光绪三十年（1904）农历二月初四，原名匡桂林，字华泉，号山原，别号"卧云居士"。匡常修拜其叔父匡真觉道人为师。先后在白云洞、明霞洞、凝真观、太清宫修行，为全真道金山派道士。②

四　清代崂山道乐

清代以太清宫为中心的崂山各庙观道士，多以习武传玄、鼓琴书写以及朝拜星斗为常业。这一时期，各方的文人雅士及一些琴曲专家来崂山参访的很多，故对崂山道乐的流传、盛行，起到了一定的推动作用。③

清顺治四年（1647）后，崂山地区开始有道士乐队和民间乐队。当时，以演奏《离恨天》《赏春》《山丹花》三支曲牌为主。《离恨天》系崂山外山派道士应风音乐的主要曲牌，多用于道教仪式中，乐曲采用民族七声音阶，语调与角调两种音阶交替出现，旋律委婉感人，每一乐句都有大甩腔，以借念经唱和兼练气功之需要。当时，内山派各道观虽不把《离恨天》等列为应风道场音乐节目，但却吸收其精华部分作为古琴演奏的曲牌。道教音乐的流行与传播，推动了崂山地区民间乐器的蓬勃发展。④

崂山道乐按取材分功课经韵（即殿坛经乐，用于崂山道士早、午、晚功课经）、应风乐（用于民间民俗活动）及琴曲。养艳姬与蔺婉玉精通音律琴法，明亡后到崂山修真庵出家，后移居百福庵，得蒋清山道士之助，积极研究道乐曲牌，代表作有《六问青天》《离恨天》等，使百福庵成为清代至民国间崂山道家应风乐的活动中心。江南、川、陕、晋、豫及东北等地的道士纷纷来崂山道观挂单，学习各种应风乐曲及演奏技巧。⑤清嘉庆年间太清宫道士韩谦让琴艺高超，他演奏的《东海吟》《山丹花》

---

① 青岛市史志办公室：《青岛市志·崂山志》，新华出版社1999年版，第484—485页。
② 同上书，第485—486页。
③ 王欣：《千年古韵：崂山道教音乐》，《走向世界》2010年第11期。
④ 《崂山区志》编纂委员会：《崂山区志》，方志出版社2008年版，第605—606页。
⑤ 山东省地方史志编纂委员会：《山东省志·少数民族志·宗教志》，山东人民出版社1998年版，第482—483页。

技艺精湛，悦耳动听，93岁羽化时，有门徒三十余众。① 此期，太清宫下院天后宫的应风乐风行一时。

从清中叶开始，崂山太清宫的古琴音乐很兴盛，形成一个派系，即山林派道乐，道长韩太初和庄紫阳师徒是清末民初山林道乐的中心人物。太清宫的古琴演奏风格、技巧，是当时山东古琴派系的重要内容。②

光绪三十三年（1907），山东巡抚杨士骧专程到崂山，邀请太清宫韩太初道长一同抚琴。韩道长演奏的《赏春》《离恨天》《高山流水》诸曲，令杨士骧深有感触，为此他曾赋诗一首：

> 我揖太清宫，道士善弹琴，访得韩道长，琴床眠龙吟，为我一再弹，领略太古心，右手弹古调，左手合正音，泛音击清磬，实音捣寒砧，声声入谈远，余音绕杜林，指点断文古，传流到如今，不求悦俗耳，但求养自心。③

光绪年间，天后宫、马山、灵山、百福庵等庙组织道教音乐者，还共同编写了《八神咒》《土地赞》《灵官赞》《北斗浩》《龙王浩》等祭礼与祈祷专用的新曲牌。同时，由原设"外坛"发展到"走坛"，道士们塑造了一种专用的活动神像，用八人抬的彩轿抬着，吹奏着音乐游走四乡，并组成有旗、锣、伞、匾、扇、马叉、流星、提灯、提炉等仪仗达70余人的队伍，边走边由高功领奏祈祷。每到一村镇，走街串巷，诵经奏乐，老百姓就烧香捐资，跪拜祈叩，祈求天神和龙王降雨。

宣统二年（1910），古琴家岑春萱到崂山太清宫访韩太初，二人交流之余，即兴同创一曲《山海凌云》，并在太清宫东北丫口山下道旁石壁上，刻下"山海凌云"四字以纪念。④ 韩太初和他的弟子庄紫阳成为清末

---

① 山东省民族志宗教志编纂工作办公室：《山东省宗教志资料选编·第2辑》（总第2期），1989年，第125页。

② 山东省地方史志编纂委员会：《山东省志·少数民族志·宗教志》，山东人民出版社1998年版，第483—484页。

③ 青岛市诗词学会：《万古崂山千首诗》，新华出版社2002年版，第135页。

④ 山东省文化厅史志办公室、青岛市文化局史志办公室：《山东省文化艺术志资料汇编·第10辑》，1986年，第260页。

民初山林道乐的中心人物。① 清朝末年，太清宫的庄紫垣、王茂全，上清宫的佟太宗，明霞洞的王勉臣，明道观的朱士鸿，寿阳宫的王宣财，聚仙宫的林玉德，因琴艺高超，世称"七弦子"。② 至民国，崂山成为山东乃至全国古琴乐的中心，并对我国古代著名琴派——诸城琴派的发展产生了重要影响。③

由于崂山道教属于北方全真道派，其道乐风格以全真正韵为主体，同时又与山东一带的地方语言和民间音乐紧密联系，以具有地方特色的"崂山韵"而闻名于世。④ 清代，崂山韵被广泛传播，此时的崂山已成为胶东、辽东等地的道教中心。

五 清代崂山道教石刻、碑刻

清代崂山道教石刻、碑刻甚多，宫观寺庙、高山古洞、山石峡涧皆可见碑石林立，是清代崂山道教活跃的历史见证。列表如下：

表9—7　　　　　　　　太清宫石刻、碑刻一览表⑤

碑刻名称	时间	碑文内容概要	碑刻现存地	撰文、篆额、书丹
天津徐世昌题记	不详	碑文记录了徐世昌和吴郁生、李家驹一事	太清宫盘石路下端之北侧	徐世昌文
"山高水长"石刻	不详	山高水长	徐世昌题记之左前	曹蕴键题

---

① 山东省民族志宗教志编纂工作办公室：《山东省宗教志资料选编·第2辑》（总第2期），1989年6月印，第126页。

② 山东省文化厅史志办公室、青岛市文化局史志办公室：《山东省文化艺术志资料汇编·第10辑》，1986年，第262页。

③ 王艳芳、牛玉芬：《崂山道教文化与崂山茶文化创新初探》，《青岛科技大学学报（社会科学版）》2011年第2期。

④ 辛兆山：《崂山区志》，方志出版社2008年版，第605页。

⑤ 青岛市史志办公室：《崂山志》，五洲传播出版社2003年版，第184、190页。

续表

碑刻名称	时间	碑文内容概要	碑刻现存地	撰文、篆额、书丹
清道光重修山神庙刻石	道光二十八年（1848）	佚失	不详	不详
"山海凌云"石刻	宣统二年（1910）	山海凌云	近青山口	岑春萱题刻

表9—8　　　　棋盘石石刻及碑文一览表

碑刻名称	时间	碑文内容概要	碑刻现存地	撰文、篆额、书丹
"观澜"题刻	清雍正十年（1732）	观澜	棋盘石	雍正
"山海奇观"题刻	清乾隆五十六年（1791）	上镌"山海奇观"四个大字，巨石南面有记一篇。①	返岭后村外一丘形巨石	惠龄题
"明道观"题刻	清宣统二年（1910）	"明道观"楷书，阴刻。②	明道观山门右巨石上	不详

表9—9　　　　仰口石刻及碑刻一览表③

碑刻名称	时间	碑文内容概要	碑刻现存地	撰文、篆额、书丹
大门碑记	清乾隆三十四年（1769）	碑文为："玄清老祖十代弟子，王生本，赵体顺，李性元，大清三十四年二月十五日立。"	白云洞	不详

---

① 青岛市史志办公室：《青岛市志·崂山志》，新华出版社1999年版，第271页。
② 青岛市史志办公室：《崂山志》，五洲传播出版社2003年版，第195页。
③ 青岛市史志办公室：《崂山志》，五洲传播出版社2003年版，第179—203页。

续表

碑刻名称	时间	碑文内容概要	碑刻现存地	撰文、篆额、书丹
清乾隆三十五年白云洞历代碑	清乾隆三十五年（1770）	碑文述其开山师田白云之功绩及其祖师海岳真人	不详	佚失
清光绪钟亭题名	清康熙五十五年（1795）	碑文记载了立钟亭的时间	不详	不详
"福地"石刻	不详	"福地"石刻楷书，阴刻	塘子观	不详
"海上宫殿"题刻	不详	海上宫殿	太平宫迎门之石壁正面	华世奎书
"狮子峰"诗刻	不详	狮子峰诗文	太平宫后崮上	山东巡抚崔应阶作
"白云洞"题刻	不详	白云洞	白云洞洞额上	尹琅若

表 9—10　　　　　　　　北九水石刻及碑刻一览表①

碑刻名称	时间	碑文内容概要	碑刻现存地	撰文、篆额、书丹
清嘉庆刻记	清嘉庆二十二年（1817）	碑文叙述宋真人购买蔚儿铺和创三官殿之事	正殿墙外石基上	不详
重修蔚竹庵记	清道光十九年（1839）	碑文叙述蔚竹庵修建始末。碑文有"蔚竹庵是吾先师祖宋真人养静之处，始于万历四十三年创建者也"，"一十余年，始得润业，其地势重修"等内容	正殿西壁	不详

---

① 同上书，第 207—208 页。

表 9—11　　　　　　　　　华楼宫石刻及碑刻一览表①

碑刻名称	时间	碑文内容概要	碑刻现存地	撰文、篆额、书丹
蓝氏刻石	清顺治十年（1653）	碑文记载了明侍郎蓝章在崂山的祭卜活动情况	华阳书院公路北	蓝田
"谒玉皇洞"刻石	清康熙十三年（1674）	谒玉皇洞	华楼宫洞口内右上方	不详
清康熙重修华楼宫碑	清康熙年间（1662—1722）	碑文描述华楼宫风景以及重修之事。碑文有"墨之名胜以百数，惟华楼最著"之语	不详	即墨进士周毓正撰
崔应阶诗刻	清乾隆三十一年（1766）	碑文描写华楼宫景色，内有"道人何事攀缘上，玉盏徒增墨吏羞"之句	华楼宫东北	崔应阶

表 9—12　　　　　　　　　神清宫石刻、碑刻一览表②

碑刻名称	时间	碑文内容概要	碑刻现存地	撰文、篆额、书丹
重修神清宫碑	清康熙三十一年（1692）十月	碑文描述神清宫之由来以及重修始末。碑文中有"考庙由来，盖自宋延祐间，长春邱子创建之后，历元明以迄今，重修者屡矣"，"非道人募众之苦心，筑基之巨力不及此"等内容	神清宫内	泉石老人撰
神清宫断碑	清康熙五十年（1711）	文为："即墨县正堂加一级陈照德神清宫山岚乃□□"字一行	神清宫内	佚失
"单义省脱尘处"刻石	清乾隆七年（1742）	佚失	神清宫殿后	佚失

---

①　青岛市史志办公室：《崂山志》，五洲传播出版社2003年版，第179—214页。
②　同上书，第444—445、216页。

表 9—13　　　　　　　　　　太平宫及其附近碑刻一览表①

碑刻名称	时间	碑文内容概要	碑刻现存地	撰文、篆额、书丹
重修太平宫碑	清顺治十年（1653）	碑文记载了太平宫"三清三元，泊真武诸殿，崇祯丙子重修，顺治己丑告成"的重修经历	不详	进士王士章撰，修真庵道士边静宁、杨静悟立

表 9—14　　　　　　　　　　百福庵碑刻一览表②

碑刻名称	时间	碑文内容概要	碑刻现存地	撰文、篆额、书丹
重修百福庵碑	清康熙五十六年（1717）	碑文记载了百福庵的历史以及重修原因。碑文中有"百福庵远自宋宣和为崂门户"，"发愿力修整殿庑，外葺房若干"等内容	百福庵内	即墨进士黄鸿中撰

表 9—15　　　　　　　　　　童真宫碑刻一览表③

碑刻名称	时间	碑文内容概要	碑刻现存地	撰文、篆额、书丹
清康熙重修童府君庙碑	康熙中后期	碑文介绍琅琊童恢驯虎一事以及重修府君庙之由来。碑文有"城南十里有山岿然，世所传府君驯虎处也"，"府君名恢字汉宗"等内容	童真宫内	即墨进士周毓正撰
童公庙碑	清嘉庆八年（1803）	碑文记载童公事迹及修童公庙之缘由。碑文有"后世仰之，其立墓以祀之，如汉之循吏童公是也"，"凡有水旱螟□之灾，往祷即应"等内容	童真宫内	即墨知县彭泽人欧阳大勋撰

---

① 青岛市史志办公室：《崂山志》，五洲传播出版社 2003 年版，第 443 页。
② 同上书，第 445 页。
③ 同上书，第 445—448。

续表

碑刻名称	时间	碑文内容概要	碑刻现存地	撰文、篆额、书丹
公庙碑	清道光二十年（1840）	碑文记载童公庙庙地追回立碑出示一事。碑文有"庚子秋绅民等阖呈恳请，追回庙地，并请立碑出示，以垂诸久远"之语	童真宫内	即墨知县秦锡九撰

第四节 清代云翠山道教

云翠山地区人文景观荟萃，儒、道、释文化源远流长，为云翠山地区吕祖天仙派的形成创造了条件。云翠山地区存有大量清代碑刻、墓志，说明清代云翠山道教曾有过兴旺的历史。

一 天仙派传承

云翠山道士墓群中央的镶框卧碑，记载了天仙宗派从八代至十五代在云翠山的传承情况，其该碑左侧有"大清道光贰拾壹年岁坎辛丑阳月上浣榖旦立"字样。该碑长1.18米、高0.96米，碑帽长1.68米、宽0.51米、高0.29米，边框长0.43米、厚0.08米。根据《藏外道书》《诸真宗派总簿》"吕祖天仙派"传承谱系："妙玄合道法，阴阳在乾坤，志心皈命礼，万古永长春。清静无为宗，临通大洞金，暂状师得位，辉胜谒太空。"[1] 该碑关于吕祖天仙派在云翠山的传承情况记载如下：

图9—1 （清）云翠山天仙派传承卧碑

---

[1] 李一氓：《藏外道书》（第20册），巴蜀书社1994年版，第578页。

天仙宗派捌代弟子　李在诚

玖代：王平、张来、孟乙、刘静、黄顺

拾代：杨光、张用、张清、威智、李泰、王理、夏山、赵洞、孔瑶、李良、高长、苏兴、孙禄、李勇、王河、乔□、□海

拾壹代：艾泉、闫凤、李忠、王行、刘汉、赵泉、朱霞、闫珠、王玉、马龙、李柱、周贵、张和、李奚、孙溧、刘江、刘宝、任秀、张旺、叶同、刘亮、李冉、郭伦、苏德、张坦、周孔、丁仁、高□、张修、于久、李岐

拾贰代：房仁、刘正、黄恒、苏侯、邓振、孟松、王远、周聆、刘魁、徐魁、焦魁、于领、刘东、吴信、□明、□□、志、杨敏、郑广、陈□、李昭、姜重、孙恺、李合、王月、丁奇、牛磊、刘瑞、马安、□□、苏□、周印、王山、王昌、张庚

拾叁代：刘讓、俞荣、王密、刘寔、张彩、刘可、鞠美、张孟、吴田、张端、殷芹、张允、刘梁、刘善、□华、周洛、王敬、心、赵凤、叛、王范、王寅、谭成、崔五、翟文、夏殿、解□、郭泗、王甲、商鲁、张真、王生、李廷、张朴、解彪、乐淳、张□、张正

拾肆代：有传、王裁、陈富、李谦、李爵、□养、侯舜、绍福、孟选、周晋、李元、翟路、秦友、曹谨、刘廉、曲申、刘琢、李焕、陈稳、杨玘、王□、命、王巷、王临、王汝、刘宅、王居、贺乔、张浮

拾伍代：□

天仙派第四代张道祥墓位于云翠山道士墓群最西南的中心，墓碑铭志损毁严重，民国时期给予重修，铭志重刻。① 墓碑首部有碑记云：

康熙四十一年岁次朔越壬戌初九日
民国丁丑年字因雨秀不真重新字十五代

---

① 墓碑高 2.2 米、宽 0.73 米、厚 0.22 米。墓碑底座长 1.02 米、宽 0.7 米、高 0.6 米。

正乙明为修真飞化经禄北极驱邪院五雷上令神宵先师知雷霆府事真人大法师张讳道祥号还阳之墓

				李 仲	
史 正		李 善	张 秀		
孝名徒 法	徒孙 杨阴芝	曾孙 王阳春	玄孙 在	仝立	
任 衍		裴 春	玄孙 刘 珏		
			李 住		

关于张道祥的道教法事活动，在《泰安府志》卷十八中《仙释》有记载：

> 张道祥，号还阳真人，居东阿云翠山。时大旱，县令张闻有祷雨术，请立坛祈雨。适有浓云过，道祥作怒色，叱之，以锁授人，命将云锁回。其人追至，即以锁掷空中，云乃随人复，转顷刻而雨。又以岁所积粟置石室中，数人开门负粟，寸步不能移。天且曙，道祥语徒曰："贼在山下，负粟候我，可命之去。"徒皆不信，至，果见数人负粟僵立如木偶。道祥笑曰："可速走。"贼始置粟囊，拜服求免。①

云翠山道士墓群除前列"张道祥"墓碑以外，还有"裴阳春""李在成""任志秀""孟心立""王皈范""王命璋""李礼真""齐礼经"等墓碑，墓碑按天仙派传承谱系秩序排列，与徒弟列名一起，使墓碑排列自然形成了"道法阴阳在乾坤志心皈命礼万古永长春"天仙派谱系。

二 宫观碑刻

云翠山及其周边地区，留有大量清代的宫观建筑和碑文石刻，这些碑文石刻记载了云翠山道教特别是吕祖天仙派发展兴旺的历史。康熙戊申年（1669），云翠山南天观第七代住持张道祥立"蓬莱"②阁刻石，是云翠山吕祖天仙派蓬莱"八仙"吕祖信仰的重要体现。南天观主建筑"凭虚阁"，1668年重修时，住持张道祥游烟台蓬莱归来，认为南天观似蓬莱仙

---

① 《泰安府志》，清乾隆二十五年（1760）刻本，第78—80页。
② "蓬莱"阁石刻长0.79米、宽0.44米，左侧上为"康熙戊申三月穀旦"，右侧"盖化羽士张道祥立"。

境而书。乾隆十年（1745），南天观蓬莱仙院内新建筑石屋一间，屋门上方石匾额镌"都天纠罚"① 四个字，右上面篆刻"乾隆拾叁年三月六日吉立"，左侧"住持戒衲道人李在诚建造"，本意为供奉"都天纠罚"大灵官而筑，实际是为不轨之徒悔过修善之用。

表9—16　　　　　　　清代云翠山南天观碑刻一览表②

碑刻名称	时间	碑文内容概要	碑刻现存地	撰文、篆额、书丹
重修三官庙记碑	清乾隆十五年（1750）	碑文记载了当时重修三官庙的缘由、概况和艺人情况，诠释了当时道教的三官崇拜和信仰的内容	位于蓬莱仙院内	王来召撰文，□锡纯书丹
重修玉皇阁记	清乾隆六年（1741）	碑文较全面地记载了云翠山南天观及其重修玉皇阁的情况。碑文有"后法师张公居住而改蓬莱阁"，"灭无可踪跋而独玉皇阁为观也"之言	云翠山南天观内	秦仁撰，三苏文眉氏书丹
云翠山重修帝君庙碑记	清乾隆八年（1743）	碑文详细记载了云翠山重修帝君庙的过程。碑文有"人皆勇跃，争先各输赀财寿命，工匠举目前之，颓然敞坏者，一旦补茸而修整之"之言	云翠山南天观内	不详
云翠山南天观重修玄帝庙碑记	清乾隆十八年（1753）	碑文详细记载了云翠山重修帝君庙的过程。碑文有"其上有玄帝庙，始自大元至大四年间建也"、"鸿工庀材，易旧换新"等内容	云翠山南天观内	周步云撰文
永垂千古碑	清乾隆二十四年（1759）	碑文描绘了云翠山的秀丽风光，叙述了人们修建云翠山"楼观宫室，回廊殿阁"时的崇敬和虔诚之心	云翠山南天观内	不详

---

① 该石碑位于南天观西北200米处，长0.58米、宽0.31米。
② 赵芃：《云翠山南天观初考》，《世界宗教研究》2014年第1期。

续表

碑刻名称	时间	碑文内容概要	碑刻现存地	撰文、篆额、书丹
重修云翠山南天观碑记	清乾隆四十六年（1781）	碑文记载了修复情况，并对子陵寨、回阳洞、凭虚阁的状况进行了记载。碑文有"遂各输囊资毫无吝惜又赖，四方君子，仗义疏财，共襄厥成，不两月告竣焉，将见庙宇更新，神像奕彩，楼阁改观较之朴菴时宁有异哉"之描述	云翠山南天观内	任兆辰撰文并书丹
重修戏楼兼请新钟碑记	清乾隆五十五年（1790）	碑文详述南天观住持坚信"戏楼破坏无以乐神人，钟声有缺无以乐神人，钟声有缺无以耸听闻耳"的信念，动员首事任开哲、辛大兴等人"感发善念"，"乐输囊金"，"募化四方"，"各施资财"，从而使"戏楼焕然"	云翠山南天观内	乔孟贤撰文，辛岱书丹
重修灵官庙戏楼碑记	清光绪二十二年（1896）	碑文记载了云翠山南天观重修戏楼的情况，显示了云翠山南天观的宫观建筑全面而富有特色	云翠山南天观内	刘一山撰文，任继祥书丹，王子玉题名
云翠山南天观重建玉皇阁碑记	清嘉庆十六年（1811）	碑文记载"玉皇阁，岁久倾圮"，本村武孝□□君重建玉皇阁，"道远倡里人而新之"的情况。内容包含有儒家的"孝义顺信敬"等伦理纲常和道家的"天""清""一""人""无"等天人观念	云翠山南天观内	张煦撰文，杨清心篆额，古孟珊黄连奎书丹，辛岱题名
重建云翠山天柱观长春阁碑	清嘉庆二十五年（1820）	碑文主要记载"长春阁，为悟庵许公所建"，长春阁"何以名之为长春？长春者，邱子名也。因其名而名之。盖亦许公尊祖之意也"。并记录了吕祖天仙派第十代"坤"至第十四代"命"的道士传承情况	云翠山南天观院内	山中居士秦维翰撰书

续表

碑刻名称	时间	碑文内容概要	碑刻现存地	撰文、篆额、书丹
黄石崖建醮修经碑记	清乾隆二十年（1755）	碑文记录天仙派从第六代住持魏阴杰、胡阴童、朱阴魁，徒第七代天仙派□□□、刘阳瑞、张阳灿，孙第八代高在成，在黄石崖"敬修玉皇诸神像"，"灵真默佑，福庇四方"，以及"斋道设醮、焚香顶礼"的情况	云翠山南麓黄石崖	解功纯撰并书
公垦示禁碑	清同治八年（1869）	碑文记载"自万历年间建修玉皇殿，吕祖阁"实施保护，禁止"无知之徒，乘隙撒放牲畜，任意践踏亵渎神祇"，并详细记录了天仙派十代道人侯坤江、徒第十一代道人张智远、宋智方、孙第十二代岑心齐、赵心平、池心佛拦阻无知之辈"肆横致滋祸端生"，为保护"山灵所钟"，"毋得任意撒畜牛羊践踏损坏拦墙"等内容	云翠山南麓黄石崖	不详
黄石崖重修各庙记碑	清光绪十八年（1892）	碑文记载了天仙派第十一代道人张志远至第十四代天仙派王命璋、丁命珠在黄石崖修建玉皇殿、真武殿、元武殿、龙王庙、药王庙、吕祖阁、九圣祠庙的情况	云翠山南麓黄石崖	徐赓熙撰写，崔信忠书丹

三 道教音乐

云翠山天仙派音乐是吕祖天仙派道教思想和文化的重要组成部分，是云翠山南天观进行斋醮仪式、神仙祝诞、祈求上天赐福、降妖驱魔以及超度亡灵等诸法事活动中经常使用的音乐。云翠山天仙派音乐是我国民间音乐的组成部分，其形成不但继承了全真道教音乐的文化特色，而且与云翠山地区特有的地理环境和山河丘陵一体的自然风光相结合。它不但具有清静素雅、行如流水、声遏行云、韵舞白雪的音乐特色，而且使人从内心产生一种对神仙世界的向往和崇敬之情。

云翠山天仙派音乐起源于金元时期，全真弟子云游云翠山并在此筑殿修炼经历十八代人的传承至今。吕祖天仙宗派在道教音乐和曲谱传承过程中遵循"口授不记文"、"传内不传外"的原则，使云翠山天仙派音乐几近失传，曲谱遗失，乐器遗缺，艺人稀少。云翠山地区任氏家族继承并弘扬了云翠山天仙宗派的道教音乐文化，记录和保存了云翠山天仙派音乐的许多经典之作，为云翠山天仙派音乐的弘扬做出了贡献。云翠山南天观全真道（天仙派）道教音乐世系传人如下：

壹代	贰代	叁代	肆代	伍代	陆代	柒代
王重阳	丘处机（长春）	王志演	张道祥（张还阳）	任法珩 史法正	杨荫之	裴阳春（裴景和）王阳芳

捌代	玖代	拾代	拾壹	拾贰	拾叁	拾肆	拾伍
李在诚	黄乾顺 王乾平 王乾礼	艾坤泉 李坤义 刘坤江 夏坤山	吴志信	王心文 王心敬	赵皈风 王皈范	王命璋	李礼真

拾陆（任会文）	拾柒	拾捌
袁万善 任万春	任文海 任文藻 郭古海 牛永贵 任明文	任尚柱（任古成）

其中第十七代传人任文海将云翠山天仙派音乐部分曲谱传入东平腊山道教龙门派，使其融入了腊山龙门派道教音乐之中，通过腊山道教音乐得到了广泛流传，并列入中国非物质文化遗产名录。

云翠山天仙派音乐在乐器构成方面主要由吹奏乐器和打击乐器两类组成，吹奏乐器主要有：笙、大管、小管、竹笛和萧；打击乐器主要有：大鼓、手鼓、木鼓、铜锣、云锣、铛子、大拔、小拔、磬等。在演奏方面主要以竹笛领航，笙、萧合奏，大小管助威，锣鼓和其他铜质乐器共鸣，以磬和木鼓为主打，并掌握整个乐曲演奏节奏的快慢为主要演奏方式。云翠山天仙派音乐不但在南天观道教法事活动中演奏，而且还在民间广为流传，当地凡红白大事、年节庆典和农事闲暇都进行演奏。在音乐演奏前还仿照南天观法事活动的某些程序和步骤，备置一些旗、牌、伞、扇等宗教仪式器具，请专业戏班人员给予配合演出，整个演出阵容较具规模，演出效果颇佳，深受当地群众喜爱，具有一定的影响力，并成为当地人们生活中不可或缺的重要文化活动之一。云翠山天仙派音乐经过多年演变和传授，形成的具有自己特点的曲谱大约有138多首。根据民间艺人的传承记忆，在南天观天仙派道教音乐记谱符号的基础上，结合中华民族记谱符号与简谱对比，以简谱和五线谱的形式记录整理了10余首具有代表性的曲谱，包括《滚歌令》《清河令》《临庆歌》《老拜门》《小拜门》《刘金叙》《斗鹌鹑》《拾番》《梅迪觔》《二凡》等，使宝贵的云翠山天仙派道教音乐能够保存和传承下来。

第五节　清代沂山道教

清代帝王仍然封诰沂山，如清雍正二年（1724），曾诏封沂山为"佑民捍御之神"①。多次致祭沂山于东镇庙，并留下了不少道教碑刻。由于清代沂山道教活跃，吸引了众多的文人墨客前往游览观光并留下了大量道教诗篇，故沂山道诗也成为沂山道教兴旺的历史见证之一。

一　清代沂山东镇庙

清代张印立写的《重修东镇庙记》记载了沂山东镇庙致祭的情况。"恭遇国家大庆典及时巡省方，因事偏祭方镇，皆遣重臣致祭，用帛一、牛一、羊一、豕一、登一、铏二、簠簋各二、边豆各十、尊一、爵三、罏一、镫二。将事行礼与祭地祇坛仪同。每岁春秋仲月，又有所专祭，守土正官主之，牲用羊一、豕一。余仪与遣官致祭同。典至隆也。"② 根据清光绪十年《临朐县志》卷十六《杂记》记载，清代赴沂山东镇庙致祭的使者有清康熙六年（1667）内秘书院学士刘芳躅，雍正十三年（1735）翰林院侍讲学士伊尔敦，清乾隆十三年（1748）登莱青道赵晃，清嘉庆元年（1796）青州副都统观明，清道光九年（1829）登州镇成玉，清道光三十年（1850）青州副都统常清清，咸丰元年（1851）青州副都统常清，清同治元年（1862）青州副都统恩夔，清光绪元年（1875）青州副都统春福等。

另外，清代沂山东镇庙还经历多次维修。康熙元年（1662）和康熙

---

① 见清光绪十年（1884）《临朐县志》卷五《建制》之《坛庙》。

② 同上。

四十年（1701），分别有知县谢赐牧和知县陈霆万维修沂山东镇庙。康熙五十二年（1713）和乾隆二十年（1755）分别颁"灵气所钟"碑和"大东陪岳"碑，立于殿前。

二 清代沂山道教碑刻

清代留下的沂山碑刻有御碑、官员代祀碑、重修庙记碑、道士致祭碑、道士墓碑、诗碑等。这些碑刻对研究清代沂山道教发展状况具有重要的价值。现列表①统计如下：

表9—17　　　　　清代沂山道教碑刻一览表

序号	碑名	建造时间	备注
1	刘昌致祭碑	清顺治八年（1651）	部分碑现存于临朐县沂山镇东镇庙
2	左敬祖致祭碑	清顺治十八年（1661）	部分碑石现存于临朐县沂山镇东镇庙
3	重修东镇庙记	清康熙元年（1662）	临朐县沂山东镇庙
4	重修东镇庙记碑	清康熙二年（1663）	碑现存于临朐县沂山镇东镇庙
5	东镇祈雨灵应记碑	清康熙五年（1666）	碑石残块现存于临朐县沂山镇东镇庙
6	马汝骥致祭碑	清康熙十五年（1676）	碑石残块现存于临朐县沂山镇东镇庙
7	道士赵守身墓碑	清康熙十六年（1677）	碑现存于临朐县沂山镇东镇庙
8	渠丘泊里庄记碑	清康熙二十二年（1683）	碑现存于临朐县沂山镇东镇庙
9	王日温致祭碑	清康熙二十三年（1684）	碑现存于临朐县沂山镇东镇庙
10	李振裕致祭碑	清康熙二十七年（1688）	碑现存于临朐县沂山镇东镇庙
11	李振裕奉命祭告东镇庙记碑	清康熙三十三年（1694）	碑现存于临朐县沂山镇东镇庙
12	重修东镇沂山庙记碑	清康熙四十年（1701）	碑现存于临朐县沂山镇东镇庙
13	重修东镇神像记碑	清康熙四十一年（1702）	残碑现存于临朐县沂山镇东镇庙
14	赵世芳致祭碑	清康熙四十二年（1703）	碑现存于临朐县沂山镇东镇庙

---

① 参见赵卫东、宫德杰编《山东道教碑刻集·临朐卷》，齐鲁书社2011年版，清代碑刻部分，第14—123页。

续表

序号	碑名	建造时间	备注
15	瓦尔大致祭碑	清康熙四十八年（1709）	碑现存于临朐县沂山镇东镇庙
16	张连登诗碑	清康熙四十八年（1709）	碑现存于临朐县沂山镇东镇庙
17	万寿圣节恭纪碑	清康熙五十三年（1714）	碑现存于临朐县沂山镇东镇庙
18	朱汝錕致祭碑	清康熙五十八年（1719）	碑现存于临朐县沂山镇东镇庙
19	沈廷芳诗碑	清乾隆十四年（1749）	碑现存于临朐县沂山镇东镇庙
20	感戴记碑	清乾隆二十九年（1764）	碑现存于临朐县沂山镇东镇庙
21	汪廷屿致祭碑	清乾隆四十一年（1776）	碑现存于临朐县沂山镇东镇庙
22	达敏致祭碑	清乾隆四十五年（1780）	碑现存于临朐县沂山镇东镇庙
23	赓音布致祭碑	清嘉庆五年（1800）	碑现存于临朐县沂山镇东镇庙
24	重修东镇庙落成诗碑	清嘉庆五年（1800）	碑现存于临朐县沂山镇东镇庙
25	新建三元庙记碑	清嘉庆十一年（1806）	碑现存于临朐县沂山镇东镇庙
26	廉善致祭残碑	清嘉庆二十四年（1819）	碑石残块现存于临朐县沂山镇东镇庙
27	重修泰山行宫记碑	清光绪九年（1883）	碑现存于临朐县沂山镇东镇庙

三　清代沂山道教诗文

清代沂山道教活跃，留有大量道教诗文。内容不仅显示了对沂山道教的"崇祀"之心，而且还表达了对东镇庙"神功赞化育，庙貌肃千秋"的赞叹之情。如张连登的《从祀沂山》和蒋清的《东镇庙落成诗记》等。

张连登《从祀沂山》云："东镇钟灵异，明禋视岱宗。累朝崇祀典，今日重登封。天遣香花出，臣方肃穆从。神威隆海甸，庙貌俨云松。伏谒祈丰稔，趋跄矢敬恭。修诚致丹悃，饬礼省牲醴。黄纸宣宸语，琼筵式妙容。愿图时若永，弗碑浸灾逢。巩固苞桑在，同披草泽惊。万年绵玉历，长此奉恩聪。"①

蒋清《东镇庙落成诗记》云:"沂山称东岱,由来镇爽鸠。随刊经禹奠,望秩溯虞周。神功赞化育,庙貌肃千秋。老干森槐柏,遗镌集琳璆。有明仍古号,何代缀冕旒。群蒿若或见,端凝赫上头。可叹风雨蚀,栋挠我心忧。今上初纪元,遣官祀事脩。庚申仪再展,高宗配圜丘。诏谕殿庭葺,小臣敢安休?请帑梓材购,启土金甓留。洵是英灵萃,并力益相戮。不日蠹朽革,美哉轮奂讴。清自乙卯来,守土屡蒙庥。兹也赋落成,稽首更殿求。愿膏岁岁黍,永助百昌收。瀑布湧澄源,为震甲方舟。皇猷翱冥漠,泰岳共悠悠。"②

第六节 清代蒙山道教

清代康熙年间（1662—1722）蒙山重建道教万寿宫，还重修道教白云岩清虚观、承天宫、泰山行宫等宫观。这些宫观中活动着一批道士。清代蒙山道教石刻亦诸多，是清代蒙山道教活跃的重要体现。

一 清代蒙山道观

清康熙年间，蒙祠正殿主祀玉皇，成为道教活动的中心。至清末，蒙山有道观一千余处。其中，蒙山万寿宫、白云岩的清虚观、与龟蒙顶的承天宫并称为"蒙山三大古观"③。

（一）万寿宫

清代康熙年间（1662—1722）重建，正殿三楹，祀玉皇大帝。④ 万寿宫的道教活动在清康熙年间达到鼎盛时期，正殿主祀玉皇，设有玉皇殿、七星殿、药王殿、土地祠、娃娃殿、成公祠、纯阳阁等，道众300多人，规模和香火居鲁南道院之冠。⑤ 清乾隆十九年（1754）十月刻立的《重修古蒙祠贾成公墓祠及纯阳阁碑》，记载了万寿宫在清代修缮情况，蒙山玉

---

① 该诗刻于今山东省临朐县沂山镇沂山东镇庙内的石碑上，碑立于清康熙四十八年（1709）。
② 该诗刻于今山东省临朐县沂山镇沂山东镇庙内的石碑上，碑立于清嘉庆五年（1800）。
③ 魏丕清、高岩:《漫话蒙山》，山东省地图出版社2002年版，第20页。
④ 临沂市地方史志办公室:《蒙山志》，齐鲁书社1999年版，第97页。
⑤ 山东省平邑县志编纂委员会:《平邑县志》，齐鲁书社1997年版，第652页。

虚观首任住持贾成公修墓祠、建楼阁等生平事迹，以及蒙山、古蒙祠的历史，玉虚观与白云岩、蒙顶三处道观的位置等。

（二）清虚观

白云岩清虚观曾在康熙二十六年（1687）、雍正八年（1730）、道光九年（1829）和二十二年（1842）、光绪二十四年（1898）等多次修葺、扩建。比较有影响的包括雍正八年（1730）、道光九年（1829）由张演浩、何德志主持的修缮，以及光绪年间由朱本龙、范本怀、潘仁顺等主持的修缮。光绪后期，北京白云观方丈高仁峒一次就捐金600两用于修葺白云岩庙宇。其建筑坐北朝南，依山势自然而建，计有山门、钟楼、玉皇大殿、三元祠、北斗宫、菩萨殿、三圣堂、茶厅、客舍等。①

清虚观拥有大量庙产。据光绪八年（1882）吕正蒿撰文《白云岩清虚观香火亩数并序》记载，庙田有二百余亩。后经道人王义光、善士杨奉三、颜崇吉等置资增加三百余亩，累计不下六百余亩。分布在坦埠岭、柘沟、杨谢、孝义等蒙山前广大地域。又在柘沟村建有粮仓，所产粮食，除供道众自需外，还广施善粮，赈济周边百姓。②

清代白云岩清虚观，道教名人辈出，香火旺盛。其中，道人高仁峒在白云岩修行多年，住持道人朱本裕精通内丹术，深研《黄庭经》，通音律，善古琴，名噪一时；道人王本敬以诗文闻名遐迩；道人尹仁遂精通医术，并于光绪二年（1876）创立蒙阴天麻场庙宇。③

（三）承天宫

据清光绪二十二年（1896）《费邑古迹考》卷四《祠庙部》载，承天宫"在蒙山龟蒙顶之阳，即后土神。有石殿二，梁柱窗棂上覆制作瓦形，皆石为之。庙前有石坊，石桥号曰仙桥。系明季鲁王所修，工未竟而寇变起，有碑记"。承天宫曾于清嘉庆年间（1796—1820）重修过。④

（四）泰山行宫

清光绪二十二年（1896）《费邑古迹考》卷四《祠庙部》云：泰山行宫曾于"康熙间重修，近时复加补修。隙地偏栽树株，顽石划成磴道。

---

① 赵玉春：《蒙山白云岩清虚观初考》，《蒙山文化研究》2008年第1期。
② 同上。
③ 赵玉春、夏之蝉：《问道东蒙》远方出版社2010年版，第4页。
④ 临沂市地方史志办公室：《蒙山志》，齐鲁书社1999年版，第100—101页。

每值上元，士女云集，香烟云影……为胜地"。庙坐落于一石砌平台上，原有圣母殿，主祀泰山女神碧霞元君。泰山行宫分东西两庑，有十殿阎君泥塑像。行宫的北、东、西三面为崇山峻岭，树木攒崖被壑。据清时残碑记载，泰山行宫是蒙山一大胜地，平时晨钟暮鼓与樵唱牧歌相应，"闻之心意洒然"，常有人来此以避喧求静，每逢"三月三"和"九月九"庙会，士女云集，熙熙攘攘。行宫西侧有一石屋，用大石板铺成，当地百姓叫做石棚，传为逢庙会时供上香和赶会的人憩息或品茗之处。①

二　清代蒙山道士②

清代蒙山作为重要的道教活动场所，在此修炼、弘道、行善、施术的道士很多，产生了一批较有影响的蒙山道士。

徐一朗，清康熙年间万寿宫道人，善医术，曾计划重修成公祠和纯阳阁，因辞世未遂。

周来吉，清康乾年间万寿宫道人，徐一朗法孙，传徐一朗医术，无偿行医，常做善事。乾隆十九年（1754），主持重修古蒙祠、贾成公墓祠及纯阳阁。

何德志，白云岩第六代道人，号集阳子、伴云道人，道光九年（1829）重修白云岩，由其撰文为记。

吕正嵩，白云岩第七代住持道人，光绪十一年（1885）主持刻立"杨奉三报恩碑"。

朱本龙，白云岩第八代道人，清光绪二十四年（1898）与范本怀等创修白云岩宗谱，时华山正宗十六代嗣裔高仁峒任北京白云观方丈，为该宗谱作序。这一宗谱为研究白云岩道教提供了宝贵的资料。

尹仁遂，山西平定人，为白云岩第九代"仁"辈道人。清光绪二年（1876）到蒙阴创立天麻场庙宇上、下雨王殿、鬼谷子庙、吕祖殿数处，栽树种果数万株，计一千余亩，偃仰山谷，荫翳天日。传到第十一代道人马信田时，林地面积发展到近两千亩。

王义光，清代道士，兖州人，幼年出家蒙山白云岩，后浪迹江湖，五

---

① 临沂市地方史志办公室：《蒙山志》，齐鲁书社1999年版，第101页。
② 赵玉春、夏之蝉：《问道东蒙》，远方出版社2010年版，第67、68、71页；赵玉春：《蒙山白云岩清虚观初考》，《蒙山文化研究》2008年第1期。

十余岁返回蒙山白云岩,罄其所有,置买庙产三百余亩。为蒙山白云岩清虚观最后一任监院。在其任内,白云岩清虚观有较大发展。死后墓志赞其为"吾教中之佼佼者,山河金玉之精英"。

张礼静,白云岩第十一代道人,宣统元年(1909)高仁峒移葬蒙山,张礼静为其撰墓志铭。该墓碑由白云岩第十一代道人郭礼真书丹,详细记录了高仁峒一生的经历、成就与殊荣。

三 清代蒙山道教碑刻

清代蒙山道教活跃的另一个重要标志是产生了许多的道教碑刻。这些碑刻不仅记载了道教在蒙山的发展传承演变情况,而且记载了蒙山道教宫观的维修、重修等情况。列表①如下:

表9—18　　　　　　　　　清代蒙山道教碑刻一览表

碑刻名称	时间	碑文内容概要	碑刻现存地	撰文、篆额、书丹
迁修三元行祠碑	清康熙二十六年(1687)立	碑文记载三元行祠迁修之始末。碑文"三官行祠,凄其风雨□□摧颓,迁而新之□,则自吾师李子玉圃","谋众悉诺,同督工而落成之,而此祠遂焕然聿新焉"等内容	白云岩道士林	李芳春题额,李鸣仁书丹
重修古蒙祠贾成公墓祠及纯阳阁碑	清乾隆十九年(1754)	该文主要记述蒙山玉虚观首任住持贾成公生平及后来者修墓祠、建楼阁等事迹,同时对蒙山、古蒙祠的历史,玉虚观与白云岩、蒙顶三处道观在蒙山道教中的地位等也多有描述。碑文有"历宋、元、明以及我朝,代有修葺","修成公祠、架纯阳阁,以承其师祖之志"等内容	蒙山万寿宫	琅琊大儒王者聘撰文

---

① 赵玉春、夏之蝉:《问道东蒙》,远方出版社2010年版,第43—49页;清光绪二十二年(1896)《费县志》卷五(下)《祀典》。

续表

碑刻名称	时间	碑文内容概要	碑刻现存地	撰文、篆额、书丹
修白云岩记碑	清道光九年（1829）五月立	碑文记载白云岩的历史以及修缮过程。碑文有"轩辕帝时有蒙山老人，后有羡门子、列国琴高、汉栾巴、董景威、晋贺元、宋皇甫希永、张紫阳、元徐双宜、乔仝、明杨真人、张九经公于白云岩飞升仙路"、"借诸檀越鸠工庀材，经营缔造，不遑暇逸者，凡五年既□乃事"等内容	白云岩道士林	伴云道人何德志撰文，牧云使者王允升书丹
白云岩创修宗派谱序碑	清光绪二十四年（1898）立	碑文详述白云岩张演浩宗派谱之事，有"道家以开山立派为宗"、"我国朝始祖张讳演浩开山以来，继继承承，宗传代衍"等内容	白云岩道士林	高仁峒撰文，魏慎五书丹

第七节 清代昆嵛山道教

清代昆嵛山道教与金元明三代相比较，呈现出衰落的趋势，但在道教宫观重修与建设、道教文学等方面取得了一些成就，并留下了一些重要的道教碑刻、石刻，显示了清代昆嵛山道教衰而不绝的情况。

一 清代昆嵛山道教概况

清代昆嵛山道教呈现出衰落的趋势：一是道教宫观或被侵占或被毁，而后重修的古庙则佛寺为多道观少，道士纷纷散去。二是道士的素质下降。乾隆四年（1739），昆嵛山烟霞洞李道士曾招聚匪徒、开设赌局、设机谋富、强占土地、伺机行劫等事。[①] 三是清政府的抑道政策限制了昆嵛山道教的发展，导致昆嵛山道教渐趋衰落。清末张永暗[②]在《长春道教源

---

① 山东省牟平县县志编纂委员会：《牟平县志》，科学普及出版社1991年版，第613—614页。
② 张永暗，咸丰二年（1852）副贡生，广东罗浮山酥醪观住持，龙门派第十七代陈铭珪之弟子。

流·跋》中曾指出当时的"昆嵛山,绵亘数十里,人迹罕到"①,当年"重阳讲道于烟霞洞",已成为"遗迹"等,清末昆嵛山全真教已经进入萧条时期。但昆嵛山作为道教文化圣地,仍然是许多高道大德、文人墨客向往修身养性活动的场所,并由此产生了一批蕴含道家情怀的文学作品。

二 清代昆嵛山道教宫观

清代昆嵛山道教宫观是昆嵛山道教发展演变的真实记录,它保留的大量相关碑刻,详细记载了昆嵛山道教宫观建设、重修和发展演变以及道教文化的传承情况,是清代昆嵛山道教的重要组成部分。

(一) 烟霞洞

据《牟平县志》记载:烟霞洞在"昆嵛山之西北岩,其幽邃深曲,林壑秀美,为昆嵛山中最佳处"②。《宁海州志》卷二十二《紫霞道士》载:"道士尝住昆嵛之上清烟霞诸洞天,姓氏未祥,年代失考,或云明季羽士,工诗,其偶吟云:'万顷烟霞客,一壶清澹心,寻梅踏雪近,载竹锄云深。鹤唳松前语,琴弹月下音。有时超物表,直上翠微岑。'"③ 显示清代烟霞洞及其附近仍然有道士常住修炼。清人王庆霖曾撰《游烟霞洞》④ 诗文,清代莱阳人周正的《游烟霞洞记》⑤ 也记载了清代烟霞洞之胜迹。

(二) 玄都宫

原系范怿花园,后为玄都观,后又改名为玄都宫。由于玄都宫与清代康熙玄烨名讳,改名为"元都宫"。康熙年间,元都宫圮毁,遂移至雷神庙东3米处重建,并改名为三清殿、内塑上清、玉清、太清等道教神像,外悬"三宝天尊"匾。⑥ 据清同治三年《宁海州志》卷九《寺观》⑦ 载,玄都宫内有"归山操碑",又有"元延祐五年碑"。玄都宫旁曾"有洪武

---

① 《丛书集成续编》(第47册),《宗教类·道教》,新文丰出版公司发行,1988年版。
② 宋宪章:《牟平县志》,(台湾) 成文出版社1968年版,第256页。
③ 同上。
④ 《宁海州志》同治三年 (1864) 刻本。
⑤ (清) 王锡祺:《小方壶斋舆地丛钞》(第4帙),杭州古籍书店1985年版,第914页。
⑥ 刘学雷:《宗教历史考》,齐鲁书社2010年版,第113页。
⑦ 政协烟台市牟平区文史资料委员会:《焦志疏考》,书号:L·Y·Z (93—74),1997年,第99页。

年间所建的风云雷雨山川坛，简称雷坛。同治间，雷坛倾圮"。

（三）东华宫

东华宫历来为修道圣地，至清代仍有许多文人雅士前来瞻仰道风，对其称颂有加，留下了不少诗歌。比较有代表性的，如清代吕润芬《携诸同人东华宫观桃花》《九日东华宫观红叶歌》《与林元圃并幼安兄东华宫拓石刻诗》，以及清代吕润蕃《同诸子游东华宫》和《又九日游东华宫诗》①等，是昆嵛山道教因缘和道教意境的真实写照。

（四）岳姑殿

岳姑殿前身为麻姑殿，因麻姑而得名。岳姑殿作为道教宫观，留有部分清代碑刻，分别是（1）顺治六年（1650）《宁海州东庐其口利各村进香碑记》、（2）康熙六年（1667）《岳姑圣殿》碑、（3）康熙十二年（1673）《善缘》碑、（4）康熙十六年（1677）《枣院女会》碑、（5）康熙《泰山碑记》、（6）乾隆三十四年（1769）《茶亭铭记》、（7）道光二十九年（1849）《殿之东坡》无名残碑、（8）同治八年（1869）、（9）清《永垂不朽残碑》，时间跨度（1667—1869）共计203年，说明自明代开始的岳姑信仰，至清初仍然得到了很好的延续。②清代毕尔瑄《岳姑殿》诗描绘了其清代的景象："胜地灵祇不记年，良臣香火集云巅；层峰浮翠环开嶂，老树含青静悟禅。日映半空花簇锦，风生上界柳摇烟；衔杯藉草饶幽兴，冉冉奇芬灿海天。"③清代社会人士对麻姑仍有传颂。清人宫卜万的《麻姑堂记》记述了麻姑之传说。④清康熙二十二年（1683），莱阳人周正游昆嵛山时，发现麻姑殿中的塑像竟是岳姑。⑤惊讶之余，他写下《姑余山记》，深为麻姑被逐而不平。⑥《牟平县志》录有此文。⑦

（五）九龙池

九龙池为昆嵛山道教圣地之一，吸引了文人墨客前来游览。清代的赵

---

① （清）李祖年：《文登县志》，（台湾）成文出版社1976年版，第318页。
② 刘学雷：《宗教历史考》，齐鲁书社2010年版，第143页。
③ 山东省文登市政协：《中国道教名山昆嵛山》，宗教文化出版社2005年版，第182页。
④ 宋宪章：《牟平县志》，（台湾）成文出版社1968年版，第1388—1390页。
⑤ 金大定年，碧霞元君即泰山之神东岳大地的女儿岳姑，东游昆嵛山时发现此处仙气十足，是修炼胜地，故而从泰山迁入。继而修筑岳姑大殿等庙宇72座108间。
⑥ 山东省牟平县县志编纂委员会：《牟平县志》，科学普及出版社1991年版，第612页。
⑦ 宋宪章：《牟平县志》，（台湾）成文出版社1968年版，第1382—1383页。

子辕游览九龙池后作诗《龙池放歌》①，对九龙池胜景进行了详细描述，表现了其所具有的道教情怀。

三 清代昆嵛山道教碑刻、石刻

清代昆嵛山道教碑刻、石刻记载了昆嵛山道教关于祭祀、供奉、行善积德、修庵建庙等状况。列表②如下：

表9—19　　　　　　　　清代昆嵛山道教碑刻一览表

碑刻名称	时间	碑文内容概要	碑刻现存地	撰文、篆额、书丹
宁海州东庐萁口利各村进香碑记③	清顺治六年（1650）四月立	碑文有"东岳泰山天仙驻节，昔孔子登临而天下，境有岳姑"等内容。	昆嵛山姑余山	不详
枣院女会碑	清康熙十六年（1677）立	碑文记载东枣园村邹氏乐善好施之事迹。碑文有"岳姑顶者乃天仙圣母所住节处也"，"每逢圣诞，徒步径谒"等内容	昆嵛山姑余山	不详
重修友松庵记碑	不详	碑文记载友松庵重修始末。碑文有"于潜庵道人……资，修吕仙祠、玉皇殿……募修大佛殿、文昌阁、左右道院各数楹，又建书院一区"等内容	不详	毕瀚昭撰并书
官山至界碑	清康熙二十二年（1683）三月二十三日立	碑文有"北至石半庵，南至朱峦圈，西至大河东，至天必风，四至分明"之表述	神清观中	不详

---

① 宋宪章：《牟平县志》，（台湾）成文出版社1968年版，第1435—1436页。
② 刘学雷：《宗教历史考（上）》，齐鲁书社2010年版，第22—31页。
③ 山东省文登市政协：《中国道教名山昆嵛山》，宗教文化出版社2005年版，第160页。

续表

碑刻名称	时间	碑文内容概要	碑刻现存地	撰文、篆额、书丹
重修烟霞洞神清宫记碑	清咸丰四年（1854）立	碑文记载烟霞洞神清宫修建始末。碑文有"住持道人于明兴、徒孙志道，赋性淳笃、励志潜修，慨然以兴举为己任……自神清宫正殿及山门法堂，与南麓之清风亭皆起而轮奂之，而丹垩之经始于道光十九年，迄功于二十三年"等内容	神清宫内	王庆霖撰
重修烟霞洞七真庙及五真人洞增修东西官厅六间碑	清光绪七年（1881）立	碑文记载烟霞洞重修过程，碑文有"不忍荒祠之渐来，圮鸠工乐助、鹤俸共捐"等内容	神清宫内	豫山撰文，王伯方书
高凤翰松泉观题壁诗石刻①	不详	记载了松泉观的景色及修炼意境	位于龙泉汤西埠松泉观中	高凤翰
清宫卜万烟霞洞听子规歌石刻	不详	叙述了烟霞洞的修道意蕴和听子规歌的感受	烟霞洞东北神清观中	李本瀍撰

第八节　清代锦屏山道教

锦屏山位于章丘市祖镇南与垛庄镇交界处，属泰山山脉，海拔563.5米。据乾隆二十一年（1756）《开山碑》记载："兹锦屏，吾邑望山也。山阴遥观，宛如横铺一字，山阳谛视，屹然鼎峙三峰，山腰有邃洞，昔名朝阳，此固山水凝结之始，天然成此伟观欤？"②"锦屏"一名由此而得。

---

① 宋宪章：《牟平县志》，（台湾）成文出版社1968年版，第1495页。
② 该碑位于灵应宫山门前右下方，碑高2.07米、宽0.85米，碑帽脱落，碑文字迹清楚，碑体保存完好。

明清以来，全真教龙门派在章丘境内盛传，锦屏山建有碧霞元君祠、灵官宫、文昌阁、老君堂等道教宫观，并留有众多碑文石刻。自雍正十三年（1735）龙门派道人韩阳成入住此山，全真道龙门派在锦屏山留下了一段辉煌的历史，是清代山东道教局部活跃的重要地区之一。

一　道观始建

韩阳成（1699—1758）是锦屏山道观开山鼻祖，其徒刘来广等修道于锦屏山，对锦屏山道教宫观庙宇建设做出了贡献。乾隆八年（1743）《锦屏山记》记载了"乙卯年，有羽士韩阳成系吕祖洞全真也，游方入山"。锦屏山"以前埋没荒草，仅为樵夫牧竖击狐伐兔之场"，"环山善士，开荆棘披蒙茸，争先恐后，协力修理，经营十有余年"，"以人工承天巧，足以供辞客骚人之吟咏焉"①之业绩。乾隆二十一年（1756）《开山碑》有陈新邦"雅意好修，飘然尘寰"；靳纯嘏"毕力终之"，遂"慷慨任以成之"。适时尽募化之责，"鸠工庀材，不避寒暑，经营二十余年，而殿宇、山门、月台、墙桓相继告竣"，"每逢三月三朝，重阳九日，四方善信登临瞻拜焉"，使曾经"荒湮蔓草之区，今成为辉煌熠熠巍灵之场"。

二　修观弘道

据乾隆四十一年（1776）《重修锦屏山碑》记载：锦屏山宫观"第数载倾坏，修茸莫道踵前修之故迹，扬开创之宏功"②等内容。韩阳成、陈文靖、靳纯嘏募建庙坛，集万家香火，对锦屏山的发展做出了重要贡献。道光三十年（1850）《重修锦屏山庙宇记碑》记载，锦屏山道教宫观始于"乾隆初年"，历经风雨侵蚀而难以维持。在庚戌（1850）岁，"裂其瓦而换之于茶室，桓宇之在侧者，驱其石以垒之"③，使锦屏山成为人们休闲赏景、修身养性的理想场所。

咸丰五年（1855）《重修碑》记载："自道光三十年（1850）重修殿宇山门以及群庙，残缺者补之，损坏者茸之，而焕乎有章矣。"庙宇道观"妆塑未施，神像难免萧索，画壁犹待更新"。于是，近山数村首事善人

---

① 张福经：《锦屏山》，济南继东彩艺印刷有限公司，2006年印刷，第57—58页。
② 同上书，第65—66页。
③ 同上书，第67—68页。

与住持于元海，同心协力募化四方，各捐囊金，共襄盛事，逞良工之妙用，耸翠流丹，妆佛仙之盛荣，铸金绣像，数月之间功成告竣。维修后的锦屏山宫观庙宇相比以前"殿阁流彩"，既有连云曜日之观，更著山龙华虫之美，从而使重修后的锦屏山庙宇宫观蕴含有"山光与庙貌共丽，云封雾结，山灵与神聪共昭"① 之神韵。

三　传承谱系

锦屏山宫观碑刻和道士墓碑所记载的道士传承谱系属邱祖龙门宗派。自雍正十三年（1735）年韩阳成入住此山，传十四世，锦屏山道教延续214年，载入碑刻的道士共70人，余者众多。在十四任住持中，清代功绩卓著者占多数，有韩阳成、刘来广、王复昌、李合林、孙永平、李永传、张元珠、杨至绪等。列表②如下：

表 9—20　　　　　　　清代锦屏山道士传承一览表

龙门派传承	姓氏	生卒	主要业绩	碑刻记载	锦屏山住持
十二代	韩阳成	1699—1758	1735年来锦屏山，1757年始建泰山行宫。锦屏山道教的传承者、宫观的始建者	《韩阳成墓碑》《开山碑》《重修锦屏山碑》	第1任
十三代	刘来广	？—1790	1757年协助韩阳成建造泰山行宫，1776年重修泰山行宫。1758年后主持锦屏山宫观	《重修锦屏山碑》《刘来广墓碑》	第2任
十四代	王复昌	不详	1798年修建老君庙，请原胡山庙宇住持马本辉，化缘二十一庄	《重修老君堂碑》	第3任

---

① 张福经：《锦屏山》，济南继东彩艺印刷有限公司，2006年印刷，第69—70页。
② 同上书，第144—151页。

续表

龙门派传承	姓氏	生卒	主要业绩	碑刻记载	锦屏山住持
十六代	李合林	不详	1850年主持大修泰山行宫，1855重修殿宇山门、群庙	《重修锦屏山庙宇碑》	第5任
十八代	孙永平、李永传	不详	1850—1858年维修碧霞祠灵应宫山门殿宇；1858年重修泰山行宫山；1865—1867募捐300贯大修庙宇；1870年在老君堂院南建文昌阁	《重修锦屏山泰山行宫山门殿宇》《重修老君堂碑文昌阁》《重修文昌阁碑》	第7任
十九代	张元珠	不详	1886年沿村募化1000余贯、石灰、砖等重修泰山行宫、灵应宫；重塑老君像制天棚帐子。	《重修碧霞元君祠老君堂碑》《重塑老君像制天棚帐子封山碑》《重修锦屏山庙宇碑》	第8任
二十二代	杨至绪	不详	1895年主持重修老君堂；1902年重修文昌阁。1905年劝说"章丘县令扬捐银拾两"、"左刘贰两"、"右黄贰两"。	《重修老君堂碑》《重修文昌阁碑》《重修锦屏山庙宇碑》《功德碑》	第10任

四 宫观庙堂

清代锦屏山道教宫观众多，其碑刻系统记载了锦屏山道教宫观的创建及修缮情况，并从一个侧面反映了锦屏山道教的发展和活跃情况。

（一）泰山行宫

泰山行宫位于锦屏山主峰之阳约百米处，始建于清乾隆二年（1737），坐北向南，上下两台合为一院，前为山门，又称"灵应宫"。该院南北长58.9米，东西宽35米，面积2062平方米，上下两台面积大致相等，中有石堰相隔，高约1.35米，有十级台阶，料石砌筑，斜面条石封边，顶端两侧各有旗杆石座一方。泰山行宫作为该院主殿成为锦屏山道教宫观的主要建筑。前后两殿均属拱桥式无木建筑，皆用细作石料砌筑而成，特别是泰山行宫，楹柱廊厦、朱门镂窗、飞檐龙脊、精装雕板、青瓦覆顶，古朴典雅，气势恢宏。由全真道人韩阳成历经艰辛24年化缘集物之大成。其碑刻记载了泰山行宫的创建与修缮情况。

表9—21　　　　　　　　泰山行宫碑文一览表①

碑刻名称	时间	碑文内容概要	碑刻现存地	撰文、篆额、书丹
重修泰山行宫碑	清乾隆八年（1743）	碑文记载创建和修缮泰山行宫的过程。碑文有"山分泰岱一支，神仍碧霞三座，朗然表胜，岿焉伟观"等内容	章丘锦屏山泰山行宫旁	靳嗣韩撰，韩学礼书
重修锦屏山泰山行宫山门殿宇	清咸丰八年（1858）	碑文记载了重修锦屏山泰山行宫之过程。碑文有"附近数村父老各出囊金，共襄盛事"等内容	章丘锦屏山泰山行宫旁	部殿文撰，辛传礼、李师魁书丹

（二）老君堂

老君堂位于锦屏山之东，朝阳洞一侧。南北长34.36米，东西最宽处为22.8米，面积约800平方米左右。老君堂东临幽谷，西极主峰，北靠悬崖，南迎龙泉，龙盘虎踞四宇葱郁，避风向阳冬暖夏凉，香火旺盛常年不衰，是不可多得的道教仙境灵地，为锦屏山两大建筑群之一。院内有"三清殿"坐北朝南，该殿为砖木结构，青瓦覆顶，檐枋翘角，梢檐安"五脊六兽"，"道人骑鹤"饰物安装于殿角。门额悬挂隶书"老君堂"横匾，落款"墨龙"。三官殿坐东面西，内供奉天官、地官、水官三神像，三星殿内供奉福、禄、寿三星神像。碑文记载了老君堂始建及修缮的历史。

---

① 张福经：《锦屏山》，济南继东彩艺印刷有限公司，2006年印刷，第59—70页。

表 9—22　　　　老君堂碑文一览表①

碑刻名称	时间	碑文内容概要	碑刻现存地	撰文、篆额、书丹
重修老君堂碑	清嘉庆四年（1799）立	碑文记载靖初老先生修建老君堂，"鸠工庀材，自丁巳六月始其事，至客岁孟冬而告竣"之经过	锦屏山盘道最北端	韩谦撰，陈汝明书
重修老君堂碑	清同治六年（1867）立	碑文记载老君堂重修之经过。碑文有"捐资鸠工，即日补新，共费钱三百余贯，而庙复焕然"等内容	锦屏山盘道最北端	张玉荣撰文并丹书
重修碧霞祠老君堂碑	清光绪十二年（1886）立	碑文记载"老君堂年久，庙宇未整"，"乙酉七月十六日动工，至丙戌季春告竣，用砖瓦一万千余，用灰三万余斤，费钱一千余贯"等事	老君堂旁	张玉荣撰文，张绪增、黄书绅同书丹
重修碧霞元君祠老君堂碑	清光绪十二年（1886）立	碑文记载老君堂"众神像范金涂曎，一一妆塑，而且殿宇墙壁绘画更新，兼制庙门与文昌阁屏门，聊蔽殿尘"等事	老君堂旁	张绪曾、黄书绅撰文，单起瑞书丹
重修老君堂碑	清光绪二十一年（1895）立	碑文记载老君堂修缮经过。碑文有"十有二村奋然志切兴修，群思踊跃以谋趋事，按银出资，无一部乐于输将，而慷慨好义之士抑切量其力所优，各出囊财任意捐施者。于焉诹工度材，招徕徒役，仿其旧制，更其形势，门墙栋宇灿然一新"等内容	老君堂旁	靳化蒙书
重塑老君像制天棚帐子封山碑	清光绪二十三年（1897）立	碑文记载锦屏山老君圣像碧霞元君殿天棚帐子重修封山，规定"凡附山树木，一株不许私伐，如违，十二村共殛之"等	老君堂旁	赵希颜撰，孙继召、孙道方书

① 张福经:《锦屏山》，济南继东彩艺印刷有限公司，2006 年印刷，第 74、77、79、80 页。

(三) 文昌阁

文昌阁位于三清殿院南侧丹崖之上,始建于同治九年(1870)。文昌阁内神像三尊,文昌神像坐西向东。碑文记载了文昌阁维护和重修的情况:

表 9—23　　　　　　　　　文昌阁碑文一览表①

碑刻名称	时间	碑文内容概要	碑刻现存地	撰文、篆额、书丹
重修文昌阁碑	清同治九年(1870)	碑文记载文昌阁"年湮基坏","历三载而阁基廓然"之事	文昌阁旁	张兰馨撰,王景森、单其鹏、单其昌共书丹
文昌阁保护碑	清光绪二十八年(1902)	碑文记载为保护重修后的文昌阁出示禁谕事,"须知庙祀正神有举无费,毋得惑于风水肆行拆毁,倘敢故违,定即从严纠办,决不宽容"等	文昌阁旁	不详
重修文昌阁碑	清光绪二十九年(1903)	碑文记载文昌阁"数十年来风雨剥蚀,摧残不堪",鹤家兄图南来游于此,见其庙貌倾圮,慨然以继修为己任,于是率诸君"鸠工庀材,增其式廓",终成"辉光直争乎日月,丹楹刻桷,烂漫复灿乎云霞,巍巍巨制,不弥月而聿观厥成矣"	文昌阁旁	郭云鹤撰文,徐道修篆额,李延煜书丹
重修山巅西北隅文昌阁功德碑	清光绪二十九年(1903)	碑文记载光绪二十九年修文昌阁时"植树二十五株,乐输君子姓字开列于左"等内容	文昌阁旁	不详

---

① 张福经:《锦屏山》,济南继东彩艺印刷有限公司,2006 年印刷,第 76、81、82、84、85 页。

续表

碑刻名称	时间	碑文内容概要	碑刻现存地	撰文、篆额、书丹
重修锦屏山庙宇碑	光绪三十一年（1905）	碑文总结了自韩阳成开辟锦屏山道场"创建庙堂，迄今百七十有余岁"，其间上下十二村合踵事增修亦不一次，使"碧霞元君宫"等锦屏山宫观庙宇"历览其胜"，最终使锦屏山宫观庙宇"敝者新之""堂焉皇焉""懿与盛哉"，成为"邑南一胜境"	文昌阁旁	靳尔芳撰文，靳少泉、靳蔚山书丹

第九节　清代山东其他名山道教

清代山东道教较为活跃的地区还有很多，如即墨马山，淄博博山，长清大峰山、五峰山，邹城峄山，莱州大基山，以及莱山与卢山等。这些区域呈现了清代山东道教活跃的亮点，折射了山东道教在局部地区活跃的客观存在，成为清代山东道教发展中不可或缺的重要内容。

一　清代马山道教

清代，山东即墨马山成为道教一大丛林。马山之阴马山庙，占地100余亩，殿堂10多幢，藏经1500多卷，道士140多人。道教宫观有20多处庙头。清顺治五年（1648），李常明、王真成先后在马山兴建庙宇，重整道场，用十年时间将玉皇庙及诸殿重修一新，以"马山院子"（平安殿）最为著名。

（一）道教宫观

玉皇庙，清顺治五年（1648）由道人李常明重建。该庙位于东华门、西华门的山门内，共建有七殿，主殿玉皇殿内正尊祀昊天金阙玉皇上帝、勾陈上宫天皇上帝、万星教主无极元皇中天紫微北极大帝。殿侧侍列祀静应显佑真君降魔护道天尊、太极左宫仙公冲应孚佑真君、九州都仙太史净明普化天尊、西河救苦萨公真人、天蓬都帅、天犹副帅、翊圣真君、佑圣真君及森杀之神、卷帘大帅、远听之神、远视之神 15 神像。东侧三官殿内祀天官赐福紫薇大帝、地官赦罪清虚大帝、水官解厄洞阴大帝。救苦殿内祀寻声赴感太乙救苦天尊。西侧雷神殿内祀雷祖大帝除灾济物天尊、洞阳大帝南丹纪天尊。圣母殿内祀恭灵惠护国庇国宏德碧霞元君。文昌殿内祀不骄乐天地更生永命天尊。龙虎殿内祀前朱雀之神、后玄武之神、左青龙之神及右白虎之神。该庙历代住持道士均从平安殿中道行高、年龄长的道人中选取 1 人担任。①

平安殿，俗称"马山院子"，清顺治五年（1648）建，位于马山后坡西北隅。该庙规模宏大，是马山道士的修炼场所，也是即墨境内道教全真龙门派的中心，所辖境内 20 多个庙头，如不其山百福庵、四舍山仙姑庵、丈二山通明宫、兴隆山玉皇庙、大沽河岸天宫院、流浩河边长直院、天井山龙王庙、即墨城里的真武庙、城隍庙、东关高真宫等，成为即墨境内的道教一大丛林。② 庙内有殿堂 9 幢，主殿有成天殿、老君殿、东王公殿、西王母殿、功曹殿、龙虎殿、吕祖殿、云厨殿、后心殿。院内西侧有开山道人王真成塔墓，乃康熙七年（1668）正月王真成在平度州亡化后，李常明于马山平安殿院中为其建塔，又称"王真人塔"。"王真人塔"与"刘仙姑塔"辉映成趣，并称为"马山二塔"。兴盛时期，该庙道士达 140 多人。③

（二）道教名人

李常明（1572—1681），号紫气真人，山东济南府阳信县美化乡红门李家庄人，全真龙门派的第七代传人，是马山全真道兴盛的奠基者。"少慕玄虚，当明之末，弃家远游，至青州白云洞，遇异人宋真空，而师事之，遂入道尽得其术。顺治五年，东入东莱，访七真遗迹，至于即墨。"④

李常明一生贡献颇多。他曾"修滨都于栖霞，造端阳（庙）于莱阳，起崇德（庙）于平度，建龙宫（龙王庙）于新河、店口二处"⑤。文登福仙岭之石磴，为其所辟。即墨县的北河、沽河、店口河、五龙河等各处石

---

① 即墨市政协文史资料委员会：《马山志》，青岛市新闻出版局（1999）1011 号，1999 年，第 87—88 页。

② 同上书，第 223 页。

③ 同上书，第 88—89 页。

④ 同上书，第 194 页。

⑤ 同上书，第 250 页。

桥，都是经其募建。① 此外，马山道教之藏经，系李常明于青州府颜神镇任姓乡绅处购得。后由本山道士鲁太璞、蒋清山于康熙十三年（1674）对其分门别类修补整理，作为镇山之藏。② 李常明的功绩还表现在为马山道士制有《道门清规》，于雍正十一年（1733）岁癸丑二月日重校刊行。③ 康熙二十年（1681）三月三日，李常明羽化于新河镇（今属山东平度市），享年110岁。至雍正十一年（1733）李寅宾著《马山志》时，嗣法者已以千计。据《马鞍山宗谱》，李常明弟子有13人，分别是：贾守兴、王守正、岳守虚、孙守林、李守成、陈守成、张守皂、罗守善、杨守亮、钱守志、蒋守忠、郭守真、万守真。④

王真成，济南府禹城县（今山东禹城市）人，初出家于青州白云观，曾拜道教龙门派第五代传人李静一为师，系李常明师叔。清顺治初来即墨马山，与李常明一同创道教基业。道行高深，有"龙宫借雨"之术。康熙七年（1668）正月十五日殁于平度，移柩于即墨马山，在平安殿院内建有其墓塔。⑤

张守皂，籍贯不详。顺治间来马山，拜李常明为师，为其师执薪火三年，不易其业，不易其居，道行高深。顺治十三年（1656）八月二十坐化，葬于平安殿院内与始祖王真成陪位。

郭守真，字致虚，号静阳子（1606—1708），南京丹阳（今江苏丹阳市）人。明崇祯三年（1630）隐居吉林省本溪铁刹山八宝云光洞，苦修十余载未得道家真源。遂于清顺治六年（1649）抵即墨马山，拜李常明为师。道成后，仍归铁刹山持戒修炼，并广收弟子布道传教，成为东北三省道教龙门派之创始人。清康熙四十七年（1708）九月二十五坐化，年102岁。

鲁太璞，籍贯不详。清初来即墨马山出家修道，潜心于马山道教经藏之整理，并镌刻《魏元君劝世文》以为马山训道俗，卒年无考。

蒋清山，字云石，江南人。清初来马山出家修道，好读书，工书能

---

① 王恩田：《齐鲁文化志》，上海人民出版社1998年版，第459页。
② 即墨市政协文史资料委员会：《马山志》，青岛市新闻出版局（1999）1011号，1999年，第89页。
③ 同上书，第100页。
④ 同上书，第92—93页。
⑤ 同上书，第98页。

文，同师叔鲁太璞一道修补整理马山道教经藏。后住持崂山百福庵，与胡峰阳为友，卒年不详。

龙显，籍贯不详。清末来马山，曾为大王庙住持，后因庙产纠纷案，因官司败诉而愤然离开马山，莫知所终。①

（三）道藏经书

清代即墨马山除涌现大量庙观和众多道士外，李常明还从青州府购得经卷若干，至康熙十三年（1674），由本山道士鲁太璞、蒋清山等修补整理完毕，共二百九十四套、一千五百二十一本，作为本山道藏，包括洞真部、洞玄部、洞神部、太玄部、太平部、太清部、正一部、续出秘经等；"诸部之中，其本文所缺，不过三五号"②。可见清代马山道藏经书之丰富。李寅宾著《重校藏录后叙》中言：

> 《灵符》、《图录》，散见诸经法中；《玉诀》则度人生神，《道德》、《阴符》、《大洞参同》等注，又尽有之；《戒律》所缺亦无几；而《威仪》则金书黄录备矣；《记传》、《赞咏》、《表奏》、观之不胜观也；《大法》只缺《清微》一派，其余若《灵宝》、若《五元》、若《天心》、若《净明》、若《神霄》，班班可考。扩而充之，即彼此未始不相通也。术技虽多，不出四种：曰内丹、曰医药、曰外丹、曰占卜。③

（四）道教碑刻

清代马山道教碑刻反映了马山建庙，以及信奉、崇拜神仙和修道养生之事宜。

---

① 即墨市政协文史资料委员会：《马山志》，青岛市新闻出版局（1999）1011号，1999年，第98—99页。

② （清）李寅宾：《马山志》，即墨市文化局马山管理处点校本，青岛市新闻出版局，1996年版，第34页。

③ 同上书，第34—35页。

表 9—24　　　　　　　清代马山道教碑刻一览表①

碑刻名称	时间	碑文内容概要	碑刻现存地	撰文、篆额、书丹
马鞍山重修真武庙碑	万历二十八年（1600）	碑文记载了"山之艮有庙，以奉玄帝，其创建不知何时，历岁既久，风雨侵寻，像设尘埋。山右贞妇于氏，顾瞻兴叹，乃尽力捐资，督工重整，不越岁而焕然一新"等内容	不详	蓝思继拜撰
马鞍山建庙碑记	不详	碑文记载李常明在马鞍山"愿募化，相形度势，揆时它徒，开山筑涧，垒石砌基。创修者：玉皇上帝、三元大帝、三圣、救苦、斗母诸殿。重修者：关圣帝君、大王之神、泰山行宫佛祖诸殿"等	不详	蓝润之撰
泥丸道人李老师碑序	清康熙四十七年（1708）	碑文记述马山道人修道经历，有"捏土为丸，百病立瘥"，"端坐而逝。是日也，祥云紫气，霭霭遥空"之奇迹	不详	宋崍撰文
马山殿碑记	清同治三年（1864）七月	碑文记述"云凤、梁君葆善、江君需先、顾君绪宗等同众善人醵金倡修"马山碧霞君殿一事	不详	黄淑存撰书

二　清代博山道教

清代博山在道教宫观庙宇和碑刻的修建、道士修道行医等方面表现突出，特别是在岳阳山、五阳山、凤凰山、青龙山、辰巳山、云行山、太平山等地出现了十分活跃的情景。

（一）博山道观

清代博山重修、重建或新建的宫观庙宇有岳阳山玉皇庙、玉皇阁、后土殿、三星阁等；五阳山玉帝宝殿、志公庙、志公祠、子孙庙、玉皇阁、三霄祠、会仙桥等；凤凰山碧霞宫、玉皇宫、玉清宫、碧霞元君行宫、碧

---

① （清）李寅宾：《马山志》，即墨市文化局马山管理处点校本，青岛市新闻出版局，1996年，第72—77页。

霞元君祠等；颜神庙灵泉庙、翁姑祠、公姑殿、功德祠等；白石洞三官庙、禹王阁等；青龙山白衣阁、玉皇宫、观音庙、白衣庙、三元庙等；辰巳山十帝阎罗庙；云行山关帝殿、忠义祠；太平山吕祖祠、吕祖庙等。

（二）博山道士

根据民国《续修博山县志》卷十二《人物志·仙释》以及《山东道教碑刻集（博山卷）》（上、下）记载了清代博山除道士李师存、岳树屏、李吉清在修道行医、救济百姓方面表现不俗外，还记载了岳阳山谷和顺、杨正秀、于正空、卜正元、杨枝梅、孙永茂、董元广、王元序、王明玖；五阳山王教勤、秦教炳、刘永书、黄明中；凤凰山王理成、马绪、刘克让、闫嘉桐；颜神庙张德澄；白石洞孙合德、张教文、张教顺；清龙山孙阳春、赵得士、聂正寓、朱本奉、石本诗、闫和太、王清林、只本亮、王礼明、胡元禄、张志善；辰巳山蒋礼圣、张元席；云行山李自修、赵元庭、董元广、张元席、刘明玉；邀兔村韩守心；雾云洞李来进；二郎山马来崑；南博山村谢一和、王礼德、张元席；轿顶山孙合义；戴家村张嘉树；朱家庄王来素等住持道人修宫筑观的事迹。①

1. 李师存

李师存，又称李仙师存。不知何许人。尝客博以医术济人，羽化后当地信士感其惠，为立祠，有祷辄应。

2. 岳树屏

岳树屏，岳家庄人。邑庠生，通医，尝设肆售药，贫者即施予之，兼善导引之术，与妻别院居。恒化前一日，即悉焚其账簿，至夕而殁，盖已预知其仙去矣。

3. 李吉清

李吉清，王家村人。"家赤贫，食素衣敝，不娶无子。童时採樵至昭阳洞，遇仙人授以鉴术，洞见地理水脉，看井浅深辄效，四方聘者日众，步行不骑，聘不受币，谢不受礼，至处惟酒饭而已。家居恒不举火，未尝乞贷，面无菜色，远行不假资斧，时人呼为李半仙。"②

---

① 参见赵卫东主编《山东道教碑刻集（博山卷）》（上、下），齐鲁书社2013年版，清代碑刻部分。
② 《续修博山县志》卷十二《人物志·仙释》，博山三元堂书店，民国二十六年（1937）铅印本。

4. 杨正秀

杨正秀，岳阳山主持道人。据清乾隆八年（1743）《玉皇阁新建配殿并治田产记碑》记载："玉皇庙住持道人杨正秀自出家门以来，为恢复庙宇，其禅真诚修，所以恢廓庙宇者，固不留一毫之余力，更能勤于农事，俭以自奉，因渐次积累，共治大地十一亩，以传于后世，是以与许氏施财一事，共勒于石，以志不朽。"[①]

5. 杨枝梅

杨枝梅，博山本地人。据清乾隆二十三年（1758）《杨真人宝行序并歌碑》记载，杨枝梅生有仙体，嬉戏不与俗伍，明道清心，卧霞餐云，其素志也。比长，父母两授之室，不敢违。[②]

（三）博山碑刻

清代博山新立道教碑刻较多，主要分布于博山境内的岳阳山、五阳山、凤凰山、颜神庙、白石洞、青龙山、辰巳山、云行山等地。列表[③]如下：

表9—25 清代博山道教碑刻一览表

碑刻名称	时间	碑文内容概要	碑刻现存地	撰文、篆额、书丹
《新建白衣阁记》	清康熙七年（1668）	该碑记载了博山镇邀兔村村民郑氏家族创建并多次重修白衣阁之事。碑文认为，"白衣即普陀大士之应现，又即文昌帝君之化身"	山东省淄博市博山区北博山镇邀兔村声闻阁	郑僖昌撰文，郑昌胤书丹
顺德祠祷雨感应记碑	清康熙十二年（1673）	碑文记载博山会首屈秉言等祷雨灵验，为报答神恩，立碑以记其事	山东省淄博市博山区山头街道北神头村颜文姜祠	卓甲恺、张联生撰文，宋玢书丹

---

① 赵卫东主编：《山东道教碑刻博山卷（博山卷）》（下），齐鲁书社2013年版，第15—16页。

② 同上书，第24页。

③ 淄博市政协文史资料委员会、博山区政协文史资料委员会：《淄博石刻》，1998年12月，第89页。

续表

碑刻名称	时间	碑文内容概要	碑刻现存地	撰文、篆额、书丹
玉皇阁新建配殿并治田产记碑	清乾隆八年（1743）	碑文分为两部分：前半部分介绍许林成因母病祈祷应验修建配殿一事；后半部分记载了玉皇庙主持杨正秀恢复庙宇，购买土地之事	山东省淄博市博山区崮山镇岳阳山玉皇庙	撰文人焦□
新建玉皇阁玉皇阁及东西阁记	清乾隆九年（1744）	碑文记载岳阳山周围男女善信重修岳阳山玉皇阁一事。碑文有"若夫禽以凝聚，辟以直散，挺生斯□之秀，侧出释老之杰"内容	山东省淄博市博山区崮山镇岳阳山玉皇庙	古斟庠生魏培基书，思甫撰，胞侄廪膳生员魏六通甫书
岳阳山新建玉皇阁记	清乾隆九年（1744）	碑文记载全真道士杨正秀等在岳阳山后土庙扩建道房、塑玉皇神像一事。碑文有"故王者，议郊祀之礼，恒统地于天"，"挹儒论而建阁以配庙，欲见乾坤统一之理乎"等内容	山东省淄博市博山区崮山镇岳阳山玉皇庙	博山流寓人常熟仲星保撰文，廪膳生郑永进书丹
杨真人宝行序并歌碑	清乾隆二十三年（1758）	碑文记载了岳阳山玉皇庙道士杨枝梅出家行道事迹。碑文有云"真人意在于静，不在于动；意在于养性，不在于求名；意在于羽化登仙，不在于宝山高卧"	山东省淄博市博山区崮山镇岳阳山玉皇庙	庠生丁图南撰文，庠生岳适书丹
南皮乡善信进香记碑	清乾隆三十一年（1766）	该碑记载了南皮乡后镇河东孟长庄村众报答后土君斋醮之前一事。碑文云"后土真君之效灵也，不但及于一方，即我寿邑之遥，几课时问雨，祈谷祷年，无求不应"	山东省淄博市博山区崮山镇岳阳山玉皇庙	博邑增生焦平书

续表

碑刻名称	时间	碑文内容概要	碑刻现存地	撰文、篆额、书丹
《重修顺德夫人庙并诸神祠记》	清嘉庆五年（1800）	碑文记载重修顺德夫人庙之事。碑文云，顺德夫人"祠之创始不可考，自有唐以迄国朝，代有重修贞砥"，并认为"夫人之神不没，即斯人之天不息"	山东省淄博市博山区石马镇桥东村顺德夫人祠	邑岁贡生王□□撰，邑增广生魏□□丹
《重修关帝殿记碑》	清嘉庆九年（1804）	碑文记载玉皇山重修关帝庙一事，并附有施财善信及道士提名等。碑文有云："兹因上下殿宇，敧者危，漏者腐，合庄慨念，公议复整，兼之里近捐赀，以成盛事"	山东省淄博市博山区南博山镇下庄村云行山吕祖庙	王家庄廪膳生员薛鸿才撰书
重修玉皇阁记碑	清同治十三年（1874）	碑文记载重修岳阳山玉皇庙玉皇阁之事，并附碑刻施财善信及玉皇庙道士题名	山东省淄博市博山区崮山镇岳阳山玉皇庙	贡生候选训导李向周撰文，岳阳居士焦玉相、提名碑邑庠生岳兆麟书丹
《重修忠义祠记碑》	清光绪九年（1883）	碑文记载道士张元席重修忠义祠一事。碑文有云："兹者住持张元席邀合社首事人，督工修整，规模虽因乎旧，栋宇已即于新"	山东省淄博市博山区南博山镇下庄村云行山吕祖庙	郡廪生谢鸿敷撰文，谢新书丹
重修玉皇阁记碑	清光绪十六年（1890）	该碑记载了清光绪十三年（1887）岳阳山周围信众集资重修玉皇阁之事。"自光绪十三年玉皇阁渗漏愈甚，首事者公议修之……至十四年秋告竣"	山东省淄博市博山区崮山镇岳阳山玉皇庙	邑庠生岳兆麟书丹、岳阳居士焦肇相书丹

续表

碑刻名称	时间	碑文内容概要	碑刻现存地	撰文、篆额、书丹
《重修关帝殿记碑》	清宣统三年（1911）	碑文记载凤凰山关帝庙之历史及周围各村善信捐资重修关帝庙之事。碑文中有"断木于山，斫石于麓，众工毕举，两越月而庙宇内外，残者整，缺者补"之语	山东省淄博市博山区南博山镇下庄村云行山吕祖庙	郡廪贡生候选训导兼参事会参事员魏奉璜撰文，自治听议员任升三书丹

三 清代大峰山道教

清代大峰山道教也进入了一个活跃时期，从谱系完整规范《真峰范老祖碑》以及其他碑刻记载的内容可以看出。这不但体现在清代大峰山峰云观、关帝庙的建设和重修上，而且清代大峰山道士人才济济，道派传承有序，道教宫观保护完好，成为清代山东道教较为活跃的区域之一。

（一）大峰山道观

峰云观。自明代创建以来，峰云观道教发展迅速，在清代香火更加旺盛，游人如织。峰云观主要建筑有关帝庙、玉皇殿、泰山行宫、神慧圆通、坐化神宅等。观内保存有雍正帝飞舞盘旋四龙戏珠的御碑。① 主殿玉皇殿，赤壁做衣，碧瓦为冠，山峦成屏，清风作扇，松柏华盖，泉脉通灵，胸揽空谷，气宇冲天。殿外廊柱有行书对联，题曰"风调雨顺不润无根之草，道法无边难度不信之人"②。殿前青铜方鼎之上，青烟缭绕，殿内神像形态各异，形象逼真，道风殷殷，栩栩如生。在峰云观山门处，并有清邑祝莹"云根"③ 圆镐额，寓意人们每逢登临大峰山，只要真心朝拜，就会青云直上，得偿所愿。《重修大峰山碑记》记载了大峰山峰云观修建，以及道教龙门派第十七代传人刘教存及其弟子传承的情况。

关帝庙。清代，关帝庙也是香火旺盛，雍正年间曾维修过。雍正十二

---

① 该碑只保存碑帽，高1.01米、长0.87米、厚0.39米。
② 该对联在玉皇殿门槛两侧，两副对联牌匾各高2.50米、宽0.25米、厚0.35米。
③ 高0.43米、长0.82米，为清邑祝莹甲子陆月吉日题。

年（1734）《关帝庙重修记》碑①不但记载了山人张子、王池"募化善信"，"鸠工广材"，"扩工百日"，"是以绅殿崛起，庭舍显敞，不楣藻拱，极为壮丽黼"的情况，而且还清楚地记载了在清代雍正年间龙门派从第十二代张阳琏、燕阳秀、张阳佩至第十四代王复贵等弟子的传承情况。

（二）传承谱系

大峰山峰云观道派属道教龙门宗派，大峰山道派传承谱系即《真峰范老祖碑》，②由三块高1.81米、宽0.75米、厚0.155米的相同的单个碑身组合而成，记载了从龙门派第六代传人、大峰山第一代主持"范真峰"开始传承至龙门派第二十二代"方理贵""李理真""张理成""刘理奎""李理顺"等弟子情况，其传承谱系完善、丰富；传承弟子清楚、明确。大峰山道教龙门派形成、发展和不断演变，延续情况具有一定的代表性。《真峰范老祖碑》记载的龙门派传承谱系图完整、系统、规范，符合中国道教宗派总簿中有关龙门派传承的规范内容，在国内道教龙门派的宗派谱系中属首次发现，对于深入研究山东地域，特别是大峰山地区道教龙门派的发展和演变具有重要的价值。

（三）道教碑刻

清代大峰山碑刻主要有《坐化先师燕阳秀神室》、《大峰山景区碑》碑、嘉庆七年（1802）碑等。在峰云观有坐化先师燕阳秀神室，道教龙门派第十七代弟子田教圣、刘教存立并镌刻于神室门槛之上横批"坐化真人"四个字，《坐化先师燕阳秀神室》碑记载了龙门派第十三代弟子许来建的师徒传承情况。③《大峰山景区碑》主要介绍了作为"大峰山真修一人"的坐化真人燕阳秀在大峰山"赤子之心常照若愚，若鲁至诚之意"修炼成真的基本情况，以及弟子王合贵修道养生之概况等。燕阳秀在大峰山"捧茶清庙"，"焚香高阁"，"爱乎有见"，"忾乎有闻"，充分利用大峰山作为道教修炼和养生场所所具有的自然条件和道教神韵，"其于神者，无或假也"，"且自始至终修炼□余年未有歧途，无有二心。是以炼

---

① 碑高2.24米、宽0.835、厚0.315米；底座长1.17米、宽0.64米、高0.48米。

② 三块碑高1.81米、总宽2.265米、厚0.155米，底座长2.67米、宽0.47米、高0.19米。

③ 该碑镶嵌在坐化真人室左上方墙一米处，碑刻长0.75、宽0.30米。

成之后，至告终之时而坐化如神像焉"①，显示了大峰山在修道养生方面所具有的道家情怀和神奇灵效。

嘉庆七年（1802），碑立于峰云观入门处，记载了道教龙门派第十四代传人宋復良目睹"巍峨之巨观""历年久远"，"风雨损坏"而"心伤"，于是"将所集钱粮，倾囊费使，于是阙者补之，旧者新之"的基本情况。②

虽然大峰山峰云观碑文遗留较少，但内容丰富，部分碑文特别是道教龙门派传承谱系图较为珍贵，从中可以窥见大峰山峰云观曾有过辉煌的历史，以及其作为道教龙门派道场在历史上的特殊地位。大峰山峰云观是山东道教宫观不可缺少的重要组成部分，凸显了自己显著的宫观特点和深厚的道教文化渊源，对于深入研究山东道教派别及发展历史具有重要的实物价值。

四　清代其他地方道教

清代五峰山、峄山、大基山等地道派得到复苏，道观得以修复，道教活动增多，并记载在各种道教碑刻、诗文之中。

（一）五峰山道教宫观、碑刻

清顺治七年（1650），李雨霑所撰《重修五峰山碑记》记载了清初洞真观由衰败到复兴的转向，其中说："考历代创建，大宋封为洞真观，大元封为护国神虚宫，逮我明有淡然子周法师，奏请神宗封为保国隆寿宫，创建三元殿。历来增新骚人题咏称圣地也。……迄崇祯十三年间，土寇蜂起，以及我顺治己丑，相继十三年有奇，所谓五峰山者，非真人驻节之处，实缘林盘据之薮也。至夏，有县公李父母讳维翰者，来镇兹土，传檄招抚，卖剑归农，已小康矣。乃遍求史道人，而雅重之，得于岱麓之天书。观神像之凋残者，金玉之榱桷之风雨者，丹雘之募。住持待香火，给牛种，免赋役。十余年之蹂躏，今扫净矣。千余年之圣地，又复古矣。是李父母之口碑，不惟脍炙于茌县。而名山之恢复，又镌志于五峰山矣。"③

---

① 该碑镶在坐化真人室右侧墙里，立地而嵌，碑高1.32米、宽0.65米。
② 碑身高2.20米、宽0.755、厚0.28；碑帽长1.16米、宽0.67米、高0.40米；底座长1.37米、宽0.71、高0.20米。
③ 清光绪二十一年（1895）《五峰山志》下卷《艺文第十一》。

但清乾隆时期，洞真观已大部倾圮。

五峰山一天门，清顺治十一年（1654）曾重修。清朱廷升《五峰山创建一天门迎恩阁碑记》记载："吾邑东南，万山连亘，一河盘洄。自县治夹山逆流而行百五十里，抵岱宗近九十里为灵岩，近四十里为五峰。五峰之形胜，一如灵岩而邦郭稍狭然。其峰峦之秀麓，林木之翁葱，与灵岩匹休焉。"①

另外，清代邵成照《游五峰山记》②对五峰山道教宫观等做了详细记述，从中可以看出五峰山道教在历史上的地位，以及清代道教的活跃概况。

（二）峄山道教

宋末金初至清代，峄山道教系全真道北宗，曾先后分为六个派别。清代活跃在峄山的道派主要有华山派、龙门派、仙天道等。清代是龙门派在峄山最为活跃时期。清初至道光年间，峄山白云宫龙门派第八代至第十三代住持如下：

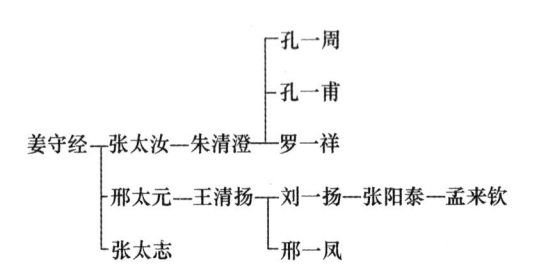

```
                       ┌─孔一周
                       ├─孔一甫
姜守经─┬─张太汝─朱清澄─┴─罗一祥
       │    邢太元─王清扬─┬─刘一扬─张阳泰─孟来钦
       └─张太志          └─邢一凤
```

清代，炉丹峪仙人万寿宫第一位开山祖师是龙门派第七代邹不凡，邳州（今江苏邳州）人，其传承弟子为周守安、张守常分别为雍正、乾隆、嘉庆期间万寿宫住持。龙门派住持的峄山道观还有：康熙五十四年，元洁子祠由第十一代罗一贯住持。乾隆五年重修天竺观，由第十一代道人闻一桂住持。乾隆三十一年（1766）重修三清殿，由第十六代樊合松住持。嘉庆八年（1803），峄山东华宫由第十七代秦教明住持。③

---

① 清光绪二十一年（1895）《五峰山志》下卷《艺文第十一》。
② 同上。
③ 田振铎、刘玉平、秦显耀编：《峄山新志》，济宁市新闻出版局1993年7月印，第110—111页。

另外，真大道教五代郦希诚至九代张清志曾先后来峄山传道与白云宫住持王志顺交往甚好，并在峄山唐人洞齐天洞传道。

仙天道起源于清咸丰年间，为道教正一派分支。① 长青观是峄山道观的重要代表。

（三）大基山道教

清代大基山留有许多道教建筑。清乾隆十七年（1752），县衙也曾募资对泰山圣母庙修缮。② 由于大基山特有的地理结构，其峰谷构成独特，称之为"道士谷"，吸引了众多文人墨客观光游览，并留下《读书道士谷题壁》《游道士谷先天观》《游大基山》《游道士谷》③ 等诗词。

总之，清代是道教在山东地域发展、演变、传承的重要时期，是中国道教发展的重要组成部分。由于清代统治者对道教采取抑制措施，使山东道教和全国道教一样处于衰落时期。但是清代道教在山东的发展并没有停滞，山东许多地域如泰山、崂山、蒙山、昆嵛山、沂山、峄山、云翠山、锦屏山等处的道教仍然呈现出局部的活跃和短期繁荣的情景。不但新建、重修了一批道教宫观，产生了大量的道教石刻碑文、道教文学作品，而且局部区域还人才济济、传承有序，涌现出了一大批地方道教人士，山东成为清代中国道教较为活跃的地域之一。

---

① 山东省邹城市地方史志编纂委员会：《邹城市志》，中国经济出版社1995年版，第727—728页。
② 尹洪林：《仙峰道谷大基山》，中国大地出版社2007年版，第70页。
③ 清乾隆二十三年（1758）《掖县志》卷八《艺文》；清道光二十三年（1843）《再续掖县志》卷下《诗》。

山东道教大事记（下）

时间	年（帝）号	事略
960	宋太祖建隆元年	宋太祖祭东岳泰山于兖州；六月，宋太祖遣官祭泰山庙；太清宫长老刘若拙奉诏进京谈玄，敕封为华盖真人
961	宋太祖建隆二年	宋太祖因祈雨遣特使告祭泰山
962	宋太祖建隆三年	宋太祖命宰相赵普，安排拟就诏书，诏命工部在沂山东麓之九龙口处重修沂山山神庙
964	宋太祖乾德二年	宋太祖率文武百官来沂山，亲主落成大典，赐庙名为"东镇庙"，并以封禅大礼祭封沂山
972	宋太祖开宝五年	宋太祖下旨迁乾封城至岱岳镇，任命县令兼任东岳庙令、县尉兼任庙丞
976—984	宋太宗太平兴国年间	宋太祖、宋太宗下令重修太清宫，太清宫遂成为华盖真人刘若拙的道场

续表

时间	年（帝）号	事略
1008	宋真宗大中祥符元年	元月，宋真宗在崇文殿宣告大臣，曾梦紫色长袍神人要降天书《大中祥符》三篇；四月，建造玉清昭应宫来供奉天书；六月，王钦若上书曰"泰山下醴泉旁有天书下降"；十月，宋真宗泰山封禅，修建宫观庙宇，加封泰山神为"仁圣天齐王"和"东岳天齐仁圣帝"；封东镇沂山为"东安王"
1008	宋真宗大中祥符元年	修建泰山南天门三灵侯庙
1009	宋真宗大中祥符二年	修建泰山碧霞祠
1010	宋真宗大中祥符三年	宋真宗诏泰山隐士秦辨入京，赐号"贞素先生"；赐封泰山宫观观主为紫衣道人
1036	宋仁宗景祐三年	宋仁宗亲赴沂山祭告，并在东镇庙内亲植银杏二株
1075	宋神宗熙宁八年	宋神宗赵顼封颛臾王为"灵显潜应侯"，蒙祠一度改为灵仙庙
1085	宋神宗元丰八年	苏东坡在去登州任职途中，至崂山太平宫等山庙邀游，传给了乔绪然等道士大型古琴曲《归去来兮》
1089—1094	宋哲宗元祐年间	建崂山神清宫
1093	宋哲宗元祐八年	岱岳观重修王母殿及砌垒山子，创置花园一所

续表

时间	年（帝）号	事略
1100	宋哲宗元符三年	宋哲宗赵煦下诏重修东岳庙，建嘉宁、储佑、蕃祉三殿
1111	宋徽宗政和元年	创建济南长春观
1113	宋徽宗政和三年	太仆卿王亶将王老志之道行上奏朝廷，三月被召至京师，赐号为"安泊处士"；九月，王老志奉召赴京，封为"洞微先生"，寓居徽宗所赐蔡京之第南园；再诏沂山为"东安王"
1114	宋徽宗政和四年	宋徽宗加封王老志为"观妙明真洞微先生"
1116	宋徽宗政和六年	宋徽宗下诏敕封在昆嵛山修炼得道的麻姑为"虚妙真人"，并要地方官在昆嵛山中修建道观，刻碑祭祀
1118	宋徽宗政和八年	宋徽宗将原来由一村僧占据的建封院改为道观，赐额"升元"
1118	宋徽宗重和元年	宋徽宗赐昆嵛山麻姑居所为"显异观"
1119	宋徽宗宣和元年	五月，宋徽宗赐贾文度牒、紫衣
1122	宋徽宗宣和四年	山东长岛县庙岛东部建海神娘娘香火院，是我国北方建造最早、影响最大的妈祖庙
1123	宋徽宗宣和五年	宋徽宗赵佶加封颛臾王为"英烈昭济惠民王"，蒙祠主祭由玉皇大帝改成了颛臾王，祠名也改为英烈昭济惠民王庙

续表

时间	年（帝）号	事略
1124	宋徽宗宣和六年	重修泰岳庙
1127	宋高宗建炎元年	十二月，金兵攻占山东，自此山东成为大金国的版图
1138	金熙宗天眷初年	萧抱珍创立太一道，后并入正一道
1142	金熙宗皇统二年	刘德仁称太上老君下降授《道德经》要言，使传玄妙大道，散在州郡；贾文主持修建三清殿
1144	金熙宗皇统四年	十一月，贾文羽化升天，赐谥"清虚文成公先生"，其弟子为其建祠祀奉
1148	金熙宗皇统八年	金熙宗完颜亶驿召萧抱珍赴阙，为皇后驱鬼治病；金熙宗完颜亶敕赐萧抱珍之卫州太一庵为"太一万寿观"
1161	金世宗大定元年	金世宗首次召见刘德仁
1163	金世宗大定三年	王重阳弃穴迁居刘蒋村（今户县祖庵镇）结庵传道陕西
1166	金世宗大定六年	丘处机弃家独自前往昆嵛山修行
1167	金世宗大定七年	金世宗诏刘德仁入居中都天长观，赐号"东岳先生"；四月，王重阳自焚刘蒋村的庵堂，到山东传道；七月，重阳真人来宁海布道，马钰见重阳真人道行高深，遂筑"全真庵"供其修行；九月，丘处机闻王重阳至宁海州传道，被收之为徒；冬，谭处端闻知重阳先生在马宜甫家中修炼，遂扶杖前往求见，乞为弟子

续表

时间	年（帝）号	事略
1168	金世宗大定八年	正月，马钰在王重阳的点化下皈依修道，赐号丹阳子；二月，马钰弃家随师修道；二月，王处一从牛仙山来全真庵中拜王重阳为师；二月底，王重阳率马钰、谭处端、丘处机、王处一四名弟子来到宁海昆嵛山，开凿烟霞洞居之；三月，郝大通母去世，遂至昆嵛山烟霞洞随王重阳出家，改其名为璘，号恬然子；三月至八月间，王处一之母周氏拜王重阳为师，训名德清，号玄靖散人；八月，丘处机、谭处端、王处一、郝大通四人跟随王重阳由昆嵛山烟霞洞迁往文登姜氏庵
1169	金世宗大定九年	金世宗完颜雍赠万寿宫的敕额给太一道二祖萧道熙；谭处端从王重阳至黄县卢山延真观；四月，宁海周伯通舍宅为金莲堂，于是，丘、谭、马、郝三弟子，跟随王重阳由文登姜氏庵迁往宁海金莲堂；六月，郝大通辞别王重阳，由宁海金莲堂来到铁槎山，与王处一同处；八月，重阳师徒创立立金莲会；九月，重阳师徒在福山县建立"三教三光会"；九月，王重阳带领马谭刘丘四大弟子奔赴陕西传道；十月，莱州掖县（今莱州市）成立"三教平等会"
1171	金世宗大定十一年	金世宗诏太一道二祖萧道熙住持中都天长观
1172	金世宗大定十二年	曹志冲与曹致宁共同开山建庙，修建娄敬洞洞虚观
1175	金世宗大定十五年	孙不二西入关中，东游洛阳，寓居凤仙姑洞，广招门徒，开创清净派；秋，雷大通赴终南拜谒马钰，留于座下，训号洪阳子

续表

时间	年（帝）号	事略
1181	金世宗大定二十一年	刘处玄由洛阳东归莱州，以莱州为中心在山东传教，共计22年
1182	金世宗大定二十二年	金世宗复召太一道二祖萧道熙入内殿问养生之道，奉敕于太一万寿观内立御赐额碑；济南韩淘迎马丹阳于韩家安乐园乞垂问道；马钰因牒发事东归山东，开始在登、莱、宁海三州大阐教化；郝大通离开铁槎山，往来于真定、邢、洛间传道；刘处玄在莱州武官庄故居首建武官观
1183	金世宗大定二十三年	谭处端继任全真道掌教
1184	金世宗大定二十四年	雷大通闻马钰羽化，前往山东祭坟
1185	金世宗大定二十五年	谭处端仙逝后，刘处玄继任为全真教第四任掌教，执掌教务
1187	金世宗大定二十七年	十一月十三日，应金世宗召请，王处一赴燕京为世宗帝讲道，御赐冠简紫衣，给三品俸；王处一在乳山圣水岩结茅为庵，行道修炼
1188	金世宗大定二十八年	八月，王处一迁道场于圣水庵；十二月，王处一应金世宗召请赴阙主持万春节醮事
1190	金章宗明昌元年	雷大通留居峄山筑庵传道
1190	金章宗明昌六年	金章宗封徂徕山神为护国感应侯，建祠于徂徕山太平顶及独秀峰下
1191	金明昌二年	金章宗帝诏见王处一，赐道经一藏，驿送圣水庵；丘处机修建栖霞"滨都观"

续表

时间	年（帝）号	事略
1197	金章宗承安二年	金章宗牒敕圣水庵为"玉虚观"，自此，教门大开，广招门徒，度道士数千人，"门人居天下者三之二"；金章宗赐丘处机"滨都观"额"太虚"，遂称为"太虚观"
1198	金世宗承安三年	金章宗接见刘长生先赐修真宫，又赐灵虚观之名
1201	金世宗泰和元年	王处一主持亳州太清宫普天大醮
1201—1208	金世宗泰和年间	丘处机扩建昆嵛山烟霞洞的全道庵，并请观额为"神清"；全真道士邱志园在泰山西北麓五峰山南志仙峰结庵修道
1203	金世宗泰和三年	王处一主持亳州太清宫普天大醮
1206	金世宗泰和六年	丘处机到宁海，将马丹阳的故居改为玄都观；章宗元妃李氏向太虚观驿送道经六千余卷，作为镇观之宝；丘处机重返宁海，令门人邱志坚等修建玄都观
1207	金世宗泰和七年	长春真人丘处机来到东镇沂山传道
1213	金宣宗贞祐元年	东牟彭城先生在烟霞洞东北麓修建神清观；丘处机太虚观毁于战火；蒙将木华黎率军深入山东东部，攻克密州（今诸城），屠城而去
1213—1215	金世宗贞祐年间	金宣帝敕封邱志园修道之所为"洞真观"
1219	蒙古成吉思汗十四年	五月，成吉思汗派遣近侍臣刘温三请丘处机
1220	蒙古成吉思汗十五年	丘处机率弟子尹志平等18人，历时2年终达成吉思汗之军营；丘处机弟子陈志渊建华阳宫

续表

时间	年（帝）号	事略
1222	蒙古成吉思汗十七年	范全生重修太虚观，历时三年乃成
1223	蒙古成吉思汗十八年	天宝宫派五祖郦希成掌教，但因教门纷争难以掌教遂退隐深山
1227	蒙古成吉思汗二十二年	七月九日，丘祖仙逝于北京白云观，享年八十岁
1228	蒙古睿宗拖雷元年	大道教四祖毛希琮病逝
1234	蒙古左宗六年	道士张志纯陆续兴复玉女祠、会真宫、王帝殿、圣祖殿、岱岳观、朝元观等泰山各庙
1236	太宗八年	丘处机之徒女冠訾守慎至泰安修真，后州尹张郁为建长春观。至本年告成，道人元和子撰碑记之
1238	蒙古太宗窝阔台汗十年	郦希成获得朝廷支持，重上掌教之位
1241	蒙古乃马真皇后监国元年	大道教灵虚宫派五祖李希安被征召，辞老不赴
1245	蒙古乃马真皇后称制四年	太虚观升格为太虚宫
1247	蒙古贵由汗二年	沈士元在五峰山仙亭桥东边池中刻崔道演先生肖像
1248	蒙古贵由汗三年	重修五峰山洞真观
1249	蒙古皇后海迷失后元年	李志常请旨修建玄都观，再次命名为玄都观；女冠任守真始建曹州太清观
1250	蒙古皇后海迷失后二年	曲阜县尹孔之全与蒙古元帅岳某营修景灵宫
1251	蒙古宪宗（蒙哥）六年	大汗蒙哥诏征蒙古大宗师李志常任祀岱岳，开遣道士代朝廷祭祀岳渎之例

续表

时间	年（帝）号	事略
1252	蒙古蒙哥汗二年	元宪宗追封萧抱珍为"太一一悟真人"，升太一万寿观为太一广福万寿宫
1255	蒙古蒙哥汗五年	忽必烈在王邸，闻李希安道行，赐以真人号
1261	元世祖中统二年	忽必烈敕命李希安掌管大道教；九月十五日，重修伏羲庙
1264	元世祖中统五年	重修泰山极顶南侧的玉女祠
1280	元世祖至元十七年	四月，长春宫聚集五百名道士，持棍棒"殴击僧众自焚廪舍，诬广渊遣僧人纵火"；宋德方召集全真弟子，开始开凿神仙洞，历时十年，于至元二十七年（1290）完工
1284	元世祖至元二十一年	崂山邱家女姑村修建寓仙宫，又名三官庙
1290	元世祖至元二十七年	全真道士孟道和、马道宽、宋志道等重修青州城南驼山山顶昊天宫，使其成为规模巨大的宫观
1291	元世祖至元二十八年	重修山东菏泽济渎庙；诏封泰山神为"天齐大生仁圣帝"，并遣致祭
1298	元成宗大德二年	元成宗铁穆耳皇帝加封中国五大镇山
1302	元成宗大德六年	道士李道元自云州（今河北赤城）来到紫金峰，在东华宫正殿北开石洞曰"紫府洞"，俗名"东华洞"；马丹阳弟子李道元开凿朝阳洞
1310	元武宗至大三年	崂山区王哥庄真毛石村东修建迎真观
1311	元武宗至大四年	创建山东平阴云翠山南天观
1314—1320	元仁宗延祐年间	崂山区北宅镇卧龙村南修建大崂观，又名真武庙

续表

时间	年（帝）号	事略
1325	元泰定二年	刘志坚崂山支脉华楼山中部建华楼宫
1351	元顺帝至正十一年	曲阜县尹孔克钦与道士潘道谨重修景灵宫
1353	至正十三年至正十三年四月	提点东岳庙事、道士范德清发起重修东岳庙延禧殿与诚明堂。次年告竣
1362	元顺帝至正二十二年	道人张志纯重修岱宗坊北宫观，改曰朝元观，主祀东华帝君，俗谓之东岳福神
1368	明太祖洪武元年	山东全境被明军攻占，进入明朝统治时期；朱元璋招聘张陵四十二代孙张正常，并命有司访求之，赐号"正一教主嗣汉四十二代天师、护国阐祖通诚崇道弘德大真人"，俾领道教事
1369	明太祖洪武二年	明太祖敕祀沂山；济宁府同知刘大昕建济宁城隍庙
1370	明太祖洪武三年	朱元璋下诏去除五岳、五镇、四海、四渎之名号，去其前代封号，以本名称神，改称东镇"东安王"为"沂山之神"
1376	明太祖洪武九年	朝廷派遣督工国子监生汤宗诚重修东镇庙
1377	明太祖洪武十年	明太祖朱元璋遣曹国公李文忠、道士吴永舆、邓子方代其祭祀泰山，并在岱庙立碑；陆亨等代祀沂山
1378	明太祖洪武十一年	明太祖朱元璋为仲秋报祀之礼，特令使者奉牺牲、祝帛，来泰山致祭

续表

时间	年（帝）号	事略
1382	明太祖洪武十五年	明太祖朱元璋设道箓司总管全国的道教，所辖道士分为全真、正一两种，两种道士的度牒和职衔互不相同；泰安州道纪司设在岱庙，岱庙住持由朝廷直接任免
1384	明太祖洪武十七年	太祖朱元璋下诏征张三丰入朝
1391	明太祖洪武二十四年	太祖命四十三代天师张宇初访求张三丰
1394	明太祖洪武二十七年	有司奏彭通微有奇术，遣使征召，以羽化闻
1395	明太祖洪武二十八年	明太祖朱元璋遣神乐观道士乐本然、国子监生王济祭泰山
1404	明成祖永乐二年	修建马山半山腰之玉皇庙，亦称聚仙宫
1407	明成祖永乐五年	明成祖寻访张三丰；明成祖遣道士复生祈神灵降福，早日平息安南之乱
1412	明成祖永乐十年	明成祖寻访张三丰
1416	明成祖永乐十四年	明成祖寻访张三丰
1429	明宣宗宣德四年	全真华山派道士李教秀重开峄山各道观
1436	明英宗正统六年	英宗准山东按察司佥事李玚奏请，诏修泰山神祠
1445	明英宗正统十年	英宗允准泰安州道正司奏请，诏令修葺岱顶昭真观（碧霞祠）等宫观
1456	明代宗景泰七年	邵以正于全真道祖庭北京白云观新修三殿

续表

时间	年（帝）号	事略
1459	明英宗天顺三年	明英宗诏封张三丰为"通微显化大真人"
1483	明宪宗成化十九年	明宪宗赐额碧霞灵应宫
1486	明宪宗成化二十二年	明宪宗特诰封张三丰为"韬光尚志真仙"
1516	明武宗正德十一年	明武宗开征泰山香税，设分理官、巡官等
1532	明世宗嘉靖十一年	明世宗为嗣子遣员致祭泰山
1533	明世宗嘉靖十二年	铸造岱庙之十二级铁塔；即墨文豪蓝田与太和观道长毕玄云创办"即墨书院"，向学生传授四书五经及音律
1536	明嘉世宗靖十五年	建马山之三官庙
1538	明世宗嘉靖十七年	明世宗元子诞生，命泰安知州丁方告谢泰山
1547	明世宗嘉靖二十六年	八月，世宗遣道士陶仲文莫祭泰山。十一月道士李应奉先后重建升元观正殿、补修东华帝君旧像、重修观门
1551	明嘉靖十年	东平道士王三阳率其徒耆复明至泰山卜地修真，开封人张乐峰与德藩承奉于龙泉，为其在凌汉峰筑室，创构三阳庵之始
1563	明世宗嘉庆四十二年	明世宗赠封张三丰为"清虚元妙真君"
1580	明神宗万历八年	泰山香税改为本省外省香客一律8分
1585	明神宗万历十三年	崂山太清宫道士耿义兰在北京白云观学到不少中原和秦晋地方戏曲音乐曲牌及十方经韵，带回崂山；耿义兰等道士控告憨山强占道宫、图谋不轨
1585—1600	明神宗万历十三年至二十八年	崂山太清宫旧道院倾圮；崂山太清宫发生僧道斗争案

续表

时间	年（帝）号	事略
1586	明神宗万历十四年	泰山碧霞宫祷焚者互相践踏，死六十一人
1589	明神宗万历十七年	十月，郑贵妃遣乾清宫近侍、御马监太监樊腾到泰山敬诣东岳泰山岱顶圣母娘娘陛前，虔修醮典，并请三阳庵道士昝复明等做清醮
1594	明神宗万历二十二年	明神宗遣近侍太监来三阳庵，命三阳庵住持全真道士昝复明于玄阁修醮，进香三次，礼醮三坛，伏望诸天默祐
1595	明神宗万历二十三年	泰山三阳庵道人昝复明在庵中增修门阁。礼部尚书于慎行为其更名为"三阳观"，并撰碑记
1599	明神宗万历二十七年	明神宗差太监李升至东岳庙颁发《道藏》5486卷，敕谕住持和道徒朝夕诵读，为大明祈祷国泰民安、天下太平；贞妇于氏倾捐家资，督工重修马山西北麓之真武庙
1600	明神宗万历二十八年	明神宗降旨毁寺复宫，并颁赐《道藏》一部给太清宫
1603	明神宗万历三十一年	确定太清宫的"四至"界限；明神宗在峄山颁道大藏经，并赐银60两
1609	明神宗万历三十七年	云翠山水牛山黄石崖创建玉皇殿并两配殿
1611	明神宗万历三十九年	敕拓岱麓旧有天仙祠，赐额"灵应宫"
1612	明神宗万历四十年	重修济宁城隍庙
1614	明神宗万历四十二年	神宗于其母慈圣太后去世后，上尊号"九莲菩萨"，命中使在天书观建九莲殿，改额为天庆宫；又在岱顶建万寿宫，以奉祀太后

续表

时间	年（帝）号	事略
1621—1627	明宪宗天启年间	崂山修建太清宫的两座脚庙真武庙和常在庵；崂山太清宫下院天后宫，成为崂山外山的一个应风乐中心之一
1622	明宪宗天启二年	宫廷内监李真立到崂山修真庵为道；道人赵复会重修崂山太清宫为三院三殿
1624	明宪宗天启四年	创建大峰山泰山行宫
1625	明宪宗天启五年	朝廷敕修岱顶碧霞灵佑宫告成。在祠内立《钦修泰岳大工告成赐灵佑宫金碑记》铜碑
1643	明崇祯十六年	济宁城隍庙大门毁于火
1644	明崇祯十七年	宫廷御马监太监伙同蔺卿，带领养艳姬、蔺婉玉等四名宫女，至崂山修真庵出家；崂山天后宫住持宿义明募捐修建戏楼、钟楼
1644—1649	清世祖顺至元年至顺治六年	山东青州、栖霞、嘉祥、曹州、五峰山等地爆发大规模反清、抗清斗争
1648	清世祖顺治五年	李常明、王真成在马山兴建庙宇，重整道场
1651—1909	清世祖顺治八年至宣统元年	遣使致祭泰山达46次之多
1661	顺至十八年	山东巡抚许文秀、布政司施天裔、泰安知州曲允斌共委武举张所存重修岱顶各庙
1662	清康熙元年	临朐知县谢赐牧维修沂山东镇庙
1662—1722	清康熙年间	蒙山重建万寿宫，正殿三楹，原祀玉皇大帝
1669	清康熙八年	云翠山南天观第七代主持张道祥立"蓬莱"阁刻石
1677	清康熙十六年	重修泰安东岳庙竣工

续表

时间	年（帝）号	事略
1678	康熙十七年	泰安武举张所存等重修青帝观
1684	清康熙二十三年	康熙帝加封天后宫为"天后"，亦称"妈祖"；十月，康熙帝至岱顶东岳庙行礼，又至极顶玉皇宫行礼，诏本年泰山香税免解该部，用以鸠工庀材，虔修山顶各庙
1687	清康熙二十六年	修建蒙山白云岩
1689	清康熙二十八年	正月，康熙帝至泰山之麓，望祀泰山，从泰安州城北门入，诣东岳庙峻极殿，率诸臣行礼
1701	清康熙四十年	临朐知县陈霆万维修沂山东镇庙
1703	清康熙四十二年	康熙帝又登泰山
1713	清康熙五十二年	康熙大帝亲书"灵气所钟"碑立于沂山东镇庙前
1717	清康熙五十六年	太清宫道长褚守恃出资重修鹤山遇真庵，使之成为太清宫的下院，并派住持叶泰恩任道长
1730	清雍正八年	张演浩等扩建蒙山白云岩宫观
1735	清雍正十三年	十二月，雍正帝下令禁止征收香税，且立裁革香税碑
1737	清乾隆二年	锦屏山创建泰山行宫
1740	清乾隆五年	重修峄山天竺观
1741	清乾隆六年	天仙派第七代弟子裴阳春及其徒弟李在诚重修云翠山南天观玉皇阁

续表

时间	年（帝）号	事略
1743	清乾隆八年	七月，云翠山天仙派第八代弟子李在诚立石，题刻"云翠山创建帝君殿前青龙崖碑记"；云翠山重修云翠山帝君庙
1747	清乾隆十二年	山东巡抚阿里衮在南天门诸处建立行宫，拓建升仙阁（改名壶天阁）岱庙环咏亭
1750	清乾隆十五年	重修云翠山南天观北西两面之玄帝庙，因讳"玄烨"之言，更名为镇武庙
1753	清乾隆十八年	泰安知县冯光宿建"白鹤"石坊于泰山玉皇阁阁前；云翠山重修玄帝庙
1755	清乾隆二十年	颁"大东陪岳"碑，立于沂山东镇庙前
1756	清乾隆二十一年	修建锦屏山碧霞元君祠
1759	清乾隆二十四年	天仙宗派八代弟子知观戒道李在诚等在南天观东北修建《永垂千古》碑
1762	清乾隆二十七年	泰安知县程志隆拓建泰山玉皇阁
1768	清乾隆三十三年	高宗诏发帑金、重修岱顶东岳庙
1770	清乾隆三十五年	乾隆帝敕建泰山岱庙，冠额曰"岱庙"；泰山碧霞祠部分殿宇重新翻修，正殿改为铜顶
1781	清乾隆四十六年	重修云翠山南天观碑
1785	清乾隆五十年	济宁道副使杨毓楫倡始里人陈岷法等重修济宁城隍庙
1747—1790	清乾隆十二年至乾隆五十五年	乾隆帝共十一次来泰山，六次登临岱顶

续表

时间	年（帝）号	事略
1788	清乾隆五十三年	山东巡抚长麟等捐资重修后石坞庙，并新增厅三楹
1800	清嘉庆四年	锦屏山主持王复昌等重修老君堂
1804	清嘉庆九年	泰山道众重修三阳观，泰安学者蒋大庆撰碑记
1814	清嘉庆十九年	泰安府奉旨重修岱庙
1829	清道光九年	何德志等扩建蒙山白云岩宫观
1836	清道光十六年	蓬莱阁天后宫毁于火
1837	清道光十七年	重修蓬莱阁天后宫，改额"显灵"
1842	清道光二十二年	扩建蒙山白云岩宫观
1850	清道光三十年	李合林主持大修锦屏山泰山行宫
1858	清咸丰五年	孙永平、李永传合作完成了碧霞祠灵应宫山门的维修
1865	清同治四年	锦屏山遭暴风雨袭击，庙瓦多飞，廊柱几折，庙宇破坏严重
1867	清同治六年	道士王从政主持重修威海文登太平观
1869	清同治八年	钦命《公垦示禁》，禁止"无知之徒，乘隙撒放牲畜，任意践踏亵渎神祇"
1870	清同治九年	高仁峒受戒于张园璇门下，后从传戒于关东、陕西等省；李永传动员三德范村社首张兰馨，在锦屏山老君堂院南建文昌阁
1876	清光绪二年	高仁峒还京居于西山圣米石塘山

续表

时间	年（帝）号	事略
1877	清光绪三年	知府贾瑚、总兵王正起建蓬莱阁吕祖殿；高仁峒移居蒙山白云观，任白云观监院
1882	清光绪八年	高仁峒开坛传戒，受戒弟子404人
1884	清光绪十年	高仁峒开坛传戒，受戒者500余人
1885	清光绪十一年	高仁峒刊印《云水集》
1887	清光绪十三年	高仁峒主持重修蒙山白云观吕祖殿；徐至成将上海雷祖殿定为"永归龙门正宗主持"的"十方丛林挂单接众之处"
1890	清光绪十六年	高仁峒主持修建蒙山白云观云集山房
1891	清光绪十七年	高仁峒开坛传戒
1896	清光绪二十二年	高仁峒开坛传戒
1898	清光绪二十四年	朱本龙、范本怀、潘仁顺等扩建蒙山白云岩宫观
1906	清光绪三十二年	高仁峒请办初级小学堂，特向学部禀请恩准立案
1907	清光绪三十三年	高仁峒羽化；山东巡抚杨士骧专程到崂山，邀请太清宫韩太初道长一同抚琴
1909	清宣统元年	古琴家岑春萱到崂山太清宫访韩太初，创曲《山海凌云》，并刻"山海凌云"四字以志纪念
1909	清宣统六年	末帝溥仪以嗣承帝位遣山东布正使传朱其煊致祭泰山，历史上最后一次皇帝遣使祭岱活动

山东道教人物表（下）

姓名	生卒	籍贯	修炼地	（谥）号
刘若拙	898（900）—991	北宋蜀州（今四川）	崂山驱虎庵即墨高真宫	宋太祖敕封"华盖真人"
甄栖真	？—1022	单州单父（今山东单县）	崂山、晋州（今山西）	无
王老志	？—1114	濮州临濮（今山东鄄城西南部）	不详	宋徽宗赐号"安泊处士""洞微先生""观妙明真洞微先生"
贾文	？—1144	山东临沂	蒙山	清虚文成公先生
王重阳	1112—1170	北宋末京兆咸阳（今陕西咸阳）大魏村	山东烟霞洞	元世祖至元六年（1269），追封为"重阳全真开化真君"，元武宗至大三年（1310），封为"重阳全真开化辅极帝君"

续表

姓名	生卒	籍贯	修炼地	(谥)号
孙不二	1119—1182	宁海（今山东省牟平）	牟平城（今烟台牟平）金莲堂、洛阳凤仙姑洞	元世宗追封"清净渊九顺德真人"；元武宗加封"清净渊真玄虚顺化元君"
刘德仁	1122—1180	沧州乐陵（今山东乐陵）	京城天长观	金世宗赐号"东岳真人"。元代加封"无忧普济开明洞微真君"
马钰	1123—1183	宁海（今山东牟平）	昆嵛山烟霞洞、文登姜实庵、宁海州金莲堂	元世祖、武宗先后追封"丹阳抱一无为真人""丹阳抱一无为普化真君"
谭处端	1123—1185	宁海（今山东牟平）	昆嵛山烟霞洞、文登姜实庵、宁海金莲堂、洛阳朝元宫	元世祖至元六年（1269），赠封"长真云水蕴德真人"
贺亢	五代宋初	琅琊（今山东临沂）	山东蒙山	无
王守缘	北宋太宗时	不详	昆嵛山麻姑观	无
于知雄	北宋真宗时	登州牟平	山东肥城汶阳、东京上清宫	管内道正洞微大师
王归德	北宋真宗时	不详	泰山岱岳观	无
刘支离	宋代	厌次人（平原）	博山支离泉、博山玉皇宫	不详

续表

姓名	生卒	籍贯	修炼地	(谥)号
张道源	宋大观时人	博山	博山玉皇宫	不详
秦辨	北宋真宗时	不详	泰山	宋真宗赐"贞素先生"
乔仝	北宋仁宗时	不详	山东蒙山	无
李若清	北宋仁宗时	不详	泰山岱岳观	无
庞归蒙	北宋仁宗时	不详	泰安王母池	无
徐问真	北宋仁宗时	东莱维州（山东潍坊）	潍城南宫	无
郭永昌	北宋仁宗时	不详	泰山青帝观	无
乔绪然	北宋神宗时	不详	崂山太平兴国院（后更名太平宫）	无
魏一翁	北宋徽宗时	曹州雷泽（今山东濮县东南）	不详	无
吴希景	？—1180	鲁埠村（今山东临沂平邑）	蒙山三清殿	无
皇甫坦	？—1178	临淄（今淄博，一说四川夹山）	四川峨眉山	清虚道人
郝大通	1140—1213	宁海（今山东省牟平）	昆嵛烟霞洞、查山（荣成槎山）	元世祖至元六年（1269），褒赠"广宁通玄太古真人"
崔道演	1141—1221 或 1136—1227	金朝观州蓚（今河北省景县）	肥城布金山、济南五峰山	广川真静大师

续表

姓名	生卒	籍贯	修炼地	（谥）号
王处一	1142—1217	宁海东牟（今山东省牟平）	文登牛仙山、查山云光洞（今荣成市铁槎山）	元世祖至元六年（1269），赐"玉阳体元广度真人"号
吕道安	1142—1221	山东宁海（今山东牟平）	终南山	金章宗授"吕冲虚大师"号
刘处玄	1147—1203	东莱武官（今莱州武官庄）	山东莱州武官观	元世祖至元六年（1269）赠"长生辅化明德真人"。至大三年（1310）加封为"长生辅化宗玄明德真君"
丘处机	1148—1227	登州栖霞县（今山东栖霞）滨都里	磻溪、陇州龙门山、栖霞滨都观	元太祖赐号"神仙"；元至元六年（1269）赐号"长春演道主教真人"
赵道坚	1163—1221	澶州（今河南濮阳）	栖霞、掖县、北京白云观	蒙古海迷失后二年（1250）赠先生"中贞翊教玄应真人"；至大二年（1310）赠"中贞翊教主应真人"

续表

姓名	生卒	籍贯	修炼地	（谥）号
张信真	1164—1218	青州乐安（今山东广饶）	烟霞洞、黄县卢山延真观	纯阳真人
于道显	1167—1232	文登（今山东文登）	洛阳太清宫	元正大年间，赐号"紫虚大师"
尹志平	1169—1251	河北沧州	潍州（今潍坊市）之玉清观、长春宫、	中统二年（1261年）追赠为"清和妙道广化真人"
夏志诚	1172（1173）—1255	济南章丘	栖霞太虚观、北京白云观	蒙太祖三年（1208）授"无为抱道素德清虚大师"；至大三年（1310）赠"无为抱道素德真人"
范全生	1178—1245	济南济阳	栖霞太虚观、	清虚纯德辅教真人
范圆曦	1178—1249	宁海	泰山上清万寿宫	玄通子。1248年朝廷加赐"玄通广济普照真人"，不受
郦希成	1181—1259	妫川（今河北怀来县）水峪	燕成天宝宫、泰山岱岳观	蒙哥汗授"太玄真人"
宋德方	1183—1247	莱州掖城（今山东掖县）	莱州神山开九阳洞	赐号"玄都至道真人"，至元七年（1270年）追赠"玄通弘教披云真人"

续表

姓名	生卒	籍贯	修炼地	（谥）号
于志可	1184—1255	山东宁海（今山东牟平）	山东莱州武官观、燕京长春宫	元武宗至大三年（1310）赠封为"诚纯复朴冲寂真人"
孟志稳（一说源）	1187—1261	山东平度	潍县玉清观	重玄子
姚志翊（安然）	1189—1265	东海（山东蓬莱）	峄山白云宫	安然静朴栖德真人
綦志远	1190—1255	莱州掖县人	莱州昊天观	白云真人
潘德冲	1190—1256	淄之齐东（今山东邹平、高青两县部分地区）	潍阳玉清官	冲和子
刘真一	？—1206	山东登州黄县（今山东龙口）	河北抚宁县建重阳观	朗然子
刘通微	？—1196	东莱掖城（今山东莱州）	终南山、天长观	默然子
雷大通	？—1211	延安敷政（今陕西延安市）	峄山修真庵	洪阳子
宋明一	？—1226	登州福山（今烟台芝罘）	终南山灵虚观	昭然子
李志常	1193—1256	洺州永年（今河北省永年县）	天柱山仙人宫、开州观城（今山东莘县）	赐"玄门正派嗣法演教真常真人"，元中统二年（1261）追赠"真常上德宣教真人"。

续表

姓名	生卒	籍贯	修炼地	（谥）号
高道宣	1201—1276	檀之密云（今北京密云）	济宁元清宫	纯正昭惠冲和真人
史志道	1206—1292	浙江平阳	峄山仙人万寿宫炉丹峪	至元二十九年（1292），追赠"淳然体道明德真人"
祁志诚	1219—1293	钧州阳翟（今河南禹县）	昌平北山三元观	洞明子
张志纯	1220—1316	泰安州埠上保（今肥城市张家安村）	泰山会真宫	元世祖忽必烈赐号"崇真保德大师"；后特加"崇真明道圆融大师"
王守泰	金世宗时	不详	青州龙山观	无
王贵实	金世宗时	不详	峄山炉丹峪长生观	崇真大德灵隐真人
王首锐	金世宗时	不详	般水镇（章丘龙山镇）太清观	无
邓志迥	金世宗时	不详	聊城高唐县大元都宫	无
邓希庆	金世宗时	不详	蒙山玉虚观	无
牟志进	金世宗时	不详	牟平玄都观	清玄大师
李崇彦	金世宗时	曲阜	峄山玉泉观	无
杨希言	金世宗时	不详	蒙山玉虚观	无

续表

姓名	生卒	籍贯	修炼地	(谥)号
杨希真	金世宗时	不详	蒙山玉虚观	无
荣义江	金世宗时	不详	蒙山万寿宫玉虚观	无
皇希全	金世宗时	不详	蒙山玉虚观	无
耿之沼	金世宗时	不详	般水镇（章丘龙山镇）太清观	无
郭志空	金世宗时	山东章丘	滨州蒲台县太清观	长春真人
曹志冲	金世宗时	燕蓟（今河北部，辽宁西端）	泰山娄敬洞洞虚观	无
曹致宁	金世宗时	不详	泰山娄敬洞洞虚观	无
卢志淳	金章宗时	不详	牟平玄都观	玄通大师
张志渊	金章宗时	山东郓城	郓城白云观	洞虚子
杨道全	金章宗时	不详	沂山	无
邱（丘）志园	金章宗时	不详	济南洞真观	云峰道人
邱志坚	金章宗时	不详	宁海玄都观	清通大师
郝命清	金章宗时	不详	山东莱州太微观	冲虚大师

续表

姓名	生卒	籍贯	修炼地	(谥)号
韩志具	金章宗时	泰安	泰安长春观	巨阳子
王志兴	金宣宗时	不详	昆嵛山神仙洞	通玄大师
王志卒	金宣宗时	不详	昆嵛山神清观	无
王志深	金宣宗时	不详	五峰山洞真观	倪然子
王守谦	金初	博之堂邑（今山东聊城）	不详	无
王志辛	金代末	不详	牟平玄都观	崇真大师
长筌子	金代末	龟山（河南信阳市）	河南信阳	无
许志部	金代末	不详	山东大云山兴国观	无
李志清	金代末	不详	泰山洞真观	葆真大师湛然子
陈志渊	金代末	河间	济南华阳宫	园明大师
姜志钧	金代末	不详	昆嵛山玄都宫	崇元大师
韩道温	金代末	不详	不详	清虚大师
李道昌	金代	不详	昆嵛山契遇庵	圆明道人
暴道全	金代	不详	峄山仙人万寿宫	明真体道通玄大师
王志明	金末元初	山东登州	文登、秦晋	元武宗封"熙神资道葆光真人"

续表

姓名	生卒	籍贯	修炼地	(谥)号
王志顺	金末元初	益都（今山东寿光）	峄山白云宫	至元戊申年（1308）冬赐号"远尘通妙纯德真人"
王抱玄	金末元初	不详	山东大云山兴国观	崇真大师
王道宽	金末元初	不详	昆嵛山东华宫	无
王道谨	金末元初	山东掖县（今山东莱州）郭家庄	山东莱州兴仙观	素德大师
孔志纯	金末元初	不详	凫山重阳观	无
石守清	金末元初	不详	嵫山太玄观、太一广福万寿宫	无
田妙真	金末元初	镇阳	巨野妙真观	云溪散人
孙道古	金末元初	不详	荣成圣水观	成吉思汗敕封"贞晦真人"，后旨加"洞明大师"
孙道衍	金末元初	不详	昆嵛山烟霞洞神清宫	静渊明德大师
乔正忠	金末元初	不详	济宁神霄玉清万寿宫	希夷大德

续表

姓名	生卒	籍贯	修炼地	（谥）号
刘正清	金末元初	不详	济宁神霄玉清万寿宫	希真大师
刘志深	金末元初	沧州乐陵（今山东乐陵）	东平全真观	远真道人
刘德永	金末元初	不详	牟平玄都观	洞玄大师
张志顺	金末元初	淄川（今山东淄博）	沂源栖真观	栖真大师
李守正	金末元初	兖州（今山东）	济南紫微宫	安然子
李志端	金末元初	不详	般水镇（今章丘龙山镇）太清观	白云子
李源固	金末元初	长口县	济南五峰山	纯真子
邵志平	金末元初	不详	长清炼真观	无
周庆安	金末元初	济南	不详	恬然子
房志起	金末元初	潍州昌邑	不详	至元戊寅（1278），蒙敕定仙号曰"弘真体静真人"
赵志古	金末元初	潍县（今山东潍坊）	潍坊簏台	淳和子
耿志平	金末元初	不详	般水镇（今章丘龙山镇）太清观	通正子

续表

姓名	生卒	籍贯	修炼地	(谥)号
扈庆真	金末元初	不详	文登东华宫	无
韩抱真	金末元初	山东禹城	山东万山白云观	广阳子
隋志纯	金末元初	不详	山东昆嵛山	崇明大师
景志纯	金末元初	不详	山东博山白云观	无
訾守慎	金末元初	不详	泰安西北隅妙真观	妙真大师
任守真	金末元初	曹州（今菏泽）	曹州太清观	清虚大师辛公门下
田洞春	约1236—1320	山东肥城	任城（今济宁）极真观	封"悟元参化妙靖真人"
张志德	1239—1316	邹平	济州圣寿宫	洞微玄妙大师
刘志坚	1240—1305	博州（今山东聊城市）	崂山华楼万寿宫	元大德八年(1304)，赐"崇真利物明道真人"
王志淳	1241—1320	不详	颜家城（今山东费县华城村）	无
杜志希	1253—1307 (1243—1298)	东昌（今山东聊城）	峄阳长春万寿宫	无
戎体玄	?—1272	不详	峄州清真观	元世祖封号"中真大师"
黄道盈	1272—1352	不详	崂山华楼宫	葆玄崇素圆明真静大师

续表

姓名	生卒	籍贯	修炼地	（谥）号
李志椿	？—1296	彭城（今徐州）	峄山仙人万寿宫	元元贞三年（1296）赐号"明真和阳崇德真人"
毛仙姑	？—1315	泰安	泰山徂徕山	无
李善信	？—1295	圯上（今江苏邳州市）	沂山神霄玉清万寿宫	中孚大师
李道元	？—1320	河南卫辉路淇州朝歌	云州金阁山、昆嵛山紫府洞（东华洞）	大德三年（1299）封"抱元真净清贫真人"
林德荣	？—1346	不详	福山县芝阳洞	无
耿道清	？—1343	不详	昆嵛山东华宫	无
丁德全	元世祖时	不详	青州龙山观	圆明大师
王源宣	元世祖时	不详	五峰山洞真观	无
牛志淳	元世祖时	不详	云翠山南天观	无
史志照	元世祖时	不详	高唐三清观	无
宁志平	元世祖时	山东泰安	泰山通道宫	圆明大师
刘正道	元世祖时	不详	邹平县长春观	明真大师
刘志明	元世祖时	不详	山东龙口金华宫	无

续表

姓名	生卒	籍贯	修炼地	(谥)号
刘道源	元世祖时	古滕（今山东滕州）	滕州云峰万寿宫	不详
刘德源	元世祖时	不详	泰山岱庙	渊静大师
朱志休	元世祖时	不详	沂源栖真观	冲玄大师
张德显	元世祖时	不详	沂山神佑宫	无
李道实	元世祖时	不详	峄山仙人宫	凝玄冲妙文莹真人
杨志惇	元世祖时	不详	峄山玄都观	庆真大师
杨志运	元世祖时	不详	长青五峰山娄敬洞	无
杨道远	元世祖时	不详	峄山仙人万寿宫	洞微静照□□大师
孟志和	元世祖时	不详	青州驼山昊天宫	无
范志敦	元世祖时	不详	莱州山、莱州大泽山上清观	清和大师
季道亨	元世祖时	不详	泰山通道宫	无
赵志和	元世祖时	不详	驼山昊天宫	无
胡道林	元世祖时	不详	峄山集仙宫	无

续表

姓名	生卒	籍贯	修炼地	（谥）号
郝道明	元世祖时	不详	峄山镇头村集仙宫	慈柔纯德葆光大师
崔志通	元世祖时	不详	峄州玄都观	显真师
郭志仙	元世祖时	不详	云翠山南天观	无
梁希诚	元世祖时	不详	五峰山	圆照大师
韩广洋	元世祖时	不详	淄博博山白云观	无
董道常	元世祖时	不详	邹平县长春观、沂源栖真观	葆光大师
翟庆真	元世祖时	不详	泰山昭真观	无
薛德悟	元世祖时	不详	肥城天和观	悟真大师
武道彬	元成宗时	不详	昆嵛山东华宫	云真渊静明道真人
王志道	元仁宗时	淄川七里店	淄川修真宫	无
彭居惠	元仁宗时	不详	东平全真观	崇仁通义希玄大师
刘慧方	元成宗时	不详	青州驼山会真庵	无
李志明	元成宗时	不详	崂山明霞洞	通玄弘教洞微大师

续表

姓名	生卒	籍贯	修炼地	(谥)号
林道坚	元成宗时	不详	山东龙口金华宫	无
梅道隐	元成宗时	不详	东镇太虚宫	圆明真静纯德大师
董道安	元泰定帝时	不详	昆嵛山东华洞	无
马守祥	元惠宗时	不详	崵山太玄观	无
马进明	元惠宗时	不详	崵山太玄观	无
王道素	元惠宗时	不详	峄山长生观	无
王道融	元惠宗时	不详	沂山东镇庙神佑宫	安和明德通妙大师
王嘉禄	元惠宗时	山东新城（今淄博桓台）	崂山	无
许道坚	元惠宗时	不详	峄山仙人宫	无
张志功	元惠宗时	北海苏村	潍坊玉清宫	明真悟理安然大师
吴志全	元惠宗时	不详	峄山仙人万寿宫	明道贵德洞微大师
吴道泉	元惠宗时	不详	峄山仙人万寿宫	通微致虚大师
沈进静	元惠宗时	不详	青州天宝观	无

续表

姓名	生卒	籍贯	修炼地	（谥）号
宣道和	元惠宗时	不详	沂山东镇庙	明达大师
殷志（和）	元惠宗时	不详	昆嵛山玉皇阁	无
王志全	元初	不详	龙口灵源观	无
刘朗然	元初	掖县（今山东莱州）	泰安徂徕山老人寨	无
公志清	元代中期	不详	峄山白云宫	保和大师
邵道康	元代中期	不详	济南迎祥宫	寂昭通玄大师
谷道玄	元代中期	不详	峄山仙人万寿宫	无
赵道昌	元代中期	不详	云翠山南天观	和逸大师
梁道成	元代中期	不详	泰安岱庙	无
林志贞	元末时	不详	福山芝阳洞	无
林志全	元末时	不详	崂山明霞洞	无
林志远	元末时	不详	崂山明霞洞	无
林道润	元末时	不详	昆嵛山神清宫	无
韩广洋	元代	博山	白云观土洞	无

续表

姓名	生卒	籍贯	修炼地	（谥）号
韩道微	元末时	不详	昆嵛山玉皇阁	无
潘道谨	元末时	不详	仙源县景灵宫	无
马道明	元代	宿郡（今安徽宿州）	崞山太玄观、峄山白云宫、宿郡蝉窑洞	希玄崇仁孚真大师
李坚	元代	长清	灵岩山麻衣洞	麻衣先生
李道成	元代	不详	沂山元德东安王庙	无
孟德平	元代	泰安长清（今济南长清）	东平尧帝延寿宫	无
柳志升	元代	不详	山东莱州兴仙观	明虚大师
高居厚	元代	不详	东平全真观	端诚顺德大师
程志泰	元代	邓州	山东曹县瑞云宫	安和子
王勑	1446—1511	历城（今山东历城）	不详	无
徐复阳	1476—1556	莱州府掖县（今莱州市）	鹤山遇真庵后鹤山洞	嘉靖三十五年（1556）敕封为"中元永寿太和真君"

续表

姓名	生卒	籍贯	修炼地	（谥）号
孙玄（元）清	1495—1569	青州寿光（今山东寿光）	崂山明霞洞、山东铁查山（今称槎山）	明嘉靖三十年（1557）赐号"护国天师左赞教主紫阳真人"
孙教鸾	1504—1610	长治（今山西省长治市）	山东龙口	烟霞散人
耿义兰	1509—1606	山东高密	崂山太清宫、北京白云观、崂山慈光洞	万历二十八年（1600），神宗册封为"扶教真人"
许道先	1545—1625	不详	平阴云翠山	悟庵炼师
范道人	1551—？	德州运河西琵琶村	崂山	无
毕玄云	？—1573	不详	崂山太和观	无
昝复明	？—1598	陕西渭南	泰山凌汉峰三阳庵	无
李常明	1572—1681	济南府阳信（今山东滨州阳信）美化乡红门李家庄	崂山百福庵	紫气真人
刘贞洁	1576—1647	山东即墨马山之东麓	崂山明霞洞铁佛洞	无

续表

姓名	生卒	籍贯	修炼地	（谥）号
齐奉（本）守	？—1602	浙江钱塘	崂山三清宫	明万历三十年（1602）被册封为"上元普济道化真君"
赵守身	1596—1676	不详	沂山东镇庙	无
郭守真	1606—1708	南京丹阳（今江苏丹阳市）	吉林铁刹山八宝云光洞、即墨马山	静阳子
孙真清	1610—1703	直隶河间府阜城县（今河北东南部）	泰山玉皇阁	无
张道祥	1637—1686	江苏铜山（今江苏徐州）	东阿云翠山	还阳真人
王真成	？—1668	济南府禹城县（今山东禹城市）	青州白云观、即墨马山	无
边永清（边静宁）	？—1671	保定府满城（今河北省满城县）	崂山修真庵	玄隐道人
张守皂	？—1656	不详	即墨马山	无

续表

姓名	生卒	籍贯	修炼地	（谥）号
麻衣赵	明初	不详	胶州大朱山（今胶南大朱山）朝阳庵	无
张三丰	明洪武至永乐年间	辽东懿州（今阜新蒙古族自治县塔营子乡）	崂山、泰山明月嶂"懒张石屋"、武当山	明天顺三年（1459），诏封为"通微显化大真人"；明成化二十二年（1486），诰封为"韬光尚志真仙"。明熹宗又晋封其为"飞龙显化宏仁济世真君"；清嘉庆四十二年（1563），赠封其为"清虚元妙真君"
黄一峰	明成祖时	山东即墨	崂山高真观	诏封"清徽高士"
李守真	明宪宗时	山东兖州府（今山东省兖州市）	崂山、雪山	宪宗赐号"冲虚妙悟道人""太极涵真子李隐仙"
王阳辉	明世宗时	泰山东平	泰山凌汉峰三阳庵	无
杜世威	明世宗时	东锦之颜庄（今章丘市相公庄镇颜家庄）	章丘	无

续表

姓名	生卒	籍贯	修炼地	（谥）号
李阳兴	明世宗时	成山卫（山东荣成）	崂山玉皇殿	无
苏洲	明世宗时	杞县（今河南杞县）	章丘	雪蓑道人
蓝道行	明世宗时	即墨（今山东即墨）	不详	无
于蚖虚	明神宗万历时	汶上（今山东济宁汶上县）	泰安徂徕山礤石峪隐仙观	无
齐道人	明神宗时	青州寿光（今潍坊寿光市）	崂山先天庵	无
张毓秀	明神宗万历时	山东东阿	崂山	无
李常明	明神宗时	济南府阳信县美化乡红门李家庄	崂山马山平安殿	紫色真人
范真峰	明神宗时	无	济南长清五峰山金蟾洞、峰云观	无
周云清	明神宗时	不详	济南五峰山洞真观	淡然子
柴慧庵	明神宗时	不详	泰山摩天岭下四阳庵（又名潜仙）	无

续表

姓名	生卒	籍贯	修炼地	（谥）号
丁本无	明熹宗时	浙江	崂山白云庵北葫芦洞	无
李真立	明熹宗时	不详	崂山修真庵	无
于半仙	明代	淄川（今淄博）冶头店	济南	无
李来先	明代	昌邑县（今山东昌邑）	山东即墨	凝真子
李真人	明代	不详	平度云台观	无
陈得祥	明代	东锦之普济（今章丘市普集镇）	不详	无
柏颠	明代	新城（今山东章丘新城）	崂山	无
崔道人	明代	不详	崂山古迹岛	无
散发道人	明代	河南洛阳	岱顶仙人桥	无
燕阳秀	明末	山东肥城	济南长清大峰山	无
王生（本）	1666—1770	山东即墨	崂山白云洞	得一子
宋天成	？—1708	安邱（今潍坊安丘）	崂山白云观	无

续表

姓名	生卒	籍贯	修炼地	（谥）号
韩阳成	1699—1785	章丘绣惠（今章丘绣惠）山头店	章丘胡山三教观、锦屏山朝阳洞	无
王澍	？—1760	济南府（今济南市）	不详	无
刘来广	？—1790	不详	章丘锦屏山	无
薛心佑	1771—1858	山东青州	泰城西关万寿宫	无
徐坐全	约1782—1876	山东宁海（今山东牟平）	崂山白云洞	无
刘永福	1836—1928	山东胶州人	崂山修真庵	无
高仁峒	1840—1907	山东任城（今济宁）	云蒙山白云岩、北京白云观	册赐"寿山大真人"
尚士廉	1893—1970	泰安尚家寨	泰山岱庙、碧霞祠	无
王真吾	？—1939	安丘县（今山东省安丘市）	崂山白云洞	无
邹全阳	？—1939	荣成（今山东省荣成市）	崂山白云洞	无
杨绍慎	明末清初	不详	崂山修真庵	玄默道人
养艳姬	明末清初	山西宁武关（今山西宁武县）	崂山修真观	无

续表

姓名	生卒	籍贯	修炼地	（谥）号
宿义明	明末清初	不详	崂山天后宫	无
蒋清山	明末清初	江苏	崂山百福庵	烟霞散人
褚守恃	明末清初	不详	崂山太清宫	无
蔺婉玉	明末清初	不详	崂山修真庵	无
于一泰	清顺治时	永昌（山东聊城）	崂山明霞洞	守元子、中玄道人
马元禄	清顺治时	不详	崂山碧霞洞、山东昌乐金山	无
朱全周	清顺治时	不详	沂山东镇庙	无
李在诚	清顺治时	不详	东阿云翠山南天观	朴菴
卜公子	清康熙时	济南府（今济南市）历城	临清新城铜三官庙	无
叶泰恩	清康熙时	不详	崂山遇真庵	无
田白云	清康熙时	不详	崂山白云洞	无
刘信常（刘显长）	清康熙时	高密县（今山东省高密市）武兰庄	崂山三标山北熟阳洞	熟阳
李崇华	清康熙时	济南府（今济南市）	济南历城城隍庙	无

续表

姓名	生卒	籍贯	修炼地	(谥)号
佟太宗	清康熙时	不详	崂山上清宫	无
高本性	清康熙时	不详	文登文山庙	善养
鲁太璞	清康熙时	不详	即墨马山	无
曲居士	清雍正时	山东掖县（今莱州市）	莱州西草庵	无
刘坤江	清乾隆时	不详	东阿云翠山南天观	无
刘教存	清乾隆时	不详	济南五峰山	无
刘精一	清乾隆时	长洲（江苏省苏州市境内）	崂山太平宫	无
李坤义	清乾隆时	不详	东阿云翠山南天观	无
黄乾顺	清乾隆时	不详	东阿云翠山南天观	无
李合林	清道光时	不详	章丘锦屏山	无
何德志	清道光时	无	蒙山白云岩	集阳子、伴云道人
张然江	清嘉庆时	山东高密	崂山明霞洞	无
萧道人	清嘉庆时	陕西	崂山白云洞	了尘
王裕恒	清咸丰时	不详	崂山太清宫	无

续表

姓名	生卒	籍贯	修炼地	（谥）号
尹仁遂	清光绪时	山西平定	蒙山天麻场	无
吕正嵩	清光绪时	不详	蒙山白云岩	无
李旅震	清光绪时	不详	崂山太清宫、南阳玄妙观	无
赵善初	清光绪时	不详	崂山太清宫、青岛天后宫	无
韩谦让（太初）	清光绪时	山东寿光	崂山太清宫	了一子
王从政	清同治时	文登北湾	威海文登太平观	无
周旅学	清同治时	不详	崂山太清宫	无
龙显	清末	不详	山东即墨马山大王庙	无
刘本荣	清末	不详	崂山华楼宫	无
庄紫垣	清末至民初	不详	崂山太清宫	无
王本敬	清代	不详	蒙山白石岩清虚观	无
张坐源	清代	山东胶西（今山东胶州）	崂山白云洞	窥妙子
李道和	清代	山东蒙阴（今蒙阴县）	蒙阴仙洞山	无

续表

姓名	生卒	籍贯	修炼地	（谥）号
李师存	清代	不详	博山	李仙师
岳树屏	清代	博山岳家庄	博山	无
李吉清	清代	博山王家村	博山	李半仙
苏正莱（苏道人）	清代	青州府益都（今山东青州市）	荣成凉水庵	日宾
陈合清	清代	山东胶州	崂山修真庵	无
韩云朋	清代	章丘（今章丘市）	崂山	无

后　　记

由齐鲁工业大学承担的国家社科基金重点项目《山东道教史》（编号：09AZJ002）上、下卷，在课题组全体同仁的艰苦努力下，历时五年，即将由中国社会科学出版社出版。欣喜之余，感受颇深。

五年来，为了更好地完成这个项目，我们以《史记》《汉书》《后汉书》《三国志》《晋书》《魏书》《隋书》《旧唐书》《新唐书》《宋史》《金史》《元史》《明史》《清史稿》《全宋文》《全元文》，以及《资治通鉴》《道藏》《藏外道书》《古今图书集成》《道家金石略》《四库全书》等为基本研究资料，参考《山东通史》《山东省民族宗教志》《临沂地区民族宗教志》《泰山文献集成》《岱览校点集注》《泰山志》《崂山志》《蒙山志》《泰山石刻》《沂山石刻》《山东道教碑刻集》等，以及山东省各县市古今地方志的有关道教史料，借鉴吸收近年来国内外专家学者有关山东道教的研究成果，系统全面地开展项目研究工作。同时，为了收集石刻、碑文等第一手原始资料，我们经常深入山海庙宇，穿行野外荒冢，足迹踏遍了山东各地。

我们先后完成了崂山、泰山、昆嵛山、沂山、五峰山道教史等研究论文，以及《山东省宗教活动与分布状况的调查与管理研究》（25万字）等阶段性研究成果。在《中国道教》《中国宗教》《宗教学研究》《世界宗教研究》发表了《蒙山道教初探》《仙峰道谷大基山》《先秦时期山东地区的巫文化与山东道教的产生》《〈太平经〉与山东道教》《云翠山南天观初考》等论文，提出了山东是中国道教发源地之一的观点，在学术界产生了一定影响。对于有争议的问题，召开学术研讨会。2010年10月，在蒙山龟蒙景区管理会及赵玉春先生支持下，我们主持举办了"高仁峒与蒙山道教高层论坛"，邀请国内高校专家学者和宗教界人士，对山东道教史上著名人物高仁峒（山东任城人，清代北京白云观第二十代方丈）以及蒙山道教进行了研讨，发表了《蒙山道教文化高层论坛综述》等文稿，在国内外引起了一定的反响。

2009年，我们在开展田野调查的过程中，发现了沉睡于平阴县云翠山多年的吕祖天仙派道士墓群。吕祖天仙派在陈垣《道家金石略》及近年出版的《藏外道书》等相关文献中早有记载，但除云南巍山之外少有发现，此地应该属于传承有序、记载最为翔实的墓群之史料。从2009年至2012年，我们先后9次深入云翠山开展田野调查。云翠山吕祖天仙派传承谱系，特别是"全真宗派图谱"，与陈垣在《道家金石略》中收录的"全真宗派图"差异甚多，其内容不但记录了天仙派的传承和演变情况，而且弥补了"全真宗派图"在人员传承和名字收录中的个别疏漏。我们还在云翠山天仙派道教音乐第十八代唯一传人任尚柱的帮助和支持下，收集、整理、完成了十多首具有代表性的云翠山天仙派道教音乐，使这一濒临失传的珍贵道教音乐得以保存下来，为云翠山吕祖天仙派的研究提供了更为丰富的资料。

《山东道教史》原申报书设计的体例，是按道教发展史、道教人物思想史和道教宫观建设史三卷本、字数60万设计。但在项目研究和撰写过程中发现，人物思想与宫观建设都是随着山东道教各个时期的演化而产生和发展的。那么，若依原来的设计体系，势必造成内容重复。为此，我们把原来的三卷本调整成新的上、下二卷，即先秦、东汉、魏晋南北朝、隋唐为上卷，宋、金、元、明、清为下卷。主要内容包括：道教在山东各个时期的发展概况，各个时期主要人物、思想和著作，以及宫观存在、修缮情况。这样就避免了在同一问题上的前后重复，较为清晰地揭示出山东道教的历史进程。

《山东道教史》在撰写过程中不断地删繁就简或补充进不少新发掘资料。增加了"云翠山吕祖天仙派""大峰山峰云观""锦屏山道教""马山道教""蒙山道教"等许多过去没有发现的碑文和资料。原计划书中没有"山东道教音乐"，但由于"泰山道教音乐""崂山道教音乐""胶东道教音乐"和"腊山道教音乐（民国）"被列入中国非物质文化遗产名录，故《山东道教史》理应体现出这部分内容。故我们除了介绍上述音乐发展概况外，还重点披露了新发现的云翠山天仙派道教音乐。

《山东道教史》由项目负责人赵芃著，其共同撰稿人按照全国哲学社会科学规划办公室《结项证书》（证书号20140593）排序：王守亮、刘海燕、侯方元、王萍萍、刘燕妮、高玮、刘爱景、梁秀花、刘兆柏、张成林。吴志宏、吕玉霞博士对崂山、泰山道教碑刻部分内容进行了校对和增补。研究生史国超对全书进行了文献校对。赵芃、王守亮对全书的文章结构、语言文字、理论体系和内容进行了筛选、加工和审定。最后由赵芃统一撰写、修改和定稿。

  感谢山东泰山、崂山、蒙山、五峰山、昆嵛山、大基山、大峰山、沂山、峄山，以及蓬莱阁、烟台毓璜顶、云翠山、锦屏山、即墨马山等各地管委会的支持和协助。感谢山东方志馆、山东各地市地方志编纂委员会、山东省图书馆、山东省档案馆、国家图书馆数字方志、中国社会科学院世界宗教研究所、四川大学道教与宗教文化研究所、中国道教协会、山东省道教协会、齐鲁工业大学（原山东轻工业学院）的各级领导给予的支持和帮助。感谢卿希泰先生不顾体弱多病欣然为本书题写书名，并把《山东道教史》列入国家"985工程"四川大学宗教、哲学与社会研究创新基地项目、教育部人文社科重点研究基地四川大学道教与宗教文化研究所项目、四川大学"211工程"重点学科建设项目。感谢国家"985工程"四川大学《宗教、哲学与社会研究创新基地丛书》学术委员会、编辑委员会的各位专家委员。该书出版除了得到国家"985"工程四川大学宗教、哲学与社会研究创新基地资助以外，还特别得到四川大学道教与宗教文化研究所的经费支持。母校的支持如雪中送炭，给毕业的学子真诚的帮助，由衷地说一声，谢谢！感谢山东大学丁原明教授热情支持该项目的申报、策划，以及为本书作序，并对全书内容章节进行修改，其严谨的治学态度、深厚的专业知识和无私奉献的行为品格为该项目的顺利完成提供了重要保障。感谢朱越利先生、牟钟鉴先生、潘显一教授、盖建民教授、詹石窗教授对本项目的完成给予的各项支持。感谢泰山碧霞祠、崂山太清宫、蒙山万寿宫，以及刘怀元、张诚达、李宗贤等各位道长。感谢中国社会科学出版社黄燕生、王琪等编辑为本书出版所付出的辛勤劳动。

  由于参考文献较多，受篇幅所限，部分引用书刊已随文于页下注出，而未再列参考文献，特予说明，以示不敢掠美，并深表谢意。

赵 芃
2015年3月15日于长清园博园